통번역 교육을 위한 기본 개념과 모델

Basic Concepts and Models for Interpreter and Translator Training

존 벤자민스 통번역 총서 01
한 국 통 역 번 역 학 회

John
Benjamins
Series
–
01

통번역 교육을 위한 기본 개념과 모델

Basic Concepts and Models for Interpreter and Translator Training

Daniel Gile 편저 | 이미경 옮김

HU:iNE

발간사

통역학을 포함하는 넓은 의미의 번역학은 1960년대 캣포드(J. C. Catford)와 니나(E. Nida) 이후 현대적인 본격 학문 분야로 부상하기 시작하였다. 캣포드의 '언어학적 접근'과 니다의 성서 번역을 위한 '소통 효과 중심'의 접근에 이어 '문화전환(cultural turn)'과 '맥락전환(contextual turn)'의 패러다임 시프트를 거치면서 번역학은 학제적 성격(interdisciplinarity)을 더욱더 공고히 하게 되었다.

번역학이 대표적인 학제적 학문분야인 것은 연구대상인 문제와 현상의 설명을 위해 가져오는 이론 틀과 연구방법의 다양성 때문이라 할 수 있다. 번역학은 번역과정과 번역 결과물을 모두 연구 대상으로 삼는다. 번역사의 '블랙박스' 안에서 번역 행위를 둘러싸고 연속적으로 이루어지는 무수한 의사결정 과정과 그 과정에 작용하는 다양한 변수들을 설명하는 한편 이들 작용의 가시적 구현체로서의 번역결과물을 모두 다룬다. 이렇다 보니 번역사의 머릿속에서 이루어지는 일들을 들여다보기 위해 사고발화법(TAP), 기능적 자기 공명 영상 기법(fMRI), 통계처리를 포함하는 코퍼스 분석, 담화분석 및 체계기능문법 등 다양한 인접학문분야의 연구성과와 분석도구를 차용하기도 한다. 이런 다양성 덕분에 번역학은 일견 상당한 성과를 이룬 것처럼 보이기도 한다.

그러나 번역학이 언제까지나 학제성에 만족하고 있을 수만은 없다. 번역학의 학제성은 그동안 어쩌면 번역학의 일방적 '짝사랑'이었을 수도 있다는 문제의식이 필요한 시점에 와있다. 프랑스 번역학자 질(D. Gile)의 이야기는 이런 면에서 시사하는 바가 크다.

> [번역학이] 타 학문 분야와 맺은 파트너십은 균형을 이루지 못한 경우가 대부분 이어서, [우월한] 지위, 파워, 재정능력 및 실제 리서치 능력은 일반적으로 파트너 관계에 있는 학문분야에 있다. 뿐만 아니라 학제성이 패러다임의 확산을 도와 결과적으로 독립적인 학문분야로서의 통번역 연구의 지위를 약화시키고 있다.
>
> (질 2004: 29)

질의 이야기는 학제성을 장점으로 부각시켜온 번역학의 입장에서 다시 한 번 곱씹어볼 만하다. 핌(A. Pym) 역시 번역학의 대표적 학술지의 하나인 『타겟(TARGET)』의 역할을 돌아보면서, 번역학이 인접 학문분야의 연구 성과를 도입해오고 있지만, 정작 번역학의 연구 성과가 인접 학문분야로 전파되는 경우는 상대적으로 드물다는 점을 지적하고 있다. 그만큼 쌍방향의 균형 잡힌 호혜적 지적(知的) 파트너십은 이루어지지 못했다는 이야기일 것이다.

이런 시점에서 번역학을 연구하는 우리가 해야 할 일은 번역학 자체의 고유 연구영역을 더욱 분명하게 규정하는 한편, 학문적 엄격성(academic rigor)을 갖춘 연구방법론을 확립하는 일일 것이다. 이런 맥락에서 그동안 전 세계적으로 번역학의 다양한 연구 성과와 새롭게 개척되는 연구방법론을 선도적으로 꾸준히 소개해온 존 벤자민스

(John Benjamins) 출판사의 통번역 총서의 기여를 인정해야 할 것이다. 번역학 연구자라면 누구나 이 총서 가운데 최소한 서너 권 이상은 읽어보았을 정도로 번역학의 학문적 성과를 집대성하여 소개하였기 때문이다. 『존 벤자민스 통번역 총서』 번역 작업에 누구보다도 바쁘신 교수연구자들이 다수 자원한 것은 바로 이 총서에 대한 지적 향수(知的 鄕愁) 때문은 아닐지.

국내 최초의 전문통번역학 연구단체인 한국통역번역학회(KSCI)가 이번에 『존 벤자민스 통번역 총서』 가운데 대표적인 업적들을 선별하여 번역 출간하게 된 것은 특별히 의미가 크다. 1998년 학회 창립 이래 국내 최초의 한국연구재단 등재지 『통역과 번역』, 국제전문학술지 『포럼(FORUM)』을 발행해오면서 국내외 통번역학의 발전과 소통에 이바지 해온 본 학회의 통번역총서 번역 발간이 우리말로 쓰인 번역학 자료에 목말라해 온 연구자들에게 도움이 될 수 있기를 희망한다.

경기침체로 출판계 전망이 장밋빛이지만은 않은 상황에서, "뜻있는 기획출판일수록 대학 출판부에서 맡아야 한다."며 선뜻 『존 벤자민스 통번역 총서』 출판 추진에 합의해주신 한국외국어대학교, 특히 가정준 지식출판콘텐츠원 원장님과 신선호 팀장님께 고개 숙여 감사를 드린다. 학회를 대표하여 출간을 총괄해주신 김대진 서울과학기술대학교 교수님과 실무조정을 도와준 최은아 교수님, 이주연 교수님 등 학회 회원들께도 감사의 마음을 전한다.

2016년 9월

한국외국어대학교 영어통번역학부 교수

존 벤자민스 통번역 총서 기획위원장

정호정

서 문

지난 2, 30년 사이 통번역 관련 전문서적의 출간이 급격히 증가했다. 과거에 출간된 이론서에서는 불가역성이나 충실성, 문학과 문화에서 번역의 역할 등 통번역의 '철학적' 개념을 중심적으로 다루었다면, 근래 들어서는 언어학, 언어심리학, 전문용어를 비롯하여 매우 구체적이고 실실적으로 통번역 능력과 관련된 주제가 큰 비중을 차지하고 있다.

통번역 문헌에서 가장 중점적으로 논의하고 있는 주제 중 하나는 바로 교육이다. 특히, 전문교육기관에서의 과정을 통해서 가장 효율적으로 통역사를 훈련하고 숙련된 인력에 대한 수요를 충족할 수 있다는 인식이 확산되면서 불과 몇 십 년 사이 전 세계 곳곳에 통번역사 양성을 위한 교육기관의 설립이 급격히 증가했다. 카미나데와 핌(Caminade & Pym, 1995)의 조사에 따르면 약 60개국 250여 곳의 대학에 통번역교육과정이 개설되었고 90년부터는 그 수가 더욱 빠르게 증가하고 있다고 한다. 최근 중국에서는 정부의 지원 하 통번역 석사과정(Masters in Translation and Interpreting)을 설립하기로 결정했다.

통번역 능력의 본질이나 구성 요소, 통번역 능력의 습득에 관한 연구도 지속적인 발전을 거듭하고 있다. 이와 발맞추어 교육방법론에 관한 연구도 본격적인 궤도에 올랐다. 안타깝게도 통번역 교육여건, 수요 및 교육에 영향을 미칠 수 있는 요소나 조건이 각양각색이다 보니 특정 교육 방법이 우수하거나 적합한지 또는 부적절한지 실증적 연구결과에 기반을 두고 단언적으로 주장하기에는 무리가 있다. 이런 연유에서 여전히 통번역교육은 연구 결과에 기반을 두기보다는 전문통번역사의 경험, 직감, 자아성찰 그리고 교사들 사이에서 교육방법론에 대해 협의한 바를 적용하여 이루어지고 있다.

그렇더라도 교과과정에서 통번역학의 개념적, 이론적 그리고 철학적 기반에 대한 교육을 완전히 배제하지는 않는다(반면에 언어 교육을 목적으로 번역을 교육하는 전공의 경우는 이론적 배경에 대한 관심이 거의 없다). 실제로 지난 수십 년 동안 유럽의 주요 통번역 교육기관에서는 기능주의 이론이나 해석이론 등 의사소통에 중점을 둔 이론을 통번역사 훈련의 중요한 개념적 근간으로 강조하고 있다.

여기서 소개하고 있는 이론적 개념과 모델을 처음 개발한 계기는 전적으로 개인적인 필요 때문이었다. 다른 동료 통번역사들과 마찬가지로 필자 역시 어려서부터 몇 가지 언어를 습득할 수 있는 환경에서 성장했고 혼자서 터득한 바를 밑천삼아 번역 일을 시작했다. 약 10년쯤 후, 기회가 있어서 정식 교육기관에서 회의통역을 전공하면서 통, 번역 실무를 수행하면서 경험하는 어려움에 관한 논의에 관심을 갖기 시작했다. 일을 하면서 가지고 있던 의문점 중 일부는 처음 통번역교육을 받으면서 수업시간에 그 답을 찾을 수 있었고 또 70년대 말 박사과정에서 공부하면서도 많은 궁금증을 해소했다. 그러나 완전히 만족스럽지는 않았다. 한 언어에서 다른 언어로 전환하는 과정에서 단어가 달라졌음에도 충실한 번역이라고 주장 할 수 있는 근거는 무엇인지 궁금했다. 통역이라는 작업이 어려운 이유가 무엇인지, 교사들이 추천하는 학습 및 통역 전략이 정말 최선의 방법이라는 근거가 무엇인지 등 질문에 대한 답을 찾고 싶었다. 처음에는 교사들이 제시하는 답이 단순 명료하고 통번역 작업에 대한 긍정적인 인식을 심어 주었기 때문에 수긍하기 쉬웠다. 그러나 때로는 답이 과장되고 논리나 근거가 빈약하다는 생각이 들었다. 결정적으로, 자수성가형 통역사로서 실전에서 터득한 바와 한 곳의 교육기관에서 통번역 실무를 배우면서 또 후에는 다른 기관에서의 사례를 접하면서 느낀 바가 있었다. 실제 현장과 비교할 수 없는 교실이라는 교육 환경의 이점을 충분히 활용하면서 통번역교육이 이루어지고 있지 않다는 데 대한 안타까움과 현행 교육방법이 개선의 여지가 많다는 생각이었다. 이에 내 나름대로의 답을 찾는 계기가 되었다.

먼저, 1978년 문헌연구를 하면서 원론적인 질문에 대한 답을 찾는 작업을 시작했다. 그 후 1979년 일어-불어 과학기술번역 강의를 맡으면서 또 그 후에는 통역 강의도 하면서 나름의 교육 원칙과 방법을 체계화하는 작업에 착수했다. 시간이 지나면서 통번역의 기본 개념, 모델 그리고 방법론에 대한 나의 생각을 구체화해 나갔고 완전히 발전시킨 단계는 아니지만 일불 통역, 번역 교수법을 주제로 한 필자의 박사학위 논문(질(Gile) 1984a)은 이 책에서 소개하고 있는 내용을 상당 부분 포함한다. 그 이후, 통번역 현장에서 실전 경험을 쌓는 한편, 계속해서 교실에서의 실험도 진행했다. 세계 유수 대학의 동료 학자들과 수차례 토론도 하고 통번역 전문서적을 연구하면서 관련 국제회의와 세미나에 참여하기도 했다. 그 결과, 필자 나름의 개념적 틀을 정립해 나갈 수 있었다. 1989년, 통번역 교육을 위한 기본 개념과 모델을 제시하는 짧은 논문을 한 편 쓰고 이 논문을 동료들에게 보내어 피드백과 평가를 부탁했다. 논문을 보내달라는 요청이 쇄도했을 뿐 아니라 일부는 논문을 통번역 강의교재로 사용할 수 있도록 허락해 달라고 부탁했다. 부족한 점이 많았음에도 논문에서 제안하는 교육방법은 누군가의 필요에 부합했고 그렇다면 연구결과를 책으로 출간한다면 더욱 유용하리라 생각했다. 그리하여 본인의 1989년 논문 내용을 상당 부분 발전시키고 수정 보완하여 이 책을 출간했다.

본서에서 제시하는 통번역에 대한 기본 개념과 모델은 오랜 시간동안의 연구, 특히 실제 현상을 분석한 관찰 결과이며 통제된 조건에서 연구자가 실시한 다양한 실험의 결과이다. 또한 통번역 분야의 이론 연구뿐 아니라 인지심리학이나 언어심리학 등 인접 분야의 연구를 접목한 연구이기도 하다. 그러나 이 책을 단지 그 동안 실시한 연구결과를 발표하는 보고서만으로는 보지 않았으면 한다. 이 책의 목적은 첫째, 통번역의 과정 못지않게 그 과정에 따른 결과를 설명하는데 있다. 둘째, 연구 결과를 발표하는 수준을 넘어서서 결과에 기초한 합리적인 추론을 제시하고자 한다. 과학적인 증명이 가능할 정도로 실험결과가 확고하지는 못하지만 이론적 근거는 충분하다고 확신하기 때문이다. 마지막으로 교육적 활용도를 높이기 위해 통번역의 실무에 적용 가능한 처방을 제시하고자 한다. 본서에서 제시한 여러 가지 처방에 대해서 서구 및 북미의 여러 통번역교육기관의 교사도 의견을 같이 한다고 알고 있다. 이러한 처방에 대해서 가능한 상세히 설명하고 그 근거를 제시하고자 노력했다. 이를 받아들일지 거부할 지 결정은 독자의 몫이라고 생각한다.

이 책은 특히 통번역교육에 종사하고 있으면서 현장에서 회의통역사나 번역사로도 활동하고 있는 분들을 위해 집필했다. 물론 교육에 관여하지 않더라도 일을 하면서 느꼈던 의문점에 대한 설명을 제공한다는 점에서 이 책에서 소개하는 기본 개념과 모델에 대해 관심을 가질 수 있다. 그러므로 이 책은 대상 독자가 책에서 지적한 문제에 대해서 이미 어느 정도는 인식하고 있다고 전제한다. 다만 독자들이 친숙하지 않은 부분일 수 있는 이론적 개념에 대해서는 예문이나 자세한 설명을 제공하려고 노력했다. 이 때문에 각 주제에 대해 소개한 참고문헌의 수는 차이가 있다. 이해하는 데 큰 어려움 없다고 생각한 주제에 대해서는 소수의 참고문헌만을 제공한 반면 인지과학과 관련된 주제에 대해서는 가능한 많은 문헌을 소개하고자 노력했다.

제1 장에서 설명하고 있듯이 본서는 회의통역과 문학번역을 제외한 일반 번역 교육과정을 구성하는 기본 개념과 모델에 대해 설명하고 강의하기에 적합하도록 집필했다. 물론 이 책 한 권으로 교육 과정에서 발생하는 모든 의문점과 어려움에 대한 설명을 제공할 수는 없지만 가장 기본적인 질문에 대한 답은 제시하고자 노력했다. 또한 예문이나 부록을 각 장 마지막에 첨부하여 수업시간에 활용이 가능하도록 했다. 다른 통번역교육 이론서와 이 책을 차별화하는 가장 큰 특징이라고 생각한다. 여기서 소개하는 개념과 모델은 기본적인 배경지식을 제공하기 위한 의도로 간단하게 언급했지만 교사들이 궁극적으로 학생들에게 교육을 하는 과정에서는 좀 더 다양하고 깊이 있게 활용할 수 있으리라 생각한다. 각 장의 마지막에는 "주요 내용"을 넣어서 교사가 학생들에게 빠트리지 않고 전달했으면 하는 요점을 다시 한 번 정리했다.

또 다른 특징은 여기서 언급하는 개념은 통역과 번역 두 분야 모두에 적용이 가능하다는 점이다. 수년간의 경험을 통해 필자가 확신하게 된 바는 통역과 번역의 가장 큰 차이는 결국 통역은 시간적 제약 하에서 정보처리를 해야 하기 때문에 그 과정에서 통역사가 느끼는 인지적 부담이 훨씬 크다는 점이고(이로 인해 통역사가 선택하는 통역 전략과 방법에 미치는 영향이 크다) 그 외에는 차이점보다는 유사점이 훨씬 더 많기 때문에 상호 도움을 주기 위해서는 유사성을 강조할 필요가 있다는 생각이다. 필자의 생각에는 일부 통번역교육기관에서 통역과 번역의 차이점에 대해 과도하게 확대하고 있고 특히 번역사보다는 통역사에 의해서 부풀려진 부분이 있다고 본다. 차이가 있다고 하더라도 대부분은 통번역 작업을 수행하는 조건에 기인하기 보다는 사회학적인 이유에서 차이를 강조한다고 생각한다. 필자가 보기에는 오히려 둘의 유사성을 강조하고 통역사와 번역사가 서로 상대방의 분야에 대해 알아가는 노력이 도움이 된다고 생각한다. 제7장에서 통역사가 정보처리를 하는 과정에서 발생하는 정보처리 스트레스와 그 영향에 대해서 언급한 부분을 제외하고 다른 모든 장에서 설명하고 있는 내용은 통역과 번역 두 분야에 공통적으로 적용된다.

여기서 제시하는 기본 개념과 모델은 다양하게 활용이 가능하고 통번역교육이 이루어지는 곳이라면 어느 곳에서도 사용하기 적합하다. 각 장을 독립된 모듈로 생각한다면 단기 교육과정에서도 부분적으로 활용이 가능하다. 허락된 시간과 학생들의 필요에 따라 모듈 하나를 한 시간 이내로 짧게 강의를 하거나 좀 더 긴 시간을 할애해서 심화 학습하는 방법도 고려해 보기 바란다. 이는 지난 25년 동안 필자가 실제로 여러 차례 실시해본 경험에 근거하여 하는 말이다.

통번역교사를 대상으로 하는 단기교육과정에서 본 교재를 사용하고자 할 경우에는 각 장을 모듈로 나누어 순서대로 강의하면 된다. 교사들은 특히 책에서 언급한 문제점과 현상에 대해서 이미 문제의식을 가지고 있는 경우가 많아서 문제에 대한 단도직입적인 접근이 가능하다. 통번역 경험이 전혀 없는 초보 학생이 대상인 교육과정에서는 먼저 방법론을 소개하고 교육의 핵심적인 부분인 실전 연습으로 넘어가도록 한다. 전문통번역사 재교육세미나에서 활용하는 경우는 몇 가지 사례를 추가한다면 강의를 듣는 통번역사들이 배운 바를 현장에서 적용하는데 도움이 되리라 생각한다. 한편, 통번역 분야의 이론연구를 목적으로 하는 세미나의 경우에는 개념과 모델을 통번역사가 경험하는 어려움에 대해 조명하는 이론적 접근의 틀로서 활용이 가능하다. 물론 통번역학 문헌과 인지언어학 등 연관 학문분야와의 학제 간 연구를 통해 보다 포괄적이고 심도 있는 연구가 이루어지고 실질적인 해결책을 찾는 노력도 병행해야 한다.

이 책을 "최고 수준의 전문 통역사, 번역사"를 교육하는 교사들이 적극적으로 활용했으면 하는 바람도 있다. 최고 수준의 통역, 번역이라 함은 물론 정확하고 잘 다듬어졌으며 그대로 최종 결과물로서 사용가능한 수준으로 도착어 텍스트 또는 발화를 생성할 수 있는 수준을 의미한다. 따라서 이 책은 그 어느 누구보다도 전문통번역교육기관에 몸담고 있는 교사들이 활용하기 적합하도록 집필했다. 다른 교육과정에서도 활용이 가능하지만 언어능력이나 주제지식이 충분하지 않은 학생들이 대상인 교육과정에서는 전문통번역교육기관에서처럼 활용하기 어려울 수 있다.

마지막으로 이 책은 실용 통역과 번역 즉, 문학을 제외한 실용텍스트의 번역과 통역 과정을 위주로 집필한 이론서임을 강조한다. 여기서 언급하는 통역, 번역의 주요 목적은 정보 전달이며 메시지의 전달이지 감성적인 측면은 아니라는 점이다. 문학번역을 하는 번역사로부터 이 책에서 다루고 있는 개념이나 모델을 문학번역에서도 동일하게 적용가능하다는 말을 들었다(개인적으로는 여기서 사용한 텍스트는 정보의 전달이 목적이기 때문에 문학번역에 적용하는 데는 한계가 있다고 생각한다). 다만 문학번역은 의미와 의미를 싸고 있는 언어라는 '형태'와의 관계가 복잡 미묘하고 심미적 그리고 감성적인 측면을 섬세하게 다루어야 하는데 필자는 문학번역의 문제에 대해 논의하고 해결책을 제시할 수 있을 만한 자격은 부족하다고 생각한다.

독자들에게 이 책에서 제시한 통번역에 대한 기본 개념과 모델이 도움이 되기를 희망한다. 이 책이 독자로 하여금 자신의 경험이나 생각을 다시 한 번 돌아보고 통번역교육을 위한 적절한 방법론을 개발하는데 도움을 줄 수 있는 참고문헌이기를 바란다. 통역 번역의 현상에 대한 새로운 사실이나 이론을 제시하는데도 도움을 줄 수 있기를 바란다. 이 책에서 제시하는 모델은 결코 완벽하지 않다. 모델은 끊임없이 발전해 왔을 뿐 아니라 실전에서의 경험과 연구를 기반으로 더욱 발전시킬 수 있고 더 나아가 발전시켜야 한다. 집필하는 과정 중에도 그랬듯이 본서의 내용과 제안에 대해서 많은 독자들이 지속적으로 평가하고 비판해주기를 바란다.

John Benjamins Series

01

Basic Concepts and Models for
Interpreter and Translator Training

차례

제6장 통역과 번역을 위한 지식 습득

제7장 통역의 수행능력 분할모델

제8장 통역 과정에서의 대응 전략

제9장 국제회의통역을 위한 언어 숙달과 그 영향

제10장 통번역 실무와 이론의 통합(IDRC 프레임워크)

1장

통번역 교육을 위한 이론적 기반

1. 통번역교육의 역할

통번역이 이루어지는 상황이나 요건은 매우 다양하다. 일반적으로는 전문 통번역사가 정규직으로 일하는 경우가 많지만 이 외에도 가정주부나 학생, 의료종사자, 엔지니어, 기자 등 본업이 있는 사람들이 부수적인 수입을 위해 파트타임으로 번역을 하는 경우도 있다(카탄(Katan), 2009). 평소 담당 업무가 통번역과는 전혀 상관없는 직원이 한, 두 가지 외국어에 능숙하다는 이유로 필요할 때마다 임시로 또는 전담하여 통번역 일에 차출되기도 한다.

시나 문학작품을 번역하는 경우처럼 창의성을 요하는 작업이 있는가 하면 과학 기술 번역을 할 때는 깊이 있는 전문지식을 습득하고 전문가 수준으로 이해해야 한다. 그런가 하면 비즈니스 서한, 도로 표지판, 호텔 투숙객을 위한 안내문 또는 관광객을 위한 정보 등을 도착어로 재작성하는 경우도 있다. 중요한 정치 연설문이나 법률문서를 통역, 번역할 때와 같이 막중한 책임을 감내해야 하는 일이 있는 반면 가벼운 마음으로 작은 마을의 레스토랑에서 사용할 메뉴를 번역할 때도 있다. 교육 수준도 다양해서 최고 수준의 학력을 갖춘 통번역사가 있는 반면 중등교육만을 마친 경우도 있다. 일을 하는 여건에 따라서 어떤 통번역사는 나름 "창작자" 또는 숙달된 언어중개자로 인정을 받으며 사회적인 지위도 향유하지만 때로는 낮은 직급의 사무직 직원 정도로 대우 받는다. 전문회의에 참석한 해외 연사 단 한 명을 위해 일을 할 때도 있고 다수의 청중을 대상으로 텔레비전 방송을 위한 영상통역을 하거나 베스트셀러를 번역해서 이름이 널리 알려지는 경우도 있다. 어떤 번역사는 수입이 상당한 반면 일부는 낮은 수준의 월급을 받는다. 다시 말해, 동일하게 "통역" 그리고 "번역"이라고 불리는 일이지만 지식, 기술, 사회적 지위, 금전적 보상 그 어느 측면에서도 동일하다고 보기 힘들다. 오히려 이 두 단어는 매우 넓은 범주의 직업을 포괄적으로 총칭하는 상의어 정도로 보는 편이 옳다.

사회적으로나 경제적으로나 이러한 상황은 전문통번역사의 입장에서는 바람직하지 못하다. 왜냐하면 결국 전문적으로 훈련을 받지 않은 사람들로 인해 통번역사의 전반적인 사회적 지위나 근무 조건이 하향 평준화 할 가능성이 그 반대의 경우보다 훨씬 높기 때문이다. 실제로 전혀 일할 수 있는 수준이 아닌 경우에도 스스로를 통역사, 번역사라고 부르는가 하면 아무런 훈련의 과정 없이 통번역 일을 하는 "2중언어 사용자"도 비일비재하다보니 통역, 번역 업무에 대해 정확하게 알지 못하는 일반인들은 차이를 구분하기 무척 힘들다. "국제회의 통역사"나 "사법통역사(court interpreter)" "공동체통역사(community interpreter)" "과학전문 번역사" "기술전문번역사" 그리고 "사법번역사" 등의 직업은 대부분의 나라에서 이들 집단의 권익을 보호하기 위한 관련 제도나 규정이 존재하지 않는다. 그렇다보니 해당 분야에서의 전문지식이나 경력만이 전문직으로서 보호를 받을 수 있는 유일한 방법인데 이나마도 권익을 보호 받을 수 있는 여지가 많지는 않다. 일반 대중은 물론이고 심지어는 국제회의 통역 서비스 이용자의 경우에도 아직까지 통역과 번역의 차이를 정확하게 구분하지 못하는 경우가 많다.

통번역을 위해 요구되는 업무능력이 차이가 있고 업무 조건이 각양각색인 점을 제외한다면 통역과 번역은 근본적으로 동일한 기능을 수행하는 작업이라고 정의가 가능하다. 즉, 의사소통 또는 다른 어떤 목적을 위해 한 언어로 발화된 의미를 다른 언어로 재표현하는 작업이다. 가장 낮은 수준의 능력이 요구되는 통역의 경우, 두 언어에 대한 기본적인 지식을 갖춘 사람이라면 훈련을 받지 않고서도 통역을 수행할 수 있다. 그러나 요구되는 능력의 수준이 높아질수록 출발어 텍스트를 이해하고 도착어로 표현하는데 어려움이 가중될 뿐 아니라 통역사로서의 태도(특히, 전문가로서 적절한 행동 규범을 준수하는 문제), 기술적인 제약, 윤리 규범, 심리적 부담감(특히 공공기관에서의 통역의 경우) 등으로 인한 어려움을 경험할 가능성이 높다. 어려움 중 일부는 자연스럽게 해소된다. 통번역 경험이 쌓이면서 언어나 관련 주제에 대한 지식도 쌓이고 통역사가 나름대로 문헌이나 신문, 정기간행물, 강연, 워크숍 등을 통해 계속 지식을 축적해 나가기 때문이다. 통번역 테크닉 역시 실무 경험이 쌓이면서 향상된다.

실제로 적지 않은 수의 통역사가 오랜 경험과 자체적인 훈련만으로 최고 수준의 경지에 오르기도 한다. 그러나 안타깝게도 대다수는 실력이 일정 수준까지 향상된 후에는 답보상태에 있다. 필자가 만났던 번역사 중 일부는 오랫동안 번역 일을 하고 있음에도 불구하고 출발어 언어구조의 제약으로부터 완전히 자유롭게 도착어로 재표현하기 힘들다고 털어놓았고, 몇몇 국제회의 통역사는 노트테이킹 방법을 정식으로 배운 적이 없어서 순차통역을 제대로 하지 못하는 것 같다는 불안감을 호소했다. 일부는 어느 정도 편안한 수준까지는 능숙해졌지만 그 이상은 일반 번역에서 전문 번역으로, 문장대 문장의 통역에서 "진정한" 순차통역으로 그리고 순차통역에서 동시통역으로 어떻게 실력을 향상시킬 수 있는지 모르겠다고 토로했다.

물론 절대적으로 그렇다는 말은 아니다. 필자 역시 전문교육을 받지 않고 스스로 터득하여 일을 하는 자수성가형 통번역사와 일한 경험이 있다. 이들 중 잘못된 습관이 배인 사람들이 있기는 했지만 몬트레이 통번역대학원의 원장을 지낸 빌헬름 베버(W. Weber, 1984:2)교수가 생각하는 정도는 아니었다.

> 매우 뛰어난 소질을 타고 난 극소수의 사람만이 혼자 터득해서 통번역 분야에서 최고의 위치에 오를 수 있다(사실 이런 사람은 내가 일하는 동안 한, 두 명 밖에 만나지 못했다). 이 외의 대다수는 잘못된 습관이 생기거나 일을 하면서 실수를 거듭하여 전문통역사로써 경력을 쌓는데 걸림돌이 된다.

이런 맥락에서 보면 끊임없이 논란의 대상이 되고 있는 "번역사는 타고나는 재능이지 만들어지지 않는다(translators are born, not made)"라는 주장(나이다(Nida), 1981)이나 "만들어지지 타고나는 재능이 아니다(made, not born)"라는 주장(힐리(Healey), 1978)은 모두 무의미한 논쟁이고 이 말을 그대로 받아들여서는 안 된다. 높은 수준의 통번역을 하려면 "타고난" 재능이 있어야 한다. 특히 문학번역의 경우가 그렇고 동시통역이 그렇다. 그렇다고 통번역 교육을 폄하하려는 생각은 아니다. 통번역 교육은 타고난 재능이 있는 경우 그 재능을 더욱 개발하는데 도움이 되고 그렇지 않더라도 통번역 기술을 배우고(테트롤트(Tetrault), 1988; 비아히오(Viaggio), 1988) 언어 그리고 언어 외적 지식을 습득하는데 유용하다.

따라서 이런 맥락에서 통번역 교육을 바라보는 관점이 유용하다. 교육기관에서의 전문교육이 필수적이지는 않지만 두 가지 측면에서 중요한 역할을 한다. 첫째는 통번역사가 되고자 하는 개개인의 능력을 최대한으로 개발하고 발휘할 수 있도록 보조하는 역할이다. 다른 하나는 현장경험을 통해서 또는 스스로 터득하는 경우처럼 암중모색하거나 시행착오에 빠지지 않고 훨씬 신속하게 발전할 수 있도록 돕는 역할이다.

통번역 전문교육의 또 다른 기능은 사회적 측면 또는 직업적 위상과 관련이 있다. 통번역 교육기관은 입학시험을 통해 우수한 신입생을 선발하고 졸업시험으로 우수 인력을 선별하여 시장에서의 전반적인 통번역사 수준을 높이는 역할을 한다. 시험을 통해 특히 대학원 과정의 교육기관에서 요구하는 전문능력을 특정 수준 이상으로 유지하는 노력은 궁극적으로 전문통역사의 사회적 위상을 높이는데 기여한다. 교육기관에서는 처음으로 시장에 발을 내딛는 초보 통번역사와 전문기관이나 고객들을 연결 시켜주고 통역사로서 일하기 위한 발판을 제공하기도 한다. 이러한 역할은 특히 국제회의통역사에게 중요하다. 통역교육기관에서는 국제기구나 주요 기관과 긴밀한 관계를 유지하는 한편 이들 조직이나 기업의 인사담당자가 졸업시험을 참관하도록 초청하는 등의 노력을 통해 교두보 역할을 하고 있다. 더불어 통번역교육기관에서는 통번역 업무의 표준화 작업을 통해 통번역사들이 자신의 직업에 대한 긍지를 갖도록 노력하고 있으며 통번역학연구를 위한 연구 기회도 제공한다. 실제로 통번역 분야의 대다수 연구논문은 교육기관에 몸담고 있는 학자들이 교육하는 과정에서 자기성찰이나 관찰 또는 실험을 통해 얻은 결과가 큰 비중을 차지하고 있다(통역연구에 대한 문헌은 파히하커(Pöchhacker, 1995) 참고).

통번역교육은 이렇듯 매우 중요한 사회적 기능을 담당한다. 물론, 국가나 시장에 따라서 상당부분 차이가 있다는 점에서 상황 의존적인 측면이 있지만 전문교육기관이 어느 국가, 어느 시장에 위치하던지 교육이라는 핵심 기능은 동일하다. 다만, 핵심 기능을 어떻게 수행하는가는 역시 상황 의존적이어서 교육기관의 목적은 각 교육기관의 특성, 교육 기간, 재원 및 재정 상태 등에 따라 차이가 있다.

이 책은 보다 포괄적이고 넓은 층의 독자를 대상으로 집필했으며 전문적인 비문학 실용번역 및 회의통역 훈련을 위한 통번역 교육의 원칙에 대해 중점적으로 설명한다.

이 책은 일반번역, 과학번역, 회의통역, 방송통역 등에 적용 가능한 원칙과 기술을 소개하고 논의하는데 그 목적이 있다. 그러나 더빙, 자막처리, 로컬리제이션, 공공분야 통역 그리고 수화통역 등이 이루어지는 상황에서 발생하는 구체적인 요구사항에 대해서는 다루지 않았다. 물론 이들 분야에 종사하는 학생 그리고 실무진 역시 여기서 설명하는 개념과 모델을 학습함으로 도움을 받을 수 있는 부분이 있지만 수화통역이나(베랑거(Bélanger, 1995), 얀젠(Janzen, 2005)의 소논문, 캐롤 파트리(Carol Patrie)의 문헌 참고) 공공분야 통역에(콜라도스 아이와 페르난데즈 산체즈(Collados Ais & Fernandez Sanchez, 2001) 참고) 대해서는 소개한 참고문헌을 통해 추가적인 정보를 얻기 바란다. 각각의 통번역 분야는 기술적, 사회적 및 기타 특성 등이 상이하고 분야별로 통역사 그리고 번역사의 역할이 차이가 있으므로 전문 서적에서 교육을 위한 자료를 추가적으로 찾아볼 것을 권장한다.

2. 통번역 전문능력의 구성요소

강의계획을 세우거나 교육과정의 가치를 평가하기 위해서는 먼저 통번역 작업에 어떤 기술과 지식이 요구되는지 분석할 필요가 있다(이에 대한 실질적인 제안은 켈리(Kelly) 2005 참고). 그 동안 여러 학자들이 통번역 능력의 구성요소를 규명하고자 시도했다(로버츠(Roberts, 1984), 노드(Nord, 1991), 키라리(Kiraly, 1995), 한센(Hansen, 1997), 샤프너와 아다브(Schaffner & Adab, 2000), 한센, 2006b). 각 학자의 분석마다 나름의 장점이 있지만 단순화를 위해 본서의 목적에 가장 잘 부합하는 장 마이요(Jean Maillot, 1981)의 분류를 따르고자 한다. 각 항목에 대한 추가적인 사항은 본서의 다른 장에서 보다 구체적이고 상세하게 논의하겠다.

a. 통번역사는 수동언어(passive language)에 대한 높은 수준의 언어지식을 갖추어야 한다.

통역사와 번역사에게 출발어의 텍스트/연설을 이해하는 능력은 너무나 당연해서 더 이상의 설명이 필요 없다고 생각하겠지만 일반인에게는 수동언어지식이 언어에 대한 어느 정도 수준의 이해력을 의미하는지 막연하게 들릴 수 있다. 앞에서 언급했듯이 아주 '간단한' 통역의 경우는 고등학교에서 배우는 수준의 언어지식만 있어도 충분하다. 그러나 점점 더 높은 수준의 번역이나 회의통역 일을 하려면 언어지식도 당연히 월등해야 한다. 국제회의 통역의 경우, 전문통역사는 구어로 발화되는 언어에 순발력 있게 대처할 수 있는 수준의 언어능력을 갖추어야 한다(제7장 - 9장 참소). 이는 외국어로서 언어를 공부하는 과정에서 도달하기는 꽤 어려운 수준이다. 뿐만 아니라 국제기구에서 구사하는 수준의 어휘를 이해하고 법, 정치, 과학, 기술 영역, 문학, 음악, 기타 예술 및 문화 분야에서 사용하는 표현도 이해할 수 있어야 한다. 문학을 번역하는 번역사의 경우에는 정보전달을 위한 기본적인 의미의 분석이 가능해야 함은 물론이고 저자가 선택한 단어나 표현이 전달하는 미묘한 의미의 차이와 리듬, 운율, 이미지화를 통해 전달하는 뉘앙스까지도 포착할 수 있어야 한다. 또한 문화적 배경지식, 규범, 트렌드 및 분위기 등에 대해서도 민감해야 한다.

b. 통번역사는 능동언어(active language)에 대한 높은 수준의 언어지식을 갖추어야 한다.

특히, 최고 수준의 통역, 번역을 수행하는데 요구되는 능동언어 지식 수준은 상당히 높다. 기술 번역사는 출판이 가능한 수준의 텍스트를 작성할 수 있는 문장력을 갖추어야 한다. 다시 말해서 한 언어에서 다른 언어로 완벽하게 의미전달을 해야 함은 물론이고 해당 분야의 전문가처럼 글을 쓸 수 있어야 한다. 문학번역의 경우에는 당연히 작가와 유사한 수준의 문장력이 필요하다. 마찬가지로 국제회의통역사는 그들이 통역을 하는 연사가 외교관, 과학자, 정치인, 예술가 또는 어느 분야의 전문가이든지 그 연사에 걸맞은 수준으로 연설할 수 있는 표현력을 갖추어야 한다. 또한 기자회견, 정치 연설, 과학 연구 발표, 전문가 토론 등 다양한 상황에 적합한 어휘를 구사할 수 있어야 한다. 이러한 언어 수준은 유년기 그리고 청소년기를 거치면서 자연스럽게 습득할 수 있는 모국어 수준을 훨씬 능가하는 언어능력이다.

c. 통번역사는 그들이 통번역하는 텍스트 또는 연설문의 주제에 대한 배경지식을 충분히 갖추어야 한다.

세 번째 요구 조건은 포괄적이라 모호하게 들릴 수 있다. 실제로 통번역사에 대한 시장에서의 수요는 요구되는 업무능력, 주제 분야, 근무조건 등에 따라 차이가 크다. 따라서 "배경지식을 충분히" 갖추어야 한다는 요건은 애매하게 들릴 수 있다. 관련분야의 전문가로부터 도움을 받을 수 있거나 참고자료가 제공되는지 여부에 따라 통번역사는 상당히 전문적인 일도 소화할 수 있다. 통번역사의 "언어외적 지식" 또는 "백과사전지식"에 대해서는 각각 제4장과 6장에서 통번역사가 어떻게 전문담화를 이해하고 필요할 때 마다 배경지식을 습득하는지에 대해 논의하면서 구체적으로 언급했다.

d. 통번역사는 통번역에 대한 서술적 및 절차적 지식을 갖추어야 한다.

"서술적 지식"이라 함은 객관적 묘사가 가능한 지식을 의미한다(앤더슨(Anderson, 1980) 제8장 참고). 즉, 시장, 고객, 통번역사와 고객 그리고 통번역사와 통번역사 관계를 지배하는 행동 규범, 정보 출처, 통번역 과정에 사용하는 도구, 각 작업에 대한 고객의 구체적인 기대치 등과 관련된 지식을 망라한다. "절차적 지식"은 실제로 작업의 수행과 관련된 지식을 의미한다. 즉, 번역사의 절차적 지식은 충실성 기준을 의사 결정에 적용할 수 있는 능력, 시의 적절하게 배경지식을 습득하기 위한 능력, 언어지식 강화와 유지 능력, 문제해결 능력, 의사결정 능력, 순차통역 과정에서 노트테이킹 기술, 동시통역 기술 등 '테크닉'을 포함한다. 또한 최신 번역 테크놀로지의 활용 능력이나 특수 번역 분야인 로컬리세이션, 웹 번역, 동영상 번역 등 분야의 작업을 위한 기술 등을 포함한다. 제3, 4, 6, 7 그리고 8장에서는 이러한 테크닉의 기본적인 개념에 대해서 설명했다. 그러나 서론에서 언급했듯이 본서는 번역을 위한 테크노로지나 공공서비스 통역, 영상번역, 영상통역, 수화통역 그리고 로컬리제이션에 대해서는 심층적으로 다루지 않았다.

번역능력 외에도 통번역사는 어느 정도의 지적수준과 인성도 겸비해야 한다. 이에 대해서는 여러 통번역 교사들이 그 중요성을 수차례 강조한 바 있다(에르베르(Herbert, 1952), 닐스키(Nilski, 1967), 카이저(Keiser, 1978), 보세 앙드리외(Bossé Andrieu, 1981) 참조). 그러나 대부분의 주장은 학자들의 경험과 직감에 근거하며 아직까지 과학적으로 검증된 바 없이 소수의 연구만이 존재할 뿐이다(캉파뉴(Campagne, 1981), 헨더슨(Henderson, 1987), 스즈키(Suzuki, 1988), 쿠르츠(Kurz, 2000), 몬타니(Montani, 2003), 슈웬다-니콜슨(Schweda-Nicholson, 2005) 참고). 앞에 언급한 조건은 통번역 교육기관에 입학하기 위해 반드시 갖추어야할 요건이라고 말하는데 통번역 교육 자체의 목적이거나 훈련의 대상은 아니다. 다만, 통번역교육은 학생들이 앞에 언급한 지식의 활용능력 증진에 기여한다.

3. 통번역교육 수요의 다양성

앞에서 열거한 통번역사가 갖추어야 할 지식과 능력을 검토해 보면 네 번째 요소 하나만이 통번역 업무에 국한된 조건이다. 외국어 언어지식이나 출판이 가능한 수준의 텍스트를 모국어로 작성할 수 있는 문장력, 다양한 분야에 대한 상식 또는 전문가 수준의 주제지식 등은 사실 다른 분야의 직업 특히, 국제기구 직원, 국제변호사, 기자 또는 다양한 분야에 종사하고 있는 해외 근무자에게도 공통적으로 요구되는 조건이다.

그렇다면 기자, 과학자, 국제기구 직원 또는 국제 변호사가 통번역사로 일하기를 희망한다고 생각해보자. 이들을 대상으로 통번역 교육을 실시할 때와 특정 주제 분야에 대한 전문지식이 부족한 언어교사를 교육하는 경우는 교육을 위한 요구사항이 다르다. 인간 활동의 한 영역에 대한 깊이 있는 주제지식과 언어지식은 갖추었으나 문장력이 떨어지는 경우, 전공과는 상관없이 대학 초년생인 경우 등 통번역 교육은 대상에 따라 필요한 교육방식이 다를 수밖에 없다. 기본적인 테크닉에 대한 교육은 어떤 배경이나 경력을 가진 사람이건 모두 필요하겠지만 각 사람에게 추가적으로 필요한 언어지식, 필력, 배경지식 측면의 훈련은 상이할 수밖에 없다.

최적화된 교육을 위해서는 각각의 필요에 부합하는 다양한 교육과정의 개발이 요구된다. 단기 또는 장기 과정을 비롯하여 전업학생 또는 파트타임 학생을 위한 프로그램, 학생 중심 또는 전문직 종사자 중심의 다양한 교육과정의 개발이 요구되지만 여기서는 통번역 전문교육과정을 크게 두 가지로 분류했다.

3.1 통번역 입문자를 위한 교육과정

첫째는 정규학생으로서 교육을 받고 통번역사가 되고자 하는 학생을 위한 교육과정이다. 이 과정에 입문하는 경우는 이미 사회생활 경험이 있는 학생이더라도 기꺼이 입문단계부터 단계적으로 훈련을 받으면서 최소 몇 년이라는 시간적인 투자를 감내하기로 결정한 경우이다. 서유럽에 위치한 주요 통번역교육기관은 대학교육 과정의 일부이거나 연계된 프로그램으로 교육기간이 최소 2년에서 4년이다(일반적으로 대학원 과정에서 2년을 공부하거나 대학과정에서 3-4년을 공부한다). 더 짧은 과정도 있기는 하다. 속성코스로 오타와대학(University of Ottawa)에서 제공하는 6개월간의 국제회의 통역교육과정, UN이나 EU 위원회에서 실시하는 6개월 과정의 회의통역 교육프로그램이 있다. 이 외에도 제네바에 위치한 ETI 같이 일부 대학에는 1년 과정의 통번역교육을 제공하는 곳이 있기는 하지만 대다수의 명망 높은 학교는 2년에서 4년까지의 과정이다.

이들 교육과정의 경우, 전적으로 학업에만 집중하는 학생들이 상당히 긴 기간 동안 교육을 받고 따라서 앞에서 언급한 네 가지 능력을 개발하는데 시간과 노력을 전폭적으로 쏟아 부을 수 있다.

3.2 현역 통번역사를 위한 재교육과정

전문통번역사로 일하는 사람들 중 통번역교육기관에서 전문적인 교육을 받은 졸업생 수가 증가하고 있는 추세이나 다른 분야에 종사하던 전문가가 통번역 직종으로 이직하는 경우도 여전히 많다. 공식 자격증을 갖춘 전문통번역사만이 통번역 업무를 담당하도록 법으로 금지하지 않는 이상 타 분야 전공자가 통번역 일을 하지 못할 이유는 없다. 한편, 자수성가형 통번역사들은 통역 번역 기술에 대한 기본적인 교육을 받을 기회가 주어진다면 업무를 수행하는데 큰 도움이 될 것이라고 생각하는 사람들이 많다. 정규 교육기관에서 훈련을 수료한 전문통번역사도 기술을 더욱 연마하거나 특정 주제에 대한 배경지식을 강화할 수 있는 재교육을 원하고, 아니면 적어도 통역언어에 대한 수동 및 능동 언어지식을 향상시키는데 도움이 되는 교육을 희망하고 있다. 결과적으로 재교육에 대한 수요가 상당하다고 예측하는데 이러한 수요는 통번역교육기관이나 협회에서 전문통번역사를 대상으로 워크숍이나 세미나를 개최할 때 등록하는 등록자 수만으로도 쉽게 가늠이 된다.

정규과정에서 공부하는 일반 학생을 대상으로 짜여진 1년 이상 또는 수년간의 교육과정은 다니던 직장을 그만두거나 장기간 비워둘 수 없는 형편의 직장인에게는 적합하지 않다. 특히 몇 가지 부분에 대한 도움을 받기 위해 이미 이전에 교육과정에서 배웠거나 전문가로서 일을 하면서 터득한 바를 다시 공부하려고 시간을 내기는 힘들다. 이런 이유에서 현역 통번역사를 대상으로 하는 워크숍은 일반적으로 단기과정(주로 하루 또는 며칠)으로 이루어지거나 저녁시간을 이용한 야간수업으로 진행한다.

현역 통번역사를 대상으로 하는 재교육과정의 강의계획을 세울 때는 일반학생을 대상으로 하는 교육내용의 상당부분을 전문통번역사들은 이미 경험을 통해서 인식하고 있다는 점을 고려해서 계획해야 한다. 현장경험이 많은 전문통번역사는 학생들에게는 추상적인 개념이라 시간을 길게 할애하여 설명해야 하는 내용도 쉽게 받아들인다. 따라서 일반 학생을 대상으로 통번역에 대한 기본개념을 교육하는 과정과 전문통번역사를 대상으로 통번역 기술을 더욱 숙달할 수 있도록 재교육하는 경우는 각각 강의내용이나 접근방법이 다르게 짜여야 한다. 전문통번역사를 위한 재교육과정의 경우에는 통번역 테크닉 중에서 개인적으로 부족하다고 느끼는 구체적인 부분을 집중적으로 교육하거나 훈련하는 방식이 바람직하며 지식 습득에서 기술적인 부분까지 모든 부분을 다룰 필요는 없다. 예를 들어 순차통역을 위한 노트테이킹 방법이나 사법통역, IT번역, 특허번역 등의 분야에서 일하는데 필요한 기본 개념과 원칙에 중점을 두고 개별 강좌나 워크숍을 진행하도록 한다.

4. 통번역 교육의 최적화 필요성

현역 통번역사를 대상으로 하는 단기교육과정은 시간과 재원의 투자가 필요하니 만큼 학생의 필요에 부합하도록 최적화하는 노력이 있다면 바람직하겠지만 이 점이 가장 우선적인 고려사항은 아니다. 시간이 어느 정도 소요되도 이미 일을 하고 있는 통번역사에게는 그리 큰 문제가 아닐 뿐더러 교육을 통해서 얻는 바가 없다고 느끼면 언제라도 강의를 수강하지 않으면 그만이기 때문이다. 그러나 처음으로 통번역을 배우는 학생들의 경우에는 상황이 다르다. 이 학생들은 통번역 분야로 진출할 수 있는 선택가능한 방법이 정규 교육과정 외에도 몇 가지 존재한다는 점으로 인해 교육을 위한 기간이나 교육 자체에 대해 다르게 생각할 수 있기 때문이다. 정규교육과정을 거치지 않은 상태에서 전문통번역사로 일하고자 하는 학생이 선택할 수 있는 대안은 두 가지가 있다. 교육을 전혀 받지 않은 그 상태로 일을 시작하거나(no-training option) 아니면 견습과정을 거치면서 일을 배워가는 사내 도제방식(in-house on-the-job training option)이다. 즉, 한 회사에 들어가 업무 경력이 많은 선배의 감독 하에서 통번역 업무를 배우는 방식이다.

전혀 교육을 받지 않은 상태에서 일을 시작하는 선택 안은 외부로부터 전혀 도움을 받을 수 없다는 점에서 다른 두 가지 방법과 비교할 때 효율이 떨어진다. 선배에게 조언을 구하기도 어렵고 따라서 잘못된 습관이 생길 위험도 있다. 정규교육과정과 도제방식을 비교한다면 전자가 후자보다 확연히 효과적이라고는 말하기 어렵다. 견습을 통한 훈련이 때로는 정규교육과정보다 바람직하다고 말하는 근거는 다음과 같다.

- 두 방식 모두 지속적인 지도하에서 향상을 이룰 수 있다는 점은 유사하다. 이론적으로는 정규교육기관에서 가르치는 교사가 더 철저히 교육할 것이라고 생각한다. 그러나 실상을 보면, 교육기관에서의 훈련이 반드시 더 우수하지는 않다. 전문통번역사가 일을 하면서 파트타임으로 강의도 맡고 있는 경우 학생들을 지도하는데 충분한 시간을 할애하기 힘들다. 일반적으로 통번역대학원에서는 현역으로 활동하고 있는 전문통번역사가 강의를 맡는 것을 원칙으로 하는데 통번역사이며 강사인 교사는 자신의 본업이자 주요 수입원인 통역, 번역 업무로 인해 학생 지도에 많은 시간을 할애하기 힘들다. 더욱이 전문통번역사는 교사가 되기 위한 훈련을 받지 않은 사람들도 상당 수 있으므로 교육방법론을 잘 모를 수도 있다. 반면, 가르치는 일에만 전념하고 있는 전임교사의 경우는 전문통번역사들에 비해 실무에 대한 감각이 떨어져서 학생들이 필요로 하는 부분을 간과할 위험이 있다(일례로 프랑스 한 교육기관에서 실시한 번역교육과 번역 시장의 연계성에 대한 부르데라지(Bouderradji, 2004)의 설문조사가 있다). 도제방식의 경우에도 지도를 해주는 사수는 대부분 전문교육자가 아니다. 그럼에도 불구하고 사수들이야 말로 시장에 대해서 현재 뿐만 아니라 앞으로 예측되는 변화까지 꿰뚫고 있는 전문가이다. 또한 고객들에게 제공하는 통번역서비스를 총괄하는 책임자로서 훈련생의 번역물을 검토하기 때문에 책임의식이 강하고 당연히 통번역 결과물을 꼼꼼하게 감독한다. 특히, 회사에서의 번역물은 교실에서처럼 여러 차례 검토할 여유 없이 단 한번 만에 이루어져야 하므로 엄격하게 지도한다. 마지막으로 회사에서는 사수 한 사람 당 한, 두 명의 훈련생이 할당되는 반면, 교육기관에서는 교사 한 명이 한 학급의 학생 모두를 교육할 책임이 있다. 교사 대 학생 비율은 도제방식이 확실히 유리하다. 물론, 사수가 얼마나 성실한지 또 맡은 업무량에 따라 훈련생들을 위해 어느 정도 시간을 할애할 수 있을

지는 알 수 없으므로 도제방식의 장점이 다른 단점으로 상쇄될 수 있다. 그럼에도 불구하고 충분히 고려해 볼 만한 방식이다.

- 교육기관에서의 통번역 훈련은 인위적으로 설정된 상황이다. 고객의 의뢰에 의해 이루지지 않기 때문에 보수도 없고 학습을 목적으로 교사에 의해 실시된다(일부 교육 프로그램에서는 실제 고객들이 의뢰한 번역을 수행하는 경우도 있다. 키라리(2005)와 같은 학자는 이 방식을 권장한다). 결과적으로 실제 현장에서 사용했던 텍스트나 연설문을 가져다가 사용하는 경우라도 교실에서의 통번역 실습은 가상으로 상황을 전제하여 의사소통이 이루어진다. 따라서 교육 수단으로서는 교실에서의 실습은 사내에서 번역을 수행할 때나 더미 부스(이 부스에서는 통역사들은 "통역"을 하지만 청중이 통역을 듣지 못한다)에서 연설을 통역하는 경우보다 실제 상황을 생생하게 반영하지 못하고 효과도 떨어진다. 마찬가지로, 현장에서 습득하는 배경지식은 말 그대로 가장 연관성 있고 살아있는 배경지식인 반면 통번역교육기관에서 습득하는 지식은 그렇지 못할 가능성이 있다. 업무와 직접적으로 관련 있는 교육에 할애되는 단위 시간당 비율을 계산해보면 전문교육기관이 도제방식보다 저조하다. 결국, 학교에서 보내는 2년에서 길게는 4년의 기간이 누적되면 교육적 측면에서 상당한 간극이 벌어질 수 있다.
- 전문교육기관에서 교육을 받기 위해서는 학생 또는 학부형이 등록금을 지불해야 한다. 반면, 도제방식은 훈련을 받는 동안에도 적으나마 보수를 받는다. 학생의 입장에서 정규교육은 2년에서 4년의 기간 동안 등록금과 생활비를 지불할 경제력이 있어야 함을 의미하는데 반해 견습을 받는 경우에는 돈도 벌면서 일을 배울 수 있다. 이미 다른 일을 하고 있거나 부양가족이 있고 아니면 다른 재정적 부담이 있는 상태에서 통번역을 공부하려는 학생들에게 교육여건의 차이는 중대한 문제이다.

위의 내용은 동료들과 이야기를 나누거나 현장에서 관찰한 바를 근거로 선택 가능한 교육여건을 대략적으로 비교했을 뿐이지 구체적인 데이터 통계에 근거를 둔 조사결과는 아니다. 꼼꼼하게 계획하여 최적화한다면 전문교육기관에서의 훈련은 "인위적으로" 상황을 설정할 수 있다는 점을 역이용해서 학생들의 능력을 보다 효율적으로 향상시킬 수 있다는 장점이 있다. 이 경우, 계획 없이 시장에서의 필요 위주로 이루어지는 도제방식보다 학생들의 실력이 빠르게 향상될 가능성이 높다. 본서의 중요한 목적 중 하나는 바로 교실에서의 시간을 효율적으로 사용할 수 있도록 교사들을 돕는 일이다. 앞의 사례를 통해 제도권 교육의 장점을 극대화하려면 교육과정의 최적화가 왜 중요한지 충분히 납득이 되었기를 바란다. 교육 효율을 최대화하기 위해서는 "집약적인" 교육과정을 통해 관련성 높은 지식과 기술을 최단의 시간에 습득할 수 있도록 하는 훈련이 바람직하다.

5. 과정 지향적 접근방식의 통번역 교육

통번역교육을 최적화하기 위해서는 적어도 교육의 초기단계에서 만이라도 과정 지향적 접근방식을 택하는 편이 바람직하다. 이 접근방식은 통번역의 결과물이 아니라 교실에서의 교육 과정에 중점을 두는 교육방식이다. 구체적으로 말하자면 학생들에게 텍스트를 주고 번역이나 통역을 하도록 지시한 후 도착어 결과물에서 어떤 점이 "옳고" 어떤 점이 "잘못 되었는지" 코멘트하거나 교사가 적절한 대안을 제시하고 실제 번역의 경험을 반복하는 과정이 누적되어 학생들의 학습곡선이 상승하도록 하는 방식과는 다르다. 과정 지향적 접근방식은 교사가 학생들이 거쳐 간 과정에서의 문제를 발견하고 문제에 대해 학생들이 인식할 수 있도록 도울 뿐 아니라 문제를 해결하기 위해 적합한 통번역의 원리, 방법, 과정이 무엇인지 터득하도록 하는 교육방식이다.

- 통번역 실습을 진행하면서 높은 품질의 결과물을 얻기 위해 어떻게 접근해야 하는지 방법론적인 방향을 제시한다. 본 장의 뒤에서 설명하겠지만 필자는 방법론적인 방향을 제시하는 교육이야말로 기본 개념이나 모델과 연계시켜 설명이 이루어진다면 가장 효율적으로 학습효과를 얻을 수 있는 방법이라고 생각한다. 본서는 통번역 교육을 위한 이러한 개념과 모델을 소개하기 위해 집필했다.
- 학생의 번역물을 교정하는 과정에서 교사는 학생들이 선택한 도착어의 특정 단어나 구문 구조에 대해 지적을 하기 보다는 그러한 표현을 선택하기까지의 과정에 대해 진단하고 의견을 제시한다. 이때 학생들이 택한 통번역 절차와 어려움을 해결하기 위한 대응방법에 대해서도 조언을 하도록 한다.

과정 지향적 접근방식은 기존의 결과 중심적 방식과 비교해 볼 때 적어도 통번역 교육과정의 초기단계에는 다음과 같은 몇 가지 이점을 갖는다(물론 전체 교육 기간과 교육 목표에 따라 교육의 초기단계는 몇 주에서 몇 달까지 차이가 있다).

- 학생들이 통번역의 전략에 대해서 사전에 설명을 듣고 난 이후 번역에 임할 수 있으므로 시행착오의 과정을 겪으면서 번역 방법을 터득하는 경우나 사례 별로 그때그때 취할 수 있는 전략이나 기술에 대해 조언을 들을 때보다 수월하게 통번역 전략(전반적인 진행 계획)과 대응책(어려움에 대처하기 위한 의사결정)을 도입하고 적용할 수 있다.
- 학생들이 선택한 도착어 어휘나 구문 구조보다는 오류의 원인이 무엇이며 어떤 통번역 전략이 좋은 선택이었는지 논의하는 데 집중한다. 이를 통해 교사는 일반화하여 적용 가능한 통번역 전략, 대응책 그리고 기술을 이끌어내는데 효과적으로 수업시간을 할애하는 반면 출발어 텍스트의 특정 어휘나 구문 구조에 대한 해결책을 찾는데 치중하는 시간 허비는 줄일 수 있다. 출발어 특정 언어 구문에 대한 집중은 오히려 더 심각한 문제의 소지가 있다.

• 번역 과정에 중점을 둘 때, 교사는 결과물 즉, 학생들이 생산한 도착어 텍스트에 국한하여 평가하는 때보다 융통성 있게 언어의 수용가능성이나 충실성의 기준을 적용가능하다. 과정 지향적 접근방식을 택하면, 교사는 자신의 번역이 학생의 번역보다 더 적절하다는 점을 설득하기 위해 시간을 허비할 필요도 없고, 또 학생들에게 교사의 기준만을 강요해서 불만을 사거나 학생 스스로 볼 수 있는 능력을 약화시킬 우려도 없다. 교사는 학생이 번역의 원칙이나 접근방법 또는 과정을 따르고 있는지 확인하고 학생들이 취한 과정에서 발생했을 어려움에 대해 논의하는 것으로 충분하다. 특정 단어의 선택이나 표현이 유일하거나 옳은 해결책이라고 주장하거나 통번역에 어려움에 대한 최선의 대책이라고 강요할 필요는 없다. 아래에서 설명하고 있듯이 이 부분은 좀 더 시간이 흐른 후에 다루어도 된다(추가 설명은 질(Gile, 1994, 2005) 참고).

과정 지향적 접근방식은 통번역 결과물 품질의 향상에도 기여한다. 예를 들어 의료 실무진에게 의료 번역에 대해 교육하거나 엔지니어들이 자신의 전공분야 번역사로 일할 수 있도록 교육하는 것이 목적이라면 과정 지향적 교육방법을 통해서 전문가 수준으로 학생의 능력을 향상시키기에 충분하다. 반면, 초급수준의 학부 학생들이나 여타 교육 과정의 경우에는 학생들의 기본 지식 수준에 따라 과정 지향적 접근방식만으로는 최고의 결과물을 기대하기는 힘들고 좀 더 심도 있게 언어 및 언어 외적 지식의 습득이 선행될 필요가 있다. 일반적으로 과정 지향적 접근은 교육 과정의 초기단계에 적합하다(앞에서 언급했듯이 교육 프로그램의 총 기간에 따라 몇 주에서 몇 달에 이르기까지 편성이 가능하다). 그 후, 결과 중심적 교육을 통해서 지속적으로 결과물을 정교하게 다듬어 가는 품질 향상을 위한 훈련이 수반되어야 한다. 교사가 학생이 선택한 단어, 문장 구조 등에 대해 코멘트를 하고 전략과 적절한 도착어 대안을 제시하는 결과 중심적 교육을 오랜 시간 반복한 후에야 학생은 최고 수준의 전문성을 갖추게 된다.

본서는 초기단계에서의 과정 지향적 교육을 위해 이용할 수 있는 통번역의 기본 개념과 모델을 설명하기위해 집필했다.

본서에는 학생들이 과정 지향적 접근방식에 적응한 후 보완적으로 어느 정도의 "통번역 실제연습"을 병행해야 하는지에 대한 권고는 하지 않았다. 필자의 생각으로는 실무연습의 양과 강도는 개별 교사의 재량에 맡겨서 교사의 기준을 충족하도록 훈련하는 방식이 바람직하다.

6. 통번역 교육의 일부로서 실시하는 이론교육의 장점

전문통번역사 교육과정은 세계 어느 곳을 둘러봐도 실무 위주의 통역 번역 연습과 훈련이 핵심적인 부분을 차지한다. 이는 출발언어 텍스트나 연설문을 선정한 후, 학생들이 통역 또는 번역을 하도록 하고 그 결과에 대해 교사가 코멘트를 하거나 오류를 수정할 수 있도록 지도하는 방식이다. 연구문헌을 보면 교사, 전문통번역사, 학생들 모두 이러한 실무 위주의 교육 방식에 대해 이견이 없다. 단지 실무에 어느 정도의 시간을 할애할 것이며, 어떻게 진행하고, 어떤 자료를 사용할 것인지, 입학 기준이나 졸업 기준 등에 대해서 시각의 차이가 존재할 뿐이다(들리즐(Delisle) 1981, 라이스(Reiss) 1986, 셀레스코비치와 르데레르(Seleskovitch & Lederer) 1989, 돌러룹과 라데가르트(Dollerup & Loddegaard) 1992, 돌레룹과 린데가르트(Dollerup & Lindegaard) 1994, 헝(Hung) 2002, 핌 외(Pym et al.) 2003, 켈리(Kelly) 2005, 테넌트(Tennent) 2005).

통역 번역 실제연습이 핵심부분을 차지하지만 이 외에도 교과과정은 다양한 주제 분야와 실습을 포함한다. 언어능력 강화를 위한 과목 외에도 경제, 정치사회, 과학 기술 등의 다양한 주제지식 강화를 위한 강의는 기본이고 통번역 관련 기술을 훈련하기 위한 과목을 개설하고 있는 학교도 있다. 퍼블릭스피킹, 다큐멘터리, 전문용어, 문서 요약, 테크니컬 라이팅 등이 몇 가지 예이다. 언어학 또는 통번역 이론에 대한 과목도 교과과정에서 증가하고 있다. 그러나 이론이 추상적이고 실제 통번역 과정에 적용하기에는 동떨어지게 느껴져서 학생들에게 실질적인 도움을 주기 어렵다는 이유로 그 효용성에 대해 의문을 제기하기도 한다. 이 점에 대해서는 후반에서 더 상세하게 언급하겠다(제10장 참고).

통번역이론교육은 통역, 번역사가 되기를 희망하는 학생들이 신속하고 효과적으로 통번역을 위해 필요한 기술을 습득하도록 교육하는 기능 외에도 여러 가지 긍정적인 역할을 한다. 일부 학사 또는 석사학위를 수여하는 교육기관의 경우는 학위 취득을 위한 필수 교과목에 이론 강좌를 포함하고 있다. 그러니까 졸업을 위한 조건으로 연구 수행도 요구되는 경우이다. 학술기관으로서 어느 정도의 연구를 의무화한 점은 타당하다고 생각하고 향후 통번역사들이 참고할 수 있는 문헌과 지식 기반을 확대하고 통번역사의 사회적 지위를 향상시키는 데도 긍정적으로 기여하리라 본다. 본 장의 제1절에서도 언급했듯이 본서는 전문교육의 기능에 대해 설명하기위한 목적으로 집필했다. 따라서 여기에서는 이론 요소를 통해 추구할 수 있는 교육적 효과에 대해서만 집중하고자 한다.

여러 학자들이 통번역 교육과정에서 이론 교육의 중요성을 강조했다. 코미사로프(Komissarov, 1985:208)는 "번역이론은 특히 번역 실습의 마지막 분석 단계에서 길잡이 역할을 한다는 점을 부인하기 힘들다"고 설명했다. 이외에도 같은 맥락의 의견을 피력한 학자들이 여러 명 있다(카데와 카르텔리에리(Kade & Cartellieri), 1971, 들리즐, 1980: 57, 96, 1981:136, 비네(Vinay), 1983, 제르마르(Gémar), 1983, 쥐엘(Juhel), 1985, 라로즈(Larose), 1985, 젠틸레(Gentile), 1991, 푀히하커(Pöchhacker), 1992, 비아히오(Viaggio), 1988a, 1992, 소우어(Sawyer), 2004 참고). 또한 한센(2009)과 카단(2009)에서도 수년 동안 일을 한 전문통번역사들이 이론교육이 유익하다고 회고한 것으로 기록하고 있다.

필자가 생각하기에 통번역 교육과정에 이론교육을 포함했을 때 얻는 긍정적인 효과는 이론을 통한 설명력이고 불확실성과 어려움을 체험하는 학생들에게 확신을 줄 수 있다는 점이다. 학생, 교사 또는 세미나 참석자들에게 어떤 이론을 교육하던지 이론적 지식을 통해서 통역, 번역에 대해 더욱 깊이 있게 이해할 수 있게 된다면 그 점이 가장 좋은 기여라고 생각한다. 특히 다음 부분에서 학습자의 이해를 도모하는 노력이 중요하다.

- 현상에 대한 이해: 저자가 왜 특정한 방식으로 글을 쓰는가? 연사가 문법 오류가 있는 문장을 발화하는 이유는 무엇인가? 발화를 "이해"한다는 것은 무엇을 의미하는가? 인간의 뇌는 문어와 구어를 어떻게 인지하는가?
- 통번역의 어려움에 대한 이해: 동일한 메시지를 다른 언어로 재표현하는 과정은 왜 어려운가? 통역언어 사이에 언어간섭은 왜 발생하는가? 통역사들이 때로는 아주 단순한 발화를 이해하지 못하는 이유는 무엇인가?
- 교사가 제안하는 통번역 전략과 기술에 대한 이해: 통역사가 출발어에서 도착어로 전환을 하는 과정에서 정보를 일부 변경하는 것이 문제가 되지 않는 이유는 무엇인가? 순차통역을 할 때, 통역사는 왜 노트테이킹을 위해서 최소한의 시간과 노력만을 할애해야 하는가? 통번역사는 왜 자신의 모국어로만 통번역을 해야 하는가? 이 주장에 대해 반대하는 이유는 무엇인가?

위에 언급한 점에 대한 이론적 근거를 이해하면 학생들은 다음의 장점을 누릴 수 있다.

- 앞에서 언급했듯이 학생의 실력이 보다 신속하게 높은 수준까지 향상될 수 있다. 특히, 이론적 개념과 모델에 대한 교육을 받은 학생은 이론지식에 근거하여 결정을 내리므로 통번역 과정에서 잘못된 전략을 선택하는 오류를 피할 수

있다. 예를 들어서 학생이 "언어 가용성(linguistic availability)"의 작용에 대해 인식하고 있는 경우에는 통역언어 구사력을 향상시키기 위해 부적합한 교재나 방법을 사용하면서 시간을 허비하지 않는다(제9장 참고). 또한 동료 또는 교육을 담당하고 있지만 전문통번역사가 아닌 교사가 한 조언에 대해서는 그 조언을 적용할 경우의 득과 실을 가늠할 수 있는 분별력이 생긴다.

- 이론적 개념과 모델에 대한 지식은 학생들이 적절한 통번역 전략과 기술을 선택하는데 도움을 준다. 특히 교육과정에서 경험하지 못한 새로운 문맥이나 상황에 직면했을 때 어떤 대안이 있으며 각 선택에 따른 결과가 무엇인지를 분별하는 판단력이 생긴다.
- 마지막으로, 이론적 개념과 모델은 시간이 경과한 후에도 통번역사가 기준을 잃지 않고 계속 적절한 전략과 기술을 준수하며 일할 수 있도록 돕는 시금석 같은 역할을 한다. 금전적인 이득, 통번역 의뢰인의 요구, 제3자의 통번역 업무에 대한 잘못된 인식 등 시장에서의 대세에 떠밀려 직업윤리에 반하거나 비효율적인 방식을 따라가지 않도록 기준을 제공한다. 가령, 통번역의 과정에서 어떤 제약이 발생할 수 있는지 인식하지 못하는 의뢰인이 통역사에게 모국어가 아닌 도착어로 통역하기를 부탁하는 경우가 있다. 아니면 통역사에게 사전준비나 의사 판단을 위해 필요한 정보를 제공해야 할 책임이 있음을 간과하는 의뢰인이 있어서 이들에게 자료가 필요하다는 점을 설득하려면 상당한 수고가 필요하다. 단언컨대, 이론적 지식은 통번역의 현상, 그 원인 그리고 예상되는 결과에 대한 설명을 제공하며 수업시간에 교사로부터 들었던 단편적인 행동지침이나 규정보다 훨씬 더 현실적인 참고 기준이다.

7. 이론교육 설계를 위한 기준과 지침

전문통번역사 양성이 목적인 교육기관에서 이론교육을 교과과정에 포함시키고자 한다면 다음의 지침을 참고하여 강의 계획을 세우도록 한다. 교육 목표가 다른 교육기관이라도 일단 초급수준의 학생들에게 이론에 대한 개론적 수업을 계획하고 있다면 아래의 지침이 도움이 될 것이다. 첫 학기에는 많은 내용을 포함하지 않고 간단한 이론과 이론을 적용 가능한 실무연습을 연계해서 강의하는 편이 좋다. 이렇게 할 때 한편으로는 실용적인 통번역 전략에 대해 소개할 수 있고 다른 한편으로는 통번역에 대한 이론적 접근도 시도할 수 있다. 그 이후, 좀 더 깊이 있고 구체적인 이론연구를 위한 시간이 허락된다면 추상적이고 광범위한 부분까지 포함시킨 이론교육을 실시하도록 한다. 이때 초기 입문수업에서 공부한 이론적 기반이 좋은 밑거름이 될 것이다. 심화이론교육을 계획하고 있다면 제10장에서 소개하고 있는 개념적 틀(IDRC 플랫폼)이 유용하다.

다음의 지침은 이론교육을 설계하고 실행함에 있어서 시간과 수고를 가장 효율적으로 사용하면서도 전문적인 속성교육과정을 이끄는데 기여할 것이다.

강의 설계 지침 1: 이론교육은 학생들의 필요를 직접적으로 반영하는 내용이어야 한다.

이론교육은 학생이나 초보 통번역사가 일을 하면서 실제로 경험한 적이 있거나 그럴 가능성이 높은 어려움 또는 문제에 대한 해답을 제공할 수 있어야 하며 학생들이 문제 해결에 유용하다고 느끼는 수준을 벗어나서는 안 된다.

이러한 시각에서 보면, 언어 관련 연구의 연대별 흐름, 저자별 이론별 술어 연구비교, 언어학 용어분류 등은 모두 우선순위가 떨어진다. 물론 열거한 분야에 대해 관심이 전혀 없다는 말은 아니지만 학생들의 통번역 능력 향상에 직접적으로 기여하는 부분은 미미하다. 따라서 단기 속성 이론교육 과정에서는 가장 먼저 배제될 가능성이 높다.

강의 설계 지침 2: 이론교육은 이해하기 쉬워야 한다.

이론교육은 명쾌하고 논리적인 체계가 있어야 하며 이론적 개념이나 전문용어를 습득해야 이해할 수 있는 수준이어서는 안 된다. 통번역 현상에 대해 꼼꼼하게 빠짐없이 그리고 정확하게 설명하면서도 이 모든 내용을 이해하기 쉽게 전달하는 배려가 적절히 균형을 이루어야 한다. 이론교육의 목적은 무엇보다도 실무교육을 보다 효과적으로 진행하기 위해서라는 점을 명심해야 한다. 특히, 통역 과정을 모델로 도식화하여 설명하는 등의 시도는 깊이 있는 연구가 목적이기보다는 통역의 현상을 설명하기 위한 용도이다. 학생들이 통역과정에서의 현상에 대해 정확하게 이해함으로 통역 그리고 번역의 과정에서 직면하는 어려움에 적절한 대응을 할 수 있도록 돕는데 있다. 따라서 이론교육을 가능한 단순하게 유지하는 노력 자체도 중요하다. ESIT의 해석이론(Interpretive Theory), 스코포스(skopos) 이론, 체르노프(Chernov, 2004)의 확률적 예측 모델(probabilistic prognosis model), 그리고 본서의 1995년 초판에서 소개한 몇 가지 개념과 모델이 많은 사람들에게 빈번하게 회자되는 핵심적인 이유가 바로 단순성 때문이다. 이에 비해 모저(Moser, 1978) 그리고 세튼(Setton, 1999)이 제시한 보다 심층적이고 정밀한 통역 모델은 널리 확산되지는 못했다.

강의 실행 지침 1: 이론교육은 학생들이 통번역의 과정에 대해 충분히 인지한 이후 실시한다.

이론교육은 학생들이 그들이 수행하는 과정의 현상과 그에 따른 결과가 무엇인지 경험을 통해 인식한 이후 실시하는 편이 바람직하다. 많은 학생들이 언어간섭, 사전을 이용해 찾은 대응 표현의 신뢰도, 의뢰인, 저자/연사 그리고 독자/청중 간 이해 상충 문제 등 어려움에 대해 인식하지 못하는 경우가 많다. 결과적으로 어려움에 직면했을 때 문제의 정확한 원인을 파악하지 못한다. 예를 들어, 학생들은 정보처리 역량이 한계에 도달했을 때 어떤 영향을 미칠 수 있는지 인식하지 못하기 때문에 순차통역 중 노트테이킹을 너무 꼼꼼하게 하는 행동이 얼마나 큰 위험감수를 초래하는지 깨닫지 못한다. 이 경우, 노트테이킹을 시작하면서 연사의 발화에 집중하는 청취 효율이 얼마나 떨어지는가를 측정하는 실험에 학생들을 참여시키는 방법도 문제에 대해 학생들이 민감해지는 데 기여한다(제7장 참조). 학생들이 통역 과정에 대해 충분히 인식한 후에는 이론을 실무에 직접적으로 적용 가능하고 가장 적절한 대응책을 찾을 수 있다는 확신이 생기므로 이론 교육에 대해 보다 수용적인 자세를 보인다.

강의 실행 지침 2: 학생 통번역의 강점과 약점에 대해 논의하는 과정에서 이론교육 내용을 빈복해서 인급하고 학습한다.

학생들에게 이론을 실무에 적용 가능함을 보여준 후에도 번역물에 대한 논의를 할 때는 이론 내용을 강조하고 반복하도록 한다. 이렇게 했을 때 학생들은 문제 해결을 위해 꾸준히 그리고 적극적으로 이론을 적용하려고 노력한다. 그렇다고 매번 강의 시간마다 통역모델을 반복해서 설명하라는 말은 아니다. 다만 통역전략에 대해 설명하거나 학생들의 통역에 대해서 피드백을 할 때는 이론과 연관시켜서 재차 언급하면 좋다. 예를 들어 학생이 제출한 번역물에서 텍스트 맥락상 논리적이지 않은 문장을 발견했다고 생각해 보자. 이때 문장이 비논리적이라고 지적하는 대신 학생에게 의미에 대한 타당성 검증(plausibility test)을 실시했는지를 질문한다면 바람직한 교육 효과를 얻을 수 있다(제5장 참조). 또 학생들은 실무와 이론의 연관성에 대해 확신을 갖고 명확하게 인식한다. 중요한 점은 직접적으로 적용이 가능할 때 마다 이론에 대해 언급하기 위해서는 이론내용이 단순 명료해서 학생들이 쉽게 상기할 수 있어야 하고 충분히 설득력이 있어서 설명을 하거나 올바른 방향으로의 길잡이가 되어야 한다. 이론교육의 취약점은 직접적으로 적용이 안 되는 부분이 있거나 실습과정에서 즉시 기억이 나지 않으면 효용 가치가 떨어진다는 점이다. 결과적으로 학생들은 초기에는 이론에 대해 배우지만 결국은 이론을 적용하기 보다는 기억의 배후에 놓아두고 거의 활용하지 못한다. 이런 식의 이론교육은 학생들에게 전혀 도움을 주지 못하고 망각될 뿐이다.

8. 통번역 이론교육을 위한 참고문헌

기본적으로, 학생들의 수요에 최적화되었거나 '속성' 통번역교육과정에서 사용가능한 이론교육 교재를 선택하는 세 가지 방법이 있다. 첫째, 다른 통번역 교사 또는 연구자가 개발한 교재를 사용한다. 둘째, 다른 교사가 개발했으나 '속성'과정에서 활용하기에는 적합하지 않은 내용을 부분적으로 편집해서 사용한다. 셋째, 스스로 교육 내용을 개발한다.

애석하게도 학생들이 실무에 바로 적용이 가능하면서 앞에서 언급한 지침을 준수하는 이론교육 모델을 기존의 문헌에서 찾기는 쉽지 않다. 예외적인 두 가지는 ESIT의 해석이론 그리고 스코포스 이론으로 전자는 다니카 셀레스코비치와 마리안느 르데레르, 후자는 크리스티앙 노드의 저서와 논문에서 쉽고 명료하게 설명하고 있다. 통역과 번역의 현상에 대한 연구가 꾸준히 증가하고 있으나 대부분은 통번역 실무에 중점을 두기보다는 학문적으로 접근한 논문이다. 물론 이러한 연구 역시 통번역교육에 적용가능한 이론을 도출하고자 하는 목적으로 만들었다고 저자는 설명한다.

통역, 번역 교육을 위한 실질적인 아이디어를 얻을 수 있는 저서가 다수 있고 모든 저서에서 어느 정도는 참고문헌을 제공하고 있다. 비네와 다르벨네(Vinay & Darbelnet, 1958/1995)의 *영어와 불어의 문체스타일 비교*(*Stylistique comparée de l'anglais et du francais*) 같은 이론 연구의 고전에서는 다양한 번역 방법론에 대해 설명하고 있다. 실제로는 번역 방법론이기보다는 출발어와 도착어 사이 대응관계를 분류했다고 설명하는 편이 더 정확하다. 셀레스코비치와 르데레르(1989)의 통역 교육 이론(*Pédagogie raisonnée de l'interprétation*)에서는 ESIT의 해석 이론에 기반을 두고 이론적 개념을 설명하고 있다. 이 외에도 들리즐(1981)의 *통역과 번역 교육*(*L'enseignement de l'interprétation et de la traduction*)과 스넬-혼비, 호닉, 쿠스몰과 슈미트(Snell-Hornby, Hönig, Kussmaul & Schmitt, 1999년 수정본)의 *번역 핸드북*(*Handbuch Translation*), 체코공화국의 첸코바(Čeňková)와 이바나 외(Ivana a kolektiv, 2001), 일본의 코마츠(Komatsu, 2005) 등 다수의 문헌이 있다. 여기서 언급한 저자와 저서는 끊임없이 출산되고 있는 수십 권의 문헌 중 극히 일부를 소개한 사례이고 이 외에도 영어, 불어, 독어, 스페인어, 이탈리아어, 러시아어, 중국어, 일어, 한국어 등의 언어로 집필된 저서가 꾸준히 출간되어 새로운 현상, 아이디어 그리고 방법론에 대해 소개하고 있다. 본서에서 이들 저서에 대한 서평을 한다면 얼마 지나지 않아 시대에 뒤처지는 일이 될 것이므로 논평은 하지 않겠다. 다만, 저서 외에도 수십 편의 통번역교육 관련 논문이 메타(*Meta*), *바벨*(*Babel*), *멀티링과*(*Multilingua*), 그리고 그라나다 대학의 센드바(Sendebar), 트리스트 대학에서 출간되는 통역사 뉴스레터(*The Interpreter's Newsletter*) 등의 전문 학술지에 매년 게재되고 있다는 점은 반드시 언급이 필요할 듯하다. 특별히 통번역 교육의 중요성을 부각하면서 교육이라는 한 가지 주제만을 전문적으로 다루는 학술지가 발행된 점은 주목할 만한 일이다. 그 예가 세인트

제롬(St. Jerome) 출판사의 통역사와 번역사 훈련서(*The Interpreter and Translator Trainer*) 그리고 미국에 본부를 둔 Conference of Interpreter Trainers'의 통역사 교육에 관한 학회지(*International Journal of Interpreter Education*) 등이 있다.

1990년대 초반까지만 하더라도 통번역 교육과정에서 직접적으로 도입하기에 적합한 이론 내용을 계획하여 정리한 교재는 없었기 때문에 필자가 나름의 방법을 개발하고자 그 작업에 착수하기로 결심했었다. 그러나 얼마 지나지 않아 깨달은 바는 통번역의 핵심 내용을 포함해서 대부분의 과정에 대한 "이론"은 깊이 있는 이론적 지식이 없어도 통번역의 과정을 면밀히 관찰하고 분석하는 것만으로도 모델 개발이 가능하다는 점이었다(제5장의 통번역과정에 대한 순차적 모델, 제3장의 정보전달이 목적인 문장의 정보요소 등이 예이다). 그러나 일부 현상을 설명하기 위해서는 언어학, 심리언어학, 인지심리학 등의 연관분야 지식이 요구된다. 특히, 발화와 언어 이해에 대해서는 심리언어학 분야의 연구 그리고 집중력의 분산에 대해서는 인지심리학 분야의 연구나 수행기억을 포함하여 기억에 대한 연구가 통번역 이론과 밀접한 관련이 있다. 그러나 이론 역시 학생의 필요를 분석해서 적절히 도입해야 학생들이 전문용어를 학습하고 개념을 이해하는데 과도한 노력과 시간을 소비하지 않을 수 있다. 본서에서 제시하는 모델은 따라서 둘 사이의 중간지점에 위치한다. 즉, 실질적인(그리고 때로는 처방적인) 제안과 더불어 '이론적' 개념을 설명하고 있으나 결코 심리학 및 심리언어학 분야에서 개발한 이론처럼 추상적이거나 난해하지(또 광범위하지) 않다. 여러 가지 한계를 지니고 있지만 지난 15여 년 동안 학생들과 교사들의 반응과 문헌에서의 인용 빈도를 평가해 보건데 본 모델은 통번역 교육기관의 교사나 학생들이 활용하기 위한 논리적 설득력이 충분하다(또한 인지과학, 언어학 그리고 통번역 이론 분야에서의 학문적 발전이 있었음에도 불구하고 여전히 그 타당성을 인정받고 있다).

9. 모델

학생들이 쉽게 이해하고 적용할 수 있는 이론교재를 개발하는 과정에서 필자는 모델을 이용해야겠다고 생각했다. 모델은 어떤 현상이나 아이디어를 단순화 시켜 가장 중요한 요소와 요소 상호 간의 연관성을 도식화한 것으로 전체 과정을 설명하는데 유용한다. 본서에서 소개하고 있는 모델은 약 30년에 걸쳐서 개발했다. 서론에서 언급했듯이 이 모델은 처음 파리에 위치한 동양어문학대학(Institut National des Langues et Civilisations Orientales)의 한국어과와 일본어과에서 통역과 번역을 공부하는 필자의 학생들을 위해 집필한 교재의 일부분이다. 그 후, 추가적인 연구와 현장 관찰을 참고하여 수정보완을 했고 여러 대학, 세미나, 통번역관련 회의, 전문 통번역사를 대상으로 한 워크숍, 통번역교육자를 위한 세미나 등에서 발표한 바에 대한 청중의 피드백을 참고하여 모델을 더욱 정교하게 보완했다.

필자가 통번역 교과과정에서 사용하는 주요 모델은 다음과 같다.

- 통번역의 의사소통 모델 (제2장)
- 정보전달이 목적인 문장의 정보 구조 (제3장)
- 통역 그리고 시역 과정에서의 수행능력 분할모델(Effort Model) (제7장)
- 언어지식의 가용성에 대한 중력 모델(Gravitational Model) (제9장)
- 전문분야 연설문 및 텍스트의 이해 (제4장)
- 통번역 과정에 대한 순차적 모델(Sequential Model) (제5장)

이들 모델은 각각 독립된 이론이므로 개별적으로도 교육하기 편리하다. 그러나 교과과정에서 단계적인 접근을 원한다면 다음의 순서로 진행하기를 권한다.

1. 의사소통 문제 (제2장): 통번역사가 최상의 품질의 서비스를 제공하기 위해 올바른 결정을 내리려면 먼저 통역, 번역은 구체적인 의사소통의 상황에서 대화당사자들을 위해 이루어지는 서비스임을 인식해야 한다. 결국, 통번역은 의사소통이 목적인 서비스라는 개념을 기준으로 삼을 때 통번역의 품질을 정확하게 평가할 수 있다.

2. 충실성 (제3장): 언어나 문화마다 전달하거나 함의하는 정보, 어휘, 언어 구조 등의 차이가 존재하기 때문에 통번역사가 내릴 결정으로 불가피하게 출발어와 도착어 사이 정보의 격차가 발생할 때가 있다. 이는 형태에 대한 충실성과 언어/문화적 수용가능성 중 무엇을 선택할 것인가라는 아주 오래 전부터 지속되어 온 논쟁과 직결된 문제이기도 하다. 이에 대해서 교육과정의 초기에 충분히 논의가 이루어졌을 때 학생들은 더 빠르게 발전한다.

3a. 통역전공 학생 대상: 수행능력 분할모델(제7장)과 언어지식의 가용성에 대한 중력모델(제9장). 이 두 모델은 정보처리능력의 한계라는 개념에 기반을 두고 있으며 학생뿐만 아니라 전문통역사가 통역을 할 때도 문제가 발생하는 원인을 설명하는데 유용하다. 두 모델은 통역과정에서의 문제에 대한 해결책으로 교사가 제안한 전략이나 방법에 대해 설명하고 평가하는데 도움을 준다.

3b. 번역전공 학생 대상: 번역 과정에 대한 순차적 모델 (제5장). 이 모델은 번역과정의 방법론적 원리를 개념화한 모델로 번역의 과정을 이해와 재표현의 분리된 두 단계로 설명하고 있다. 각 단계의 마지막에는 검토의 과정이 있으며 의사결정의 중요성을 강조한다. 필자의 경험에 의하면 이 모델은 학생의 번역물에서 어느 부분이 취약한지 정확하게 가려내는데 유용하다.

4. 전문분야 연설문 및 텍스트의 이해 (제4장): 기본적인 방법론에 대한 설명을 마친 후, 일반적인 내용의 텍스트를 이용하여 통번역 연습을 하고 난 이후에는 전문 주제의 텍스트나 연설문을 다루어 볼 것을 제안한다. 이때 전문주제 분야의 연설문이나 텍스트를 비전문가인 통번역사가 어떻게 이해할 수 있는지에 대해 중점적으로 논의하고, 전문분야의 통번역 업무를 수행할 때의 필요조건이나 어려움에 대해 살펴본다.

필자의 생각에는 향후 다양한 통번역 분야로서 공공분야 통역, 수화통역, 더빙, 자막처리, 웹 번역, 로컬리제이션 그리고 영상 묘사 등에 대한 모델의 개발도 기대해 볼 여지가 많다. 그러나 이러한 작업은 해당 분야의 전문가에 의해 이루어졌으면 하는 바람이다.

10. 주요 내용

1. 전문교육기관에서의 제도권 교육이 통번역 분야로의 진출을 위해 절대적으로 요구되지는 않지만 신참 통번역사의 능력을 개발하고 더욱 신속하게 향상시키는데 기여한다.

2. 통역, 번역사는 다음의 능력을 반드시 갖추어야한다
   - 수동언어에 대한 높은 수준의 언어지식
   - 능동언어에 대한 높은 수준의 구사력
   - 적절한 주제 지식
   - 통역, 번역의 원리와 테크닉에 대한 지식

3. 학생의 기존 배경지식 수준과 능력에 따라 교육과정에서 필요한

사항은 차이가 있다. 교육 과정을 최적화하기 위해서는 입문단계 프로그램과 재교육 프로그램으로의 구분이 필요하다.

4. 전문기관에서의 제도권 교육이 현장에서 일을 하면서 배우는 도제방식보다 더 나은 교육방법으로 선호되도록 하려면 교육의 최적화를 위한 노력이 요구된다. 도제방식은 비용, 실무와의 관련성 및 번역 실습 기회의 측면에서 유리하다.

5. 과정 지향적 접근은 통번역 결과물이 아닌 원리, 방법, 그리고 과정에 중점을 둔 교육방식이다. 이 접근방식은 특히 교육의 초기 단계에서 매우 효과적인 교육방법론이라고 볼 수 있으나 점차적으로 기존의 결과중심 교육방식이나 오류 수정 위주의 교육을 도입하여 정교하게 보완할 필요가 있다.

6. 이론교육은 학생이 통번역 과정에서의 현상, 수반되는 어려움 그리고 어려움을 극복하기 위한 다양한 전략 등을 이해할 수 있도록 돕는다. 결과적으로 학생들이 실력을 더욱 신속하고 높은 수준으로 향상할 수 있으며 졸업 후에도 지속적으로 적절한 전략을 적용할 수 있도록 돕는다.

7. 바람직한 이론교육을 위해서는 다음의 지침을 참고한다.

- 학생들의 필요를 직접적으로 반영한 내용이어야 한다.
- 이해하기 쉬워야 한다.
- 학생들이 통번역과정에 대해 인지한 이후 실시한다.
- 실습과정에서 이론을 적용하며 반복적으로 학습한다.

2장

의사소통과 통번역의 품질

1. 들어가기

번역 강의를 수강하는 학생들을 보면 대부분 번역의 언어적 측면에만 집중하고 그나마도 학교에서 외국어 습득을 목적으로 가르치는 교육적 번역 방식으로 한정지어 번역을 이해하는 경우가 많다. 이런 학생들에게 텍스트를 번역하라고 하면 자신이 알고 있는 '언어적 대응' 방식으로 번역을 한다. 즉, 사전에서 가장 근접한 어휘 수준의 대응어를 찾아서 출발어 구문 구조와 유사하게 도착어로 치환하려 한다. 학생들은 번역이란 특정한 목적을 위해 이루어지며 그 목적이 텍스트를 번역하는 방식에 영향을 줄 수 있다는 가능성에 대해서는 인식이 미치지 못한다.

다시 말해서, 학생들은 전문통번역이 무엇인지 이해하지 못하는 상태이다. 스스로의 번역을 평가할 수 있는 기준도 없고 실제 현장에서 우수한 번역이라고 평가하는 수준으로 발전하기 위한 지침으로 삼을 잣대도 없는 상태이다. 필자의 경험에 비추어 보건데 이론적 개념을 배우지 않은 상태에서 학생들은 교사가 말하는 수정 사항이나 조언을 이해하지 못하는 경우가 많았다. 결과적으로 분석과 의사 결정을 통해 언어적 대응은 지양하고 번역 품질을 향상시키고자 이끄는 교사의 조언을 받아들이지 못했다. 학생들은 기저에 놓인 원인에 대해 이해하지 못하는 상태에서는 교사가 내리는 지시와 조언을 논리적으로 이해하기 어려워한다. 간혹, 문화적 배경이나 개인적 성향에 의해서 교사의 말은 궁극적인 권한이 있으며 무조건적으로 따라야 한다고 순응하는 학생이 있다. 그러나 대다수의 학생은 그 동안 학교를 다니면서 교육 받았고 알고 있던 방식과는 상충되는 방식으로 작업하도록 지시하는 새로운 환경에 적응하기 힘들어 한다. 교사가 제시하는 수정 사항에 동의하지 못해서 학생들이 교사를 싫어하거나 불신하게 되는 경우도 있고 교사의 권위를 받아들이더라도 교사 두 명의 의견이 서로 상충하거나 하면 쉽게 혼란에 빠져버린다.

이런 모든 이유로 인해 전적으로 교사 단독의 권위에만 의존하여 학생들을 전문 통번역을 위한 최고의 수준까지 훈련하도록 일임하는 방식은 발전을 위한 바람직한 방법은 아니다.

따라서 번역교육을 시작하는 처음, 즉, 강의 첫 시간에 교사의 코멘트와 피드백의 근간이 되는 기본 개념이 무엇인지를 인식시키는 일이 중요하다. 즉, 전문통번역이란 근본적으로 의사소통을 목적으로 이루어지는 서비스이며, 구체적인 목적을 가진 사람들에 의해 실제 현장에서 상황적 제약을 받으며 이루어지는 행위라는 점을 확실하게 설명하여 인식시키도록 한다. 전문통번역의 품질은 통번역을 통해 달성하려는 기능뿐만 아니라 통번역이 이루어지는 상황에 의해 영향을 받기 때문에 현장에서는 전통적인 교실 환경에서와는 상당히 다르게 평가될 수 있음을 설명해야 한다. 이어지는 페이지에서 소개하고 있는 몇 가지의 단순화한 모델과 기본 개념은 학생들이 이에 대한 인식을 확고히 갖도록 한다.

2. 의사소통 행위로서 전문통번역

2.1 교육적 번역 vs. 전문번역교육

통번역 작업은 다양한 상황에서 이루어지고 있으며 그 종류는 아래의 경우를 포함하여 다양하게 분류가 가능하다.

- 교육적 번역(school translation)은 가장 널리 알려져 있고 보편적으로 이루어지는 번역 방식으로 누구나 학교에 다닐 때 외국어를 배우면서 한, 두 번쯤은 해본 경험이 있다.
- 개인적인 용도를 위한 번역이 또 다른 상황이다. 예를 들어 어떤 장비의 사용자 매뉴얼이 친숙하지 않은 외국어로 제작되어있는 경우 또는 매뉴얼을 자주 참고해야 할 경우 전적으로 편의를 위해 필요한 일부를 번역하는 경우가 있다.
- 전문적인 의뢰에 의해서가 아니라 개인적인 즐거움을 위해 이루어지는 통번역이 있다. 자신이 존경하는 저자의 글이나 좋아하는 텍스트를 번역하면서 느낄 수 있는 기쁨이 있고 텍스트를 면밀히 분석하고 창의적인 재표현을 찾거나 어려움을 극복하는 과정에서 즐거움을 누린다. 물론, 일반적인 의사소통을 목적으로 하는 작업은 아니다.
- 통역의 경우, 전문통역이 아니면서 가장 빈번하게 통역이 이루어지는 상황은 친구, 친지 또는 관광객이 방문을 해서 관광 또는 쇼핑을 할 때 의사소통을 위해 도움을 주는 경우이다.

앞에서 설명했듯이, 처음 전문통번역 교육기관에 입학한 학생들은 번역의 품질을 결정하는 요소는 언어 이해능력, 올바른 문법의 외국어 작문 능력 그리고 학교에 다니는 동안 외국어 선생님께서 가르쳐주시고 오랫동안 체계적으로 적용했던 언어 간 대응관계라고 생각하고 있다. 이들 학생들에게 전문통번역에서 주장하는 품질 평가기준은 교육적 번역 방식과 차이가 있다는 점을 이해시키기 위해서는 이 둘 사이의 근본적인 차이가 무엇인지를 먼저 인식하도록 해야 한다.

교육적 번역은 학생의 외국어 습득을 돕기 위한 목적으로 이루어지는 번역이다. 교육적 번역은 주로 외국어의 어휘, 문법적 구조를 숙달하기 위한 훈련이며 외국어 능력 시험을 위한 수단이다. 따라서 학생과 언어 교사 둘만이 참여하고 학생은 본인 자신을 위하여 번역한다. 반면에 전문번역의 목적은 구체적인 상황에서 서로 다른 언어를 사용하는 사람들이 상호 의사소통을 할 수 있도록 돕기 위해 이루어진다. 통번역사는 의사소통을 가능하게 하고 촉진하는 역할을 한다. 따라서 통번역사는 의사소통의 조력자이며 의사소통을 달성하기 위해서 없어서는 안 되는 중개자임은 분명하지만 통번역사의 역할은 어디까지나 조력자이다.

2.2 전문통번역 상황에서의 의사소통 참여자

전문통번역의 경우, 의사소통의 참여자를 일반적으로 다음과 같이 도식화 한다(돌러룹(Dollerup) 2007:3).

송신자(Sender) ⟶ 번역사 ⟶ 수신자(Receiver)

아래에서 설명을 하겠지만, 의사소통 상황이 일반적으로 위의 그림과 같다고 생각하지만 정확한 묘사가 아니다. 전문통번역의 맥락에서 가장 중요한 의사소통 상황을 구성하는 두 가지 요소가 빠져 있기 때문이다. 첫째, 일반적으로 통번역사는 의뢰인의 요청에 의해 일을 하는데 의뢰인은 송신자나 수신자가 아닌 경우가 많다. 둘째, 송신자가 의도한 수신자는 대부분의 경우 번역물의 수신자가 아니다. 따라서 보다 정확한 묘사는 다음과 같다.

송신자 ········► 출발어 수신자

의뢰인 통번역사 ········► 도착어 수신자

전문통번역 상황을 구성하는 참여자는 송신자(저자, 연사/수화연사), 도착어 수신자 그리고 의뢰인(또는 통번역 책임자)이다. 수신자와 송신자는 대부분 "일반인"인 반면 의뢰인은 주로 조직(기업, 국제기구, 연구소, 회사 내의 특정 부서, 등)이다. 의뢰인과 통번역사 사이의 연락은 주로 담당 직원을 통해 이루어진다. 그런데 학생들은 흔히 의뢰인의 중요성을 간과한다. 연사 또는 저자가 외국의 청중 또는 독자(수신자)에게 메시지를 보내려고 하거나 아니면 수신자가 저자 또는 연사가 말하는 바를 이해하고 싶어 하더라도 누군가에 의해 통번역사에게 작업을 의뢰하기까지는 아무 일도 이루어지지 않는다. 때로는 의뢰인과 송신자가 동일 인물인 경우가 있지만 대부분은 그렇지 않다. 그 이유는 통번역 비용 부담 때문에 개인보다는 단체 또는 조직에 의해서 의뢰가 이루어질 가능성이 높기 때문이다.

아래의 그림과 같이 의사소통 참여자의 구성이 달라지는 특수한 경우도 있다. 가령, 송신자가 구사하는 언어를 이해하는 청중이 전혀 없는 상황에서 발화하는 경우이다. 예를 들어 외국인 연사가 한 지역의 청중을 대상으로 연설을 하는데 반드시 통역사가 있어야만 메시지 전달이 가능한 경우이다. 이때 의사소통 상황의 참여자는 다음과 같이 달라진다.

의뢰인 송신자 ────► 통번역사 ────► 수신자

만약 의뢰인이 송신자이기도 한 경우라면 다시 한 번 상황은 변화한다.

송신자 ——→ 통번역사 ——→ 수신자

그러나 앞에서 설명했듯이 가장 일반적인 의사소통 상황은 의뢰인이 존재하고 상호 연관이 있으나 각각인 의사소통 행위가 두 언어로 이루어지는 모습이다. 먼저, 송신자와 그가 대상으로 하는 수신자 사이의 의사소통이 이루어지고 둘째는 통번역사와 통번역을 청취하는 수신자 사이의 의사소통이 이루어진다. 이와 같은 상황은 의사소통의 형식에만 제약을 두지 않는다. 아래에서 설명하겠지만 의사소통 상황은 통역의 품질을 평가하는 기준 그리고 평가에도 영향을 미친다.

2.3 통번역 상황과 그 영향

의사소통의 상황에서 통번역이 이루어지고 있다면 의뢰인은 당연히 그 사실을 인식하고 있다. 그러나 송신자나 수신자는 인식하지 못하는 경우도 있다. 때로는 송신자가 자신이 작성한 텍스트가 번역된 사실을 전혀 모르기도 한다. 더욱 중요한 점은 번역된 기술문서를 읽는 독자 역시 자신이 번역된 글을 읽고 있다는 사실을 깨닫지 못하는 경우가 있다. 통역이 이루어지는 상황에서는 청중은 자신이 연사의 발화를 듣고 있는 것이 아니라는 점을 확실히 알고 연사 역시 자신의 발화가 통역되고 있다는 점을 당연히 인식한다고 생각한다. 그러나 예를 들어 연사가 정치 연설을 하거나 TV를 통해 전 국민 앞에서 공식 성명을 발표한 경우, 외국의 청중을 위해서 자신의 발화를 다른 언어로 통역하고 있다는 사실을 알지 못하는 경우도 발생한다.

송신자는 자신의 텍스트 또는 발화가 번역 또는 통역이 된다는 점을 알고 있다면 텍스트의 내용이나 표현 방식을 의사소통 목적에 적합하게 조정하려 할 것이다. 도착어 수신자는 출발어 텍스트를 작성할 때 생각했던 수신자와 현격하게 다르다는 점을 알기 때문에 도착어 수신자의 지식, 가치 또는 기대에 부합하도록 변경하고 싶을 것이다.

통역의 경우는 의사소통 당사자들이 언어 간 그리고 문화 간 전환의 과정이 수반하는 어려움을 비롯하여 의사소통 상황에서의 제약에 대해 확실하게 인지하고 있다. 동시에, 이들은 의사소통이 원활하게 이루어지기를 누구보다 희망하는 당사자이므로 번역의 경우보다 훨씬 적극적인 상호 협력을 기대할 수 있다. 반면에, 번역의 경우는 의뢰인이나 독사 모두 의사소통이 이루어지는 상황보다는 텍스트만을 주목하기 때문에 협력을 기대하기 힘들다. 연사가 발화나 수화의 속도를 천천히 늦추거나, 발음을 더욱 정확하게 하고 특정 어휘를 선택하여 사용하거나 문장구조를 단순하게 유지하는 행동, 또 용어의 의미를 설명하거나 다른 상황에서는 설명하지 않을 개념을 자세히 설명하는 행동 등은 모두 의사소통의 과정에 협력하는 행동이다(연사의 이러한 행동은 합리적이지만 뉴마크(P. Newmark)가 1983년 저서에서 언급한 바와는 달리 단순히 연사의 발화스타일이라고 보기는 어렵고 일반적으로 나타나는 행동은 아니다). 청중에게서도 협력적인 태도를 볼 수 있다. 특히 순차통역의 경우, 청중이 통역사에게 대응 용어를 알려주기도 하고 항상 그렇지는 않지만 보나 열심히 집중하고 생각하면서 청취한다. 물론, 이런 태도 역시 현장에서 항상 볼 수 있는 행동은 아니다. 오히려 통역으로 인해 시간이 지연되는 데 불만을 표출하는 청중이 더 흔하다. 통역사는 혼자서 일을 하는 것 같아 보일지 모르나 의사소통 상황에서 수신자와 송신자로부터 많은 도움을 받고 있다. 안타깝게도 이러한 상호협력관계는 번역에서는 거의 이루어지지 않는다. 한편, 도착어 청중이 전체 청중 중에서 차지하는 비율이 소수인 경우에는 특히 순차통역의 경우에는 통역사가 협조를 받기보다는 오히려 피해를 볼 가능성이 높다는 점도 알아야 한다. 연사의 발화를 듣고 있는 출발어 청중은 통역을 필요악으로 간주하는 경향이 있는데 통역에 의존하는 청중이 소수일수록 통역은 시간과 비용을 허비하고 기술적인 제약(발화의 속도, 좌석 배치, 마이크의 사용

등)을 초래하는 번거롭고 불필요한 과정이라고 간주하기 때문이다. 따라서 의사소통 참여자들이 상호 협력을 하지 않을 뿐 아니라 통역사에게 간략하게 요약해서 통역하도록 부담을 주기도 한다.

3. 통번역의 목적과 의도

3.1 기본 목적과 의도

전문통번역을 이용하여 이루어지는 모든 의사소통 행위는 송신자가 의도한 수신자에게 정보를 전달 또는 설명하거나 일반적으로 어떤 영향을 미치고자 하는 목적이나 의도에 의해 시작된다. 예외적인 경우도 있다. 예를 들어 사람들이 자신만을 위해 기록을 하는 경우가 있다(보고 싶은 영화에 대한 기록, 재고로 남아있는 물건의 목록, 가보고 싶은 식당의 주소와 음식 또는 서비스에 대한 평가, 작성해야 할 보고서에 대한 대략적인 구상, 매우 까다로운 장비를 조작할 때 기억해야 할 주의사항 등등). 그런데 역사학자, 자서전 작가, 변호사 등 제3자가 훗날 이런 메모의 번역을 의뢰할 수 있다. 송신자가 개인적인 목적으로 메모를 하는 행동도 의사소통의 한 종류라고 볼 수 있는데 다만 이런 경우는 송신자와 수신자가 동일인이다. 전문번역의 경우는 거의 항상 송신자와 수신자가 다르다. 간혹 텍스트의 송신자가 의사소통을 통해 달성하려는 "특별한" 목적이 없이 단지 자신의 책임이기 때문에 발화를 하거나 글을 쓰는 경우도 있다. 예를 들어 의장이 회의의 개회 또는 폐회를 선포하는 경우이다.

문학텍스트 작가가 독자를 대상으로 글을 쓰는 경우에는 심미적 그리고 감성적 효과까지도 의도해서 전달한다. 본서는 그러나 문학작품을 제외한 실용 통번역에 관한 이론서이므로 과학, 기술, 법률, 행정, 상업, 보도 등 "정보 전달 텍스트"를 중심으로 논의하고자 한다. 실용번역의 경우는 감성적이거나 심미적인 목적은 중요성이 떨어진다. 물론, 본서에서 제시하는 개념과 모델, 통번역 전략, 방법은 두 종류의 텍스트에 모두 적용이 가능하지만 여기서는 텍스트의 문학적 측면이나 문학텍스트의 통번역에 대해서는 다루지 않겠다.

송신자가 발화를 하는 가장 주된 목적은 수신자에게 정보를 전달하기 위해서이다. 특정 대상에 대해 설명을 하거나 누군가를 설득하고 누군가에게 무엇을 하도록(특정 후보나 활동에 대해 투표를 하거나 물건을 구매하고 행정적 임무를 수행하는 일 등) 하는 등의 목적으로 발화를 하는 경우도 있다. 사실, 한 개의 텍스트나 발화를 통해 이루고자 하는 목적은 여러 차원으로 이루어져 있고 다양한 목적이 서로 상승작용을 한다. 가령, 표층적인 차원에서 보면, 의사소통 행위는 구체적인 정보를 수신자인 청자에게 전달하려는 목적에서 이루어진다. 그러나 좀 더 심층적으로 보면 특정 정보를 전달함으로서 상대방을 설득하려는 의도일 수 있고 아니면 상대방의 어떤 행동을 유도하기 위해서인 경우도 있다. 아니면 자신의 위트와 지혜로 상대방에게 좋은 인상을 심어주려는 목적인 경우도 있다. 의사소통 전문가에 따르면 의사소통은 흔히 대화자 간 관계를 구축하기 위한 아주 간단한 인사나 상투적인 대화가 오고가는 교감 단계(phatic layer)로 시작해서 친밀감 조성 단계(cathartic layer)에서 감정을 표출하고 마지막으로 정보전달 단계(informational layer)를 거쳐 마무리된다고 한다(언어를 이용한 의사소통에 관한 보다 자세한 연구는 회르만(Hörmann), 1972, 체리(Cherry), 1978, 슈럼과 포터(Schramm and Porter), 1982, 등을 참고하기 바란다. 이 외에도 의사소통에 관한 다수의 문헌이 있다).

그러나 연사나 저자가 전달하는 메시지에 모든 단계가 항상 균등하게 작동하지 않는다. 또한 제3자나 수신자 심지어 연사 스스로도 모든 단계를 인식하지 못하면서 발화할 때도 빈번하다. 실제로, 어떤 단계는 연사의 무의식 또는 의식의 끝자락에서 발동되어서 인식을 한 후에는 스스로의 행동을 부인하는 경우도 있다. 라카니안학파 심리분석에서는 가슴 깊은 곳에 자리하고 있는 감정이 사람들이 언어로 발화하는 많은 부분을 지배한다고 주장하기도 한다. 하지만 이러한 주장에 대해서 여기서는 깊이 들어가지 않겠다. 편의를 위해서 본 장에서는 정보전달을 목적으로 하는 텍스트 기저에 작용하는 다음의 네 가지 목적에 대해서만 다루고자 한다.

- 정보 전달: 텍스트 생산의 목적이 오로지 정보의 전달인 경우이다. 예를 들어 주소, 이름, 사물의 다양한 측면이나 특성 그리고 향후 프로그램 일정 등에 대한 정보 전달이 목적이다.
- 설명: 텍스트 또는 단락의 목적이 정보 전달을 통해서 설명을 하거나 정보를 분명히 하려는 경우이다. 예컨대 과학 논문에서 기호나 약자 등에 대해 설명하는 경우이다.
- 설득: 독자 또는 청자로 하여금 화자의 생각 또는 선택이 옳고 윤리적으로 올바르며 상황에 적절하다고 생각하도록 확신을 주기 위한 목적으로 생성된 텍스트이다. 예를 들어 화자는 자신의 주장을 뒷받침할 수치나 통계를 근거로 제공 하기도 하고 관련분야 권위자의 말을 인용하기도 한다.
- 수신자의 반응 유도 또는 반응 억지: 송신자가 정보를 전달하거나 설명하고 또는 설득을 하여 수신자로부터 반응을 이끌어내려는 경우도 있지만 수신자에게 특정 방식으로 반응하지 않고 행동을 자제하도록 지시하거나 요청하려는 목적을 갖는 경우도 있다. 이런 텍스트는 송신자가 수신자로 하여금 했으면 또는 하지 말았으면 하는 행동이 무엇인지에 대한 정보를 전달하고 있으므로 정보 전달이 목적인 텍스트로 분류한다.

3.2 거시적 또는 미시적 수준의 목적

정보 위주의 담화가 주를 이루는 전문통번역의 경우, 앞에서 언급한 세 가지 목적 중 한, 두 가지가 복합적으로 송신자의 사고에 영향을 미친다. 물론 모든 목적이 균등하게 작용하지는 않고 하위 단계(문단, 문장 단위)에서는 목적이 달라지는 경우도 있다. 예를 들어 한 경제학자가 연설문을 준비해서 청중에게 특정 경제 정책이 국가를 위한 최선의 선택이라는 점을 설득하려고(거시적 목적) 한다고 가정해 보자. 이때 송신자가 특정 문장을 발화하는 목적은 정보 전달(미시적 목적)인 경우가 있다. 즉, 송신자는 설득하려는 목적을 달성하기 위해 정보를 전달하고 있고 텍스트의 특정한 부분에서는 정보 전달이라는 목적에만 집중한다. 이 사례를 좀 더 발전시켜서 이 경제학자가 정치단체의 고위직 출마를 고려하고 있다고 가정해 보자. 전체 텍스트에서 특정 경제 전략을 지지하는 내용은 본인의 선거캠페인을 위한 발언일 수 있다. 이 경우, 송신자의 목적은 정보 전달이지만 정치적인 의도를 기저에 갖고 설득을 목적으로 발화한다. 텍스트를 번역하거나 통역할 때, 통번역사는 한 문장씩 처리하고 다시 한 문단씩 처리하는 순차적 방식으로 진행한다(제5장 참고). 그러므로 미시적 수준에서는 그 때의 목적만을 분석하면서 작업하지만 동시에 거시적 차원에서의 텍스트 목적까지도 고려하면서 의사 결정을 내려야 한다. 미시적 수준에서 거시적 차원에 이르기까지 다양한 차원의 목적이 공존하고 있다는 점은 특정 텍스트 단락을 어떻게 처리 할지 의사결정을 내릴 때 고려해야 하는 부분이다. 번역의 과정에 대한 연구를 보면, 초보 번역사인 학생과 다르게 경험이 많은 전문번역사는 더 광범위한 맥락에서의 목적을 포함하여 의사소통의 모든 상황을 간파하는 능력이 우수하다고 한다. 초보 번역사는 반면에 국소적인 문제에만 집중하는 경향이 있다(크링스(Krings), 1986, 티르코넨-콩디(Tirkkonen-Condit), 1990, 뢰셔(Lörscher), 1993, 야스클라이넨(Jääskeläinen), 1999 참고).

3.3 의사소통 당사자의 목적과 통번역사의 충실성

3.3.1 목적의 일치 및 차이

에드몬드 캐리(E. Cary, 1985: 85)도 강조했듯이 전문통번역은 특정 목적을 가진 의사소통 당사자가 그 목적을 달성할 수 있도록 돕기 위한 수단으로서 존재한다. 따라서 텍스트나 언어가 아니라 목적을 갖고 있는 사람들이 그 목적을 달성할 수 있도록 지원하는 데 최우선순위를 두어야 한다. 물론 텍스트 그 자체가 목적인 통번역도 존재하고(더 넓은 층의 독자 확보가 목적인 번역) 도착어 언어가 목적인(예를 들어 독자층이 가능한 자신의 모국어로 텍스트를 읽을 수 있도록 하여 외국어에 대한 의존도를 낮추기 위한 목적의 번역) 통번역도 있다.

과도한 단순화이지만 통번역을 바라보는 일반적인 시각은 의뢰인이 통번역이라는 수단을 이용하여 송신자와 수신자 간 의사소통이 이루어질 수 있도록 지원하고 이를 통해 양측의 의사소통 당사자가 추구하는 공동의 목적을 달성할 수 있도록 돕고 있다는 견해이다. 널리 받아들여지고 있는 이 시각에서 볼 때, 통번역사는 송신자와 수신자 양측 모두의 목적 달성을 돕는 조력자이다. 그러나 현실이 그리 단순하지만은 않다.

먼저, 송신자와 수신자가 추구하는 목적이 일치하지 않는 경우가 있다. 예를 들어 서로 상반된 견해를 가진 두 사람이 정치적인 토론을 벌인다면 발화를 하는 목적은 상대방 또는 청중의 설득이다. 반면, 상대방은 결코 설득을 당하려 하지 않고 오히려 상대의 빈틈을 찾아내서 자신의 입장을 더욱 강력하게 방어하는데 목적이 있을 수 있다.

의견이 대립되는 상황이 아닌 사례도 있다. 장비를 생산하는 업체에서는 기계의 구매를 유도하려는 목적으로 제품 설명서를 제작한다. 반면 소비자는 단지 정보를 얻기 위한 목적으로 설명서를 읽지 장비를 구매하려는 의향은 없을 수 있다. 같은 맥락에서 통번역사가 엄청난 양의 텍스트를 읽는 목적은 주제에 대해 친숙해지거나 전문용어 또는 표현을 숙달하려는 의도이므로 저자의 집필 목적과는 상관이 없다.

"예외적인 경우도 있겠지만, 번역사가 번역을 할 때 중요한 길잡이는 번역을 하는 목적, 이유, 의도가 무엇인가"라고 설명한 그레이엄(J. Graham, 1983)의 말이 완전히 빗나가지는 않았음을 보여주는 부분이며 이에 대해서는 좀 더 설명하겠다.

송신자의 목적은 정보 전달, 설명, 설득 그리고 독자 행동의 유도로 분류할 수 있다고 앞에서 언급했다. 이때 수신자의 목적은 송신자의 목적과 일치하는 경우도 있고 그렇지 않은 경우도 있다. 수신자는 정보를 얻거나 이해하기를 원할 수 있고 확신을 얻기 원하는 경우도 있다. 동시에 송신자가 자신을 설득하려는 노력을 거부하기도 한다. 그럼에도 불구하고 송신자와 수신사는 대부분의 경우 "의사소통의 달성"이라는 목표를 공유하기 때문에 정보를 전달하고 받는 작업을 긴밀하게 수행한다. 의뢰인의 동기나 관심은 다르다. 특히, 번역회사의 관심은 기본적으로 상업적인 측면이 강하다. 다시 말해서 통역, 번역 서비스를 제공하고 보수를 받는데 목적이 있다. 번역 회사에게는 의사소통을 위해 통번역 서비스를 이용한다는 점은 부수적인 목적일 뿐이다.

의사소통 당사자의 주요 목적, 관심사 등의 차이가 갈등을 초래하는 경우도 있다. 이 점에 대해 카스텔라노(L. Castellano)는 다음과 같이 설명했다.

> *번역 의뢰인은 번역물의 지적 수준을 평가의 기준으로 삼아야 옳다. 그러나 그렇지 않는다. 오히려 의뢰인은 번역물이 얼마나 빠른 시간 안에 자신의 책상에 올라오는지에 더 큰 관심을 갖는다(1983:47).*

이렇듯 의사소통 당사자의 이해가 상충하는 경우, 번역 결과물에 실질적인 영향을 미친다. 번역회사를 대표하는 의뢰인의 경우는 번역의 가독성이나 용어의 정확성 등이 다소 떨어질지라도 가능한 빠른 시간 내에 번역을 완료하는데 가장 큰 관심이 있다. 사헤르(J. Sager, 1983:121)는 이에 대해서 다음과 같이 언급했다. "번역 의뢰인은 번역 작업을 위해 허락된 시간 뿐 아니라 지불가능한 번역료도 결정하는데 이는 번역의 품질 및 방법 등에 영향을 미친다." 통역의 경우, 협상을 통역하는 상황에서 참석자 중 한 명이나 의장이 통역사에게 연사 발화의 일부분을 요약하거나 통역하지 말아달라고 요구하는 경우가 있다. 해당 부분의 통역 내용에 관심이 없기 때문이겠지만, 연사는 전달하려는 메시지의 일부로서 의도한 부분이다. 이런 경우 통역사는 의뢰인과 연사 사이에서 이해의 상충으로 인한 스트레스를 느낄 수밖에 없다.

멜런(D. Mellen, 1988:274)은 이러한 상황에 대해서 매우 구체적인 예를 들어 설명했다. 다음은 투자회사에서 보내온 서한의 일부이다.

Many educators have expressed their concern of their tax liability as well as planning for their short and long term goals. Maybe it's been a while since your current program has been reviewed or you feel satisfied.

멜런은 "위의 문장에는 너무나 명백한 문법적인 오류가 포함되어 있으며 이러한 오류는 서한이 제대로 작성되지 않은 경우 흔히 발견된다"고 지적했다. 그렇다면 이 번역을 읽을 대상 독자가 투자회사의 잠재적 고객이면서 스페인어를 사용하는 사람들이라고 간주해보자. 번역사가 서한의 내용을 요약해서 번역했거나 원문의 문장에 포함되어 있는 오류를 그대로 번역하지 않았다면 스페인어 번역문을 읽는 독자는 이 회사에 대해 정확하게 파악하기 어렵다. 결국, 회사에 대한 매우 중요한 정보를 놓치는 결과를 초래한다.

3.3.2 통번역사의 충실성

전문통번역사에게 충실성이란 일을 하는 과정에서 직접적으로 직면하는 실질적인 문제이다. 누구를 위한 작업인가? 의뢰인인가? 송신자인가? 아니면 수신자인가? 충실성은 전문가로서의 직업윤리 그리고 가치관의 문제이며 번역의 결과물에 실질적인 영향을 미치는 어려움이다.

고용주 그리고 고용인 사이의 관계를 결정하는 가장 기본적인 요소는 고용인의 고용주에게 대한 의무이다. 독립적으로 일하고 있는 서비스업 종사자의 경우에는 의뢰인과 체결한 업무 계약서에 의해 그의 의무가 규정된다. 전문 통번역사의 경우도 동일하다(구아덱(Gouadec), 1989, 2002, 로빈슨(Robinson), 1997 참고). 다만, 통번역사의 생계는 송신자 또는 수신자가 아닌 주로 의뢰인에 의해 결정되는 경우가 많다. 회의 통역사는 동료가 일을 소개하는 경우도 빈번한데(이런 측면에서 보면, 동료가 "의뢰인"이기도 한데 통역료를 지불하는 입장은 아니다) 이런 이유 때문에 통역사는 회의 참석자들의 피드백보다 동료들 사이에서의 평판을 준시하는 경향이 있다.

전문 직업인으로서 통번역사는 가장 우선적으로 의뢰인에게 충실해야 한다.

물론 서비스 제공자로서 통번역사가 수용할 수 있는 한계가 있고 의뢰인의 설명으로 판단하건대 심각한 법적 또는 윤리적 문제가 예상된다면 통번역사는 일을 수락하지 않으면 그만이다. 그러나 그 정도로 극단적인 상황은 흔하지 않다. 현장에서 보면 의뢰인의 요구사항이나 관심사는 송신자 그리고 수신자의 목적에서 크게 벗어나지 않는다. 그렇다고 양측의 이해가 완전히 일치한다는 의미는 아니다. 이견이 있더라도 주로 재원을 어디에 우선적으로 할당할 것인지 또는 최적화와 관련된 수준의 문제이지 의사소통 당사자들 사이의 이해가 상충될 정도로 갈등이 심각하지는 않다. 의뢰인이 번역회사인 경우라면 송신자와 수신자에게 만족스러운 번역은 의뢰인에게도 만족스러울 것이다. 결국 고객이 만족하면 더 많은 일거리로 연결되기 때문이다. 반면에, 단지 시장 점유율을 높이려는 목적으로 번역회사가 경쟁사보다 더 신속하게 더 저렴한 비용으로 서비스를 제공하는데 목표를 둔다면 이 점은 송신자 또는 수신자의 목적이나 이해와 양립하기 힘들다. 의뢰받은 번역물을 목적에 적합하게 최적화하여 작업하는 수고는 시간이 소요되고 저렴한 번역료를 받으면서 일을 하다보면 번역사들이 최선을 다해서 일을 하려는 의욕이 꺾이는 경우가 많기 때문이다.

이런 점에서 볼 때, 의뢰인이 전달하는 업무 지침인 브리프(Client's brief)는 통역사에서 일종의 작업환경에서의 구속으로 느껴질 수 있다. 통번역사는 브리프에 의거하여 작업 기간, 보수 심지어 고객에 대한 접근성까지도 송신자 그리고 수신자의 요구에 부합하는 방향으로 일하려고 노력해야하기 때문이다(번역회사의 입장에서는 통번역사에게 자사 고객인 송신자나 수신자와의 접촉을 허용하면 고객을 뺏길 수 있다는 가능성을 항상 우려한다).

작업환경에서의 구속을 해결한 후에 고민해야 할 문제는 통번역사들은 누구의 목적, 누구의 이해를 위해 일할 것인가이다. 송신자인가 아니면 수신자인가? 통번역사는 제2의 저자 또는 연사가 되어야 한다는 주장이 지배적이기는 하다. 번역의 경우에는 이 주장이 윤리적으로도 "자연스럽다"고 본다. 문학작품은 예외일 수 있겠지만 독자는 자신이 읽는 모든 텍스트를 저자의 글이라고 생각하지 번역사의 글이라고는 보지 않기 때문이다. 따라서 번역사는 저자를 대신하며 직관적으로 생각해 보더라도 다른 누군가의 이해를 보호하기 위해 저자를 배신하거나 명확하게 알리지 않은 상태에서 저자의 이해에 반하는 행동을 하는 일은 옳지 않다. 동시통역의 경우도 송신자에 대해 충실해야 한다는 견해가 지배적이다. 이는 통역사는 항상 일인칭으로 표현을 하고 통역사가 자신의 의견을 말할 때는 반드시 언급을 하도록 한 규범에서도 나타난다("마이크가 꺼져 있으므로 통역사는 연사의 발화를 들을 수 없습니다," "통역사가 지금 언급된 이름을 듣지 못했습니다," 등등). 통역사가 간혹 이러한 규범을 따르지 않더라도(디리커(Diriker)의 2004년 케이스 스터디 참고) 송신자에 대한 충실성 원칙은 변함이 없다. 사법통역의 경우는 상황이 다르다. 법정에서는 의사소통 당사자의 이해가 완전히 대립하거나 심지어는 충돌의 상태까지 이르는 경우도 빈번해서 통역사는 현재 통역하는 연사의 발화를 형태까지도 가능한 근접하게 통역하도록 규칙으로 정하고 있다.

통번역사가 송신자의 입장을 대변하고 있기 때문에 송신자의 이해와 목적만을 위해 일하고 있다고 생각할 수 있지만 그렇다고 수신자의 이해는 전혀 고려하지 않는다는 의미는 아니다. 의뢰인이나 송신자의 이해와 상충하는 경우가 아니라면 통번역사는 수신자의 이해도 충분히 배려한다. 주로 정보 전달 또는 설명이 목적인 텍스트의 경우는 수신자 역시 전달되는 정보를 듣고 이해했을 때 도움이 됨으로 통번역사는 양측 모두를 위해 일하고 있다고 해야 옳다.

통역교육과정에서는 통역사의 입장을 흔히 '중립적'이라고 정의하고 통역사의 역할을 투명한 '도체'로 묘사하는데 최근 통번역학에서는 이 같은 묘사에 대해 반론을 제기하고 있다(통역관련 내용에 대해서는 안젤르엘리(Angelelli), 2004 참고). 수화통역의 경우를 보면 도체이론은 전혀 적합하지 않다. 수화통역사의 역할에 대해서는 얀센(Jansen, 2005)의 논문에서 상세하게 설명하고 있고 메츠거(Metzger, 2002)에서도 심도 있게 다루고 있다. 좀 더 일반적인 분야로 공공분야 통역의 경우도 '투명하고' 중립적인 역할을 수행하기에는 통역사의 개입이 두드러진다.

제3장에서 설명하겠지만 통번역의 과정에서 의사 결정을 내릴 필요가 발생한다면 교육적 번역방식에서 주장하고 있는 중립적인 입장을 통번역사가 견지하기 힘들다. 의사 결정을 내려야 하는 상황에서 통번

역사는 확실하게 송신자에 대한 충실성 원칙을 준수한다. 통역사가 양방향으로 의사소통을 중개하면서 회의를 진행하는 경우가 있다. 회의를 진행하는 동안 의사소통 당사자는 송신자와 수신자의 역할을 번갈아가면서 한다. 통역사는 송신자에 대한 충실성의 원칙을 양측에 번갈아가면서 적용하므로 충실성의 대상은 어느 연사의 발화를 통역하고 있는가에 따라서 계속 바뀐다. 이는 의사소통의 과정에서 통역사가 무엇인가 의사 결정을 내려야 한다면 전적으로 저자 또는 연사의 입장에서 이들의 이해를 대변하기 위해 통역함을 의미한다. 동시에 통역사는 의뢰인이 브리프에 명시한 사항과 의뢰인의 이해를 가장 우선적으로 고려해야 하고 전문통번역사로서의 윤리와 행동강령을 벗어나지 않는 범위 내에서 송신자에 대해 충실하게 통역해야 한다.

수화통역의 사례를 보면 송신자가 아니라 주로 청각장애인인 수신자의 입장에서 통역을 수행하도록 의뢰인이 요청하는 경우가 있다. 가령, 일반 학생들이 공부하는 교실에서 한 명의 청각장애인을 위해 수화통역을 하는 경우이다.

번역의 경우는 송신자에 대한 충실성 원칙이 실질적인 문제로 이어지는 경우는 드물다. 그러나 통역의 경우는 개입이 실시간으로 이루어져서 통역이 중단되는 문제가 발생하기도 한다(가령, 통역을 청취한 청중이 적대적으로 반응하기도 하고 말 끊기 등을 시도한다). 공공분야 통역의 경우에는(이 명칭을 '공동체 통역'이나 '대화 통역'을 대신하는 명칭으로 본서에서는 사용하겠다) 특히 충실성 원칙이 핵심적인 고려사항이다. 의뢰인이나 의사소통 당사자가 통역사와 같은 민족이거나 종교적 배경이 동일한 경우가 있는데 이 경우 충실성의 대상이 바뀌는 원칙을 용납하지 못하고 통역사가 자신들에게만 충실하기를 기대한다. 때로는 충실성의 대상을 계속 바꾸어야하는 점이 통역사 스스로에게도 심리적인 부담으로 작용한다. 통역사 역시 특정 사회 집단의 구성원이고 개인적인 도덕적, 정치적, 종교적 신념도 있다. 또한 개인적인 이해도 중시하기 때문에 모든 측면을 초월하여 통역하기가 쉽지 않다. 그런 경우에는 비용이 들고 절차상 불필요한 측면이 추가되더라도 양측이 각각 통역사를 고용해서 회의를 하는 편이 옳다. 동시통역을 하는 회의통역사의 경우는 개인적인 도덕 기준이나 정치적인 입장으로 인해 야기되는 어려움을 거의 경험하지 않는다. 동시통역은 일반적으로 충실성의 대상을 바꾸면서 통역하는 원칙에 익숙할 뿐 아니라 의사소통을 중개하는 대상자들 사이에 존재하는 정치, 경제적 이해의 대립으로 인한 불편함도 크게 개의치 않는다. 예외적인 경우는 전범재판 등과 같이 다른 통역사가 거절한 민감한 통역이 있을 수 있다. 그러나 민감한 통역을 수락할 만큼 숙련된 통역사는 개인적인 도덕적 신념에 반하는 내용에 대해서도 적절하고 능숙하게 처리할 능력이 있다.

교육적 측면에서는 충실성의 대상이 달라지면 통번역의 품질 평가 기준 역시 달라지고 전달하는 메시지 내용 뿐 아니라 형태에까지 영향을 미친다는 점을 강조해야 한다. 이어지는 제3장에서 충실성에 대한 논의는 기본적으로 송신자에 대한 충실성에 기반을 두고 있다. 이 책을 읽는 독자 중에서 충실성의 대상을 다르게 적용하고자 하는 상황이 있다면 각 상황에 적절하게 적용하기 바란다.

4. 메시지 내용과 형태

의사소통 상황에서 송신자는 자신의 목적을 달성하기 위해 구어, 문어 또는 수화등 언어 기호를 사용한다. 이때 언어적 기호는 정보 내용(informational content)과 그 내용을 담은 형태(package)로 이루어져있다. 구어의 경우, 형태는 발화된 어휘와 통사 구조, 음색, 전달형식(특히, 시의 경우는 단어의 소리와 운율까지도 형태를 구성하는 요소이다)으로 구성된다. 이 외에도 비언어적 신호로서 몸짓 또는 화면의 도표나 그림 등도 포함된다. 수화의 경우는 '수신호' 자체가 내용을 담고 있는 전달 매체이다. 문어의 경우는 철자, 글자체, 단어, 통사구조, 글자 크기, 지면의 편집, 그래픽 등이 형태를 구성하는 요소이다. 다시 말해서, 형태는 정보의 송신자가 선택한 언어 및 언어 외적 요소로서 정보를 담아 전달하는 물리적 수단이다.

내용과 '형태'를 분리하려는 시도 자체가 애매하다. 예를 들어 연사나 저자는 일반적으로 사용하는 유사 표현이 존재함에도 불구하고 의도적으로 전문용어를 사용할 때가 있다. 이 행동은 정보 내용에는 변화 없이 단지 형태만을 변경시켰지만 이를 통해서 수신자에게 자신이 전문가라는 메시지를 전달한다. 형식적인 표현이 더 적합한 상황에서 친숙한 스타일이나 은어를 대화에서 사용하는 행동은 송신자가 자신은 일반적인 관습에 얽매이지 않는 '멋진' 사람이라는 이미지를 전달하려는 의도일 수 있다. 다른 사람의 언어 또는 행동 습관을 흉내 내는 행동은 그 사람에 대한 생각을 표출하는 행동일 수 있다(존경과 애정일 수도 있고 그 반대인 경우도 있다). 송신자가 의도하지 않았지만 '형태'를 통해서 정보가 전달되는 경우도 많다. 가령 말실수로 송신자의 교육 수준이 드러나기도 하고, 억양은 그 연사의 출신지에 대한 정보도 제공한다. 말을 할 때의 태도나 모습은 연사가 느끼는 불안감 등을 드러낸다. 같은 맥락에서 필체는 저자에 대한 많은 정보를 알려준다(제3장에서 설명하는 '개인 정보'에 관한 논의 참고).

그러나 이 책은 의사소통 행위에 대한 과학적 탐구가 아니라 통번역 교육을 위한 기본 개념과 모델을 제시하고 교육의 편의와 효율의 증대를 목적으로 집필했으므로 본서에서 메시지는 다음과 같이 한정지어 정의하기로 한다. 이 정의는 정보 전달이 목적인 텍스트의 통번역을 논의하는데 적합하지만 문학번역에 대한 논의에는 적합하지 않다고 생각한다.

텍스트 또는 텍스트의 일부에 담겨 있는 메시지는 송신자가 수신자에게 전달하기를 원하는 정보 내용이다.

메시지는 사실정보, 특정 대상에 대한 송신자의 의견 또는 송신자가 수신자로 하여금 하거나 하지 않기를 바라는 반응 등에 대한 정보를 포함한다.

품질에 대한 논의에서 기억해야 할 한 가지는 내용과 그 내용을 담아내는 텍스트 또는 발화는 송신자가 메시지의 대상으로 의도한 수신자에 적합하도록 선택하고 조정한 결과라는 점이다. 송신자는 메시지가 얼마나 강력하게 전달되길 원하는지 또 스스로의 의사소통 능력을 고려하여 메시지의 내용과 형태를 결정한다. 결과적으로 송신자는 자신이 추측하는 수신자의 지식, 언어능력, 지적 수준, 태도 그리고 가치관 등에 적합하도록 어떻게 설명하고 명시화할지, 어떤 어역으로 전달할지, 발화의 구체적인 전달 방식 등을 결정한다. 본 장의 후반에서 논의하듯 이 결정은 통번역에도 지대한 영향을 미친다.

5. 통번역의 품질

5.1 품질 평가 기준

송신자가 특정한 목적 또는 일련의 목적이 있어서 발화를 한다고 생각하면, 자신이 의도했던 목적이 달성되었거나 적어도 메시지가 정확하게 전달되었다면 의사소통이 성공적이라고 평가할 것이다. 메시지 수신자의 입장에서 본다면, 송신자가 발화한 목적을 달성했는지 여부와는 상관없이 연사의 메시지를 이해했으면 의사소통이 성공적이라고 평가한다. 통번역을 이용한 의사소통 상황에서는 수신자는 송신자가 전달하는 정보나 설명에 동의하지 않거나 설득되지 않았어도 통번역사가 제공하는 의사소통 서비스를 만족스럽게 평가할 수 있다.

앞에서 설명했듯이 통번역사는 송신자 또는 의뢰인을 위해 일하고 있다고 생각한다. 수화통역의 경우는 예외인데 수화통역사는 일반적으로 청각장애인인 수신자를 위해 일한다고 생각한다. 따라서 통역사는 각각 송신자 또는 의뢰인(아니면 청각장애 수신자)의 기준에서 의사소통을 위한 중개역할을 만족스럽게 수행했을 때 성공적으로 책임을 완수했다고 생각한다.

이렇듯 의사소통 참여자가 생각하는 만족스러운 통역의 품질과 통역사 발화의 충실성, 언어적 수용성, 명료성, 용어의 정확성 등은 크게 관계가 없는 경우도 있다는 점을 기억해야 한다. 잠깐 여기서는 평가 능력과 관련된 문제는 접어두고 본 장의 후반부에서 다시 다루도록 하겠다. 때로는 통역사의 언어적 중개가 필요하지 않아도 단지 회의의 위상을 높이려는 의도로 통역을 사용하는 경우가 있다. 또 외교협상에서 통역사가 희생양이 될 때가 있는데 당사자가 인정을 하지 않으면서 통역의 오류를 이유로 입장을 철회하거나 번복하기 위해 만들어놓은 안타깝지만 유용한 장치로 전락하는 경우이다. 협상에 임하면서 생각을 위한 시간을 벌려는 전략적인 의도로 협상자가 출발어를 이해하고 있음에도 불구하고 통역을 고용하기도 한다. 실질적으로 정보 전달이 목적이 아니라 법 또는 규정을 준수하기 위해 통번역이 행해지기도 한다. 공용어가 두 개인 국가에서는 청중이 대부분 두 언어를 모두 구사하지만 의무적으로 통역과 번역을 제공한다. 이런 경우는 실제로 의사소통 행위를 통해 메시지가 정확하게 전달되었는가는 통역의 품질을 평가하는 기준이 아니다.

이러한 상황은 실제로 존재하지만 수업시간에 배우는 통번역 전략을 적용할 수 있는 일반적인 경우는 아니다. 적어도 교육과정에서의 목표는 효율적인 의사소통의 달성 그리고 관련 규범의 준수를 평가기준으로 훈련해야 한다.

또 한 가지 기억해야 할 점은 통번역사는 메시지 송신자가 목적을 달성하도록 돕는 조력자로 역할 하지만 그 목적의 달성을 보장하지는 못한다는 점이다. 송신자의 발화 자체가 심리적, 사회적, 문화적 또는 정보 내용의 측면에서 모호하거나 적절하지 못하기 때문일 수도 있고 수신자가 송신자의 메시지를 이해하는 데 필요한 배경지식, 지적 수준 또는 메시지를 이해하고자 하는 동기가 부족하기 때문일 수도 있다. 때로는 메시지의 수신자인 청중이 연사의 기대와는 다르게 행동하거나 반응하는 경우도 있다.

통번역사는 회의 주제에 대한 '문외한'으로 전문지식이 부족하다는 취약점이 있다. 특히, 과학기술 분야의 회의에서는 통번역 서비스를 이용하는 의사소통 당사자인 전문가보다 전문지식이 현격하게 부족한 경우가 많다. 의사소통 상황에 대한 지식의 경우도 통번역사는 송신자나 수신자에 대한 정보를 거의 받지 못한다. 통역 의뢰인이 통번역 에이전시인 경우에는 회사의 고객인 송신자 또는 수신자와의 지속적인 관계 유지가 중요한 관심사이므로 통번역사에게 고객정보의 제공을 기피하기 때문이다. 통번역사와 고객 간에 직접적인 연락이 가능하면 향후 회사를 통해 일을 의뢰하지 않을 수 있다는 우려 때문인데 메시지 송신자의 의사소통을 달성하고자 하는 목적과 의뢰인의 상업적인 이해가 상충하는 전형적이고 빈번한 사례이다.

이와 같은 이유 때문에 의사소통의 성패라는 한 가지 측면만을 통번역 품질을 평가하는 유일하거나 절대적인 기준으로 삼아서는 안 된다. 그럼에도 불구하고 통번역사가 통역의 과정 중 내리는 의사결정은 일반적으로 가장 충실해야 하는 대상이며 또한 의사소통 행위의 주체인 메시지 송신자의 목적에 부합하는 방향으로 이루어져야 한다.

5.2 담화와 품질 기준

앞에서 언급했듯이 통번역을 이용한 의사소통은 내용과 '형태'라는 두 가지 구성 요소를 원하는 효과를 얻을 수 있도록 적절하게 균형을 이루어서 전달하는 과정이라고 말한다. 정보 또는 메시지(제3장 참고)의 '정확한' 전달이 절대적으로 중요하기는 하나 이 못지않게 학생들이 형태의 중요성에 대해서도 인식할 필요가 있다. 세 번째 품질의 구성요소는 통번역사의 태도(본 장의 후반부 참고)이다.

음성이 안정적이고 편안한 발화 태도, 깔끔한 문체와 인쇄된 페이지의 편집은 연사가 개진하는 의견이나 정보가 발휘할 수 있는 능력 이상으로 신뢰를 줄 수 있다. 반대로 내용은 정확하게 전달했어도 스타일의 문제로 전달효과가 떨어질 수 있고 일반적이지 않거나 부정확한 용어를 사용하거나 목소리가 어색하고 전달하는 태도에 문제가 있으면 원하는 발화 효과를 얻기 힘들다. 이러한 현상은 메시지의 송신자인 연사나 저자만이 아니라 통번역사에게도 적용된다. 번역문을 읽는 독자들이 빈번히 불만을 표출하는 부분 중 하나는 내용은 충실하지만 전문용어를 정확하게 사용하지 않아서 번역텍스트를 이해하는데 지장을 준다는 점이다. 부적절한 용어의 사용은 통역사가 해당분야의 비전문가라는 단서를 제공해서 통번역사에 대한 신뢰를 떨어뜨리는 결과를 초래한다. 유사한 예로, 회의에 참석한 대표단이 통역사의 음성이 너무나 단조로운 나머지 피로감이 생겨서 의사소통에 영향을 준다는 불만을 토로하는 경우도 있다.

이와 같이 '형태'는 번역의 품질을 평가할 때보다 특히 통역의 품질을 평가하는데 더욱 중요하다. 실제 현장에서 일을 할 때, 부스에서 함께 통역을 하고 있는 파트너가 들었을 때는 실수도 빈번하고 심지어는 심각한 의미의 오류가 있었음에도 불구하고 회의 참석자들은 통역이 "매우 훌륭하다"고 평가하는 때가 있다. 통역사의 음성 그리고 자신감 있는 전달 태도는 신뢰를 불어넣는 효과가 있기 때문이다. 특히, 라디오나 TV에서 통역을 하는 경우는 표출되는 측면이 미치는 영향이 크다. 대조적으로 초보 통역사가 목소리에 자신감이 없고 주저하듯 머뭇거리면서 발화하면 내용이 아무리 충실하고 용어 사용이 명료해도 참석자들의 신뢰를 얻기 어렵다.

회의통역의 품질 평가 기준에 대한 흥미로운 연구가 스페인의 그라나다대학에서 앙겔라 코야도스 아이(Angela Collados Ais)교수 지도로 이루어진 바 있다. 코야도스 아이 외(2007)에 실린 연구결과에서 액센트, 음성, 억양, 스타일, 문법 등 한 가지 속성만을 변조한 후, 통역의 품질을 평가하도록 청중에게 부탁했다. 결과에 따르면 동시통역은 한 가지 속성이 취약한 경우 다른 품질 요소에도 부정적인 영향을 미치는 것으로 나타났으며 전반적인 통역의 품질에도 부정적으로 영향을 미쳤다.

5.3 통번역 품질 평가: 의사소통 당사자의 입장

통번역의 품질에 대한 평가는 의사소통에 참여하는 각 당사자의 입장에 따라 상당히 차이가 있다. 가령, 열정적인 연설을 통역사가 설득력 있게 전달했을 때 연사는 통역의 품질에 대해 매우 만족스러워하겠지만 청중은 불쾌감을 느끼는 경우도 있다. 초벌번역 수준이지만 신속하게 번역을 완료한 경우 고객만 불만이 없다면 에이전시로서는 매우 만족스럽게 생각한다. 그러나 번역문을 읽는 독자는 번역의 품질이 형편없거나 그저 그렇다고 평가할 것이다. 이와 같은 평가의 차이는 비일비재다. 통역의 경우는 통역 의뢰인과 회의 참석자 모두 품질을 평가하는데 전반적인 통역사의 발화 태도나 표면적으로 드러나는 부분도 평가의 중요한 부분을 차지한다. 특히 고위급 외교 및 정치 회동의 경우에는 외형적인 부분의 중요성이 더 부각된다. 통번역 비용 역시 품질평가에 영향을 주는 요소이다. 번역료가 저렴하게 책정된 경우와 고가로 책정된 경우, 번역물을 평가하는 기준이 다른 경우가 있는데 이는 가격 대비 서비스 품질을 고려하기 때문이다(핀처크(Pinchuk), 1977:206, 사헤르(Sager), 1983:121-22). 결국 전문통번역사에 대한 수요는 사회적 경제적 여건에 의해 증가하기도 하고 또 제약을 받기 때문에 통번역의 품질을 평가함에 있어서도 이러한 여건을 소홀히 취급해서는 안 된다.

그럼에도 불구하고 기본적으로 앞에서 언급한 여건과는 별개로 통번역의 품질 평가기준으로 모두가 동의하는 몇 가지가 있다. 명쾌한 논리, 명료한 언어, 정확한 용어 그리고 충실성이며 추가로 전문가다운 태도이다. 이 기준은 통번역의 품질에 영향을 주지만 앞에서 언급했듯이 각 요소에 대해 평가자가 부여하는 비중은 차이가 있다(통역에서의 예는 뷜러(Bühler), 1986, 쿠르츠(Kurz), 1989 참고).

투리(G. Toury, 1991)를 비롯해서 번역의 규범에 대해 연구한 여러 학자들은 처음부터 도착어로 쓰인 글과 번역문의 언어적 수용기준은 동일할 수 없다고 주장한다. 문학번역의 경우는 필자 역시 전적으로 동의한다. 문학텍스트는 기본적으로 정보의 전달만이 아니라 감성 및 심미적 요소 등 복합적인 요소를 전달하는 텍스트이다. 따라서 독자의 입장에서는 텍스트의 정보 내용이 다소 바뀌더라도 원천텍스트의 언어적 특성, 문화적 색체 그리고 저자의 문체적 성향 등 흔적이 목표텍스트에 살아있기를 기대한다(베르만(Berman), 1984, 제10장 참조). 반면, 정보전달이 목적인 텍스트는 오로지 도착어의 규범에 잘 부합하는가라는 기준이 수용성을 평가하는 잣대라고 많은 교육자가 동의하고 있다. 이런 이유에서 사이크스(J. Sykes, 1983:42)는 "번역문은 처음부터 도착어로 쓰인 글처럼 읽혀야 한다"고 주장한다. 그레이엄(J. Graham, 1983:103)은 한 걸음 더 나아가서 "수정단계에서부터 번역본을 출발어 원문으로부터 분리해서 하나의 독자적인 텍스트로서 도착어 텍스트에 적용되는 까다로운 평가기준을 충족할 수 있을 때까지 다듬고 완성시켜야 한다"고 강조한다. 본서에서는 정보 전달이 목적인 텍스트를 번역하는 과정에서 추구해야 할 규범과 교육에 대해 논의하고 있으므로 후자인 품질 평가 기준을 적용한다.

번역품질 평가의 보편적인 기준이라고 말하는 논리, 언어적 수용성, 용어의 정확성 등을 적용한다면, 이론적으로는 정보텍스트 번역문의 평가 결과는 평가자 모두 일치해야 한다. 그런데 때로는 의사소통 당사자 중 한, 두 사람이 번역 내용이 자신의 이해와 상충하기 때문에 아니면 충분히 득이 없으므로 번역 결과에 불만을 갖는 경우도 있다. 개인적인 목적을 달성하는 데는 도움이 되지 않더라도 번역 품질 자체는 훌륭하다고 이들도 인정해야 한다. 예로, 통역을 이용한 TV 인터뷰에서 한 기자가 인터뷰 대상의 답이 너무 길고 요지가 없다는 이유로 인터뷰 결과에 불만을 표할 수는 있다. 그럼에도 불구하고 인터뷰 상황에서 통역사의 통역은 아무 문제가 없었다고 인정하는 것과 같은 원리이다.

실제 현장에서 보면 품질 평가는 평가자 간 편차가 크고 특히 통역의 경우는 개인차가 크다(베톤(L. Bertone), 1989). 이는 무엇보다도 각 개인이 가지고 있는 "수용성" 기준이 차이가 있기 때문이고 개개인 마다 도착어의 수용성 기준을 벗어났다고 판단하는 정도도 차이가 있기 때문이라고 질(Gile, 1985:c)의 연구에서 설명하고 있다. 실례로 사회언어학적으로 유사한 집단에 속하는 10명의 평가자에게 한 연설문의 통역을 평가하도록 의뢰했을 때 언어적 수용성을 벗어났다고 지적한 부분의 횟수가 5회에서 28회까지 평가자 별로 편차가 존재했다. 충실성 규범에 대한 평가자 간 견해 차이(어떤 정보는 반드시 유지하고 어떤 정보는 변경이 가능한지 등)가 영향을 준 결과이다. 한편, 충실성에 대한 실험연구에서 질(Gile, 1999b)은 평가 결과의 차이는 평가자 집단(전문 회의통역사, 통번역 학생, 번역 교사, 통번역 실무를 관여하지 않는 학자) 뿐 아니라 평가 방식(통역 내용을 녹취한 후 전사한 글을 읽으면서 평가 vs. 통역을 청취하면서 평가)

에서도 나타났다는 연구결과를 발표한 바 있다.

또한 의사소통 상황에서 참여자의 입장 그리고 각각 입장에 따른 제약 역시 평가 결과의 차이를 초래하는 원인이라고 설명한다.

송신자

메시지의 송신자가 도착어 언어지식을 충분히 갖추고 있다면 번역 텍스트의 내용을 이해하고 오류를 걸러낼 수 있어서 충실성 평가가 가능하다. 그러나 통번역의 원리에 대한 이해가 없는 상태라면 언어적 전환의 과정에서 정보의 "삭제" 또는 "추가"가 요구된다는 점을 이해하지 못한다(제3장 참조). 이로 인해 송신자의 평가는 주관적인 생각에 따라 영향을 받는 경향이 심할 뿐만 아니라 실제로는 원천텍스트의 부족함 때문에 기대했던 전달 효과를 창출하지 못했음에도 원인을 번역의 잘못으로 돌리는 경우가 있다.

통역의 경우, 특히 순차통역의 경우는 의사소통 참여자들도 모두 직접 도착어 발화를 듣는다. 출발언어지식이 있는 경우라면 통역의 품질을 평가하기에 충분한 입장이다. 그렇더라도 이들의 평가를 무조건적으로 신뢰할 수는 없는데 그 이유는 집중력의 결핍 때문이다. 질(1995)이 교실에서 실시한 한 실험에서 한 학생이 짧은 연설을 했고(약 1분 54초 길이) 이를 다른 학생이 통역했다. 연사 학생은 통역을 평가하면서 2번의 오류가 있었던 점은 놓쳤고 오히려 잘못이 없던 부분에서 3차례나 누락이 발생했다고 지적했다. 동시통역의 경우, 송신자는 도착어의 발화를 듣지 못한다. 따라서 다른 수신자(청중)의 반응을 통해서만 평가가 가능하다.

도착어 텍스트 수신자

수신자는 의사소통 과정의 반대 편 끝에 위치한다. 번역의 경우, 수신자는 일반적으로 도착어 텍스트만을 본다. 수신자는 도착어의 명료성이나 언어의 수용가능성, 용어의 정확성, 논리의 일관성 등을 평가할 수는 있으나 출발어 텍스트에 대한 충실성은 확인할 방법이 없다. 물론, 번역 텍스트에 일관성이 결여되거나 심각한 오류가 있어서 독자가 생각하기에 도저히 저자가 의도한 메시지라고 볼 수 없는 치명적인 오류는 식별이 가능하다.

동시통역의 경우도 회의 참석자들은 원문 또는 통역 중 하나만을 듣는다는 점은 유사하다. 연사의 발화에서 녹득한 단어나 표현을 듣는 순간 해당 문장의 도착어 표현과 비교가 가능할 때가 있고 아니면 출발어의 문장 끝자락과 통역사 발화일부를 비교할 수는 있지만 전체 도착어 발화와 연사의 출발어 발화를 동시통역이 이루어지는 실제 상황에서 동시에 청취하는 일은 지극히 어렵거나 불가능하다. 번역문 독자는 비교 또는 검증을 위해서 원문을 찾아보는 경우가 있지만 청중이 연사의 발화 내용과 통역을 대조하기는 상당히 어렵니다. 번서 출발어 연설과 도착어 통역을 모두 녹취해서 전사해야 하는데 그렇게 하는 경우는 드물다. 예외적인 경우로 언론에 방영되는 중요한 연설이나 언론매체를 통해서 접근이 가능한 연설, 인터넷 상에서 찾아 볼 수 있는 다중언어로 진행되는 행사 등이 있다. 그러나 녹취록이 존재하더라도 두 텍스트를 비교하는 작업은 지극히 시간 소모적이며 지루한 과정이다. 동시통역을 청취하는 회의 참석자들은 따라서 어휘 형태 등 드러나는 부분에 대해서 전반적으로는 평가할 수 있으나 통역 내용의 충실성을 원문과 비교해서 평가하기는 어렵다. 뿐만 아니라 회의 참석자들은 연사가 말하는 내용에 관심을 갖고 청취하므로 통역사의 발화를 평가하기 위한 목적으로 연설을 듣지 않는다. 따라서 통역사의 도착어 발화를 시시각각 확인하기 위해 과도한 주의를 기울이면서 연설의 내용에 집중하지 못하는 상황은 이치에 맞지 않는다.

순차통역의 경우는 상황이 다르다. 회의 참석자가 출발어와 도착어 두 언어의 언어지식이 충분하다면 이들이야말로 통역의 정확성을 평가할 수 있는 적임자이다. 그러나 이들마저도 엄청나게 많은 양의 정보 중에서 누락된 내용을 꼼꼼히 파악하기는 어렵다. 특히 청중은 통역사와 같이 노트테이킹을 하면서 집중해서 청취하지 않으므로 모든 내용을 확인하기는 어렵다. 앞에서 언급한 교실에서의 실험에서 학생들은 통역사의 발화에서 어떤 오류도 찾지 못했고(질, 1995b) 반 정도의 학생만이 10개의 오류 중 2개 정도를 발견했다. 오류를 반 정도 발견한 학생은 5분지 1도 되지 않았다. 오류나 누락이 없는 부분에 대해서도 잘못 지적을 하는 경우도 있었다. 두 언어를 모두 구사하고 주의력을 기울여서 청취하도록 훈련 받은 학생 통역사들의 평가가 이 정도로 신뢰하기 힘든 수준이라면 회의참석자의 경우도 크게 다르지 않으리라 생각한다.

통번역 의뢰인

통번역 의뢰인이 송신자나 수신자가 아닌 경우에는 번역된 텍스트나 통역을 읽거나 듣지 않을 가능성이 매우 높다. 또한 논의되는 주제에 대해서도 지식이 많지 않은 경우가 일반적이다. 따라서 의뢰인은 통번역의 품질을 평가할 수 있는 적임자는 아니다. 이들은 주로 수신자나 다른 통번역사의 평가에 의존해서 품질을 판단한다. 경험에 비추어 보건데, 매우 까다로운 TV 시청자와 같은 사람들을 제외하고는 수신자의 반응은 결코 통역의 품질을 평가하는 좋은 수단이 아니다. 때로는 의뢰인 자신도 통번역을 할 능력이 있으면서 더 나은 서비스를 제공하려는 목적으로 통번역 품질을 평가하는 경우가 있다. 이 경우는 의뢰인이야말로 가장 정확한 평가자이다.

통번역사

통번역사는 수신자이면서 동시에 송신자이고 출발어 이해력과 도착어 구사력이 모두 뛰어나다. 그러나 일반적으로 회의 주제에 대한 지식, 회의의 목적, 의도, 각각 회의 참석자의 관심사, 이해관계 등에 대해서 충분한 정보를 갖고 있지 못하고 수신자나 송신자만큼 전문용어나 표현이 친숙하지 않다. 또한 통역사에게만 해당되는 제약이 한 가지 있다. 통역사는 극도로 제한된 시간 내에 매우 복잡하고 까다로운 인지처리 작업을 해야 하기 때문에(제7장) 통역사의 정보처리 능력은 혹사당하고 포화수준에 도달한 상태이다. 따라서 통역을 하는 동안 스스로의 발화 내용에 대해 정확하게 모니터 할 여력은 없다. 물론 출발어 연설의 일부를 이해하지 못했거나 통역을 하지 못했을 때, 오류를 범했을 때, 도착어 문장 구성이 어색했을 때 등 통역의 부족한 부분에 대해서는 그 누구보다도 스스로 절실하게 인식한다. 하지만 통역 전체를 청취하면서 전반적인 품질을 평가하는 데는 한계가 있다. 통역을 마친 후에는 동시통역사의 머릿속에서 이미 단어가 소멸된 상태이기 때문에 비교 검토를 할 수 있는 내상인 발화 내용이 존재하지 않는다. 반면에 번역사의 경우는 텍스트를 직접 가지고 작업하기 때문에 원문과 번역문을 언제라도 면밀히 검토할 수 있다.

결론적으로 통번역사는 송신자나 수신자보다는 통역의 품질을 평가하기에 적합한 위치에 있지만 평가를 하는 능력에는 제약이 따른다.

감수자

번역의 경우에는 해당 전문분야의 언어 외적 지식을 갖추고 있는 숙련된 감수자가 있다면 번역의 품질을 평가할 수 있는 최고의 적임자이다. 통역의 경우에도 통역을 체크하기 위해 다른 통역사를 고용하는 경우가 있다(예를 들어 진술서를 통역할 때, 피고의 증언에서 중요한 정보가 누락되는 부분은 없는지 통역 내용을 확인하는 변호인이 있다). 순차통역으로 진술을 통역하는 경우에도 동일한 확인 작업을 실시한다.

5.4 통번역 품질 평가 - 동기와 주의력

앞의 검토를 통해 의사소통 참여자들의 기본적인 입장과 통번역 품질을 평가할 수 있는 능력에 대해 살펴보았다. 실제 상황에서는 통역 품질의 평가는 의사소통 당사자가 갖고 있는 동기 그리고 통역의 품질을 평가하기 위해서 이들이 기울이고자 하거나 기울일 수 있는 주의력의 정도에 따라 차이가 존재한다.

앞에서 설명했듯이 정보 전달이 목적인 담화를 청취할 때, 수신자들은 듣고 있는 모든 정보에 대해 갖는 관심의 정도가 동일하지 않을 뿐 아니라 전체 통역의 품질에 대해서도 관심이 다르다. 이들 청중은 전체 텍스트 중 관심이 가는 단편적인 정보 몇 가지에만 주의를 기울이고 나머지는 완전히 무시할 때도 있다. 이 경우, 통번역 품질의 평가는 전체 텍스트 중 주의를 기울여서 꼼꼼히 들었거나 읽었던 일부분에 의해 좌우되며 나머지 내용은 사실상 평가 대상이 못 된다.

회의통역의 경우는 이 같은 현상이 더욱 확연히 나타난다. 청중은 발표되는 내용의 일부분만을 청취하는 경우가 많다. 그 이유는 전달되는 내용이 자신과 관련이 없다고 생각하거나 단순히 흥미가 없기 때문이고 전체를 모두 꼼꼼히 듣기 위해 집중하는 일은 상당히 많은 주의력을 요하기 때문이다. 따라서 청중은 모든 내용이 충실하게 전달되고 있는지를 정확하게 파악하지 못한 상태에서 통역을 평가하는 경향이 있다. 이로 인해 다른 통역사는 충실하지 못하다고 평가한 통역에 대해 청중으로부터 과분한 호평을 듣고 놀라는 경우가 종종 있다. 캐롤(Carroll)은 1978년 통역의 품질에 대한 "치밀한 연구"가 부족한 실정에 대해 우려를 표명한 바 있다. 그 후, 불과 몇 십년사이 급반전을 이루어서 코야도스 아이 외(Collados Ais et al., 2003a, 2003b, 2007)를 비롯하여 수많은 석사학위 논문과 소논문이 CIRIN Bulletin(www.cirinandgile.com)에 발표되었다. 그러나 많은 연구와 노력에도 불구하고 여전히 회의 참석자들의 반응은 예측하기 쉽지 않다.

필자가 경험했던 한 사례가 현 상황을 이해하는데 도움이 될 것 같아 소개하고자 한다. 한 스포츠 관련 회의에서 운동기구 제조업체에서 온 연사가 운동선수의 실적 변화를 측정할 수 있는 자사 제품에 대해 발표했다. 그 회의에는 스포츠 분야 정책 책임자들과 유사 제품을 만드는 경쟁업체의 대표 두 명도 참석했다. 회의 주최 측에서는 연사의 발표에 문제가 있었다는 점을 우려하면서 참석자들에서 발표 내용을 이해하는데 어려움은 없었는지 질문했다. 두 경쟁업체에서 온 대표를 제외한 모든 참석자는 통역이 아주 훌륭했다고 대답했다. 경쟁업체의 대표만 통역내용을 "전혀 이해할 수 없었다"며 불만을 토로했다. 이 경험은 통역 품질에 대한 평가는 무엇보다도 평가자의 구체적인 청취 동기에 의해 영향을 받는다는 점을 확인하는 계기였다. 품질 평가를 위한 보편적인 기준이 존재하기는 하지만 실제로 평가는 앞에서 언급한 이유로 인해 상황에 따라 상당히 달라질 수 있다는 점을 확인했다.

또 한 가지 주목할 점은 통번역 독자나 청중은 평가를 속으로만 담아두는 경향이 있다는 점이다. 극히 일부는 번역이나 통역에 대해 특별히 만족스럽거나 불만족해서 큰 소리로 칭찬을 하거나 불만을 터트리는 경우가 있지만 대부분의 사람들은 크게 관심을 보이지 않는다. 수신자로부터 아무런 반응이 없는 경우에 의뢰인은 통번역의 품질이 좋았을 것이라고 낙관하지만 이는 전혀 근거 없는 평가이다.

5.5 품질 평가의 요소로서 통번역사의 태도

전문통번역은 보수를 받고 이루어지는 서비스이다. 따라서 텍스트와 관련된 요소(충실성, 언어 품질, 텍스트의 명료성 등)만이 아니라 업무의 수행과 관련된 다른 측면도 품질 평가의 대상이다. 통번역 교육은 주로 충실성이나 통번역 결과물의 품질과 관련된 기술적인 측면에 집중하지만 실제로 현장에서 일을 할 때는 이 외의 측면 역시 품질 평가에 영향을 미치는 중요한 요소라는 점을 학생들이 인식해야 한다.

교과과정의 마지막에 통역사의 직업윤리에 관해 교육을 실시하는 것 외에도 직업의식, 책임감, 거만하지 않지만 자존감 있는 태도, 심지어는 깔끔하고 청결한 복장 등에 대한 교육도 이루어져야 한다(이 부분에 대해서는 서구 논문에서는 거의 언급이 없지만 일본에서 발표된 논문이 있다. 쿠니히로 외(Kunihoro, Nashiyama & Kanayama, 1969)에서는 이러한 요소도 의뢰인이나 연사가 품질을 평가하는 데 크게 영향을 미칠 수 있다고 설명한다). 시간의 준수도 당연히 중요한 부분이다. 번역의 경우는 작업 기한을 정확하게 준수하는 책임감 역시 의뢰인이 번역품질을 평가하는 기준에 포함되다. 동료 통역사와의 관계를 우호적으로 유지하는 노력도 중요하다. 특히, 두 명이 한 팀을 이루어 일을 하는 동시통역사에게는 파트너와의 관계가 매우 중요하다. 부스 내에서 동료 통역사와 유대감을 유지하고 적극적으로 협력해야 하며 장비담당 엔지니어와도 관계를 돈독히 하는 노력은 음향 품질을 향상 시키는데 도움이 될 뿐 아니라(제7장 참고) 의뢰인에게 통역사에 대한 좋은 이미지를 남길 수 있다. 통역을 할 때 부스에서 지켜야 할 예절은 통역의 품질에 영향을 미칠 수 있는 중요한 요소임에도 무시되는 경향이 있다. 다음의 부스 예절을 학생들이 반드시 숙지하도록 한다.

- 기침이 나오거나 목소리를 가다듬을 때, 질문을 할 때 또는 다른 소리를 낼 때는 마이크를 끄지 말고 음소거 버튼(커프 버튼)을 사용한다. 음소거 버튼을 누르면 소음이 차단되지만 마이크 자체를 끄면 통역사의 목소리 대신 연사의 목소리가 전달된다. 이때 소리가 갑자기 커지는 경향이 있어서 청중에게 불편을 초래할 수 있다.
- 부스 내에서 과도하게 움직이지 않도록 주의한다. 급작스러운 움직임으로 인해 청중이 듣는 소리가 갑자기 커질 수 있다.

- 마이크 바로 앞에서 종이를 넘기지 않는다.

이러한 규칙은 필자가 학교에 재학 중이던 1970년대에는 교육을 하지 않았다. 이는 필자의 학교뿐만 아니라 대부분의 다른 교육기관에서도 도외시한 부분이다. 현장에서 일을 하면서도 부스예절의 중요성에 대해서는 인식하지 못했다. 그러던 중, IBM에서 개최한 국제회의에서 통역의 품질에 대한 모니터링이 체계적으로 이루어진 때가 있었는데 청중으로부터 메모 형식의 불만사항을 전달받고 종이를 넘기는 소리나 통역사의 음성이 갑자기 커지는 변화가 얼마나 큰 불편을 초래하는지 인식하게 됐다.

- 부스 내는 언제나 깨끗하게 유지하고 자료 등을 정돈하여 필요할 때 쉽게 찾을 수 있도록 한다. 이 짐은 청중보다는 함께 일을 하는 동료 파트너를 배려하는 예절이다. 부스가 지저분하게 정리가 안 되어 필요한 자료를 신속하게 찾지 못하더라도 그리 큰 영향은 없다. 다만, 동료의 평가로 인해 향후 새로운 일을 맡을 가능성은 영향을 받을 수 있다.

통역의 품질은 아주 사소하고 다양한 요인에 의해서도 영향을 받는다는 점을 교육 초반부터 학생들에게 인식시키고 강조해야 한다. 교실에서 직접 적용할 수 있는 부분은 수업시간부터 실행하도록 반복해서 강조하고, 그렇지 않은 부분은 강의 마지막 단계에서 다시 한 번 상기시키도록 한다.

6. 사회적 위상과 통번역의 품질

통번역사 모임이나 학회지에서 지속적으로 논의되는 주제 중 하나는 바로 통번역사의 사회적 위상과 관련된 내용이다. 제1장에서 언급했듯이 그 이유는 기존 통번역사의 직무와 자격요건이 각양각색인 점에 기인한다. 시장에는 실제로 다양한 배경을 가진 통역사와 번역사들이 활동하고 있다. 전문적인 훈련도 받지 않았고 통역언어에 대한 지식마저도 빈약한 낮은 수준의 언어중개자부터 숙련된 전문가로서 자격조건을 갖추고 주요 문서나 까다로운 연설문을 처리하는 막중한 책임을 수행하는 전문가까지 다양하다. 일반인들은 그러나 전문통번역사보다는 비전문가인 언어중개자들을 접할 기회가 더 많기 때문에 통번역직에 대한 사회적 인식이 그다지 높지 않은 현실은 충분히 그럴 수 있다.

앞에서 언급한 다양한 형태의 통역, 번역 일은 모두 사회에 공헌한다는 점에서 존중 받는 직업이지만 요구되는 서비스의 품질 수준에 따라서 각각 대가로 받는 보수는 어쩔 수 없이 차이가 있다. 최고 수준의 전문통번역사들은 당연히 전체 통번역사에 대한 사회적 인식이 향상되기를 희망한다. 또한 전문성이 다소 떨어지는 통번역직 종사자들도 일하기 위한 자격요건이 상향조정되고 사회적 지위가 향상된다면 여러 면에서 이득이라고 생각한다. 사회적 위상은 단지 지위의 향상에 국한된 문제만은 아니다. 이 문제와 관련된 논의에서 큰 주목을 받지 못하는 부분이지만 통번역사들이 자신의 직업에 대해 느끼는 만족감 또는 불만과 밀접한 관계가 있다. 사회적 위상이 높아질수록 통역료, 요율, 정보에 대한 접근성 측면에서 근무 조건 개선을 요구할 수 있는 입지가 확고해진다는 의미가 더 크다. 특히, 주로 고위직 연사를 위해 일하는 회의통역의 경우는 사회적 위상에 따라 대우에 있어서 현격한 차이를 경험하기도 한다. 통역사에 대한 사회적 인식이 언어가 능숙한 직원 정도인 경우에는 연사를 직접 만나거나 사전에 참고 자료를 받기가 상당히 어렵다("장관/대통령께 통역사를 위한 자료를 달라고 귀찮게 할 수는 없습니다"). 사회적 위상이 높을수록 연사를 만나는 일이 훨씬 수월해서 결과적으로 일도 더 훌륭히 수행할 수 있다. 인식의 차이는 실질적인 차별로 이어지는 경우가 있는데 어떤 부처에서는 통역사가 장관이나 주요 인사를 만나는 일이 자연스러운 반면, 다른 부처에서는 고위 간부직 관료와 통역사 사이의 벽을 높임으로 공무원의 위상이 높아진다고 생각하는듯 행동해서 통역사들이 업무를 수행하는데 어려움을 경험하기도 한다.

수업 중 반드시 강조해야 할 한 가지는 일반인들은 통역과 번역에 대해서 잘 모르는 경우가 많기 때문에 통번역사의 지위는 결국 통번역사 스스로의 행동에 의해 결정된다는 점이다. 처음 만났을 때 상대방이 어떤 태도를 취하는가와 무관하게 전문가로서 책임 있게 행동한다면 상대방의 태도는 점차 존중의 모습으로 변화해 갈 것이다. 이러한 이유에서 필자는 다음의 핀처크(Pinchuk)의 의견에 반대한다.

> 충실한 번역이란 더도 덜도 아닌 정확하게 독자의 필요를 충족시킬 만큼의 시간과 노력을 기울인 결과여야 한다. 과도하게 높은 비용을 소비하면서까지 독자가 원하는 품질 이상의 번역을 제공할 필요는 없다(1977:206).

위와 같은 번역사의 태도는 궁극적으로 번역 품질의 저하를 초래하고 결과적으로 번역사의 근무조건도 악화시킨다고 필자는 생각한다. 따라서 통번역 교육과정에서부터 이런 태도는 지양해야 한다.

때로는 심리적 또는 사회적인 원인으로 인한 어려움도 발생한다. 주로 통번역사를 고용하는 책임, 일의 발주 및 협상은 실무담당 직원의 소관인데 이들이 통번역사가 더 나은 처우를 요구하는 태도에 대해 심한 거부감을 표출할 때가 있다. 더불어 상대적으로 높은 수준의 통번역료에 대해서도 불만을 갖기도 한다. 이 모든 점을 고려할 때, 교사는 학생들에게 자긍심을 갖고 진중하게 행동하는 태도야말로 현장에서 일하는 통번역사가 취할 수 있는 가장 바람직한 자세라고 강조해야 한다. 분노를 표출하거나 “거만”한 태도로 책임감 없는 행동을 하면 결국 전체 통번역사의 위상을 실추시키는 결과를 초래한다.

7. 교육을 위한 제언

본 장의 초입에서 언급했듯이 통번역의 품질을 의사소통의 달성이라는 목표와 연계시켜 설명하면 여태까지 통번역이란 학교에서 하던 “교육적 번역” 연습이 전부였고 언어적 유사성만을 유일한 판단기준으로 삼았던 학생들이 이 과정을 이해하는데 큰 도움이 된다.

의사소통이라는 목적에 대한 학생의 인식을 고취시키는데 도움을 줄 특단의 이론은 없다. 의사소통이라는 목적은 단순하고 명백해서 설명이 필요 없다. 스코포스 이론이나 다른 기능주의 이론을 이용해서 통번역사는 고객과 고객이 의사소통을 통해 달성하려는 목적을 위해 일하지 텍스트를 치환하는 일이 아니라는 원칙을 이론적 배경으로 소개할 수는 있다. 그러나 특히 교육의 초기단계에서는 추상적인 용어나 개념을 도입하기보다는 단순한 설명 그 자체가 훨씬 효율적이다.

따라서 예시를 보여주고 이에 대해 설명하는 방법은 통번역의 품질에 대한 학생들의 인식을 높일 수 있는 효과적인 방법이다(부록 참고). 물론, 통번역관련 이론이나 원칙에 대해서는 수업을 진행하는 동안 지속적으로 상기시키고 강조해야 한다.

통번역 연습을 시작하기에 앞서서 먼저 의사소통의 상황을(이때 설정한 상황은 실제 사례도 좋고 가상으로 설정한 사례도 괜찮다) 학생들에게 직접 분석하도록 하는 훈련을 적어도 첫 한 달 동안은 실시한다. 이때 학생들에게 몇 가지 질문을 한다. 연사/저자가 누구인가?(신분, 전문분야,

역할, 지위 등등) 연사/저자가 생각하는 청중/독자는 누구인가? 통번역사가 가정하는 청중/독자는 누구인가? 제공된 정보(텍스트의 성격이나 기능 또는 회의의 성격 등등)를 고려해 볼 때 저자/연사가 청중/독자에게 전달하고자 하는 메시지는 무엇인가? 이 메시지를 전달하는데 화용적, 심리적, 사회적 또는 문화적인 장애요인이 있는가? 때로는 번역 작업이 이루어지는 맥락에 대한 정보를 분석하는 것만으로도 위의 질문에 대한 답을 얻을 수 있다. 번역 강의에서는 이러한 정보를 브리프 형식으로 제공할 수 있고 통역수업에서는 연사가 누구이며 어떤 종류의 회의인지 설명해도 좋다. 때로는 정보가 충분하지 않아서 학생들이 추측을 해야 하는 경우도 발생한다. 전문통번역사도 때로는 회의관련 정보나 나름의 가정에 기반을 두고 의사결정을 한다는 점을 학생들에게 반드시 주지시키도록 한다(이에 관하여 야스켈라이넨과 틸코넨 콘디트(R. Jääskelinen & S. Tirkkonen-Condit), 1991 참조).

의사소통이 이루어지는 맥락에 대한 분석을 완료한 후에도 교사는 반복적으로 학생들에게 정보를 상기시킬 필요가 있다. 특히, 학생들의 통역, 번역을 모니터링하거나 오류를 지적할 때 교사는 언어나 정보 내용에 대한 코멘트뿐 아니라 가능하면 의사소통 상황과 관련된 부분에 대해서도 설명을 해야 한다. 학생들로 하여금 특정 의사소통의 상황에서 자신들이 선택한 단어나 문장 구조가 다른 대안과 비교할 때 왜 적절했는지 돌이켜 보도록 하고 단순히 자연스러운 스타일을 추구하는 수준을 넘어서 송신자(또는 수신자나 의뢰인)의 목적을 달성하는데 그 선택이 어떻게 기여할 수 있는지 고민해 보도록 한다.

예를 들어서 미국인 청중을 대상으로 통역을 하는 경우, 전형적인 영국식 숙어나 은유적 표현의 사용은 자제하는 편이 낫다. 영어가 모국어가 아닌 청중이 다수를 차지하는 회의에서 통역을 하는 경우에는 품위 있고 격을 차린 표현보다는 쉽고 간결한 영어를 사용한다. 미국 독자를 대상으로 번역을 하는 경우에는 철자법을 영국식이 아니라 미국식으로 표기하고, 독자가 불어 순수주의자인 경우에는 영어에서 온 차용어를 사용하기 보다는 가급적이면 불어 표현을 사용해야 옳다. 실제로 해당 분야에서 불어보다는 영어 차용어를 보편적으로 사용하는 경우라도 불어를 선택하는 편이 바람직하다(컴퓨터공학분야의 용어로 le driver 대비 le pilote, le CASE 대비 l'AGL(Altelier de Genie Logiciel), 그리고 le repository 대비 referentiel, 등의 사례가 있다).

과정 지향적 교육을 도입할 때는 학생이 적절한 선택을 하지 못했을 경우, 더 나은 차선책을 알려주기보다는 특정 의사소통 상황에서 학생의 선택이 적절했다고 생각하는지에 대해 먼저 질문을 던지는 방법이 효과적이다. 청중이 이 표현에 대해서 어떻게 반응할까? X 단어를 Y 단어보다 더 쉽게 이해하지 않았을까? 통역사가 특정한 내연의 의미를 지닌 Z라는 단어를 사용해서 통역을 했을 때, 이를 들은 연사가 그 내연의 의미를 정확하게 이해했을까? 등의 질문은 통역사의 선택이 잘못되었음을 단순히 지적하는 방식보다 바람직한 교육방법이다.

주의해야 할 사항도 있다. 처음으로 통역교육을 받는 학생들에게 의사소통 당사자들이 통역의 품질을 평가하는 데 한계가 있다는 설명은 위험하다. 학생들에게 동시통역의 경우에는 청중이 통역사의 발화를 청취하면서 꼼꼼히 확인하기는 불가능하다고 말하거나 통역 의뢰인이 생각하는 좋은 통역과 학생들이 일반적으로 추구하는 훌륭한 통역은 상당 부분 일치하지 않을 수 있다고 말할 경우, 이들이 현장에 투입되어 일을 시작했을 때 훌륭하게 통역하려는 의지를 꺾어버릴 수 있고 교육을 받는 과정에도 노력을 덜 하게 될 가능성이 있다. 따라서 먼저 학생들이 현장에서 요구하는 높은 기준을 충족할 때까지 기다리는 편이 바람직하다. 정규교육과정을 마칠 때 즈음, 학생들이 현장에 투입되기에 앞서서 실제로 현장에서 의사소통 참여자들이 통역의 품질을 어떻게 평가하는지에 대해 설명하고 준비하도록 해야 한다. 또한 회의참석자들의 평가와는 무관하게 함께 일하는 동료 통역사들은 서로의 통역을 매우 비판적인 자세로 듣고 있다는 점도 반드시 주지시켜야 한다. 통역 의뢰인보다는 동료 통역사들이 서로서로 일을 소개하는 경우가 빈번하기 때문에 통역사는 항상 긴장을 놓아서는 안 된다는 점을 강조해야 한다.

번역의 경우는 다르다. 때로는 번역을 완료한 후, 감수만을 전문으로 맡아서 하는 동료가 검토하는 방식으로 품질을 관리한다. 어떤 경우는 의뢰인이 매우 비판적으로 번역을 검토하거나 독자가 번역문을 읽은 후 번역에 대해 평을 할 때도 있다. 물론 번역사와 의뢰인, 독자가 생각하는 좋은 품질의 기준이 차이가 있을 수 있지만 모두 번역 품질을 향상시키는 동기가 된다. 문제가 발생하는 경우는 품질을 관리하기 위한 아무 제도도 없고 번역결과물에 대해 일절의 피드백도 없는 상황인데 대기업이나 번역회사에 소속되어 일을 할 때 흔한 경우이다. 이런 상황에서는 번역사와 독자 사이에 의사소통이 전무하고 번역의 품질은 번역사가 전문인으로서 갖는 직업의식이나 자긍심이 얼마나 투철한가에 의해 좌우된다. 이런 점에서 번역교육 단계에서부터 학생들에게 직업의식을 심어주는 일이 중요하다.

8. 주요내용

통번역은 의사소통 당사자와 그들의 목적을 위해 존재한다.

학생들이 최선의 의사 결정을 내릴 수 있도록 준비시키기 위해서는 통번역은 의사소통 당사자인 고객과 그들의 목적달성에 기여하기 위해 존재한다는 점을 이해해야 한다. 원천텍스트와 번역본은 이러한 목적을 달성하기 위한 도구일 뿐이라는 점도 이해해야 한다.

충실성

문학번역을 제외한 번역이나 회의통역 상황에서 송신자와 의뢰인의 목적이 상충하지 않는다면 통번역사가 충실해야 하는 가장 우선적인 대상은 의뢰인이고 둘째는 송신자이다. 다른 종류의 통역은 연사 또는 청중이 아니라 언제나 동일한 한 대상(예를 들어 수화통역의 경우는 청각장애인)에 충실성을 두고 통역을 한다.

품질의 최적화 그리고 충실성 대상의 상충

의뢰인이 영리를 목적으로 하는 통번역 회사인 경우에는 통번역사에게 주어진 시간이 촉박하고 송신자에 대한 접근도 잘 허용이 안 돼서 참고자료를 얻기 힘든 환경에서 일을 하는 경우가 많다. 이 두 가지만도 이미 의사소통에 상당한 제약을 초래할 수 있다. 다른 경우에는 의뢰인이 의사소통의 과정을 촉진하면서 적극적으로 문서와 참고자료를 지원하는 경우도 있다. 그러나 의뢰인이 번역회사인 경우는 일반적으로 근무환경을 바꾸기가 힘들고 대부분의 경우 통번역사가 어려움을 감수해야 하는 경우가 많다. 의뢰인이 사내 통번역 담당 부서여서 사내 고객의 만족이 주 관심 대상인 경우라면 즉, 다른 부서나 부서 직원을 위해 작업을 하는 경우라면, 논의와 협상을 통해서 어느 정도 근무 환경을 개선할 수 있는 여지가 있다.

통번역의 품질은 통번역사의 능력 그리고 태도에 의해 좌우되는 부분이 크지만 규범, 의뢰인의 브리프 그리고 작업 환경도 품질에 영향을 미치는 중요 요인이다. 가령, 작업을 위해 사용가능한 시간, 참고 문헌 그리고 다른 정보 출처의 존재 여부 등도 영향을 준다. 그렇기 때문에 통번역사는 이상적인 작업 환경이 아니더라도 주어진 환경에서 항상 최선을 다하는 자세가 중요하다.

품질 평가요소로서 통번역사의 태도

통번역의 품질은 텍스트의 구성요소에 의해서만 평가되는 것이 아니라 상당부분 전문인으로서 통번역사가 일을 수행하는 태도도 평가 된다.

품질 평가

실제 현장에서 이루어지는 통번역의 평가라도 반드시 신뢰할 수는 없다. 그 이유는 몇 가지로 설명이 가능한데 평가자마다 인지적 한계나 필요가 다양해서 다양한 품질 평가 요소를 고려하는 비중에 차이가 있기 때문이다. 이런 점에서 볼 때, 통번역사는 의뢰인의 평가와는 상관없이 항상 최상의 결과물을 배출하기 위해 끊임없이 노력해야 하며 이러한 노력은 통번역사가 장기적으로 만족스럽게 일하기 위한 전제조건이다.

■ **번역수업 시범**

다음은 품질평가와 관련하여 본 장에서 설명한 몇 가지 사항을 학생들에게 설명하고자 실시한 실험이다. 아래의 텍스트는 1993년 9월 몬트리올 대학에서 실시한 실험에서 사용했던 텍스트이다. 너무 오랜 시간이 지나서 이 텍스트의 기술적인 내용은 적합하지 않지만 본 실험에서 설명하고자 하는 원칙은 여전히 유효하다. 필요하다면 번역 교사가 각자 희망하는 분야의 텍스트를 해당 언어로 찾아서 아래의 실험을 재현한다면 어려움 없이 실시할 수 있으리라 생각한다.

원천텍스트는 영어이며 1993년 10월 PC Laptop지에서 발제했다. 교사는 이 텍스트의 4개 문단을 불어로 번역했는데 첫 번째 단락은 언어적 수용성이 떨어진다. 두 번째 단락은 내용의 오류를 포함하고 셋째 단락에서는 정확하지 않은 용어를 사용했으며 마지막 단락만이 잘된 번역이었다.

학생에게는 불어로 작성한 번역텍스트만을 제공하고 출발어 영어 텍스트를 번역한 번역문이라는 점을 설명했다. 먼저, 학생들에게 A 단락만을 읽도록 요청한 후, 평가를 부탁했다. 학생들이 잘못된 부분을 지적했을 때 특별한 주제지식을 습득하거나 출발어 원천텍스트를 읽지 않은 상태에서도 도착언어 언어지식에만 기반해서 번역의 잘못된 부분을 평가할 수 있다는 점을 인식시켰다.

다음으로 B 단락을 읽고 평가하도록 부탁했다. 개인용 컴퓨터에 대한 사전 지식을 어느 정도 갖추고 있는 학생들은 곧바로 오류를 지적했다. 그러나 주제지식이 없는 학생들은 오류를 찾지 못했다. 내용의 오류는 저자와 이 번역을 게재한 출판사에게도 치명적인 결과를 초래할 수 있다는 점을 강조했고 반드시 수정해야 한다는 점도 설명했다.

C 단락은 전문용어의 사용이 잘못된 부분을 포함한다. 컴퓨터에 대해서 잘 알고 있는 학생들만이 오류를 찾을 수 있었다. 오류가 있었음에도 불구하고 텍스트를 이해하는 데는 큰 지장이 없다는 점을 설명했다. 용어의 잘못된 사용이 메시지의 수신자에게 미칠 수 있는 영향과 텍스트에 대한 신뢰도를 떨어뜨려 설득력에 미치는 영향 등에 대해서 논의했다.

마지막 파트에는 오류가 없었다. 그러나 몇몇 피험자는 문체 스타일 측면에서 문제가 있다고 지적했다. 학생마다 번역한 표현의 언어적 수용성에 대한 기준은 다를 수 있다는 점을 설명하고 실제로 경험한 좋은 계기였다. 이와 같은 기준의 차이는 번역 의뢰인이나 도착어 독자, 그리고 번역 감수자 사이에도 존재한다.

■ 불어 번역텍스트

A Le premier ordinateur Quaderno d'Olivetti avait montré qu'il était possible d'offrir a un prix raisonable des très petits sub-notebooks avec une excellente qualité.

도착언어 수용성이 떨어지는 부분은 아래와 같다:

- "a un prix raisonable"를 "à un prix raisonnable"로 수정해야 한다.
- "des très petis"를 "de très petits"로 고쳐야 한다.
- "avec une excellente qualité" 는 "d'excellente qualité"로 변경해야 한다.

B Le nouveau Quaderno 33 d'Olivetti est un sub-notebook à base de 686 capable d'intégrer Windows. Il est équipé d'un écran rétroéclaire et ne pèse que 3.9kg.

오류:

- 686 프로세서는 존재하지 않는다.
- 3.9 kg의 무게는 최첨단 서브노트북으로는 과도하게 무거운 무게이다.

C Le Quaderno 33 a un écran VGA de 7 pouces de 640 x 400 pixels et offre 16 ombres de gris. Son clavier à 93 touches comporte un pad numérique distinct, et sa batterie au Nickel-Cadmium lui donnerait une autononie de 4 à 6 heures. Il est équipé en standard d'un disque 역 de 60 Mégaoctets et de 4 Mégaectets de mémoire à accès aléatoire (extensible à 12 Mo). Il est livré prêt a l'emploi, configuré avec Windows 3.1, Works for Windows et Lotus Organizer, auxquels s'ajoute un progranne de transfert de fiches(cordon fourni).

보편적으로 통용되는 전문용어를 사용하지 않은 표현은 다음과 같다.

- "ombres de gris"는 "unances de gris"라고 표현해야 옳다.
- "pad numérique"는 "pavé numérique"라고 표현해야 한다.
- "mémoire à accès aléatoire"는 "mémoire vive" 또는 "RAM"이라고 표현해야 한다.
- "cordon"은 "câble"이라고 주로 표현한다.

• “fiche”는 “fichier”라고 표현해야 옳다.

D Pour pernettre une extension de la mémoire et pour pouvoir connecter des périphériques, il a été équipé d'un slot pour carte PCMCIA de type II. Le Quaderno comporte également un port parallèle, un port série, un port pour moniteur VGA externe, ainsi 벼'un port PS/2, un slot pour modem interne, et un connecteur pour un lecteur de disquette externe en option($145).

■ 영어 원천텍스트

A The original Olivetti Quaderno showed that extremely small, high-quality subnotebooks could be offered at affordable prices.

B Olivetti's new Quaderno 33 is a Windows-capable 386 subnotebook with a bright backlit screen -- that weighs just 2.97 pounds.

C The Quaderno 33 sports a seven-inch backlit VGA display with 640 x 400 resolution and 16 shades of gray. Its 93-key keyboard houses a separate numeric keypad, while a NiCd battery is said to power it for four to six hours. A 60-megabyte hard drive and four megabytes of RAM(expandable to 12) come standard. windows 3.1 Works for Windows, and Lotus Organizer, plus a file-transfer program(with cable), are preloaded for full plug-and-play capabilities.

D For more storage and peripheral connectivity, a PCMCIA Type II Card slot is built in. The Quaderno 33 features serial, parallel, external VGA display, and PS/2 ports, an internal modem slot, and a connector for the optional external floppy drive($145).

3장

통역과 번역의 충실성

1. 들어가기

충실성은 통번역의 품질에 관한 논의에서 가장 중심적이며 다양한 측면에서 쟁점이 되어온 주제이다. "번역가능성"에 대한 논의에서도 핵심적인 고려사항이며 등가의 개념과 등가이론과도 밀접한 연관이 있다. 원천텍스트와 목표텍스트 사이의 변이, 오류 및 누락을 측정하는 연구에서 역시 충실성에 관한 논의를 피하기 힘들다. 저자와 번역사의 지위, 번역사의 작가로서의 지위, 통번역의 창의성에 관한 토론에 있어서도 충실성은 매우 중요한 부분을 차지한다.

충실성이 문제가 되는 가장 근본적인 이유는 어떤 두 언어도 그 언어가 사용되는 각각의 문화적 배경이라는 맥락에서 볼 때 전적으로 동일하지 않다는 점에서 비롯된다. 어떤 두 언어도 어휘 그리고 문법 등이 완벽하게 일치하는 일대일 대응은 없다. 첫째, 한 언어에는 존재하지 않는 어휘이지만 다른 언어에는 동일한 대상을 지칭하는 다양한 어휘가 존재하는 경우가 있다(죠르지 무냉(Georges Mounin)의 Les problèmes théoriques de la traduction (1963) 제6장 참고). 둘째, 언뜻 보기에는 출발어와 도착어의 어휘나 문법이 형태적으로 유사하고 사전이나 문법책에서 설명하고 있는 기능이 동일해 보여도 두 단어가 사용되는 맥락에서의 의미에는 미묘한 차이가 존재할 수 있다. 따라서 통번역사가 직면하는 가장 큰 어려움은 원천텍스트를 목표텍스트로 '똑같이' 재현할 수 없다는 문제이다. 출발어의 글과 발화를 도착어의 수용가능한 표현으로 재구성해야 하는데 도착어 텍스트는 특히 문학 텍스트인 경우는 '아름다워' 보이지만 '충실하지 못한' 경우가 발생한다. 이런 이유로 인해 무냉(1963)은 최상의 번역일지라도 근사치에 불과하다고 주장했다.

본 장에서는 그러나 충실성에 대한 이론적 또는 철학적 개념을 논하고자 하는 것이 아니다. 의사소통에 중점을 둔 기본개념, 특히 '형태적 일치' 그리고 '역동적 등가'의 개념 등에 대해서는 지금은 통번역 이론서의 고전인 나이다(Nida, 1964)의 저서 *Towards a Science of Translating*에서 자세히 설명하고 있고 나이다와 타버(Nida & Taber, 1969)의 공저 *The Theory and Practice of Translation*에서도 찾아볼 수 있다. 회의통역 과정에서의 충실성에 대해서는 1990년 도노반-카기고스(Donovan-Cagigos)의 논문에서 흥미로운 논의를 펼치고 있다. 필자는 전문 통번역 교육과정에서 충실성에 대한 개념을 정립하는데 과도하게 긴 시간을 소비하는 것은 비효율적이라고 생각한다. 통번역교육은 전문적인 기술을 습득하고 연마하는 위주로 이루어져야 하며 충실성의 정의도 대상 텍스트에 따라 매번 기준이 달라진다고 생각하기 때문이다. 다만, 학생들이 충실성의 기준이나 지침 등에 대해 고려해 볼 수 있도록 간단한 개념 소개 정도를 교과과정에 포함시키는 것은 유익하다고 본다. 초등학교나 중, 고등학교에서 학생들은 줄곧 한 언어의 단어나 문장 구조를 다른 언어로 그대로 일대일 치환하는 방식으로 번역을 해 왔기 때문에 이런 방식에 익숙해진 학생들이 대학 또는 통번역대학원에 진학하여 번역을 할 때 문장구조를 재구성하거나 단어를

"추가" 또는 "생략"해도 충실성을 위배하지 않는다는 점을 받아들이기 어려워한다. 결과적으로 이런 학생들은 의사 결정을 내릴 때 매우 보수적이고 분석능력과 창의력을 마음껏 발휘하여 최상의 번역 결과물을 생산하지 못하는 경향이 있다.

처방적 지침이나 설명만으로는 효과적으로 교육하는데 한계가 있다. 조언을 하거나 원칙에 대해서 설명을 할 때는 가능하면 구체적인 사례를 함께 제시할 필요가 있다. 아래의 실험은 번역의 과정에서 왜 번역사가 어느 정도 재량을 갖고 일할 수 있는지 그 타당성을 증명하기 위해 실시했다. 필자의 경험을 비추어 보건데, 이 실험과 그 결과에 기초해서 만든 번역 모델을 접한 학생들은 보다 과감하게 의사결정을 내릴 뿐 아니라 번역의 과정에서 더욱 효과적으로 분석력과 필력을 발휘했다.

충실성의 본질에 대한 학생들의 이해를 돕고 번역전략의 선택에 있어서 충실성이라는 개념이 미치는 중요성을 고려할 때, 필자는 본 장에서 설명하고 있는 실험과 정보구성 모델을 되도록이면 강의 초반부에 소개할 것을 제안한다. 예를 들어, 의사소통과 통번역의 품질에 대한 강의 바로 다음 순서가 바람직하다.

실제 분석에 들어가기에 앞서서, 본 장에서 설명하고 있는 충실성 개념은 과학기술번역 그리고 회의통역에서 주로 적용하고 있는 원칙이며 통번역사의 역할을 '중립적'이고, '투명한' '도체'로 보고 있다는 점을 강조하고자 한다. 제2장에서 설명하고 있듯이(3.3.2절) 통번역학 학자들은 수년 전부터 통역사의 역할을 중립적으로 보는 견해에 반론을 제기하고 있다. 실제로 심리상담을 포함하여 보건통역, 난민심사 통역, 수화통역 등의 다양한 통역 상황에서 통번역사에게 기대하는 역할은 도체이론에서의 묘사를 확연히 벗어난다. 그럼에도 불구하고 대부분의 과학기술번역 그리고 회의통역 상황에서는 여전히 이상적인 정의의 충실성 개념을 준용한다. 필자 역시 충실성을 위배하지 않는 통번역 전략을 세우도록 교육하려면 충실성에 대한 교육이 필요하다고 생각한다.

이 외에도 다양한 상황에서 통역교육을 담당하고 있는 교사도 본 장에서 소개하고 있는 개념과 모델이 유용하리라 생각하지만 각 교육과정에서의 필요에 적합하게 수정하여 교육하기 바란다.

2. 충실성 실험

아래의 실험은 1970년대 말에 처음 착안했다. 실험의 목적은 발화하고자 원하는 아이디어를 한 언어로 발화한 후 다른 언어로 재표현하기까지의 과정을 실험을 통해 분석하여 번역사가 단어가 아닌 의미에 기반을 두고 번역하고 있다는 주장을 검증하기 위해서였다(의미이론 또는 해석이론은 파리에 위치한 ESIT 학자들의 주장으로 필자는 이 주장이 매우 흥미롭다고 생각했고 이를 분석하여 검증하고자 했다). 본 실험의 결과는 매우 흥미로웠고 몇 가지 측면에서 결실이 있었다. 필자는 본 실험을 30년이 넘는 시간동안 수 십 차례(일 년에 한번 이상) 넘게 실시했다. 아랍어, 중국어, 영어, 핀란드어, 불어, 독어, 히브리어, 이그보우어, 이태리어, 일어, 서반아어, 스웨덴어, 타히티어, 요루바어 등 다양한 국가에서 다양한 언어로 실시했으며 아래에 자세히 설명하고 있듯이 항상 일관성 있는 실험 결과를 얻었다. 이는 곧 본 실험 결과를 통해 도출된 모델은 모든 언어 그리고 문화에서 광범위하게 적용 가능하다는 점을 시사한다. 실험에 대해서는 다음 절에서 상세하게 설명했다.

2.1 제1단계: 간단한 메시지를 언어로 표현하기

교실에 있는 학생 중 절반을 밖으로 나가도록 한 후, 남아있는 학생들에게 아주 간단한 정보 메시지가 담겨있는 그림을 보여주었다. 학생들에게 그림이 어떤 상황인지를 설명한 뒤, 각자의 모국어로 그림이 전달하는 메시지를 자유롭게 표현하여 적도록 부탁했다. 그 후, 각자가 생각한 메시지를 소리 내어 읽도록 했다.

여기서 잠깐 짚고 넘어가야 할 부분이 있다. 본서는 정보전달을 목적으로 하는 텍스트의 통역, 번역 과정에 대해 다루고 있으며, 여기서 언급하는 *메시지*의 정의는 발화된 문장(statement) 다시 말해서 소통하고자 하는 의도를 언어화한 발화를 의미하지 않는다. 메시지는 *송신자가 수신자에게 전달하려고 하는 정보*로 정의하며 이를 문장으로 구성했을 때 전달되는 정보를 의미한다(제2장 4절). 이 외에도 문헌에서 메시지를 다양하게 정의하고 있지만, 본서에서는 메시지를 위와 같이 규정하고 있으므로 이 점을 기억하면서 다음을 읽기 바란다.

다음은 본 실험에 참가한 피험자에게 보여준 그림이다. 이 그림은 운전 중 차 내부에서 외부의 도로를 바라본 모습으로 "Paris 50 km"라는 도로 표지판이 보인다.

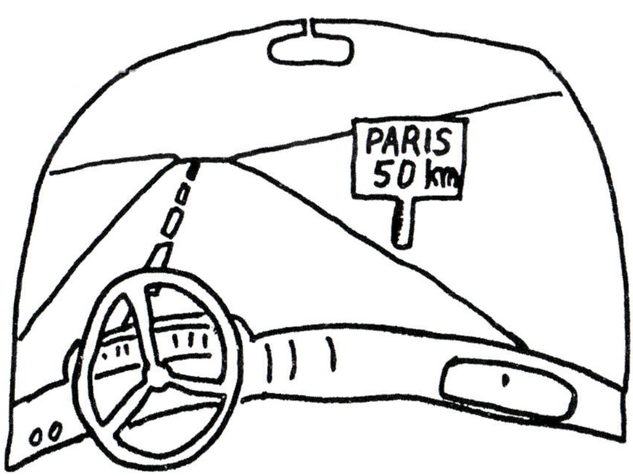

피험자들에게 그림을 보여준 후, 다음과 같이 지시했다.

"여러분은 차 안 운전석 옆 자리에 앉아 있습니다. 어느 순간 도로 표지판을 보았습니다. 운전자에게 표지판에 뭐라고 쓰여 있었다고 말할 것인지 그 표현을 본인의 모국어로 적으십시오."

위의 그림 외에도 다양한 메시지를 담고 있는 여러 가지 그림을 가지고 동일한 실험을 수차례 실시했다(질(Gile, 2005)과 부록에 나와 있는 추가적인 예시 참고). 실험에서 동일한 메시지를 여러 명의 피험자에게 보여주었음에도 동일하게 표현하는 경우는 극히 드물었다. 이러한 결과는 결코 우연이 아니다. 특히, 전달하려는 메시지는 아주 단순한 반면에 실험에 참여한 피험자의 수는 적어도 수십 명에서 많게는 수백 명이었고 같은 모국어를 사용하는 사람이 적어도 스무 명 이상씩은 있었다는 점을 고려한다면 결코 우연이라고 지나칠 수 없는 결과이다.

실험에서 일관성 있게 나타난 첫 번째 결과는 다음과 같다.

하나의 메시지를 동일한 조건 하에서 동일한 시점에 제시했을 때, 동일한 모국어를 사용하는 사람이지만 메시지를 모두 다르게 표현했다.

이렇듯 차이가 발생하는 이유는 피험자가 각각 주어진 메시지를 다르게 이해했다는 점에 어느 정도는 원인이 있었고 이 점은 실험 후 분석과 피험자와의 면담에서 확인했다. 다른 경우로는 아래에 나와 있는 6개 문장의 예에서 볼 수 있듯이 대부분 동일한 메시지를 다양하게 표현하고 있다는데 원인이 있다. 아래의 문장은 1988년 10월 미국 시애틀에서 열린 '미국 번역가 협회(American Translator's Association)' 제29차 회의에서 모국어가 영어인 참가자들을 대상으로 실시한 실험에서 나온 표현이다.

(1) Fifty kilometers to Paris(파리까지 50 km)

(2) Still fifty kilometers to go(아직도 50km 더 가야함)

(3) We'll be in Paris in Fifty kilometers(50km만 가면 우리는 파리에 도착한다)

(4) Fifty kilometers longer(50km 더)

(5) We'll be there in fifty kilometers(50km만 가면 우리는 그 곳에 도착한다)

(6) Paris is fifty kilometers from here.(파리는 여기서 50km 떨어져 있다)

여기서 할 수 있는 첫 번째 질문은 표현의 차이는 있지만 도로 표지판의 메시지를 모든 문장에서 충실하게 전달하고 있는가이다. 본 실험에서 얻은 피험자들의 발화를 검토해 보았을 때 파리라는 지명이 누락된 2, 4, 5번 문장이 문제가 있고 다른 문장은 파리와 거리 정보를 모두 전달하고 있다.

그렇지만 그림의 상황(차를 타고 파리를 향해 감)이나 발화가 이루어지고 있는 맥락(문장에서 구체적으로 언급하고 있는 정보)을 고려했을 때 운전자는 이미 목적지가 어디인지 알고 있다고 가정할 수 있기 때문에, 위의 모든 문장에서 송신자가 대화의 상대인 운전자에게 메시지를 충실하게 전달했다고 평가해야 한다. 위의 표현은 송신자와 수신자가 어느 정도 지식을 공유하고 있다는 전제 하에 이루어지는 상황이라는 점을 기억할 필요가 있다. 그런 전제를 할 수 없다면 2, 4, 5번 문장은 메시지를 온전하게 전달하고 있지 않다. 경우에 따라서는 다른 목적지("there")로 해석할 수 있고, 또는 목적지가 없는 상황일 수도 있고, 자동차(또는 다른 차량)를 타고 시운전 등 다른 목적으로 같은 길을 몇 바퀴씩 돌고 있는 것으로도 해석이 가능하기 때문이다.

현 상황에서는 위의 모든 문장이 동일한 메시지를 전달하고 있다고 간주할 수 있으나 만약 각각 다른 상황에서 이루어진 발화였다면 각기 다른 메시지를 전달하고 있다고 생각해야 한다. 이 점은 발화된 문장과 메시지 사이에는 일대일 관계가 성립되지 않는다는 점을 보여주는 좋은 예시이다.

본 실험을 수업시간에 교실에서 재현하면서 학생들에게 다양한 문장의 메시지가 동일하다고 생각하는지 질문했다. 일부 학생들은 처음에는 정보 내용의 차이를 언급하면서 그렇지 않다고 답했다. 이 학생들에게 실험에서 "메시지"라는 용어의 정의는 송신자가 수신자에게 전달하고자 하는 정보 내용을 의미한다는 점을 다시 한 번 강조한 후, 모든 문장에서 동일한 정보 내용을 전달하고 있는지 다시 질문하자 다수의 학생들이 그렇다고 답했다.

실험 결과에서 나타나듯이 하나의 동일한 메시지를 다양하게 표현할 수 있다는 점은 또 다른 한 가지 전제도 가능함을 의미한다.

하나의 동일한 메시지를 다양한 문장으로 표현할 수 있다면 번역의 과정을 통해서 생산된 다양한 도착어 문장이 모두 처음 출발어로 제시된 하나의 메시지라고 간주할 수 있다.

그렇다면 이제 이들 문장에는 어떤 정보의 차이가 존재하는지 분석해 보아야 한다.

문장의 차이

위 실험을 통해서 동일한 메시지를 표현하는 문장이 판이하게 다를 수 있다는 결과를 얻었다. 물론, 거리가 50 km 떨어져 있다는 핵심 정보는 위의 6개 문장에 모두 포함되어 있지만, 2, 4, 5번 문장은 파리라는 정보가 누락되었다. 반면, 2, 3, 4, 5번 문장은 화자는 현재 위치에서 50 km 떨어진 곳을 향해 가고 있다는 정보를 제공하고 있고 3, 5번 문장은 '우리'라는 단어를 사용해서 적어도 화자 이외의 다른 사람이 함께 목적지를 향해 가고 있다는 정보도 알려 준다. 2, 4번 문장에서는 화자가 말하고 있는 시점은 이미 상당히 오래 전부터 이동 중이고 출발 시점은 아니라는 정보를 얻을 수 있다. 마지막으로 3, 4, 5번 문장에서는 파리 도착이 발화를 한 시점을 기준으로 앞으로 있을 미래의 사건이라는 점을 시사한다. 2번 문장은 여전히 가야할 거리가 상당히 남아 있음을 시사하고 1번과 6번 문장은 시간에 대한 언급이 없다.

실험에 사용한 그림 대비 각 문장 정보 내용의 차이 그리고 문장 사이의 정보 내용의 차이는 다음과 같이 분류 가능하다.

- 정보의 추가: 문장에 포함되어 있으나 다른 문장이나 그림에서는 언급하지 않고 있는 정보가 있다. 예를 들어 파리에 도착하는 시점이 미래라는 정보, 혹은 화자 이외에 적어도 한 사람 이상이 동승하고 있다는 정보 등은 추가된 정보이다.
- 정보의 누락: 비교대상인 다른 문장이나 그림에는 존재하는 정보이나 언급하지 않은 정보가 있다. 예를 들어 파리에 대한 구체적인 언급이 없는 문장은 정보가 누락된 상태이다.

의사소통 상황이라는 맥락에서 보면, 송신자가 발화에서 명시적으로 언급한 정보를 수신자가 이미 알고 있던 정보이거나 동일 텍스트의 다른 부분에서 이미 제공한 정보라면 실질적으로는 정보의 "추가"는 아니다. 발화에는 정보가 부재하더라도 수신자가 이미 알고 있는 정보였거나 다른 곳에서 정보를 제공하고 있다면 정보의 "결핍"이라는 결과를 초래하지는 않는다. 중복적인 정보의 명시화는 수사학적인 목적에서 이루어지거나 아니면 처음에 언급을 했을 때 수신자가 주의를 기울이지 않아 정보를 놓쳤을 경우 보완하는 기능을 한다. 그러나 텍스트 내에 정보의 존재 또는 부재의 측면에서는 아무 차이도 없다.

첫 번째 질문은 또 다른 질문으로 이어진다. 왜 대부분의 문장에서 메시지와는 별개의 정보 추가가 일어나는가(6개의 문장 중 4개 문장에서 정보가 추가되었고 1, 6번 문장만이 도로표지판의 정보만을 표현하고 있다)? 이 질문에 대한 답은 다음과 같다.

2.1.1 *프레임 정보*

화자가 운전자에게 도로표지판의 메시지를 전달해야 하는 상황을 다음의 두 가지 경우로 가정해 본다면 왜 정보 추가가 일어나는지 이유가 분명해진다.

- 첫 번째 시나리오는 "파리까지 몇 km 더 가야 하지?"라고 운전자가 화자에게 물어본 상황이다. 이 질문에 대한 답은 "50" 한마디로도 가능하고 이 답만으로도 메시지를 충실하게 전달했다.
- 두 번째 시나리오는 운전자가 다른 곳에 정신이 팔려있는 상황에서 아무런 질문도 하지 않았는데, 도로 표지판을 본 화자가 먼저 말문을 여는 경우다. 이때 "50"이라고 한 단어만을 말한다면 운전자에게 의미 없는 말처럼 들려서 추가적인 질문과 해명이 필요하다. 화자는 1, 6번 문장과 유사하게 명시화하여 표현해야 메시지를 성공적으로 전달할 수 있다. 다시 말하면, 화자는 메시지를 해석할 수 있는 프레임을 제공해서 메시지가 무엇을 언급하는지 수신자가 이해할 수 있도록 도와야 한다.

위의 실험을 수차례 실시하면서 사람들의 발화에서 이와 같이 해석을 위한 틀 즉, 프레임 역할을 하는 요소가 존재하는 점을 발견했다. 실제 상황에서 이루어진 다양한 발화를 관찰한 결과, 아주 단순한 문장도 프레임 정보를 포함한다는 사실도 발견했다. 문장 내에서 프레임 정보는 수신자(청자 또는 독자)가 언어를 통해 전달되는 메시지를 정확하게 그리고 보다 신속하게 해석할 수 있도록 도와주는 길잡이 또는 촉매 역할을 한다. 앞에서 실시한 실험이 첫 번째 시나리오의 상황이라고 가정한다면 문장 1번 역시 프레임 정보를 포함하고 있다. 질문에 대한 답인 메시지를 전달하는데 요구되는 최소한의 발화는 "50"이면 충분하기 때문이다. 앞의 발화에서 파리나 킬로미터에 대한 언급은 화자가 의식적으로 추가하려고 한 정보는 아니지만 모두 프레임 정보이다.

위의 맥락에서 본다면, 도로표지판 자체에도 프레임 정보가 포함되어 있다고 보는데 바로 거리의 단위인 'km' 명시이다. 프랑스에서는 도로 표지판의 거리를 표시하는 단위는 거의 항상 킬로미터이다(거리가 짧은 경우는 미터로 표시하나 이번 사례는 해당되지 않는다). 프레임 정보가 필요한 이유는 일반적으로 도로 표지판에는 거리를 의미하는 단위인 "km"가 명시되어 있기 때문이다. 만약 이 표지판에만 단위가 표시되어 있지 않다면 운전자들은 표지판의 메시지가 무엇인지 혼란스러워 할 것이다. 단위는 새로운 정보를 제공하지는 않지만 운전자들이 정보를 정확하게 해석하는데 필요한 단서를 제공한다. 참고로 프랑스의 속도 제한 표지판에는 단위가 명시되어 있지 않다(km/h).

실제로, 실험에 사용할 그림을 준비하면서 필자는 그림의 도로 표지판뿐만 아니라 주변 도로를 나타내는 차선과 양측의 풍경도 그려 넣었고 차안의 인테리어도 그려 넣었다. 이 역시 학생들이 그림 속의 상황과 메시지를 더욱 잘 이해할 수 있도록 제공한 프레임 정보이다.

2.1.2 *언어/문화 생성 정보*

이렇듯 송신자(화자 또는 저자)는 의식적이든 무의식적이든 프레임 정보를 선택하여 수신자가 언어를 통해 전달되는 메시지를 이해할 수 있도록 돕는다. 그런데 프레임 정보 외에 메시지도 아니고 송신자의 자유의지에 의해서 전달되는 정보도 아닌 또 다른 종류의 정보가 존재한다. 그 예가 3번과 5번 문장이다. 두 문장은 파리에 도착하는 시점이 현재나 과거가 아닌 미래의 시점이라는 정보를 포함하고 있다("shall"의 축약형인 "ll" 또는 "will"). 송신자가 반드시 제공해야 할 필요가 있었던 정보도 아니고 의사소통을 위해서 반드시 포함되어야 하는 정보도 아니지만 언어사용 규칙으로 인해 생성된 정보이다. 그러니까 이 두 문장을 구성하는 규칙을 준수하려면 송신자는 과거, 현재, 또는 미래 시제를 반드시 명시해야 한다. 메시지를 전달하기 위해 시간에 대한 정보가 반드시 필요하지는 않다. 시제 정보가 없는 1번 그리고 4번의 문장이 그 예이다. 그러나 송신자에 의해 "도착"이라는 개념이 추가되면서 시제를 의무적으로 표현해야 했다.

이런 의미에서 야콥슨(R. Jakobson, 1959)은 "언어의 차이는 무엇을 표현 가능한가에서 비롯되기보다는 무엇을 반드시 표현해야 하는가에 기인한다"고 설명한다. 과도한 주장일 수도 있지만 언어의 규칙은(그리고 관련 문화는) 메시지를 이해하는데 반드시 요구되는 정보 외에도 추가적인 정보를 발화에 생성시키는 경향이 있다.

마찬가지로, 3번과 5번 문장에서 대명사 '우리'는 송신자가 메시지 해석을 위한 프레임을 제공하기 위해 의도적으로 추가한 정보는 아니다. 그림의 상황에서 운전자는 이미 차에 누가 타고 있는지 또 도착할 목적지가 파리라는 것도 당연히 알고 있는 상태이다. 앞의 문장에서 미래형 동사 시제를 반드시 사용해야 하는 규칙과 마찬가지로 인칭대명사도 영어사용 규칙에 의해 의무적으로 명시해야 한다. 일어는 이러한 정보를 문장에 표현하지 않는다.

언어/문화생성정보(Linguistically/Culturally Induced Information, LCII)는 이렇듯 의무적인 성격을 갖는다(이와 유사한 예로 영어, 불어, 독어 그리고 다른 여러 언어에서 명사의 단수와 복수를 구분하는 규칙이 있다). 의무적이지 않은 경우라도 언어생성정보를 포함하는 문장이 더 자연스러울 때도 있다. 누군가를 호명하거나 제3자에게 언급할 경우에 사용하는 호칭이(Mr./Mrs/Miss, 박사, 교수 등) 그 예이다.

2.1.3 개인 정보

마지막으로 메시지도 아니고 메시지의 이해를 돕기 위해 송신자가 선택한 프레임 정보도 아니며 언어생성정보도 아닌 송신자의 개인적인 습관이나 스타일 혹은 독특한 취향과 관련된 정보가 있다.

위의 실험에서는 개인 정보에 대한 예는 없다. 그러나 유사한 실험을 실시했을 때는 사례를 발견할 수 있었다. 예를 들어 오자가 발견된 문장이 있었는데 이는 피험자가 언어에 능숙하지 못하다는 점을 보여준다. 또 다른 피험자가 작성한 문장은 자연스럽지 않고 외국어 잔재가 남아있었다. 이런 문장을 읽는 독자는 저자에 대해 의도하지 않았던 정보를 얻게 된다. 제2장 3.3절에서 멜런(Mellen)이 설명한 투자회사의 서한이 바로 이 경우이다. 마찬가지로, 특정 지역의 억양이나 외국어 강세, 문법 실수, 특정 스타일이나 어휘에 대한 신호도 등으로 인해 송신자의 개인정보(모국어, 교육수준, 사회적 지위, 등)가 노출될 때가 있다. 이때 개인정보는 화자가 전달하고자 하는 메시지와는 전혀 관계가 없는 정보이다(부록 B 참고).

제1단계 실험결과 요약

첫 단계 실험에서 일관성 있게 나타난 결과는 다음과 같다.

1. 동일한 메시지를 동일한 조건에서 전달하더라도 송신자마다 메시지를 전달하는 표현이 다르다.

더 나아가서, 동일한 메시지를 동일한 조건 하에서 동일한 송신자가 표현했을 때도 두 차례 각각 시차를 두고 표현하는 경우 첫 번째와 두 번째 표현이 달라지는 경향이 있었다. 기존의 실험을 부분적으로 변형해서 실시한 실험에서 이 같은 결과가 나타났는데 이 점에 대해서는 본 장의 후반부에서 설명하겠다.

2. 대부분의 발화에서 메시지("핵심 정보")는 "부수 정보"와 함께 표현된다. 부수 정보에는 세 가지 유형이 있다.

- 프레임정보(Framing Information): 수신자가 메시지를 보다 정확히 이해할 수 있도록 돕기 위해 송신자가 선택한 정보
- 언어생성정보(Linguistically/Culturally Induced Information): 송신자가 의도하지 않았지만 언어의 사용규칙에 따라 의무적으로 또는 부수적으로 유입된 정보
- 개인정보(Personal Information): 송신자가 의도하지 않았고 언어사용규칙에 따라 추가된 정보도 아니지만 송신자의 개인적 특성이나 취향과 관련된 정보

결론적으로 문장의 정보요소는 다음과 같은 방정식이 성립된다.

문장 정보 = 메시지 + (FI + LCII + PI)

2.2 제2 단계 작업 1: 간단한 발화 번역하기

앞의 실험을 실시한 결과 얻은 다양한 표현을 취합한 후에 사용했던 그림을 칠판이나 스크린에서 떼어내고 대신 취합한 표현 중 가장 많은 수의 피험자가 사용하는 모국어로 작성된 약 세 문장을 칠판에 적었다. 밖에서 대기 중이던 나머지 피험자집단을 교실 안으로 들어오도록 한 후, 피험자 모두에게 제시된 문장을 자신의 모국어나 사용 언어로 번역하도록 부탁했다(번역을 할 때 기억해야 할 주요사항은 실험의 목적은 우수한 번역을 선별하기 위함이 아니라 아래에 설명하고 있는 바를 증명하고 검증하기 위해서라는 점이다).

번역 결과, 피험자들은 표현된 문장을 각각 다르게 번역했고 단어 대 단어 치환방식으로 문장 구조와 정보 내용을 원문과 가능한 근접하게

번역하는 경향이 나타났다. 필자가 지난 1979년부터 2009년의 기간 동안 이 실험을 실시한 결과, 약 천명 이상의 실험 참여자 중 다양한 표현의 문장을 동일한 한 문장으로 번역한 사람은 불과 몇 명뿐 이었다.

문장을 각각 다르게 번역한 이유를 묻자, 피험자들은 각 문장이 가지고 있는 관점과 강조점이 다르고 따라서 각각 문장이 전달하는 정보가 차이가 있기 때문이라고 대답했다. 좀 더 구체적으로, 이들 문장이 전달하는 메시지가 다르다고 생각하는가라는 질문에 대해선 "같다"라고 대답한 사람과 "다르다"라고 대답한 사람으로 나뉘었다. 흥미롭게도 모든 문장이 동일한 메시지를 전달하고 있다고 말한 사람들조차도 각각의 문장을 상이하게 번역했다. 더욱 흥미로운 점은 이러한 유사한 현상이 단지 학생 대상 실험에서만 나타난 것이 아니라 경륜 높은 통번역사들을 대상으로 한 실험에서도 나타났다.

이런 현상이 나타나는 근본적인 원인은 번역을 의뢰 받았을 때 번역사는 텍스트가 어떤 상황에서 작성되었는지 정확한 배경을 모르는 경우가 많고 따라서 주어진 문장에서 무엇이 핵심 정보인 메시지이고 무엇이 부수적인 정보인지를 구분하기 어렵다는데 기인한다. 따라서 번역사는 모든 정보를 번역해서 혹시라도 중요한 정보를 누락 시키는 일이 없도록 만전을 기하게 된다.

또 다른 설명은 실험 상황이 인위적이다 보니 실제 현장에서 번역을 할 때와는 다르게 행동한다는 설명이다. 처음의 의사소통 상황에서는 밖에 나가 있었던 피험자들은 실험의 두 번째 단계에서 본 실험의 목적이 무엇이지 알지 못했고 단지 칠판에 세 가지 다른 문장이 적혀 있으므로 이 문장들 사이에는 무엇인가 차이가 존재한다고 전제하고 번역에서도 차이를 "중립적"으로 표현하기 보다는 그대로 드러내야 한다고 생각한 듯하다.

그러나 실험의 첫 단계 때 교실에 남아있었어서 메시지가 무엇인지 정확하게 파악하고 있고 어떤 맥락에서 각 문장이 만들어졌는지도 인식하고 있는 피험자들마저도 각 문장을 다르게 번역한 원인에 대해서는 위의 이유만으로는 설명이 부족하다.

또 다른 설명은 번역을 할 때 메시지뿐만 아니라 가능한 원문이 담고 있는 모든 정보를 빠뜨림 없이 재표현 해야 한다는 암묵적 원칙을 전문 번역사들은 체화하고 있다는 분석이다. 그래서 번역사는 번역과정에서 어려운 문제가 발생해서 정보를 선택해야 하는 상황이 아니라면 핵심 정보와 부수적인 정보를 특별히 구분하지 않고 모두 번역한다는 설명이다. 관찰 결과, 회의 통역의 경우는 통역사에게 허용된 표현의 자유가 더 많은 것으로 나타났다. 그 이유는 구어의 정보를 처리 하는 과정에서 통역사들은 인지적 과부하를 피하기 위해 입력되는 발화의 형태는 빠르게 소멸시키고 내용만을 머릿속에 표상화하여 표현하기 때문이라고 설명한다(이러한 현상을 ESIT의 해석이론에서는 "의미도출"이라고 설명했다. 르데레르(Lederer, 2005) 참고). 이와 같은 언어의 이해 그리고 재표현의 과정과 관련한 인지적 측면에 대해서는 특히 제7장, 제9장에서 상세히 설명하고 있다.

2.3 제2 단계 작업 2: 반복해서 표현하기

교실에서 실시한 또 다른 실험에서는 단순한 아이디어를 담은 그림을 학생들에게 보여 주었다. 그리고 종이에 자신의 모국어로 그림의 아이디어를 적은 후 뒤집어 놓도록 부탁했다. 그 후, 교사는 다른 주제로 넘어갔다. 잠시 후(약 20분 후), 동일한 그림을 학생들에게 다시 보여 주고 전과 같이 그림의 아이디어를 표현하여 적도록 부탁했다. 이때 교사는 학생들에게 이 실험에는 어떤 속임수나 의도가 없음을 강조했다. 피험자 학생들이 모두 쓰기를 마친 후에 다음의 두 가지 질문에 대한 답을 적도록 부탁했다.

1. 두 번째 문장이 첫 번째 문장과 동일한가?

2. 다르다면 왜 다른가?

이 실험을 약 10여 차례 실시한 결과, 많은 피험자가 첫 번째와 두 번째 내용을 다르게 적었다. 학생 중 소수는 "단순히 변화를 주기 위해서" 두 번째 내용을 다르게 적었다고 설명했다. 그러나 다수의 피험자는 처음에 적은 내용이 완벽하지 못하거나 모호하고 아니면 과도하게 명백하다는 생각이 들었다고 답했다. 다시 말해서 피험자들은 기회가 주어진다면 처음의 표현을 개선하고 싶어 한다는 점을 확인하는 계기였다. 출발언어 텍스트 저자 역시 자신이 작성한 텍스트를 수정한 이후에도 똑같이 생각한다는 점을 알려줄 수 있는 좋은 기회라고 생각한다. 또한 저자들은 자신이 작성한 텍스트가 자신의 목적과 이해를 달성하기 위한 최선책이라고 생각하지 않는다는 점도 알려 주었다. 학생들에게 개인적으로 중요한 의미를 갖는 텍스트를 작성하고 수신자에게 보낸 후에도 여전히 작성한 문장이나 단어의 선택이 어색하거나 서투른 부분이 있다고 느꼈던 경험이 있는지 질문했다. 이 질문에 대해서는 학생들이 언제나 그렇다고 열광적으로 인정을 해서 필자가 전달하려는 요지를 학생들에게 인식시키기 수월했다.

흥미롭게도 현재까지 실험을 실시할 때마다 상당수의 학생이 첫 번째와 두 번째 그림이 동일하다고 말했는데 후에 확인을 하면 기록한 문장에는 차이가 있었다(부록 B의 실험 데이터 참고). 한편, 많은 학생이 두 그림이 다르다고 답하고 표현은 동일하게 적었다. 앞에서 설명했듯이 의도적으로 문장을 다르게 적은 경우는 저자와 마찬가지로 자신의 글을 지속적으로 다듬고 싶은 마음이 그 원인이라고 볼 수 있다. 아니면 자신이 말했던 바를 이미 잊어서 그런 결과가 나오지 않았나 생각한다.

3. 충실성 원칙

출발어 텍스트에 포함되어 있는 모든 정보는 도착어 텍스트로 누락 없이 재표현해야 한다는 원칙을 학생뿐 아니라 숙련된 전문통번역사도 당연하게 받아들이고 있는데 이 원칙을 위의 실험을 통해 얻은 결과에 입각해서 검토해 볼 필요가 있다.

통역과 번역에서의 충실성 원칙이란 무엇인가를 정의내리기 위해서는 완성된 결과물을 가지고 논의하기 보다는 의사소통이 이루어지는 처음 상황으로 돌아가서 생각해볼 필요가 있다. 제2장에서 설명한 바와 같이, 회의 통역이나 기술, 과학 번역과 같은 정보전달을 목적으로 하는 통역, 번역의 경우, 송신자는 언어라는 도구를 이용해서 텍스트에 메시지를 담아 전달하고, 이 과정을 통해서 정보를 전달하거나, 설명하고 상대를 설득하고 수신자로 하여금 특정한 행동을 하거나 하지 않도록 하려는 목적을 달성한다(원천텍스트의 스코포스). 이때 의도한 목적이 달성되었다면 송신자는 의사소통이 성공적으로 이루어졌다고 간주한다고 2장에서 설명했다. 통번역사는 송신자와 송신자의 이해를 "대변"하는 위치에 있으며 따라서 그가 의도한 목적을 달성하는데 성공적으로 기여했다면 통번역을 "훌륭히 수행"한 것이다. 따라서 의사 결정을 내리는 과정에서 이 원칙을 중요한 참고 기준으로 삼아야 한다.

둘째, 통번역사는 송신자의 목적을 더 효율적으로 달성할 수 있도록 텍스트를 작성할 수 있어도 결코 텍스트를 다르게 바꾸거나 새롭게 표현해서는 안 된다는 합의가 보편적으로 받아들여지고 있다. 별도의 권한이 주어진 경우가 아니라면 이는 허용되지 않는다. 이 말은 통번역사는 의사소통이 원활하게 이루어질 수 있도록 기여하면서도 송신자가 수신자를 이끌기 위해 출발어에서 선택한 바로 그 방식을 벗어나지 않고 이끄는 대로 따라가야 한다는 의미이다.

통번역사는 통번역의 스코포스를 달성하기 위해 일하면서도 통번역과 관련된 사회적 규범도 준수해야 한다. 다음은 학생들이 통번역이라는 망망대해를 항해하는데 도움을 주기 위해 앞에서 언급했던 정보구성요소 개념을 정리한 내용이다.

3.1 *메시지*

일반적인 상황에서 도착어로 정보를 재표현할 때는 정보의 보존과 관련해서 *최소한의 충실성 원칙*이라는 기준이 보편적으로 받아들여지고 있다. 실제 현장을 관찰하거나 통번역 이론서에서 그리고 동료 통번역사들과의 대화에서도 모두 의견이 일치하는 부분인데 바로 메시지 송신자에게 충실해야 한다는 점이다(제2장). 다시 말해서 송신자가 발화 또는 텍스트를 통해 전달하는 메시지 또는 정보는 도착언어 텍스트에서 재표현 되어야 한다는 원칙이다.

이 원칙이 절대적이지는 않다. 예를 들어 한 문장정도의 짧은 텍스트에 담겨 있는 메시지에 오류가 있는 경우 그리고 이 오류는 말실수 또는 의노하지 않은 작각(예를 들어 한 주일의 요일을 착각한 경우)에서 비롯되었다는 충분한 증거가 있을 뿐 아니라 텍스트 또는 발화의 다른 부분에는 영향을 주지 않는다고 판단을 내릴 수 있다면 통번역사는 본인의 재량으로 오류를 수정해도 무관하다.

때로는 송신자의 목적을 달성하기 위해 반드시 수정이 이루어져야 하는 경우도 있다. 외교 회의에서는 연사가 상대방의 문화에 대해 무지함으로 인해서 범한 아주 작은 실수로 회의 결과에 치명적인 해를 미치는 경우가 있다. 이런 실수는 당연히 수정이 이루어져야 하는 부분이다. 동료와 대화하거나 필자가 직접 현장에서의 사례를 관찰해 보면, 통번역의 과정에서 명사 수준의 오류는 그리 어렵지 않게 수정이 가능하지만 문장 전체가 잘못된 경우는 수정이 훨씬 까다로웠다. 다른 사례로 소송에서 문서 작성과정에서의 잘못을 찾아내서 이러한 오류를 역으로 이용하는 사람들에게 의뢰를 받아 번역을 하는 경우가 있다. 이 경우는 아주 사소한 오류라도 의뢰인에게 유용한 수단이 될 수 있으므로 오류를 그대로 번역텍스트에 반영해야 한다. 설사 번역 결과물이 문서작성자의 의도에 어긋나서 메시지를 전달하는데 문제가 발생하더라도 도착어 텍스트에 오류가 남아 있어야 한다(이런 경우, 통번역사는 송신자에게 충실해야 한다는 입장을 더 이상 고수하기 힘들다).

번역의 경우, 번역사가 오류를 발견하면 수정을 할 것인지를 결정하기 이전에 먼저 의뢰인 또는 텍스트의 저자와 상의할 시간적인 여유가 있다. 통역의 경우는 다른 누구와도 상의를 할 시간적 여유나 기회가 없으므로 통역사는 그 자리에서 스스로 결정을 내려야 한다.

3.2 프레임 정보

앞에서 설명한 바와 같이 프레임 정보는 수신자가 메시지를 잘 이해할 수 있도록 송신자에 의해서 취해진 정보이다. 그런데 2장에서 지적했듯이 출발어 연설이나 텍스트 메시지를 접하는 수신자와 도착어로 통번역이 된 메시지를 접하는 수신자가 보유한 지식이나 가치관은 동일하지 않을 수 있다. 이 경우, 출발어 수신자에게는 적합했던 프레임 정보가 도착어 수신자에게는 적절하지 않을 수 있다. 결과적으로 출발어 텍스트의 프레임 정보를 도착어로 그대로 전달한다면 오히려 의사소통에 방해가 될 가능성이 있다.

예를 들어, "이집트 카이로"라는("일리노이주 카이로"가 아님) 미국인 연사의 말을 프랑스 청중에게 전달할 때 "Le Caire, en Egypte"라고 불어로 통역한다면 메시지가 이상하거나 우스꽝스럽게 들릴 수 있다. 대부분 프랑스 청중은 카이로는 이집트에만 위치한다고 생각하지, 일리노이주에도 있다고 생각하지 않기 때문이다. 따라서 이집트라는 단어의 언급만으로도 메시지에 몰입해 있던 사람들의 주의력을 분산시킨다.

반면에, 호주관련 문서를 번역하면서 달러라는 단위를 사용할 때는 프레임 정보를 제공하여 “dollars australiens(호주 달러)”라고 명시해주는 것은 미국 달러와 혼동을 예방할 수 있어서 도움이 된다.

이와 같이 송신자의 목적에 부합하는 통역을 하기 위해서 때로는 출발어의 프레임 정보를 버리거나 도착어 수신자에게 도움이 되는 새로운 프레임 정보를 추가해야한다.

어떤 프레임 정보를 선택하고 취하는가를 결정하는 객관적인 기준은 없다. 송신자의 스타일에 따라 어떤 프레임 정보를 제공하는지는 상당히 다를 수 있다는 점이 앞의 실험 결과를 통해서도 나타났다. 이런 점에서 프레임 정보는 송신자의 개인적 취향을 반영한다고 말하기도 한다. 통번역사, 통번역 교육자 그리고 통번역 서비스를 이용자들과 논의한 결과, 통번역은 송신자의 개인적인 성향까지도 전달해야 한다는 의견에 전반적인 공감대가 형성되어 있었다. 통번역 문헌에서는 거의 언급하고 있지 않지만, 이 견해는 송신자에 대한 충실성 원칙과도 맥락을 같이 한다. 메시지와 목적은 기본적으로 송신자 한 사람이 선택했고 그런 의미에서 송신자의 “개인적 취향”을 반영하고 있다고 간주하기 때문이다. 안타깝게도 통번역 과정에서 정보의 전달에 대한 충실성은 매우 높은 중요성을 부여하는 반면, 출발어 저자의 “개성”에 대한 충실성은 상대적으로 우선순위가 낮은 경향이 있다. 따라서 송신자가 취한 프레임 정보가 도착어에서 적합하지 않다면 적합한 프레임 정보로 교체하는 것이 타당하다.

3.3 언어/문화생성정보

언어/문화생성정보(LCII)의 경우는 송신자가 임의로 선택할 수 있는 정보가 아니라는 차이가 있다. 앞에서 설명했듯이 LCII 역시 여러 가능한 표현 중에서 하나를 선택하지만 한 가지는 반드시 선택해야 한다.

출발어 LCII에는 중복된 정보도 있고 관련성이 적은 정보도 있지만 문맥에 자연스럽게 스며들어 있다. 하지만 출발어의 LCII를 도착어로 그대로 번역하면 어색할 뿐 아니라 메시지를 왜곡시킬 위험까지 존재한다.

도착언어의 규칙 상 반드시 요구되는 LCII도 있지만, 언급했듯이 통번역사는 출발어의 핵심 정보와 부수 정보인 LCII의 구분이 어렵다보니 정보가 누락되는 실수를 피하고자 출발어 LCII까지 도착어로 그대로 번역하는 경우가 있다. 결과적으로 도착어 텍스트는 도착어의 언어와 문화로 인해 생성된 정보 뿐 아니라 출발어의 LCII 까지도 포함하고 있다. 전혀 필요하지 않은 출발어 정보가 도착어 텍스트에 포함되어 있으면 메시지에 집중해야 할 수신자의 주의력을 분산시켜서 의사소통을 방해한다.

한 예로, 일어에서는 타인의 형제를 부를 때 형(ani) 또는 남동생(otooto)에 대한 호칭을 구분해서 사용한다. 만약 송신자가 두 남자가 형제 사이라는 정보만을 언급하고자 한 것이라면 맥락에 따라서 가장 좋은 영어 번역은 "his elder brother(그의 형)"이라는 표현보다는 "his brother(그의 형제)"라고 언급하는 방법이다. 그렇지 않으면, 수신자는 두 남자의 관계와 연령의 차이가 맥락 내에서 무엇인가 다른 의미를 전달하고 있다고 오해할 가능성이 있다(토리카이(Torikai), 2009:167).

번역사가 출발어의 부수 정보를 도착어에 추가하여 함께 전달하는 경향은 명시화 가설(explication hypothesis)을 설명하는 강력한 근거이다. 명시화 가설이란 원천텍스트와 비교했을 때 목표텍스트는 의미를 더 많이 외연화해서 표현하는 경향이 나타난다는 주장이다(블룸-쿨카(S. Blum-Kulka), 1986). 명시화 가설은 "보편적"인 현상으로 받아들여지고 있는데 통번역에서 "보편적"이란 모든 종류의 언어 조합 그리고 모든 종류의 통번역에 적용되는 현상을 의미한다(모라넨과 쿠자마키(Mauranen & Kujamaki), 2004). 불필요한 원천텍스트의 부수 정보를 추가하려는 경향은 왜 번역에서 목표텍스트가 항상 원천텍스트보다 길이가 길어지는지 설명을 하는 근거로 사용되기도 한다(뒤리외(C. Durieux, 1990a)에서는 목표텍스트가 항상 더 길어지지는 않는다고 반박했다).

LCII를 포함해야 할 지 여부는 송신자가 아니라 출발어 규칙과 문화에 의해 결정되며 이는 곧 출발어의 LCII를 도착어로 전달할 필요가 없다는 의미이다. 도착어와 출발어는 언어 사용규칙 자체가 다르기 때문이다. 그러나 다른 한편으로 생각해 본다면 송신자는 다양한 스타일 중 한 가지를 선택할 자유의지가 있고, 송신자가 선택한 스타일에 의해 궁극적으로 출발어의 LCII가 결정되었다고도 판단할 수 있다. 그런 의미에서는 LCII도 송신자의 개성을 어느 정도는 반영한다고 간주하고 도착어로 표현해야 할 이유는 존재한다. 다만, 프레임 정보와는 달리 이 정보는 의사소통의 효율을 높이려는 목적에 기여하지 못한다. 따라서 목표텍스트로 전달해야 하는 정보의 우선순위를 정한다면 중요도가 낮고 그나마도 역효과가 없는 경우에만 전달하는 편이 바람직하다 (3.5절 참고).

3.4 *개인 정보*

개인정보는 언어의 사용습관에서 송신자의 성격이나 개성이 표출되는 부분이라서 통번역사는 가능한 전달하려고 노력한다. 그러나 LCII를 전달할 것인지를 고민하는 이유와 마찬가지로 송신자에 대한 정보도 전달할지를 고민하는데 대부분의 경우 개인 정보를 전달하기는 쉽지 않다. 뿐만 아니라 PI를 전달했을 때, 송신자의 입장에서 대부분 부정적인 효과를 초래한다. 억양의 강세나 지방색 등을 통해 특정 지역 출신임을 드러낼 수 있고 의사소통의 목적과는 큰 관련이 없는 정보이지만 메시지를 듣는 수신자의 주의력을 분산시킬 가능성이 있다. 송신자의 사회적 지위에 대한 정보를 부각시키거나 문법 실수, 외국어 악센트 등으로 화자가 모국어가 아닌 언어를 사용하고 있음을 알려주기도 하고 스트레스를 받고 있다는 점도 드러낼 수 있다. 도착어 텍스트에 이런 정보를 표현하는 일은 송신자에 대한 충실성 원칙에 반한다. 물론 다른 충실성 원칙을 적용한다면 이런 정보의 전달이 중요한 경우도 있다.

3.5 *결론*

실험에서 피험자들에게 메시지를 표현하도록 부탁했을 때 표현한 정보 내용은 피험자마다 차이가 있었다. 동일한 피험자에게 같은 메시지를 두 번 표현하도록 부탁했을 때도 매번 표현이 달라졌다. 이와 같은 결과를 분석해 볼 때, 연사가 언어라는 수단을 이용해서 정보를 전달하는 과정에서 정보를 담고 있는 형태 그리고 선택한 형태로 인해 부가적으로 전달되는 정보에는 완전히 통제하지 못하는 부분이 있음을 알 수 있었다. 적어도 처음 표현을 하는 단계에서는 통제하지 못하는 부분이 있다(수정의 과정을 거치면서 이 점은 달라지기도 한다). 정보 내용만이 아니라 문장의 통사적 구조 역시 자의적으로 선택할 수 없는 부분이 있다(본 실험에서는 통사적 구조의 선택에 대해서는 깊이 관찰하지 않았다). 제7장에서는 저자나 연사가 생각을 표현하는 과정은 복잡하고 힘든 작업이라는 점을 강조하면서 그 이유는 생각을 표현할 때 말이나 글을 완전히 자의적으로 사용하지 못하고 자신의 선택에 대해 전적으로 만족하지도 못하기 때문이라고 설명하고 있다. 텍스트의 저자나 연설문의 연사라도 모든 측면을 꼼꼼하게 고려한 후에 의식적으로 표현을 선택하지 않을 뿐더러 모든 정보의 의미를 세세하게 분석하지 않는다. 사실, 문장 내에서 부수 정보는 보조적인 기능을 수행하고 의미 전달에는 크게 영향을 미치지 않기 때문에 누락된다고 해서 연사가 크게 마음을 쓰지 않을 뿐 아니라 저작권을 위배하는 행위로 간주될 우려도 없다.

필자는 앞의 실험을 여러 차례 반복해서 실시하면서 연사에게 원문과 메시지 내용은 동일하나 부수 정보와 구문 구조만 차이가 있는 여러 개의 도착어 문장을 보여주었다. 이에 대해 연사는 모든 문장이 동일하게 충실한 번역이라고 평가했고 더 나아가서 도착어를 잘 아는 연사나 저자의 경우에는 의사소통 측면에서 가장 효율적인 도착어 표현을 선호하는 경향이 나타났다.

물론 위의 분석이 절대적으로 맞는다고 단언하기 어렵다. 인위적인 실험 상황이었고 실험자 효과(실험자는 항상 자신의 가설 그리고 견해를 강화하는 방향으로 사실을 왜곡하려는 경향이 있다. 따라서 부지불식간에라도 피험자들의 행동에 영향을 줄 수 있다)가 작용했을 가능성도 부인하기 힘들다. 따라서 현장에서의 관찰을 통해서 정보전달이 목적인 텍스트의 저자에게 그리고 도착어를 이해하는 연사들에게 의견을 조사하고 추가적인 근거가 있는지 알아봐야 한다. 과연 저자나 연사가 부수 정보가 달라졌거나 심지어는 핵심정보가 달라진 경우에도 통번역이 충실하게 이루어졌다고 평가하는지 조사해 보아야 한다. 아니면 충실성 원칙을 잘 준수했기보다는 연사나 저자가 본인이 발화한 정확한 단어, 정보 내용이 무엇이었는지 기억하지 못하기 때문일 가능성도 있다.

위의 실험 결과에 대한 논의에서는 왜 통번역사가 작업을 하는 과정에서 문장의 정보 내용이나 구조의 변경이 허용되는지 그 타당성의 근거를 제시했다. 이를 기반으로 다양한 정보 중 우선적으로 전달해야 하는 정보를 결정하는데 적용 가능한 규칙을 제안하고자 한다.

- 정보전달을 목적으로 하는 텍스트나 연설의 경우, 원문의 부수정보를 도착어로 그대로 전달했을 때 의도한 메시지의 효과(즉, 정보 제공, 설명, 설득, 특정 반응의 유발)를 달성하는데 방해가 된다고 판단된다면 부수정보에 대한 충실성보다는 메시지 효과를 우선적으로 고려해야 한다.
- 부수정보를 재표현 할 때, 우선적으로 취해야 하는 정보는 첫째, 송신자가 의

도적으로 선택하여 포함한 프레임 정보이며 그 다음은 송신자의 성격이 자연스럽게 드러나 전달된 개인정보이다. 출발어의 언어생성정보는 도착어로 표현했을 때 의사소통 효과를 반감시키지 않을 때만 재표현한다.

• 대조적으로 도착어 표현을 자연스럽게 하고 의미 전달 효과를 살리는 데 필요하다고 판단될 경우 도착어 언어생성정보를 추가하기를 주저할 필요는 없다. 그러나 프레임 정보의 추가는 보다 신중하게 판단해야 하며 연사 '스타일'에 변화를 초래해서는 안 된다. 한편, 통번역사의 개인정보는 중개자로서 역할을 하는 과정에서 전달되는 통역사 개인의 스타일이지 송신자의 개인정보가 아니므로 전달해서는 안 된다.

본 모델이 갖는 한계는 정성적인 분석에 기반을 두고 제안은 할 수 있지만 정량적인 기준은 제공하지 못한다는 점이다. 다시 말해서, 통번역을 할 때 학생들이 우선순위를 두고 일부 정보를 추가하거나 생략할 수 있는 근거는 보여주지만 어느 정도까지 재량의 발휘가 허용되는지 그 기준을 제시하지는 못한다. 통번역이 이루어지는 상황이 너무나 다양하고 가능한 표현방식 역시 무한하기 때문에 통번역사가 정보의 구성요소를 명확하게 메시지, 프레임 정보, 언어생성정보 및 개인 정보 등으로 구분할 수 있다고 가정하더라도 충실성의 "구성 비율(recipes for fidelity)"은 이렇다고 단언해서 말하기 어렵다. 연설이나 텍스트의 정보 내용을 어느 정도까지 수정할 수 있는지 정확한 기준을 정하기가 어려운 이유는 실제로 어느 순간부터는 출발어의 내용을 수정하기 보다는 통번역사가 텍스트를 각색하는 것처럼 느껴질 가능성이 있기 때문이다. 그럼에도 불구하고 정보 전달을 목적으로 하는 문서의 경우, 다음의 기준이 조금이나마 참고가 되었으면 한다. 이 기준은 가장 널리 받아들여지고 있는 통번역 이론과 제2장에서 언급한 송신자에 대한 충실성에 기반을 두고 있다(물론 유일한 통번역 이론은 아니며 이 외에도 구아덱(D. Gouadec, 1989)과 같이 번역에 관한 매우 혁신적인 개념을 제시한 연구도 있다).

1. 원천텍스트의 메시지 전달 순서는 목표텍스트에서도 반드시 그대로 따라서 옮겨 주어야 한다. 만약 송신자가 원천텍스트에서 A라는 논지를 먼저 제시하고 B, C, D로 보충 설명을 하고 E로 결론을 내렸다면, 통번역사가 보충설명 B, C, D 뒤에 A를 배치하고 E로 결론을 내려서는 안 된다. 변경을 하려면 도착어 문화에서는 관련 분야의 텍스트를 작성할 때 변경된 순서로 논리를 이어가는 방식이 일반적인 규범이라는 확고한 근거를 제시할 수 있어야 한다.

2. 번역의 경우, 문장의 통사적 구조를 변경하는 것은 모든 의사소통 당사자가 허용하고 있고 타당하다고 본다. 의사소통의 효율을 높이기 위해 긴 문장은 짧은 문장으로 나눌 수 있고 원문에서 순차적으로 나오는 두 문장을 한 문장으로 합칠 수도 있다. 예를 들어 "Les essais ont été une réussite. Toutefois ils ont coûté très cher (테스트는 성공적이었다. 그러나 비용이 상당히 높았다)"라는 문장은 "테스트는 성공적이었으나 아주 비쌌다"라고 통합할 수 있다. 그러나 1번 규칙에서 언급했듯이 한 문단 내의 일련의 순차적인 문장을 통합할 경우에도 문장의 순서는 바꾸어선 안 된다.

통역 과정에서는 번역보다는 광범위하게 문체 스타일이나 정보 변경이 허용된다. 문어 텍스트의 경우 저자는 자신의 생각을 전달하는 만족스러운 단 하나의 표현을 찾을 때까지 충분한 시간을 들여서 다듬기를 반복한다. 그러나 구어의 경우는 다르다. 연사의 통제범위 밖에 있는 요소들이 더 많다. 따라서 통역의 경우에는 신중하게 선택할 여유가 허락되었을 때 연사가 선택했을 표현으로 메시지를 재표현해야 연사에게 충실한 통역이다. 예를 들어 문제가 발생해서 연사가 문장을 끝맺지 못한 경우에도 통역사는 그 문장을 끝내야 하며, 연사가 자신의 사고의 고리를 놓쳐 중언부언한다면 이를 그대로 통역해서는 안 된다.

특수한 상황으로 통역사가 연사보다는 청중에게 충실해야하는 경우는 통역에서도 표현을 변경할 수 있는 재량의 폭이 줄어든다. 사법 통역에서 통역사가 변호사측 일을 하는 경우가 그 예이다(모리스(Morris), 1989). 통역 의뢰인이 청중이면서 의뢰인과 연사 간 이해가 상충하는 경우이거나(제2장 4절 참고), 도덕적 문제가 걸려있는 경우는 통역사의 운신의 폭이 줄어든다.

3. 의사소통의 효과를 위해 특정 어휘나 문장 구조를 의도적으로 선택했다고 판단될 경우, 통번역사는 가능한 연사/저자의 선택을 존중해야 한다. 동일한 단어를 반복적으로 사용하는 경우나 어휘나 문법 등을 바꾸어 언어유희를 시도한 경우가 이에 해당한다.

4. 부수정보: 장애물 또는 교두보

통번역사에게 충실성과 관련한 어려움을 빈번히 야기하는 요소이자 의사 결정이 요구되는 사항은 부수정보이다. 의사소통의 달성을 저해하는 부수정보를 목표텍스트에 그대로 표현해야 하는가 아니면 의사소통을 촉진하기 위해 새로운 정보로 대체해야 하는가의 문제가 끊임없이 대두되기 때문이다.

필자의 경험에 비추어 볼 때, 통번역사는 의식적으로 생각하는 과정을 거치지 않고도 거의 즉흥적으로 부수정보에 대한 결정을 내린다. 예를 들어 영어에서 일어로 통번역을 할 때 영어의 단, 복수 정보와 같은 언어생성정보는 메시지 의미에 큰 영향을 주지 않을 경우에는 도착어로 표현하지 않는다. 일어에서 단수, 복수를 일일이 구분하는 표현은 문장을 아주 어색하게 만들 뿐 아니라 메시지 전달에도 걸림돌이 된다는 점을 알기 때문이다. 유사한 예로 한 여성 연사의 영어 연설을 히브리어로 통역할 때, 영어 문장에서는 연사의 성별을 언급하지 않았지만 통역사는 조금의 조저함도 없이 연설자의 성별을 구분하여 도착어로 표현했다(히브리어에서는 발화자가 남성인가 아니면 여성인가에 따라 동사 현재형의 형태가 다르다).

한편, 도착어의 언어사용 규칙을 준수하기 위해 반드시 요구되는 정보가 사전에 제공되지 않았거나 출발어의 텍스트 문맥에서조차 파악되지 않는 경우가 발생해서 통번역사에게 당혹스러운 상황을 초래할 때가 있다. 예를 들어 회의에서 연사가 어떤 이를 가리켜 "Monsieur X" 라고 언급 할 수 있다. 물론 이 호칭은 불어-영어 통역을 하는 통역사에게 X의 성별에 대한 LCII 정보는 알려주지만 사실 영어의 관련 문맥에서 훨씬 더 적합한 표현인 박사나 교수 등의 직책에 대한 정보는 제공하지 않는다. 미국인 연사가 동료 연사의 이름을 부르는 일은 자연스럽지만 도착언어 문화에서는 성과 식책으로 호명하는 것이 관례일 수 있다. 이로 인해 통역사가 X에 대해 적절한 호명을 사용하지 못하면 의사소통에도 영향을 줄 수 있다. 이와 유사하게 서양언어의 단수와 복수를 구분하는 규칙은 일어를 시양어로 옮길 때 빠지지 않고 등상하는 어려움이다. 대상을 단수 아니면 복수로 표현해야할 지 결정해야 하는데, 일어는 이에 대한 정보를 명시하지 않기 때문이다. 통역사는 이러한 상황에서도 결정을 내려야하고 잘못된 결정을 내릴 가능성도 배제할 수 없다. 통역사들의 의사결정과 위험 부담에 대해서는 제5장에서 심도 있게 다루도록 하겠다.

부수정보는 수신자보다는 통번역사에게 더 중요한 정보이며 수신자는 부수정보를 이미 알고 있을 가능성이 높다(수신자의 경우 호명된 인사의 학력, 직책, 이름과 성 등의 정보를 이미 알고 있는 경우가 많다). 통번역사는 안타깝게도 통역하는 주제 분야의 전문가도 아니고 송신자와 출발어 수신자 사이의 의사소통 상황에서 제 삼자이기 때문에 정보로부터 소외되는 경우가 많아 결과적으로 메시지를 도착어로 적절히 표현하는

데 어려움을 겪을 수밖에 없다. 이 때문에 통역사에게 부수 정보는 중복된 정보라기보다는 출발어 발화를 정확하게 해석하고 도착어로 적절하게 재표현하는데 유용한 단서이다.

4.1 *LCII 문제와 언어특성*

설명한 바와 같이 충실성 그리고 모호성의 해소와 관련한 문제는 출발어에서는 제공하고 있지 않은 정보이지만 도착어의 언어사용 규칙으로 인해 요구 될 때 발생한다. 경험으로 비추어 보건데 이러한 문제가 발생하는 빈도는 언어 조합에 따라 차이가 있다(본서에서 논의하는 문제 중 일부는 "언어 조합"으로 인한 문제이지 "언어 문제"가 아니다. 편의상 "언어 문제"라고 부르기로 하겠다). 영어와 불어간 텍스트 또는 연설문을 번역하는 경우에는 이런 상황은 거의 발생하지 않는다. 영어와 불어 통번역에 있어 빈번히 발생하는 문제가 있다면 앞에서 설명한 바와 같은 호칭과 관련한 문제 또는 영어의 수동태가 항상 불어의 수동태로 전환되지 않는 점이다. 이 경우 동사의 주체를 알 수 없는 통번역사는 어려움을 겪는다. 한편, 일어와 서양어 사이에는 LCII 문제가 훨씬 빈번한데 그 이유는 이미 수차례 언급했듯이 다음의 두 가지 차이에서 비롯된다.

- 서양언어는 일반적으로 단수와 복수를 구분하고 동사의 과거, 현재, 미래 등 다양한 시제 차이를 명시해야 하는 반면 일어에서는 필수적인 사항이 아니다. 도착어가 일어인 경우에는 LII를 구체적으로 명시할 필요가 없기 때문에 문제가 발생하지 않는다. 일어를 다른 언어로 통번역 할 때는 관련 배경지식이 없는 상황이라면 위험을 감수한 결정을 내리거나 문제를 극복하기 위해 어떻게든 노력해야 한다.
- 서양언어는 동사의 주어와 목적어를 명시하는 반면, 일어는 반드시 그렇지 않다. 따라서 일어를 서양어로 옮길 때 동사의 주어와 목적어에 대한 정보가 필

수적인데 통번역사는 정보가 없어서 어려움이 발생한다.

사실 일어는 언어 특성상 이렇듯 "객관적으로" 판단 가능한 LCII를 제공하지 않으므로 일본인들 사이에서조차도 동일한 메시지를 놓고 이해한 정보의 차이를 보이기도 한다(하라(F. Hara), 1988, 이토-베르제롯(Ito-Bergerot), 2006, 콘도(Kondo), 2008). 그렇다고 일어에서 서양어로 작업할 때 느끼는 어려움도 결코 줄어들지 않는다. 많은 독자/청자들은 텍스트가 "명료하지 않다"는 점에 대해 불만을 가질 수 있고 일어에서는 이러한 모호성이 "자연스러운" 현상이라는 점에는 별로 관심이 없다. 문학번역의 경우 문제는 더욱 빈번하고 해결하기 어렵다. 예를 들어, 일어 문장에서는 대화참여자인 화자, 청자 그리고 대화에서 언급하는 제3자 사이의 사회적 관계를 LCII(접미사, 존칭 등)를 통해 파악이 가능하다. 그러나 불어나 영어 그리고 대부분의 서양 언어에서는 정보를 제공하지 않아서 일어 통번역사들은 화자와 청자의 관계를 추측해서 표현해야 하는 위험을 감수한다. 때로는 문맥상으로 제공되는 정보가 있기는 하지만 결고 충분하지 않다(이에 대한 심도 있는 토론은 질, 1984a 참고).

4.2 통역 vs. 번역과정에서의 부수정보

번역사는 보다 충실하게 번역하기 위해 수차례 까다로운 의사결정을 내리고 지속적으로 도착어에 대한 수정작업을 한다(제5장 참고). 통역의 경우는 도착어 재표현이 거의 동시적으로 이루어지고 수정을 위한 시간적 여유도 허용되지 않기 때문에(페티트(Petite), 2005) 의미의 전달도 충실하게 하면서 자연스러운 도착어로의 재표현이 과연 가능한가를 질문해 보지 않을 수 없다.

회의 통역이 이루어지는 상황에서는 번역의 상황과는 다른 몇 가지 측면이 의사소통을 원활히 하는데 기여한다.

국제 회의장에서 연사와 청중은 동시에 같은 장소에 함께 있고, 연사는 자신의 발화를 출발어로 듣는 청중뿐 아니라 통역을 듣는 청중이 있다는 사실을 인식하면서 발화한다. 일반적으로 연사는 저자가 도착어 독자에 대해 알고 있는 것보다 도착어 청중에 대해 더 많이 파악하고 있다. 따라서 번역보다는 통역의 상황에서 도착어 청중에게 훨씬 더 적합한 프레임 정보를 제공할 수 있다. 추가적으로, 연설을 위해 준비한 슬라이드나 도표, 연사의 제스쳐 등은 통역사가 언어를 통해 전달하지 못한 부분까지 보완해서 효과적인 의사소통에 도움이 된다.

인지처리 측면을 보면 국제 회의장에서 수신자(회의 참석자)는 청취한 발화를 처리해서 의미에 도달한다. 익히 알려져 있듯이 발화된 단어는 소멸됨으로 수신자는 "탈언어화"된 의미를 보다 수월하게 인지할 수 있다. 독자와 청충 모두 입력되는 언어적 신호를 의미로 전환하는 점은 동일하다(연설의 '논리적' 연결성에 대해서는 킨취(W. Kintsch, 1970, 1974)와 킨취와 반다이크(Kintsch & Van Dijk, 1975)를 참조). 독자는 그러나 시간적으로 좀 더 여유를 두고 특정 어휘나 표현을 읽고 의미를 도출한다면 통역사는 연사가 발화하는 속도나 수행기억의 한계를 고려할 때 지체할 여유가 없다. 따라서 일반적으로 정보처리의 한계로 인해서 청중은 독자보다 훨씬 더 메시지의 핵심적인 내용에 집중할 수밖에 없다고 말하고 통역의 상황에서 통역사가 부수정보를 변경한 부분은 번역의 경우와는 달리 큰 영향을 주지 않는다고 말한다.

동일한 이유로 인해 빠른 속도로 읽는 경우, 독자들 역시 핵심정보에 더 집중하게 된다. 그럼에도 불구하고 글을 읽는 독자는 특정한 단어에 더 길게 집중하거나 처음에 읽은 내용을 다시 되돌아가서 읽을 가능성이 항상 남아있다. 따라서 독자들의 메시지에 대한 인식은 연설을 청취한 후 정보처리를 하는 경우보다 더 단어 형태에 기반을 두고 이루어진다. 문어는 정보의 제공이 단선적이지 않기 때문에 부수정보로 인한 영향도 더 크다.

이러한 분석은 단지 추측일 뿐이라는 점을 이 시점에 밝히는 바이다. 단어에 기반을 둔 읽기 대비 청취의 차이에 대해서 아직까지 어떤 실험적 연구도 이루어진 바는 없다고 알고 있다. 여기서 논의하고 있는 현상은 통번역 현장에서의 사용자의 반응 그리고 통번역사의 전략 등을 관찰한 바에 기반을 두고 유력하다고 생각하는 가능성에 대한 필자 나름의 설명이다.

추가적으로, 연사가 사전준비 없이 즉흥적으로 연설을 하는 경우가 있는데 이때는 연설문을 미리 준비했을 때처럼 신중하게 부수정보를 선택하거나 수정을 거치지 못한다. 연사가 자신의 발화를 통해 전달되는 부수 정보를 꼼꼼히 따져보고 통제하지는 못하기 때문에 통역사 역시 모든 내용을 빠짐없이 그대로 재표현해야 한다는 제약이 감소한다 (제7장 참고). 이로 인해 순차통역의 과정에서 부수정보를 다소 변경해도 출발어와 도착어 두 언어를 모두 구사하는 회의참석자나 연사는 통역사에게 어떻게 그리도 완벽히 충실하게 "문자 그대로 전달하는 통역"을 할 수 있느냐는 찬사를 보내는 것이다. 그러나 실상은 통역사는 상당히 자유롭게 부수정보를 재표현하는 경우가 많다.

5. 교육을 위한 제언

5.1 실험

- 본 장의 도입부분에서 설명했듯이 교육과정 초반부터 학생들이 단순치환방식으로 번역하는 습관에서 벗어나도록 자극을 주면 훨씬 빠르게 발전을 이룰 수 있다. 또한 본 장에서 설명한 실험과 2장에서 논의한 통번역 평가의 기준으로서 의사소통에 대한 설명은 학생들이 단순치환방식에서 벗어나도록 동기부여를 하는데 도움이 된다.
- 그러나 모든 실험을 실시할 수도 없고 반드시 할 필요도 없으므로 어느 정도의 시간이 허락되는지에 따라 결정하도록 한다. 가장 큰 기대 효과는 간단한 메시지를 언어화했을 때 나타나는 다양성이 자연스러운 현상이라는 점을 피험자가 인식하는 일이다. 이러한 인식의 결과 특정 단어나 문장 구조 그리고 메시지 사이에는 불변의 고정된 일대일 대응관계가 존재한다는 허상을 버릴 수 있다. 실험의 첫 단계에서 가장 획기적인 효과를 기대할 수 있는데 약 15분 정도의 시간이면 실시 가능하다. 그림 형식의 아이디어를 제시하고 학생들/피험자에게 그림의 상황에서 메시지를 어떻게 언어화할 것인지 적으라고 지시한다(의사소통이 이루어지는 상황을 설정하여 지시해야 한다). 그 다음 피험자들에게 적은 내용을 큰 소리로 읽도록 하고 함께 논의한다. 실험의 다른 단계도 도움이 되기는 하지만 반드시 수업시간에 진행할 필요는 없다. 그러나 첫 단계는 수업시간에 피험자가 함께 지켜보는 상황에서 이루어졌을 때 큰 설득력을 발휘한다.
- 수업시간에 실험을 실시했을 때, 어떤 피험자는 메시지 자체를 잘못 이해하기도 하고 어떤 피험자는 문장 내의 메시지를 다르게 표현하기도 한다. 예를 들면 한 학생은 "There are only 50 kilometers to Paris(파리까지 불과 50km 남았다)"라고 썼다. 이 문장에서 "only"라는 단어는 메시지의 의미를 변화 시킨다. 어떤 학생은 "In paris, the speed limit is 50 km/h(파리에서는 속도제

한이 시속 50km이다)"라고 썼다. 물론, 메시지를 잘못 이해한 이유가 무엇인지 그 자체가 흥미로운 연구 주제가 될 수는 있으나 충실성 분석과는 큰 관련이 없으므로 분석에서 제외한다. 메시지 분석에 과도하게 시간을 할애하는 것은 본 실험의 교육적 목적에 부합하지 않는다.

- 수업 중 앞의 실험을 실시하고 원천텍스트에서 세 가지 부수정보에 대해 논의한 이후, 학생들이 텍스트 내에서 각 정보를 구분하기가 어렵다는 우려를 표명했다(제2단계 실험에서 학생들이 실제로 느끼는 어려움이었다). 이러한 우려는 학생들이 충실성 원칙이 과연 실질적으로 적용 가능한 것인지에 대해 의문을 제기하는 결과로까지 이어질 수 있다. 사실, 번역의 과정 중 이해의 단계(제5장 참고)에서 문장 내의 정보를 FI, LCII, PI로 항상 명료하게 분류하기는 어렵다. 그러나 정보를 분류할 수 있다면 충실성 원칙을 적용하는 훈련이 수월해진다. 또한 학생들이 도착어로 번역을 해 보면 왜 새로운 프레임 정보를 추가할 필요가 있고, 왜 도착어의 언어사용규칙 때문에 LCII가 새로이 추가될 수밖에 없는지도 정확하게 인식이 가능하다. 특히, 학생들이 가지고 있는 주제 지식이나 텍스트의 문맥이나 통번역이 이루어지는 상황에 대한 배경지시 만으로 필요한 정보를 얻을 수 없는 경우에는 충실성 원칙을 어떻게 적용해야 하는지에 대해 재차 고민한다. 원천텍스트의 일부 정보는 송신자에 의해 의도적으로 선별된 정보가 아니지만 텍스트에 포함되었다는 점을 자각하면 왜 어느 정도는 변이가 허용되고 타당한가를 학생들이 이해하는데 도움을 줄 수 있다.
- 지난 수년간 실험에 참여했던 학생들의 반응을 평가해 볼 때, 본 장에서 설명한 실험은 상당히 설득력이 있었다. 때로는 실험결과에 공감한 한 학생이 번역을 하면서 과도하게 개입을 해서 일반적으로 허용되는 의미 중개를 넘어서 각색하듯 번역을 하는 경우도 있었다(여기서는 각색과 타당한 번역사의 개입의 경계에 대한 정확한 정의는 논의하지 않겠다. 그러나 통번역 분야에 관심이 있는 독자라면 그 경계가 분명할 것이다). 이는 반드시 고쳐야 할 점이다. 그러나 필자는 과도하게 개입하는 성향의 학생들이 지나친 개입을 자제하도록 지도하

는 일이 그 반대의 경우보다 차라리 수월하다고 본다. 텍스트에 그대로 보존해야 하는 바는 단어가 아니라 메시지라는 점을 이해하는 학생들을 교육하는 일이 단순치환식의 교육적 번역에 길들여진 학생을 설득하는 긴 소모전보다 수월하다.

5.2 로드맵 은유

다음의 은유를 이용하면 학생들의 머리에 개념을 확실하게 인식시킬 수 있고 또 번역사가 어느 정도의 재량을 갖는 것이 왜 타당한지 다른 사람에게 설명하는 데도 용이하다. 언어를 사용하여 의사소통을 하는 과정은 정밀하게 표시된 지도를 그리는 작업이 아니다. 언어는 지도에서처럼 특정 지형은 반드시 하나의 동일한 기호로 표기하고 선 하나 점 하나가 각각 실제 세상의 특정 위치를 가리키지 않는다. 오히려 언어를 매개로 하는 의사소통 과정은 여러 개의 표지판을 이용해서 목적지까지 인도하는 과정과 같다. 표지판을 해독해서 목적지에 도달하는 일은 전적으로 표지판을 접하는 수신자에게 달려 있다. 언어와 언어가 속하는 문화에 대한 정보는 일련의 도로 표지판과 같은 존재이다. 송신자는 연설문이나 텍스트를 작성할 때 출발어에서 사용하는 표지판을 이용하여 목적지까지 표지판을 세우고 길을 인도한다. 통번역사는 도착어의 표지판을 세워서 동일한 길을 인도한다. 통번역사의 임무는 송신자가 정해 놓은 목적지까지 독자를 인도하는 일이다. 이때 최대한으로 동일한 길을 따라 표지판을 세우는 것이 목적지까지 갈 수 있는 가장 효율적인 방법이다. 그러나 두 언어의 표지판은 그 모양이나 종류, 크기가 서로 다르고 사용하는 용도가 다를 수밖에 없다. 정보 전달이 목적인 번역의 경우는 통번역사의 주된 관심은 목표 지점 도달이다. 따라서 어떤 표지판을 사용했는지 어느 길로 가는지는 그다지 중요하지 않다. 실험에서도 알 수 있듯이, 때로는 송신자조차도 어떤 표지판을 선택할지 통제하지 못하는 경우가 있다.

문어와 구어를 이용한 의사소통의 차이는 문어의 경우, 표지판을 선택하고 여정을 정하는데 송신자가 더 많은 시간을 투자한다는 점이다. 또한 마음에 흡족할 때까지 계속 표지판을 추가하고 제거하고 교체하면서 노선을 변경하기도 한다. 그러나 구어는 목표지점 도달 자체가 목표이기 때문에 어떤 표지판이든 필요하다고 생각되면 그때그때 이용한다. 수신자 역시 글을 읽을 때는 시간을 가지고 길가의 표지판을 음미하면서 진행한다. 특정한 표지판의 선택과 배열 등에도 주목한다. 연사나 통역사의 발화는 빠른 속도로 진행하기 때문에 그럴 여유가 없다. 다시 말하면 번역사는 도착어의 표지판을 고르고 배열하는데 신중을 기해 송신자가 선택한 표지판과 최대한 유사하게 배치하면서 독자를 이끌어야 한다. 그러나 통역은 오히려 빠른 속도로 목표지점에 도착하는 일이 더 중요하기 때문에 발화 속도에 맞추어 제한된 시간 내에 표지판을 선택하고 배치해 놓아야 한다. 동시통역의 경우에는 연사의 표지판을 따라가면서 실시간으로 도착어의 표지만을 선택하고 설치해야 한다. 7장에서 자세히 설명하겠지만 이는 결코 쉬운 일은 아니다.

6. 주요내용

1. 언어가 아닌 형태의 간단한 메시지를 담고 있는 그림을 여러 피험자에게 보여주었을 때, 각 사람이 표현한 메시지는 차이가 있었다. 뿐만 아니라 같은 사람에게 동일한 메시지를 시간 차이를 두고 다시 표현 하도록 했을 때도 첫 번째와 두 번째 표현이 달랐다.

2. 표현의 차이는 전적으로 송신자의 의도적인 선택에 따른 결과는 아니다. 송신자는 자신이 메시지에 어떤 정보를 담았고 왜 그랬는

지 인식하지 못할 때도 있다. 송신자가 선택한 일부 정보는 해당 언어에서 의무적으로 준수해야 하는 언어/문화 규칙에 의해 결정된다.

3. 결과적으로 문장의 구체적인 단어 또는 담고 있는 모든 정보가 무조건적으로 송신자의 의도와 언어 또는 정보의 선택을 반영하고 있다고 보기는 힘들다. 이 말은 도착어 구조를 변경하고 일부 정보 내용을 도착어에 적합하게 조정하는 개입은 송신자에 대한 충실성 원칙을 위배하지 않는다는 의미이다. 송신자가 전달하고자 하는 메시지를 의도한 목적에 부합하도록 전달하는 점이 중요하다.

4. 정보전달을 목적으로 하는 텍스트를 통번역 할 때는 메시지는 반드시 전달해야 한다. 부수정보가 존재하는 경우는 어떤 변화도 가하지 않은 상태에서도 수신자에게 영향을 주지 않는 경우에만 도착어로 전달한다. 영향을 주는 경우에는 통번역사가 개입하여 이 정보를 조정하는 일이 타당하고 때로는 바람직하며 필요하다.

5. 전통적으로 통번역사의 역할을 "도체"로 보는 관점에서는 충실성 원칙이 유효하다. 그러나 공공통역과 같이 구체적인 상황에서는 다소 변화된 충실성 원칙을 준용한다.

■ 부록 A

다음은 1993년 9월 말 몬트리올 대학에서 사용한 실험 데이터이다. 실험에서 사용한 그림은 그림 3.1과 동일하고 단지 그림에 명시된 도시 이름이 파리가 아니라 트르와-리비에르이며 도로 표지판에 나오는 거리는 50km가 아닌 40km 라는 정보가 다르다.

본 실험은 두 차례의 90분 수업을 진행하면서 동일한 집단의 학생을 대상으로 실시했다. 실험의 목적은 동일한 메시지에 대한 처음의 표현과 시간이 경과한 후의 표현이 어떻게 차이가 있는지 검토하기 위함이다. 먼저 첫 시간 수업을 시작하면서 학생들에게 그림을 보고 그림의 메시지를 표현하도록 지시했다. 충실성을 주제로 강의하지 않은 상태에서 가장 먼저 학생들에게 메시지를 표현해서 적도록 부탁한 이후 적은 내용을 수거했고 아직까지 학생들에게 공개하지는 않았다. 90분 후, 두 번째 수업시간에 충실성에 대해 강의를 한 후 실험을 다시 실시했다. 학생들에게 다시 그림을 보여주고 메시지를 표현해서 적도록 지시했다. 이번에는 다양한 표현을 보여주고 결과에 대해 함께 토론했다. 본 실험은 통번역의 과정 중 1단계에 해당된다. 즉, 표현한 문장을 도착언어로 번역해서 재표현하는 2단계 작업은 이루어지지 않은 상태이다. 피험자가 표현한 문장을 번호 1에서 14까지로 표시하고 각 피험자의 처음 표현은 "a" 두 번째 표현은 "b"로 분류했다.
다음은 실험 결과로서 취합한 표현이다.

불어
1a. 40km avant Trois-Rivières.
1b. Trois-Rivières est à 40km.
2a. Encore 40km avant d'arriver à Trois-Rivières.
2b. Encore 40km avant Trois-Rivières.
3a. Encore 40 km avant d'arriver.
3b. Il reste encore 40 km avant d'arriver.
4a. On arrive à Trois-Rivières dans 40 kilometres.
4b. On arrive à Trois-Rivières dans 40 kilometres.
5a. Encore 40km et on arrive à Trois-Rivières.
5b. --

6a. Il reste 40km avant d'arriver à Trois-Rivières.

6b. Il ne reste plus que 40 km avant l'arrivée.

7a. Le panneau indique au'il y a 40 km à parcourir avant d'arriver à Trois-Rivières.

7b. Le panneau indique qu'il y a 40km à parcourir pour arriver à Trois-Rivières.

8a. Trois-Rivières est à 40km.

8b. Trois-Rivières se trouve à 40km de route.

9a. Trois-Rivières est à 40 km.

9b. Il nous reste 40 km.

10a. Trois-Rivières est dans 40 kilomètres.

10b. Trois-Rivières est dans 40 kilomètres.

11a. Trois-Rivières dans 40km.

11b. Trois-Rivières dans 40 km.

12a. Il reste 400 km pour arriver à Trois-Rivières.

12b. Ca n'a pas de bon sens! on est toujours à 40km de Trois-Rivières.

영어

13a. Another 40 to go.

13b. Still 40 to go.

포르투갈어

14a. Trois-Rivières a 40km.

14b. Faltam 40km para Trois-Rivières.

실험 결과, 피험자 간 표현에는 확연한 차이가 있었다. 불어의 경우, 피험자들이 처음 표현한 12개의 문장 중 단지 2문장만이 동일했다(문장 8a와 9a). 시간의 경과에 따른 표현의 차이를 보았을 때 역시 동일한 피험자의 처음과 두 번째 표현이 차이가 있었다. 총 문장 12쌍 중(피험자 5는 첫 실험 후 떠나야 했고 피험자 12는 처음에 실수를 해서 두 번째는 장난스럽게 답변을 했다) 9쌍(즉, 총 75%의 경우) 처음과 두 번째 표현이 달랐다.

분석결과, 언어생성정보와 프레임정보가 존재한다는 점을 확인했다. 그러나 개인정보의 예는 없었다.

■ **부록 B**

본 실험은 2000년 프랑스에서 대통령 임기를 7년에서 5년으로 변경하는 안에 대한 국민투표가 있은 지 1주일 후 실시했다. 수업을 시작할 때 수업에 참석한 27명의 학생들에게 국민투표의 목적에 관한 다음의 질문에 답하도록 부탁했다.

Sur quoi purtait le referendum d'il y a 8 jous?
영어: What was the referendum held 8 days ago about?
8일전에 행해진 국민투표는 무엇을 결정하기 위한 것인가?

시간 제약은 없었다. 실험자는 모든 힉생들이 끝나기를 기다렸다가 답안지를 거뒀다. 동일한 과제를 약 30분 후에 다시 실시했다. 당황스러워하는 학생들에게 이 실험은 수업을 시작하면서 실시한 실험과 동일하다는 점을 확인시켰다. 그리고 이번에도 역시 실험이며 "옳거나" "틀린" 답은 없고 "속임수"도 없다는 점을 강조했다. 학생들이 두 번째로 답안을 작성한 후, 첫 번째 작성한 답안과 동일하게 적었는지 질문했고 그렇지 않은 경우 어떤 이유로 인해 표현이 달라졌는지 질문했다.
다음은 학생 중 7명이 작성한 답안이며 각 학생이 작성한 첫 번째는 답안은 n/1, 두 번째 답안은 n/2로 적혀있다. N은 피험자 식별 번호이다.

1/1 Le référendum de dimanch dernier se portait sur le quinquennat
1/2 Le référendum, qui a eu lie le dimanche 24 septembre se portait sur la question du quinquennat
2/1 Le referendum portait sur le quinquénat - pour ou contre le quinquénat
2/2 Il y a une semaine, il fallait voter pour ou contre le quinquénat
3/1 Quinquennat ou septennat pour les présidentielles?
3/2 Septennat ou quinquennat pour les présidentielles
4/1 Le quinquennat

4/2 Le quinquennat

5/1 Le réferendum portait sur la réduction du mandat du présedent de la Répubulique(de 7 à 5 ans)

5/2 Le réferendum portait sur la réduction du mandat préseidentiel(de 7 à 5 ans)

6/1 Le référendum portait sur la réduction de la durée du mandat présidentiel. S'il faut adopter le quinuennat ou conserver le septennat

6/2 Le référendum portait sur la réduction de la durée du mandat prédidentiel. S'il faut adopter le quinquennat ou conserver le septennat

7/1 Référendum sur le quinquennat

7/2 Référendum portait sur le quinquennat

피험자들이 작성한 답안과 각 피험자가 작성한 두 차례의 답안에는 많이 차이가 존재했다. 또한 일부 문장에는(1/1, 1/2, 2/1, 2/2, 7/2) 오자, 문법 오류가 있었다. 이는 문장에서 얻을 수 있는 정보의 일부이다. 문장만으로는 피험자의 교육 수준이 낮다 또는 모국어가 아닌 언어로 글을 쓰고 있다거나 자신들이 작성한 글을 꼼꼼하게 확인하지 않았다는 등에 대해서 단언적으로 말할 수는 없으나 어느 정도 즉흥적인 추론은 가능하다. 이와 같은 함의된 정보는 메시지의 일부는 아니며 개인정보로 분류가 가능하다.

26개의 문장 중 16개(60% 이상)에서는 첫 번째 그리고 두 번째 작성한 문장 사이에 차이가 존재했다. 16명의 피험자 중 7명은(44%) 두 문장이 차이가 있는 이유를 다음과 같이 설명했다. 한 피험자는 두 번째는 질문을 다르게 했다고 말했다. 두 명의 피험자는 첫 번째 작성했던 문장을 좀 더 다듬고 싶었다고 말했고 또 다른 2명은 처음 작성한 문장을 똑같이 반복해서 쓰는 것을 피하고 싶었다고 말했다. 한 명의 학생은 처음 문장을 작성할 때 충분히 시간이 없었다고 말했고 또 다른 학생은 "변화를 좋아하기" 때문이라고 답했다. 이번 실험을 통해서 확인할 수 있었던 점은 반 이상의 피험자는 처음 작성한 문장을 중시하지 않았고 두 번째 문장을 작성할 기회가 주어지자 새롭게 작성했다는 사실이다.

학생들의 피드백을 언급하면서 저자가 작성한 텍스트의 어휘선택, 문장 구조는 저자의 스타일을 반영하기 때문에 번역의 과정에서 원문의 형태를 "충실하게" 재표현하고자 노력해야 한다는 주장을 반박하는데 이용했다.

학생들이 더욱 놀랐던 점은 16명 중 5명이 두 번째 시도에서 문장을 다르게 작성했다는 점을 인식하지 못했다는 점이고 그러면서도 자신들의 문장이 첫 번째 문장과 동일하다고 생각하고 있었다는 점이었다. 흥미로운 점은 학생 피험자 중 한 명은 두 차례의 문장을 동일하게 작성했는데 두 문장이 다르다고 생각하고 있었다는 점이다. 실험을 통해서 발견한 바는 저자는 자신이 선택한 어휘나 문장 구조에 대해서 강한 애착을 갖고 있지 않나는 점이고 오랜 시간이 지나지 않았음에도 정확하게 어떤 단어나 문장 구조를 선택했는지 기억하지 못한다는 점이었다.

마지막으로 강조하고자 하는 바는 본 실험에서의 데이터 그리고 비율은 모든 실험에서 결과가 동일하게 나타나지 않을 수 있다는 점이다. 동일한 문장 vs. 다른 문장을 작성하는 비율이 차이가 있을 수 있고 차이가 나타난 이유도 다를 수 있다. 자신이 동일한 문장을 작성했다고 착각하고 있는 피험자의 비율 또한 달라질 수 있다. 어떤 실험에서는 자신이 작성한 두 차례의 문장이 동일한지 다른지 알지 못한다고 답한 피험자도 있었다. 그러나 실험 결과는 여기 기록한 그대로 지속적으로 동일한 현상으로 나타났다.

4장

통역과 번역을 위한 전문텍스트의 이해

1. 들어가기

통번역을 교육하는 교사나 연구자는 물론이고 실무에 몸담고 있는 통번역사들 사이에서도 통번역을 위해서는 출발어 담화에 대한 표층적인 수준을 넘어서는 *이해*가 이루어져야 한다는 인식이 확고하게 자리잡고 있다. 즉, 단순히 단어나 문장구조를 인식하는 차원을 넘어서는 수준의 이해가 요구된다는 점에 공감대가 형성되어 있다.

이는 번역행위만큼이나 오래전부터 이어져 온 인식이다. 그럼에도 불구하고 여전히 통번역 문헌에서는 이해의 중요성을 변함없이 강조하고 있고 통번역과 통번역을 위한 능력의 본질에 대해 설명할 때 가장 먼저 논의되어야할 출발점이라고 말한다. 그런데 통번역 과정에서 이해의 핵심적인 기능을 강조한 부분을 제외하곤 이해의 *본질*이나 그 깊이에 대해 과학적으로 분석하려는 노력은 여전히 미미한 영역이기도 하다. 통역의 과정에서 이루어지는 추론의 유형을 분류한 딜링거(M. Dillinger, 1989)의 박사학위 논문은 이런 측면에서 매우 예외적인 연구이다.

통번역을 수행하기 위해서 이해가 반드시 선행해야 하는 주요 이유는 이종동형인(isomorphic) 언어는 존재하지 않기 때문이다. 이미 제3장에서 설명한 바와 같이 어떤 두 언어도 어휘 및 통사구조가 완전히 일치하지 않으므로 단어나 문장구조 상의 완전한 일대일 대응은 있을 수 없다. 딱히 언어전문가가 아니더라도 외국어를 처음 배우는 사람이라면 어휘를 비롯해서 언어마다 얼마나 현격한 차이가 존재하는지, 왜 '완벽한 등가'가 불가능한지, 각 언어에 존재하는 격변화, 동사 시제, 관사나 기능어 등 문법적 요소나 규칙이 얼마나 다른지 등에 대해 충분히 인식하고 있다. 이에 반해, 문체 스타일이나 화용적 측면에서의 미묘한 차이에 대해서는 쉽게 인식하지 못하는 때가 많다. 다시 말해서 한 언어에서 사용한 특정 어휘나 문장구조가 동족의 다른 언어에서는 전혀 다른 의미를 전달할 수 있고 또 다른 언어에서는 사회적으로 적합하지 않거나 관련된 행동규범이 다를 수 있다는 차이에 대해서는 무지한 경우가 많다.

이와 관련하여 빈번히 언급하는 일상에서의 사례가 있다. 불어, 독어, 스페인어는 기본적으로 tu와 vous, Du와 Sie, tu와 Usted 중 한 단어를 선택하여 사용한다는 공통점이 있다. 그러나 어떤 상황에서 어떤 단어를 사용하는지는 언어마다 차이가 있다. 서로 친숙하게 이름을 부르는 관계도 다를 뿐 아니라 미국인들처럼 서로 이름을 부르지도 않기 때문이다. 좀 더 격식을 차린 표현을 할 경우 즉, 이는 문어를 이용하는 번역과 더 연관이 있다고 생각하는데, 오스트리아에서는 학문적 직위(교수, 박사 등)를 일반적으로 표기하지 않지만 프랑스 문서에서는 매우 강조한다. 다른 언어의 잔재가 남아 있는 문장은 정보 내용은 틀리지 않더라도 부자연스럽고 이로 인해 문장의 전달력 또한 떨어지는 경우가 많다.

결국 *코드변환*("기계적인" 단어 대 단어 치환) 방식의 통번역은 대응어가 존재하는 경우라도 도착어의 텍스트나 담화가 매우 어색하거나 오해의 소지가 있고 심지어는 상황에 부적절할 수도 있다. 그런데 언어 사이의 차이가 현격한 경우에는 일반인들도 문제를 금방 알아차리지만 세세하고 미묘한 수준까지 스며들어 있는 차이는 쉽게 발견하지 못한다. 실제로 번역된 문장이 문법적으로나 논리적으로 심각한 오류를 포함하는 경우가 아니라면 독자는 번역문이 원문 텍스트와 차이가 있을 것이라고는 의심조차 하지 않는다.

텍스트를 이해하지 못한 상태에서 번역했을 때 발생 가능한 폐해에 대해서는 1950년대 처음 기계번역을 실험하면서 여실히 확인이 되었다. 초창기, 단어나 문장구조를 일대일로 치환하여 "자동적으로" 번역하는 작업이 가능하다고 믿었던 연구자는 어처구니없는 오역 사례를 다수 발견할 수밖에 없었는데 그 중 빈번하게 회자되는 기계번역 오류의 예로 영어문장 "the spirit is willing but the flesh is weak"가 있다. 이 문장을 러시아어로 번역하면 포도주는 좋으나 고기는 상했다로 번역이 된다(어떤 번역은 와인을 보드카로 변경했다). 이 외에도 인터넷을 읽다보며 기계번역으로 인한 웃지 못 할 번역 오류 사례가 많이 있다. 인간 번역사가 번역을 할 때는 이 정도로 심각한 오역은 결코 발생하지 않겠지만 번역사 역시 때로는 단어나 구문상의 모호성으로 인해 어려움을 겪는다.

예를 들어 데이터 처리 분야의 텍스트를 번역할 때 기능과 상품명의 구분이 어려운 경우가 있다. 데이터 처리 분야에서는 "Network Manager"가 특정 상품명일 수 있고 이때는 번역하지 않고 원어를 그대로 음역한다. 하지만 직책을 의미하는 경우에는 도착어의 적합한 대응 표현으로 전환해야 옳다. 전자공학 분야 번역을 할 때도 상황이 유사하다. "User Model"은 "사용자를 위한 모델"을 의미할 수도 있고 "사용자가 구축한 모델"을 의미할 때도 있다. 그리고 각각의 경우 도착어 표현이 달라진다. 제3장에서 설명했듯이 도착어의 언어규칙이나 관행으로 인해 출발어에서는 함축적으로 전달한 의미를 도착어에서는 명시화해서 표현하는 경우가 있는데 이 경우에도 정확한 이해가 선행되지 않으면 번역이 어렵다.

본 장에서는 담화의 이해 과정을 분석하기 위해 이해를 구성하는 요소와 그 요소들의 상호작용에 대해서 설명하고 이해의 과정에서 언어외적 지식(또는 백과사전 지식)과 분석의 중요성에 대해 강조하고자 한다. 본 장의 전반부는 이해를 구성하는 요소를 지식이라는 측면에서 설명하겠다. 후반부에서는 어떻게 전문 텍스트 또는 연설문의 문장들을 머릿속에서 논리적이고 상호 연결된 개념으로 체계화 할 것인지 그래서 배경 지식이 한정적인 상황에서도 번역할 수 있는지에 대해 설명하고자 한다. 여기서 필자가 다시 한 번 강조하고자 하는 바는 본 장에서는 통번역 교육에 국한해서 이해에 대해 논의하고 있다는 점이다. 이해라는 개념은 상당히 광범위하고 복잡해서 책 한 권에서 이해의 모든 측면을 꼼꼼하고 깊이 있게 논하는 일은 시도조차도 불가능하다. 그런 노력은 시간적으로도 결코 효율적이지 못하다. 이해와 관련한 보다 심도 있는 논의에 관심이 있는 독자를 위해서는 자연언어의 이해에 대한 언어심리학에서의 연구를 소개한다(예를 들어 클라크와 클라크(Clark and Clark, 1977), 코스테르만(Costermans, 1980), 누아제(Noizet, 1980), 마테이와 뢰퍼(Matthei and Roeper, 1985) 등이 있다). 또한 인공지능 분야에서도 이해와 관련하여 다양한 연구를 진행하고 있다(윈스턴(Winston), 1984, 보넷(Bonnet), 1984, 사바(Sabah), 1988 참조).

2. 이해의 방정식

2.1 기본 방정식

수업시간에 모국어가 영어인 화자에게 다음의 문장을 이해하는지 질문했다.

This car is very powerful.

이 질문에 대해 거의 모든 응답자는 이해한다고 대답했다. 응답자의 문장에 대한 이해는 두 가지에 근거한다. 첫째는 영어의 문법과 어휘에 대한 언어 지식이다. 그러나 언어 지식만으로는 충분하지 않다. Powerful이라는 단어는 그 사용 문맥이나 상황에 따라 뜻이 달라진다. 광고에서 자동차가 *powerful* 하다는 표현의 의미는 문제를 해결하는데 있어서의 *powerful method* 또는 나무를 벌목하는 *powerful man*과는 차이가 있다. 물론 위의 세 가지 표현에서 사용된 powerful은 공통된 의미 성분을 포함한다. 마찬가지로 car라는 단어는 자동차를 의미할 수도 있고 *웹스터 뉴 월드 미국영어사전*에서 찾아보면 경주용 자동차, 승강기 본체 또는 사람이나 도구를 실어 나를 수 있는 애드벌룬의 한 부분을 의미하기도 한다. 위의 문장을 "이해"한다는 말은 이 문장을 듣거나 읽은 사람이 머릿속에서 자동차를 이미지화 할 수 있음을 의미한다(바로 필자가 의도했던 의미의 자동차이다). 대형 자동차로 승객이나 짐 등을 많이 싣고 있어도, 가파른 언덕을 올라가는 경우에도 속도를 잘 낼 수 있는 강력한 차를 떠올릴 수 있어야 한다. 바로 이 점이 이해를 가능하게 하는 두 번째 요소이다. 이해한다는 말은 언어에 대한 지식과 더불어 외부 세상지식인 언어 외적 지식, 세상지식, 또는 백과사전지식을 동원하고 있음을 의미한다.

미국 소설에서 등장인물이 다음과 같이 말했다. “If you don't look, you step in it. It's as true in medicine as in the streets of New York” (Harold L. Klawans, *Sins of Commission*, London, Headline Book Publishing PLC, 1982, p. 79). 어떤 사전에도 이 문장 내에서 언급한 “it”의 사전적 뜻을 “보지 않으면 밟을 수 있는 것”이라고 정의하고 있지 않다. 그러나 뉴욕의 거리(아니면 파리의 거리)에 대한 언어 외적 지식을 동원하면 의미의 해석이 쉬워진다.

이해를 가능하게 하는 요소는 다음의 등식과 같이 성립된다(방정식에 사용한 수학 기호는 편의를 위해 사용하지만 일반적인 기호의 의미는 아니다).

(1) C = KL + ELK

C	이해
KL	언어 지식
ELK	언어 외적 지식

방정식의 기호는 다음과 같이 해석한다.

= 는 ‘동일함’이 아니라 KL와 ELK 간의 상호 작용의 결과를 의미한다.

+ 는 수학적 공식에서의 합이 아닌 ‘상호작용에 의한 통합’을 의미한다.

여기서 중요한 점은 이해란 흔히 생각하듯 “이해함” 또는 “이해하지 못함” 중 하나를 선택하는 양자택일의 상황이 아니라는 점이다. 이해는 이 둘 사이를 잇는 연결선상 위의 수많은 지점 중 한 곳이다. 본 장의 후반에서 이 점에 대해 좀 더 자세하게 다루고자 한다. 지금까지 내용을 정리해보면 다음과 같다.

- 사람들이 어떤 문장을 "이해한다"고 말할 때 일반적으로 이들의 이해는 불완전하다고 간주해야 한다. 그 이유는 그 문장이 주어진 맥락에서 의미하는 전체를 이해하지 못하는 상태이기 때문이다. 위에 언급한 짧은 대화의 경우에서 알 수 있듯이 문장을 읽거나 들은 사람들은 저자가 언급한 car가 무엇인지 확실하지 않다. 또한 powerful이 어느 정도의 힘을 의미하는지도 알 수 없다. 달리 말하자면 문장의 화자가 누구이며 어떤 대상을 염두에 두고 어떤 맥락에서 발화하고 있는지에 대한 정보가 있어야 독자는 완전하게 이해할 수 있다.
- 문장에 대한 이해가 완전하지 못한 상태에서도 다른 언어로 번역이 가능하다. 배경설명이나 발화된 맥락에 대한 추가적인 정보 없이도 심각한 오류가 발생할 위험은 크지 않다. 그러나 모든 언어, 모든 문장을 이처럼 번역할 수 있는 것은 아니다. 예를 들어 일어는 적절한 공손함과 격식을 갖춘 표현을 선택하기 위해서 발화가 이루어진 사회적 맥락에 대한 정보가 반드시 요구된다. 그러나 불어의 경우는 다르다.

  Cette voiture est puissante.

  위의 불어 문장은 거의 모든 맥락에서 영어의 "This car is powerful"에 대한 적절한 번역이다. 물론 car이 다른 의미로 사용된 상황을 고려해 볼 수는 있고 그렇다면 위의 번역은 더 이상 적합하지 않겠지만 위 문장에서의 car이 바퀴가 달린 차량을 의미한다면 불어 번역 Cette voiture est puissante만으로도 충분히 좋은 번역이다. 이론적으로 모든 담화는 모호성을 내포한다고 말한다. 그러나 뉴마크(P. Newmark, 1983: 7)가 말했듯이 "텍스트에서 사용된 단어는 사람들이 일반적으로 생각하는 것보다 맥락 의존적이지 않으며 가장 보편적인 사전적 의미로 사용된 경우가 많다"는 설명에 필자도 동의한다.

언어 지식과 언어 외적 지식 사이의 상호 보완적인 관계도 주목해야 할 중요한 부분이다. 각 지식 요소가 풍부할수록 이해의 수준은 높아진다. 이는 달리 말하면 한 가지 지식 요소가 부족하다면 다른 지식으로 보완할 수 있다는 의미이기도 하다. 텍스트에 따라 차이는 있겠지만 언어 지식이 부족한 경우라도 언어 외적 지식이 풍부할 경우 아니면 그 반대의 경우에도 필요한 수준의 이해에 도달할 수 있다. 이러한 상호보완적인 측면은 통번역의 과정에서 특히 중요한데 통번역사의 관련 주제에 대한 언어 외적 지식이 대부분의 경우 저자나 연사 그리고 독자 또는 청중과 비교했을 때 부족하기 때문이다.

언어 지식과 언어 외적 지식을 명료하게 구분하기는 어렵다. 특히 한 언어를 사용하는 집단이 보유한 사회언어학적이나 문화적 지식과 언어 지식을 분리하기는 힘들다. 다만, 상황에 적절한 공손함을 표현하기 위해서 화자는 언어 규칙은 물론이고 언어 외적 지식인 발화가 이루어지는 상황에 대한 배경지식도 동원한다는 점은 분명하다. 엄밀하게 개념을 생각해 본다면 현실에서 그 단어가 명시하는 언어 외적 지식이 없다면 그에 대한 언어 지식도 없는 것과 같다. 동원되는 지식이 언어 지식이든 언어 외적 지식이든 이해의 방정식에서 각 요소는 상호보완적인 관계이다.

2.2 분석

언어 지식과 언어 외적 지식을 순발력 있게 동원하는 의식적이거나 무의식적인 노력만으로는 항상 이해가 가능하다고 확신하지 못한다. 때로는 수신자가 보유하고 있는 언어 그리고 언어 외적 지식이 충분하지 않을 수도 있고 텍스트나 발화의 내용이 너무 난해하거나 일반적으로 받아들여지는 언어 사용 방식에서 벗어난 경우도 있기 때문이다. 연사나 저자가 모국어가 아닌 언어로 발화하는 경우에는 발음이 상당히 독특하고 어휘 또는 구문적인 오류를 범하기도 한다. 이해하기 어려운 은유적 표현을 사용하거나 논리의 전개가 평범하지 않은 경우도 있다.

이때는 일반적 상황에서 담화를 이해하려고 할 때보다 집중적인 분석이 필요하다.

영어를 공용어로 사용하는 국제학교에서 있었던 일이다. 이 학교의 서반아어 교사는 영어를 잘 구사하지 못했는데 언제나 교실에 와서는 다음과 같이 질문을 했다.

Every people at home?

학생들은 서반아어 선생님이 사용한 단어와 발화 맥락을 고려하여 상당한 고민을 한 후에야 선생님께서 학생들이 모두 출석했는지를 질문하고 있음을 이해했다. 발화 내용이 전문적이거나 난해해서 어렵기보다는 발화자가 범한 문법적인 오류와 단어의 부적절한 선택으로 인해 이해가 어려운 경우인데, 회의장에서도 비슷한 사례가 빈번해서 통번역사 모두 유사한 경험이 있을 것이다. 독자들도 품질이 떨어지는 번역문을 읽을 때 비슷한 경험을 한다. 뉴마크(1983: 6)는 독일의 한 호텔에 있던 투숙객을 위한 안내책자에서 찾은 번역 사례를 인용하여 다음과 같이 설명했다.

Our social rooms are at your disposal for the most different occasions.

유사한 여러 가지 흥미로운 사례를 소개한 저서 Lost in Translation이 최근 발간되었는데 공지사항, 경고문, 홍보물 등 전 세계 곳곳에서 발견한 웃지 못 할 영어 오류를 소개하고 있다(크로커(Croker), 2006).

이해의 과정을 보다 정확하게 묘사한다면 이해 방정식에는 언어 지식과 언어 외적 지식 외에 한 가지 요소가 더 필요하다. 바로 의도적인 분석(deliberate analysis)이다.

(2) C = KL + ELK + A

2.3 이해 방정식 구성요소에 대한 추가적인 설명

등식 (2)는 텍스트 이해를 구성하는 요소와 그 요소들의 상호보완적인 관계를 매우 단순하게 표현한 것이다. 이 방정식에 대해 다음의 보충 설명이 가능하다.

2.3.1 *이해의 주관적 측면*

앞에서 설명했듯이 이해는 *전혀 이해하지 못함*에서 *완전히 이해함*까지 그 가능한 값의 범위가 넓고 유동적이다. 발화가 이루어지는 상황 또는 맥락을 통해서도 최소한의 의미가 전달되기 때문에 발화내용을 전혀 이해하지 못하는 경우는 극히 드물다. 물론 파편적으로 이해한 정보만을 기반으로 통번역을 하기는 어렵다. 그럼에도 불구하고 의사소통의 상황에서 발화된 사연언어를 '전혀' 이해하지 못하는 경우는 고도로 전문적인 분야의 텍스트(구어 및 문어 텍스트 모두)인 경우라도 극히 드물게만 발생한다. 그 이유에 대해서는 본 장의 후반에서 설명하겠다.

오히려 *완전한* 이해를 정의하기가 더 난해하다. 이 주제를 본격적으로 논의하려면 이해에 대한 보다 철저한 정의가 필요하다. 특히, 이해를 했다는 의미는 텍스트를 구성하는 단어 뜻을 아는 것으로 충분한지, 함축된 내연의 의미까지도 이해해야 하는지 아니면 구체적인 의사소통의 상황에서 의사소통 당사자 간 상호작용을 통해 달성하고자 하는 텍스트의 목적까지도 파악해야 하는지 정확하게 결정할 필요가 있다.

사실, 회의 통역과 번역의 상황에서 완벽한 이해는 그리 중요하지 않다. 통번역의 과정에서 요구되는 이해의 수준은 어떤 절대적인 목표치가 아니라 출발어의 메시지를 도착어로 재표현할 수 있을 만큼의 상대적인 이해의 수준이기 때문이다. 그러므로 문제는 완전한 이해가 이루어졌는가가 아니라 통번역이라는 목적을 위해서 어느 정도 수준의 이해가 필요한가 그리고 이러한 수준의 이해에 어떻게 도달하는가에 중점을 두어야 한다.

교육과정에서 학생들에게 반드시 주지시켜야 할 점은 독자나 청중이 이해했다고 주관적으로 *생각하는* 수준이 반드시 이들이 *실제*로 도달한 이해의 수준에 대한 정확한 척도가 아니라는 점이다. 이를 잘 보여주는 사례로 일할 때 종종 경험했던 현상이 있다. 번역을 수락하기 전 텍스트를 읽었을 때는 전혀 어려움이 없었는데 실제로 번역 작업에 들어가면 이해하기 어려운 부분이 곳곳에 나타나는 경우가 있다(이에 대해 최근 전문번역을 이용한 실험연구가 발표된 바 있다(라가르데(Lagarde), 2009)). 연설을 듣거나 텍스트를 읽는 과정에서 도달했다고 생각하는 이해의 수준은 번역사의 정보처리능력과 관계가 있지만 다음의 네 가지 요소에 의해서도 영향을 받는다.

- 텍스트 *구문 구조* 및 *어휘에 대한 수신자의 친숙도*. 수신자는 익숙하지 않은 단어나 문장 구조를 접하면 당황하지만 친숙한 단어나 문체로 작성된 텍스트의 경우에는 그 전달하는 내용을 명확하게 이해하지 못한 경우라도 상당히 편하게 느낀다. 이런 이유로 인해, 텍스트의 내용을 분석해서 번역해야 하는 시점에서야 이해하지 못한 부분이 포함되어 있다는 사실을 발견하고 난감해 하는 경우가 발생한다. 이와 관련해서 한 일본인 기자가 국제회의장에서 일어로 통역된 연설을 듣고 했던 말이 기억난다. 통역을 듣는 동안 회의 참석자들은 충분히 이해했다고 생각했는데 녹음된 통역 내용을 다시 들으니 오류가 빈번하고 내용이 누락되었거나 논리적이지 않은 부분을 발견했다고 한다(후지무라 (K. Fujimura), 1983:30).
- 텍스트의 전체 길이 대비 *전문용어 사용빈도*. 텍스트에 전문용어를 많이 사용

할수록 일반인들은 텍스트가 어렵다고 느낀다.

- 문장의 *길이* 및 *복잡성*. 문장의 길이가 길고 구조가 복잡할수록 수신자는 텍스트를 정확하게 이해하지 못했다고 생각할 가능성이 높다. 반대로, 문장의 길이가 짧을수록 텍스트를 이해했다고 생각하기 쉽지만 실제로 작업을 해보면 완벽하게 이해했다는 생각이 착각이었음을 인식하게 된다.
- 텍스트에서 *수신자에게 기대하는 기능*. 텍스트 내용 중 반드시 수행해야 하는 구체적인 시시사항이 있는가? 중요한 정보가 있는가? 아니면 크게 관련이 없고 중요하지 않은 내용만 있는가? 수신자가 필요로 하는 정보가 무엇인가에 따라서 때로는 만족스러울 만큼 텍스트를 충분히 이해했다고 생각하기도 하고 다른 경우는 이해하지 못했다고 생각하기도 한다. 그러나 이들이 실제로 이해한 정보의 양을 정밀하게 측정한다면 큰 차이는 없으리라 생각한다.

정보전달을 목적으로 하는 통번역의 경우, 원문 텍스트의 정보를 도착어로 재표현한다는 의미는 번역사가 먼저 텍스트의 논리 구조, 정보 그리고 스코포스를 분석하여 다음의 수준까지 이해에 도달해야 함을 의미한다.

- 모호하지 않은 수준까지 충분한 이해에 도달하여 의도한 그대로 도착어로 재표현이 가능하다.
- 도착어에 적절한 대응어와 표현이 존재함으로 통번역사가 그대로 선택하여 사용하고 그렇지 않은 경우에는 신조어를 만들어서 사용 가능하다.
- 편안함의 변곡점. 주관적인 요소인데 이행해야 하는 지시사항이 무엇인가에 따라 영향을 받기도 하고 수신자의 성격이나 새로운 환경에 대한 적응력 같은 심리적인 요인에 의해서도 좌우된다. 한 예로, 일본에 거주하는 서양인을 만난 적이 있는데 그들은 현지 라디오나 텔레비전 방송을 "완벽하게" 이해했다고 느끼는 수준인 편안함의 변곡점에 도달했다고 스스로를 평가하고 있었다. 그러나 이들에게 방송에서 사용한 특정 단어나 문장에 대해 질문을 해보니 상

당부분 이해하지 못했다. 이들은 언어가 아니라 일본의 생활환경에 적응했다는 증거라고 생각한다. 유사한 경우로, 의사나 변호사를 돕는 업무 보조인들이 전문내용의 텍스트를 "이해"했다고 착각하는 경우가 있는데 면밀히 분석해 보면 이들은 단지 단어나 표현을 숙달했을 뿐이지 텍스트의 내용을 이해하지는 못한다.

2.3.2 *언어지식*

이해의 방정식에서 언어지식이 기여하는 정도는 언어를 숙달함에 따라 증가한다. 그러나 언어 지식은 일정 수준에 도달한 후부터는 단어, 숙어, 문법, 스타일 및 화용적 규칙에 대한 방대한 지식이 더 이상 이해에 기여하지 않는 답보상태에 머무른다. 특히, 정보전달이 목적인 텍스트의 경우에는 언어 지식이 기여하는 한계점에 매우 빠르게 도달한다. 대표적인 예는 전문 학술지에 게재된 수학 논문의 경우인데 논문이 작성된 언어에 대한 언어지식이 그 언어를 모국어로 사용하는 사람과는 일상적인 대화조차 힘든 수준임에도 불구하고 언어지식을 조금만 보유하고 있는 수학자라면 아무 문제없이 논문을 읽고 이해가 가능하다.

예를 들어 "We found a significant correlation between A and B" 나 "The agreement was ratified by 75 countries", "We agree to the terms and conditions in the contract" 의 문장은 문학용어나 시적인 문체에 대한 해박한 언어지식을 갖추었다고 해도 이해에는 크게 도움이 안 된다. 대학에서 문학 석사나 박사학위를 받기 위해 2 - 3년씩 공부하는 시간이 과학기술분야 전문번역사 지망생들에게는 기대하는 만큼 유익하지만은 않을 수 있는 이유이다. 그보다는 다양한 텍스트를 꾸준히 읽거나 자신의 통역언어로 이루어지는 정치, 경제 또는 기술 분야의 회의에 참석하여 연사의 강의를 듣는 편이 더 효율적인 학습방법이다. 반면에, 문학작품이나 외교 및 정치 텍스트의 경우는 언어지식이 풍부할수록 이해에 도움이 된다(이때 언어지식에는 문화적인 배경지식도 포함된다). 이 경우, 번역사는 가능하면 다양하고 풍부한 출발어 지식을 갖출 필요가 있는 반면 과학기술 전문용어와 친숙해질 필요는 줄어든다. 물론 문학작품에서도 전문분야에 대한 내용이 자주 언급이 된다. 예를 들어 의학, 법률, 금융 그리고 다른 전문 분야를 배경으로 하는 소설을 생각해 보라(제9장 참조). 그러나 일반적으로 기술 및 과학관련 회의에서 이루어지는 연설이나 과학 기술 관련 텍스트를 이해하기 위해서는 출발어의 문체나 문화적 배경에 대한 심도 있는 지식은 필요하지 않다.

통역의 경우는 사전에 연설을 들을 수가 없고 항상 예측하지 못한 상황에 대비해야 함으로(연설을 사전에 준비하여 낭독하는 경우는 통역사에게 연설문을 사전에 배포하는 경우도 있다) 다양한 어역 그리고 스타일의 출발언어 지식을 풍부하게 갖추고 있을수록 도움이 된다. 간혹, 신참 통역사나 다른 통역사에게 통역언어는 아니지만 어느 정도 유창하게 구사할 수 있으니 비전공 언어 일을 수락해달라는 부탁을 해오는 회의관계자가 있어서 난감할 때가 있다. 이때 문제는 예측불허의 상황이다. 연설이 전반적으로 평이하게 진행될 수도 있지만 전문통역사는 직업윤리규정에 따라 혹시라도 발생 가능한 어려운 상황에서도 능숙하게 통역할 수 있는 일만을 수락해야 한다. 예측치 못한 어려움이 발생할 가능성이 2, 3천 단어 또는 일만 단어에 한번 정도로 하루 종일 일하는 과정에서 몇 번 정도 발생할 정도로 희박해도 통역사는 모든 가능성을 감안하여 일을 수락해야 한다. 국제회의 통역을 수행할 때는 "거의 대부분"의 상황에 대처 가능한 언어지식은 충분하지 않다.

이는 마치 처음 산악등반을 하는 산악인들이 어려운 등반로를 찾아 나서는 도전에 비교할 수 있다. 등반가들의 건강상태가 양호하고 바위가 미끄럽지 않은 상태라면 큰 어려움이 없다. 그러나 갑자기 기온이 떨어지거나 눈보라를 만났을 때 혹은 예측하지 못한 기술적인 어려움에 직면했을 때는 이들이 가지고 있는 전문기술로는 생존하기 힘들다. 경험이 많은 등반가만이 예상치 못한 난관에도 성공적으로 대응이 가능하다.

따라서 통번역사는 출발언어의 관련 어휘, 문법 그리고 문체를 완전히 숙달해야 한다. 회의통역사의 경우는 특히 관련 언어지식이 충분해서 연사의 발화를 이해하고 정보처리 하는데 최소한의 시간만을 소요할 수 있어야 한다(이에 대해서는 제7장, 제9장에서 정보처리 능력과 그 결과에 대한 설명을 참고). 번역의 경우는 상황이 다르다. 번역은 특정 단어나 문장 구조를 이해하는데 어려움이 있더라도 찾아보거나 원어민에게 문의할 수 있을 정도의 시간적 여유는 허락된다(제6장 토론 참고).

부수적이지만 또 한 가지 흥미로운 점은 통번역 중 특히 통역의 경우, 출발언어의 언어지식 뿐만 아니라 발화를 하는 연사의 모국어에 대한 언어지식이 도움이 될 때가 있다. 연사가 자신의 모국어가 아닌 언어로 발화하는 경우가 종종 있는데 발화언어와 연사의 모국어 사이 언어간섭으로 인해 올바르지 않은 어휘나 문장구조를 사용하고 어색한 억양 등이 나타나면 통역사가 연사의 말을 이해하는데 걸림돌이 된다. 연사의 모국어에 대해 언어지식이 있는 경우 통번역사가 어휘, 문법 그리고 발음의 오류까지도 분석할 수 있다(예를 들어 일본인이 영어의 모음과 "r"이나 "l"같은 자음을 발음하는 방식, 스페인사람이나 남미 사람들이 "z"를 "s"로 발음하는 방식, 모국어가 아랍어인 화자가 "p"와 "b"를 발음하는 방식을 알아두면 도움이 된다). 그렇다고 통번역사가 모든 언어를 다 알고 있어야 한다는 주장은 아니다. 이는 가능하지도 않고 비현실적인 요구사항이다. 그럼에도 불구하고 앞에서 언급했듯이 통번역사가 갖추고 있으면 바람직한 "언어지식"의 일부로 연사의 모국어에 대한 언어지식도 포함된다. 통역은 시간적인 제약이 상당히 많아서 이해의 방정식에 포함된 각 구성요소의 역할이 더더욱 중요하다. 국제회의에서 통역사를 배정할 때 통역사의 통역언어 조합과 더불어 연사의 모국어에 대한 정보를 중요하게 고려하는 이유도 바로 이 때문이다.

2.3.3 *언어 외적 지식*

언어지식과 달리 이해의 과정에서 언어 외적 지식이 이해에 기여하는 정도에는 한계가 없다. 연설이 이루어지는 국제회의장에서 통역사가 상황에 대한 정보를 많이 보유할수록 다시 말해서 의사소통 당사자들의 이해, 논리, 입장, 목적, 취약점 등에 대한 지식이 많을수록 송신자가 전달하려는 의미를 더욱 정확하게 이해할 수 있다. 언어 외적 정보가 있으면 예측이 가능하고 텍스트의 이해를 촉진해서 언어로 인한 모호성을 해소하는데 유용하며 "줄 간의 의미를 파악"하는데도 도움이 된다. 방대한 분야에 대한 깊이 있는 언어 외적 지식이 있으면 통번역 과정에서 도착어 표현을 찾는데 어려움이 발생했을 때 언어적 난관을 잘 넘길 수 있다는 점에서도 상당히 유익하다.

통번역이 이루어지는 상황에서 요구되는 언어 외적 지식은 두 부류로 나눌 수 있다(여기서 말하는 언어 외적 지식은 그때그때 습득하는 통역주제와 관련한 지식과는 별개이다).

- 이미 보유하고 있는 언어 외적 지식
- 의사소통 상황이나 텍스트를 접하는 과정에서 습득하는 맥락지식

출발어 텍스트의 모호성을 해소하고 적절한 도착어 대응표현을 찾기 위해서는 최소한 어느 정도는 사전 지식을 갖추고 있어야 한다. 이와 더불어 맥락지식 즉 상황이나 환경에 대한 지식 역시 이해에 중요한 역할을 한다. 통역의 경우, 맥락지식에는 의사소통 상황에 대한 정보가 포함되는데 통역사가 의사소통이 이루어지는 바로 그 상황에 함께 있으므로 접근가능한 지식이다. 맥락지식은 언어를 이해하기 위해서도

필요하지만 통번역사가 지속적으로 고도의 집중력을 유지해야 하는 이유이기도 하다. 집중력을 유지하면서 맥락지식을 분석할 때 기존의 지식기반 위에 새로운 정보를 추가할 수 있다(제6장에서 통번역 과정에서의 지식 습득에 대해 자세하게 설명하고 있다).

2.3.4 분석

통번역을 위한 분석은 출발어 텍스트에 존재하는 모호성을 해소하는 수준에 머물러서는 안 되며 텍스트에 대해 충분히 파악했다고 느끼는 편안한 수준까지 이루어져야 한다. 분석은 통번역사가 의사소통의 달성을 위해 필요한 부분을 채워가는 과정이다. 그러므로 분석을 통해 출발어 텍스트를 깊이 있고 폭 넓게 이해했을 때만 출발어 발화가 담고 있는 주요 정보를 도착어로 누락 없이 명료하고 자연스럽게 전달이 가능하다.

경험에 의하면 적어도 통번역 교육의 초기에는 학생들이 분석을 위해서 의도적이고 지속적인 노력을 기울이도록 강조해야 한다. 학생들의 통번역에는 일반 상식을 이용한 수준의 분석만 했어도 피할 수 있었을 오류가 빈번하다. 오류가 발생했을 때, 교사가 학생에게 해당 문구를 이해했는지 질문을 하는 것만으로도 다시 되돌아가 분석하는 동기를 제공하기에 충분하다. 이러한 분석의 과정을 거치면서 학생은 스스로 오류를 발견하고 새로운 추가적인 정보가 주어지지 않더라도 수정을 한다. 이 점에 대해서는 제5장에서 자세한 설명과 함께 예시를 제공하고 있다.

한 가지 기억해야 할 점은 분석을 위해서는 시간이 소요된다는 점이다. 텍스트에 잘못된 용어를 사용했거나 정보의 오류가 없고 논리도 명료하여 특별히 어려움이 없다고 가정한다면 표현을 분석해서 "실시간으로" "이해"하는 시간은 일초의 단 몇 분지 일밖에 안 되는 순식간이다. 좀 더 긴 문장은 이보다는 조금 더 긴 시간이 소요된다. 그러나 텍스트의 길이가 길어진다고 소요시간이 수십 배씩 늘어나지는 않는다. 번역의 경우는 시간은 심각한 문제가 아니다. 기계적으로 워드작업을 하는 시간이 오히려 더 길게 소요되는 경우가 있으나 간단하고 잘 쓰인 문장의 분석은 거의 순식간에 의식적인 노력 없이도 이루어질 수 있다. 대조적으로 통역의 경우는 제7장과 제9장에서 설명을 하겠지만 정보처리 부담과 단기 기억의 한계가 있기 때문에 아주 짧게 정보처리 시간을 지체해도 심각한 어려움을 자초할 수 있고 실제로 통역의 수행 자체에 문제가 생기는 위험스러운 상황이 발생할 가능성도 있다.

3. 통번역과 전문 텍스트의 이해

일반인들 사이에는 지극히 상반된 두 가지 견해가 존재한다. 한편에서는 2중 언어 구사자라면 통번역은 단순하고 쉬운 작업이며 전문적인 과학 기술 분야의 텍스트라도 "전문 용어를 알기만 하면" 번역할 수 있다고 주장한다. 다른 한편으로 신참 통번역사 그리고 전문분야를 특화하지 않은 통번역사는 자신들이 익숙하지 않은 분야의 일을 할 때 경험할 "어려움"에 대해 과도하게 두려워하는 경향이 있다. 이로 인해 통역 의뢰인뿐만 아니라 일부 통번역사들도 전문가 수준으로 또는 거의 전문가 수준으로 잘 알고 있는 분야의 일만을 제대로 할 수 있다고 생각한다. 이 주장은 여러 통번역관련 문헌에서의 주장과도 맥을 같이 한다. "전문분야 번역사가 가진 최고의 자산은 관련 분야에 대한 깊이 있는 주제지식이다"(폴커트(Folkart), 1984:224). "저자가 전달하고자 하는 의미를 먼저 정확하게 이해한 이후에야 번역사는 가장 적합한 단어를 선택하고 가장 적절한 문장구조로 재표현할 수 있다(멜런(Mellen), 1988:272)." "통역사는 자신이 이해하지 못한 바를 통역할 수 없음이 기본 원칙이다(쿠르츠(Kurz), 1988:424).” 또는 “이미 오래 전부터 알려진 바는 통역사는 자신이 이해했을 때 가장 잘 통역할 수 있다는 점이다(제르마르(Germar), 1990: 665).” 이들 인용문은 문맥에서 떼어 놓고 읽었을 때는 오해의 소지가 있을 수 있으나 그 핵심은 통번역의 과정에서 분석과 지식 습득의 중요성을 강조하고 “기계적인” 단어 대 단어로의 단순 치환을 지양해야 한다는 주장이다.

제5장에서 자세히 설명하겠지만 통번역은 이해와 도착어로의 재구성하는 두 단계 과정을 반복하면서 이루어지는 텍스트 의미단위의 연속적인 처리작업이다. 이때 첫 단계는 이해의 단계이고 두 번째는 도착어로의 재구성 또는 재표현의 단계이다. 이어지는 페이지에 제시된 예문은 통번역사가 익숙하지 않은 분야의 고도로 전문적인 텍스트나 연설이라도 언어 지식, 언어 외적 지식 그리고 분석에 의존하여 원문의 의미를 충분히 이해 가능하다는 점을 설명하고 있다(물론 이렇게 도달한 이해수준으로는 원천텍스트의 정보를 도착어로 적절하게 표현하기는 충분하지 않은 경우도 있지만 그와 관련된 내용은 여기서는 별도의 문제이다). 올바르게 대처하며 적절한 전략을 취한다면 전문지식이 없는 통번역사라도 단순한 “언어지식”의 수준을 넘어서는 깊이 있는 이해에 도달할 수 있다. 제6장에서는 도착어로의 재표현 과정에서 요구되는 지식의 습득과 그 방법에 대해서 논의하고 있다.

3.1 예문

수업시간에 통번역사가 전문텍스트를 이해하는 과정에 대해 설명하려면 예문이 좋은 시작점이다. 다음은 의학 교과서에서 발제한 단락으로 영어가 모국어인 청중에게 강연을 할 때 필자가 주로 이용하는 지문이다.

Hematogenous tuberculosis may appear in various morphologic forms: classical military tubercules, sizable nodules, necrotic foci simulating abscesses, massive tuberbulomas simulating neoplasms and even caseous pneumonia not at all suggestive of a hematogenous origin (루빈(Rubin), 1948: 194)

위의 시문을 처음 읽으면 내용이 전문적이라 "전혀" 이해가 안 된다고 반응한다. 실제로 이 지문을 읽은 의학전문인이 아닌 일반 독자들의 반응이 그랬다. 그러나 처음의 당혹감을 극복하고 난 후에는, 합리적인 사고가 가능한 지식인이라면 문장구조와 상식을 동원해서 다음과 같이 의미를 해석해낸다.

A certain type of disease which may have something to do with tuberculosis ("hematogenous tuberculosis") may appear in various forms called "miliary tubercles," which are the classical or most widely found form, something ("necrotic foci") that looks like abscesses, something very large ("tubervulomas") that looks like something else ("neoplasms"), and even symptoms that suggest some kind of pneumonia ("caseous pneumonia") that apparently would not normally suggest that the origin of the condition is of the something ("hematogenous") type.

일반인도 알고 있듯이 폐렴과 결핵은 모두 폐에 영향을 미치는 질병이다. 따라서 일부 증상을 고려해 볼 때, 폐렴은 "hematogenous tuberculosis"가 결핵과 관련이 있다는 가설에 신빙성을 더해 준다.

영영사전을 찾아보면 위의 지문에서 언급한 대부분의 "무엇"을 일반인들이 이해할 수 있는 표현으로 설명하고 있다. New World

Dictionary of the American Language 1974년 판에서의 설명은 다음과 같다.

- “Hematogenous”의 의미는 “조혈” 또는 “혈관을 통한 전이”를 의미한다.
- “Miliary”란 “기장 씨앗 크기 정도의 결절 또는 결절 부위에 나타나는 증상”이며 폐렴의 일종으로 일차 감염 부위에서 신체의 다른 부위로 전이 되며 아주 작은 크기의 결절이 나타나는 증상을 의미한다. 이 설명을 통해서 지문에서 “foci”라는 단어가 사용된 이유를 이해할 수 있고 또한 “hematogenous toberculosis”는 폐렴의 일종이라는 가설이 옳았음을 확인 가능하다.
- “tubercle”이란 ‘모든 종류의 비정상적으로 형성된 단단한 결절 또는 부종으로 구체적으로는 폐렴에 의한 소결절을 지칭하는 용어이다.
- “Nodules”는 ‘소결절’이며, “nodes”는 특정 부위에 형성된 ‘부종’이다.
- “Necrotic”은 형용사로 ‘신체 일정 부위의 조직이 썩거나 괴사한 상태’를 일컫는 명사에서 파생된 형용사이다.
- “Neoplasm”이란 “종양 등과 같은 조직이 비정상적으로 자란 상태”를 의미한다.

두 개의 단어만이 일반 사전에 나와 있지 않아서 의학용어사전을 찾아봐야 했다. 그 중 하나는 “tuberculoma”로 Butterworth's Medical Dictionary(제2판)에 따르면 “경계가 분명한 종양처럼 보이는 폐렴 조직이 자란 덩어리”를 의미한다. 또 다른 단어는 “caseous pneumonia”로 이 단어는 의학용어사전 어디에서도 찾을 수 없었다. “caseous”라는 단어는 일반 사전에서 “치즈와 비슷한”이라고 그 뜻을 설명하고 있다.

따라서 일반 사전에서 정보를 찾아본 후 약간의 분석만 한다면 위 지문의 문장이 전달하는 의미를 이해할 수 있다. 바로 특정한 종류의 결핵에 대한 설명이며 이 결핵의 임상적인 증후는 여러 부위에 나타나는 부종이기 때문에 다른 질병의 증상으로 오인될 수 있다는 설명이다.

"caseous pneumonia"라는 단어는 사전에 나와 있지 않지만 그 의미가 폐 조직이 치즈와 유사하게 변화하는 폐렴의 일종이라고 추론된다. 이렇듯 위의 지문을 의학전문가가 아닌 일반 독자도 상당 부분 "이해"했다. 물론 일반인은 지문에서 언급한 여러 부위의 부종이 어떤 모습을 띄는지는 정확하게 알지 못한다. 또한 병리학적 배경지식이나 증상의 변화, 치료 방법 등은 이해하지 못하지만 지문에서 설명하고 있는 논리를 이해하고 각 단어들을 통해서 전달하고자 하는 의미가 무엇인지도 꽤 정확하게 이해 가능하다.

실제로 지적 능력을 가진 일반인이라면 문장을 읽는 것만으로도 질병에 대해서 상당히 깊이 있는 정보를 얻을 수 있다.

3.2 일반인의 이해

위의 동일한 지문을 의사와 일반인이 "이해"하는 수준을 비교한다면 문장의 논리적 전개를 파악하는데 있어서는 의사와 일반인이 큰 차이가 없다. 그러나 의사들은 각 문장 내의 전문용어가 의미하는 바를 정확하게 이해하고 있으며 각 용어의 의미를 기존의 지식과 연결시킬 수 있다. 의사들은 적어도 hematogenous tuberculosis가 무엇인지에 대해 사전지식이 있고 caseous pneumonia에 대해서도 알고 있다. 물론 의사의 전문분야나 경력에 따라 차이는 있겠지만 종양과 tuberculomas를 구분할 수 있다. 따라서 텍스트 문장의 정보를 병리학, 진료 방법 그리고 기타 호흡기 질병에 대한 기존의 의학지식과 경험을 연결시킬 수 있다.

그렇다면 지금까지 논의한 기본적인 이해에 대한 내용을 다음과 같이 정리하고 교육에 활용 가능한 모델로 만들어 보겠다.

정보전달이 목적인 텍스트는 망과 같은 구조로 상호관계를 구축하고 있는 다음의 세 가지 요소로 구성된다.

- 명사와 명사구는 사람, 물건, 생각, 행동 등을 지칭한다. 이들을 명사적 주체(Nominal Entities, NE)라고 부르기로 한다.
- 형용사, 형용사 역할을 하는 단어 또는 구는 앞에 언급한 사람, 물체 등을 묘사하거나 (예, "큰" "작은" "비싼" "저항적인") 이들의 존재, 소멸, 성장 등에 대해 설명한다("X가 존재한다" "Y가 성장했다" "Z가 번식한다"). 이와 같은 요소는 특성(Attribute, A)이라고 부르기로 한다.
- 문장구조 및 문법은 (예, 격 변화, 어순 등) 사람, 물건 또는 개념 간의 논리적 또는 기능적 연결 관계를 정의한다. 이 세 번째 구성요소는 관계 (Link, L)라고 부르기로 한다.

그림 4.1은 (a), (b), (c) 문장의 의미관계를 의미망으로 도식화한 것이다(이와 같이 도식화한 개념은 인공지능 분야에서 사용하는 방식과는 차이가 있다. 인공지능에서는 의미관계를 더욱 엄격하게 세분화하여 정의한다. 윈스턴(Winston), 1984 참조).

(a) The machine (Nominal Entity) is large/small/blue, etc. (Attribute)
그 기계(명사적 주체)는 크다/작다/파랗다 등등. (특성)

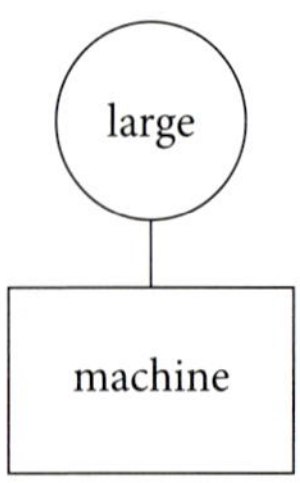

(b) A good(A) methodology(NE) results in(Link) powerful(A) algorithms(NE).
좋은(특성) 방법론(명사적 주체)으로 강력한(특성) 알고리즘(명사적 주체)이

라는 결과를 얻었다(관계).

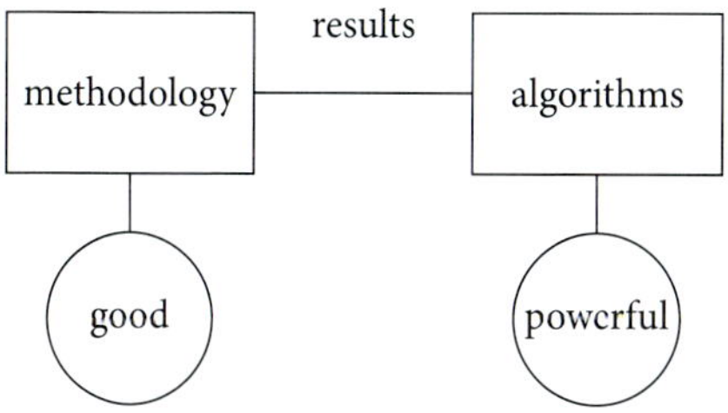

(c) A comparison was carried out(L) between X(NE) and Y(NE).
X(명사적 주체)와 Y(명사적 주체)간의 비교를 실시했다(관계).

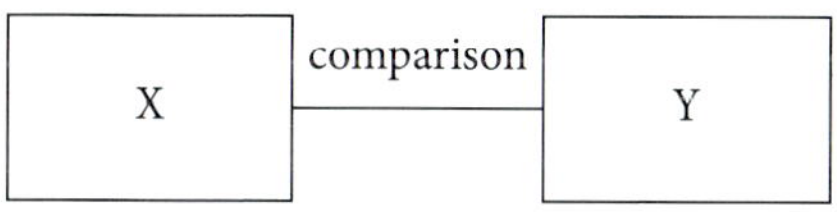

그림 4.1 기본적인 의미망 도식화의 사례

세 번째 문장(c)는 "X(NE)와 Y(NE)를 비교했다(L)(X and Y were compared)"로 재표현이 가능한데 이는 결국 "비교를 실시했다(A comparison was carried out)" 와 동일한 의미관계의 표상이다. 이와 같이 대부분의 문장은 L, NE, A의 위치를 다르게 하여 동일한 의미를 다양하게 재구성할 수 있다. 메시지의 논리관계와 기능은 동일하나 특정 행동을 동사 또는 명사로 다르게 표현이 가능하고 이에 따라서 (c)문장에서와 같이 문장의 구성이 달라지고 결국 의미망에서의 관계가 다르게 도식화된다.

특히, 길고 복잡한 문장의 경우에는 각 구성 요소를 어떻게 하위 요소로 나누는가에 따라 더욱 다양하게 도식화가 가능하다. 예로 아래의 통역학 연구에 대해 논의하는 문장을 살펴보자.

"According to some interpretation theoreticians, a stage occurs between comprehension and reformulation during which a ***pure message*** without any trace of its linguistic envelope is extracted from the statement, but this ***deverbalization*** principle has not been demonstrated to be true by proper testing procedures."
(일부 통역학자는 이해와 재표현의 단계 사이에 중간 단계가 존재한다고 주장한다. 이 중간 단계는 어떤 언어적 형태도 없이 발화로부터 순수 메시지만 도출된 탈언어화 상태이다. 그러나 의미도출 이론의 진위가 실험을 통하여 증명된 바는 없다.)

위의 문장은 다음과 같은 의미관계를 구성하고 있다.

Some interpretation theoreticians believe that X, but Y
A NE L NE NE
(일부 통번역학자들은 X라고 생각하고 있으나 Y이다.)

이 문장에서 X를 다음과 같이 정의할 수 있다.

"a stage occurs between comprehension and reformulation during which a pure message without any trace of its linguistic envelope is extracted from the statement"
(이해와 재표현 사이의 중간단계로 발화에서부터 어떠한 언어적 형태도 없이 순수 메시지가 도출된 탈언어화 상태)

이 문장에서 Y는 다음과 같이 정의할 수 있다.

"this deverbalization principle has not been demonstrated to be true by proper testing procedures"

(이와 같은 의미도출 이론이 실험을 통해서 증명된 바 없다.)

X는 다음과 같이 그 의미 요소를 나눌 수 있다.

- "이해와 재표현의 단계 사이에 중간단계가 있다."
- "이 중간단계에서는 발화로부터 순수 메시지가 도출된다."
- "이 메시지는 언어적 형태가 없다."

이 같은 과정을 의미의 최소 단위까지 실시할 수 있다. 이때 가장 기본적인 의미단위를 명제(propositions)라고 하며 명제에 대한 연구가 바로 심리언어학의 연구 분야이다. 문장을 명제라는 형태로 분석하는 작업은 자연언어의 이해 그리고 표현 과정에 대해 연구하는 학자들의 관심분야이다. 여기서 강조하고자 하는 바는 독자나 청중들 역시 아무리 전문적이고 복잡한 구조의 문장일지라도 이와 같은 방식으로 문장의 의미관계를 세분화할 수 있으며 이는 문장에서 전달하는 의미의 논리 그리고 기능적 구조를 이해하는데 도움이 된다는 점이다(이와 관련한 심도 있는 심리언어학 분야의 논의는 코스테르만(Costermans, 1980), 누아제(Noizet, 1980) 참조).

흥미로운 사실은 특성(A)과 관계(L) 요소가 전체 텍스트에서 차지하는 비율은 고도로 전문적인 텍스트의 경우나 비전문적인 실용텍스트나 거의 동일하다는 점이다. 특성(A)은 한 개체의 존재를 설명하거나 그 개체의 형태, 성분, 크기를 묘사하고 정성적으로 평가한다. 관계(L)는 인과관계, 비교, 주종관계(가령 "A는 B를 생산하는데 사용한다"), 시간적 관계 등을 표현한다. 또한 주목할 점은 특성(A)이나 관계(L)에 대한 표현은 일반적으로 전문용어가 아닌 어휘나 문장 구조를 이용해서 이루어진다는 점이다. 이 때문에 전문적인 텍스트인 경우라도 전문가가 아닌 일반인도 텍스트에서 전달하고자 하는 논리 흐름을 이해할 수 있고 다만 어느 정도의 모호함은 있을 수 있다.

따라서 전문분야의 담화를 이해하는 과정에서 경험하는 어려움은 대부분 명사 주체(Nominal Entities) 그리고 현실세계에서 명사 주체가 가리키는 대상 때문에 발생한다고 본다. 다시 말해 전문적인 대상을 일컫는데 사용한 어휘 또는 어휘의 집합체 때문에 발생한다(레이(Rey), 1979). 실제로 이해라는 측면에서 볼 때, 전문텍스트와 일반 텍스트의 가장 큰 차이를 말한다면 전문텍스트는 명사와 명사구가 일반인들에게 익숙하지 않은 개념이나 대상을 표현하고 있다는 점이다.

이 주장은 그러나 추가적인 검토가 필요하다. 만약 전문텍스트에 나오는 단어들을 일반 독자가 읽은 후 "완전 이해", "부분적 이해" 또는 "이해 불가"의 세 가지 항목으로 분류한다면 아무리 전문적인 텍스트의 경우라도 마지막 항목에 속하는 단어는 그리 많지 않다. 앞에 제시한 의학 지문이 그 예이다. "caseous pneumonia"라는 단어는 전문용어임에도 불구하고 세 번째 항목에 포함되지 않는데 그 이유는 문맥(출발어 텍스트의 배경지식)과 단어의 형태를 통해서 이 단어는 폐렴의 한 종류이며 특정한 병리학적 상태를 지칭하는 것이라는 점을 추측할 수 있기 때문이다.

언뜻 보기에는 "완전 이해" 그리고 "완전 이해 불가"의 두 극단으로 나누어 놓고 그 외의 단어는 그 사이 연속선상의 어느 지점이라고 보는 세 가지 분류 방식은 무의미해 보인다. 실제로 이러한 분류 기준이 타당한지도 의문이다. 그러나 교육적 측면에서 보면 심리적으로 기여할 수 있는 부분이 있다. 즉, 모든 단어는 그 단어가 사용된 맥락 내에서 어느 정도는 이해가 가능하다는 점을 인식시켜서 학생들이 생각하기에 아무리 어려운 전문용어라도 위압감을 느낄 필요가 없다는 안정감을 제공한다.

일정 수준의 이해력을 가진 독자라면 전문 지식이 없는 분야의 텍스트도 그 분야 전문가 못지않게 의미관계로 나눌 수 있다. 다만 이들에게는 문장에 사용된 명사적 개체(NE)의 의미가 다소 모호할 뿐이다. 하지만 전문가들도 전문용어에 대한 이해수준이 일반인정도로 떨어지는 경우가 많다. 이 점은 통번역사들이 전문가들에게 전문지식에 대해 질문을 하는 과정에서 점차적으로 깨달게 된다. Caseous pneumonia에 대해 깊이 있는 전문지식을 갖고 있는 의사가 있는가하면 지식수준이 피상적이거나 전무한 의사도 있다. 의학적 레이저 시술에 관한 회의에 참석하고 있는 치과의사는 동일한 레이저를 사용하는 시술에 관한 산부인과 발표를 들을 때는 지극히 한정적으로 밖에 용어를 이해하지 못한다. 마찬가지로 심장전문의가 알고 있는 다른 분야의 전문지식은 한정적이다. 본 장의 첫 부분에서 설명했듯이 이해는 "익숙하다고 느끼는 수위"의 차이이며 얼마나 빈번히 사용하는가의 차이이다.

이해의 과정에서의 어려움은 대부분 NE로 인해 발생하지만 때로는 의미요소 사이의 관계로 인한 어려움도 발생한다. 그러니까 명사적 개체(NE), 특성(A) 및 관계(L)의 의미요소가 연결되어 있는 기저관계가 중의적이라서 문제가 발생하는 경우이다. 한 사례로 발표용 슬라이드를 작성할 때는 문장을 소위 말하는 전신용 문체(telegraphic style)로 간결하게 작성해서 의미 구성요소 간 논리 또는 기능적 관계를 나타내는 문법 장치인 기능어가 누락된 경우가 많다. 따라서 위에서 설명한 의미요소 간의 관계가 정확하게 명시되지 않음으로 인해 모호성이 발생하는 경우가 빈번하다. 아래의 문장이 그 전형적인 예이다.

Query and error handling

위의 문장은 전산공학 분야의 한 회의에서 사용한 슬라이드의 문구이다.

이 문장의 문제는 그 의미가 "query handling(불만사항 해결)" 그리고 "error handling(오류 해결)"을 의미하는 것인지 아니면 "query(고객 문의)"

와 "the handling of errors(오류 해결)"를 의미하는 것인지 아니면 "query and error(불만사항과 오류)"라고 불리는 항목을 처리한다는 의미인지 명확하지 않다는데 있다. 위 문장의 의미관계 해석에 따라 그 결과인 도착어 번역도 달라진다. 언어 외적 지식이 부족할 때, 통역사가 전문분야의 담화를 이해하는 과정에서 경험할 수 있는 어려움을 보여주는 전형적인 예라고 하겠다.

4. 통번역사에게 필요한 이해 수준

통번역사는 텍스트 문장 기저의 논리 및 기능적 의미관계에 대하여 충분한 이해에 도달한 이후에 재표현해야 한다. 항상 출발어의 문장구조와 정확하게 일치하도록(다시 말해 표층적 형태에 충실하게) 전환이 가능하지 않기 때문이고 또 일대일 치환이 가능하더라도 도착어의 표현이 어색하거나 심지어는 도착어로서 수용가능하지 않는 경우가 빈번하기 때문이다. 이런 예는 단어 대 단어 치환 방식으로 번역한 회의 자료나 과학 기술 분야 학회지에서 흔히 찾을 수 있고 심지어는 관광지 홍보물에서도 발견된다. 프랑스 리비에라의 해변으로 들어가는 입구에는 관광객들에게 위험을 알리는 경고문이 영어와 불어로 적혀 있다. 영어로 "not watched beach(안전요원이 없는 지역)"이라는 경고문인데 불어 표현이 "plage non surveillée"로 적혀 있다.

문장의 기능적 그리고 논리적 의미구조를 이해한 후에는 도착어의 명사, 명사구 그리고 때로는 동사 등의 등가표현을 정확하게 알기만 하면 전문지식이 많지 않은 분야라도 훌륭하게 통번역을 할 수 있다. 과학 기술 분야의 통번역을 할 때 실질적으로 가장 문제가 되는 부분은 전문용어이다. 특정 분야에서 사용하는 전문용어 해설집이나 사전에는 끊임없이 새로운 어휘가 추가되지만 여전히 수록되어 있지 않은 용어가 있고 전적으로 신뢰하기도 어렵다. 비전문가인 통번역사가 익숙하지 못한 용어에 대한 궁금증을 명쾌하게 해결하기에도 미흡하다. 문제가 되는 출발어 단어를 용어집에서 찾지 못할 때도 있고 여러 개의 가능한 "등가표현"을 제공하고는 있지만 각 표현에 대한 충분한 설명이 없어서 문맥에서 가장 적절한 등가표현이 무엇인지 결정하기 어려울 때도 있다. 혹은 "등가어"는 제시했지만 작업을 하고 있는 도착어 텍스트에서 사용하기에는 적합한 대응 표현이 아닌 경우도 있다(제6장 "전문용어"자료에 대한 논의 참조). 전문용어의 대응표현을 찾기 힘든 이유 중 하나는 특정 분야에서 사용하는 용어는 관련 분야 종사자들만이 사용하는 사회방언에 속하기 때문이기도 하다.

번역의 경우, 사용가능한 전문용어 등가표현이 존재하지 않는 경우 번역사는 고뇌에 빠지게 된다. 번역 의뢰인의 변함없는 요구사항은 읽기 쉽고 매끄럽게 쓰여서 많은 독사들이 오랜 시간에 걸쳐서 자주 읽고 수시로 참고할 수 있는 번역이기 때문이다. 통역은 실시간으로 이루어지는 의사소통 방식이므로 번역의 경우만큼 정확한 전문용어의 사용이 절대적이지는 않다(항상 그렇다고는 말하기 힘든 이유는 사법통역의 경우는 정확한 전문용어의 사용이 절대적으로 중요하기 때문이다). 무슨 말인가 하면, 의사소통 당사자들은 현장에 함께 있으므로 특정 전문용어의 사용으로 인해 의사소통이 원활하게 이루어지지 않는다는 느낌을 감지하면 곧 바로 보충 설명을 하는 등 연사가 스스로 대처하는 경우도 있기 때문이다. 그럼에도 불구하고 통역 이용자들이 통역 품질을 평가하는데 있어서 전문용어에 부여하는 비중을 과소평가해서는 안 된다. 올바른 용어의 사용은 통역사의 전문성과 신뢰도에 대해 확신을 불어넣어주는 반면 잘못된 용어의 사용은 불신을 낳기 때문이다. 코야도스 외(2007)에서 언급한 사례를 참고 하기 바란다.

정리해보면, 전문텍스트를 통번역 할 때 통번역사는 문장의 기능적 논리적 의미구조를(다시 말해서 문장 내 의미관계) 정확하게 이해해야 하고 전문용어의 적절한 "등가어" 또는 등가를 이루는 다른 표현을 알고 있어야 한다. 그래서 출발어의 메시지를 도착어로 완전하게 전달할 수 있어야 한다. 번역사는 다양한 출처의 자료에서 필요한 정보를 찾아볼 수 있고 통역사는 회의에 대한 배경지식, 출발어와 도착어로 제작된 회의 자료, 연설문 등은 물론이고 회의장에서 화면을 보면서도 지속적으로 정보를 습득한다. 통역사와 번역사 모두 텍스트나 연설문의 문맥을 따라가면서도 관련 주제에 대한 지식을 보완하고 입력되는 정보를 분석한다. 이런 분석을 기반으로 연설문 또는 텍스트의 이어지는 다음 단락에 대한 이해의 폭을 더욱 넓혀간다. 텍스트 또는 연설문의 메시지를 의미도출 하는 과정에서 통역사와 번역사는 주제에 대해 점점 더 깊이 있게 알아가고 이해에 도달한다. 결과적으로 주제지식이 전문가 수준에 도달하기도 해서 번역문의 독자나 회의에 참석하고 있는 대표단을 놀라게 하는 경우도 있다.

5. 통번역사가 습득한 전문지식

전문분야에 대한 교육을 받지 못한 통번역사일지라도 실전에서 작업하는 텍스트 또는 연설문을 상당히 깊이 있게 이해한다. 특히, 텍스트가 일반적인 의미관계를 구성하는 경우는 더욱 그렇다.

> "Because of A and B, C seems to be better than D, in spite of E and F. G was also attempted, but obstacle H made this solution less efficient than expected..."

위의 문장을 보면 명사만이 전문용어인데 이는 빈도 높게 볼 수 있는 텍스트의 예이다. 통번역사가 이와 같은 텍스트의 메시지를 이해했다는 의미는 기본적으로 그 메시지를 관통하는 논리적 전개의 시작부터 끝까지를 이해했다는 의미이다. 이해의 과정이 반복적으로 이어지면 통번역사는 전문가의 논리방식에 젖어들고 관련 분야에 대한 상당한 전문 지식도 축적한다. 그러나 이렇게 습득한 지식은 깊이가 없어서 충분히 끈끈하고 응집성 있는 의미를 장기기억에 구축하기 힘들다. 때문에 관련 분야의 현상에 대해 분석을 하거나 전문가로서 대응할 수 있는 수준에는 노날하지 못한다.

흥미로운 사실은 통번역사들에게 자신들이 통역한 연설을 얼마나 이해했는가를 질문하면 각각 그 답이 상당히 차이가 있다. 이는 이해하는 정도가 차이가 있기 때문이 아니라 각자가 이해했다고 인식하는 바가 다른데서 비롯한다. 어떤 통역사는 연설문의 논리를 얼마나 공감하고 있는지 또는 텍스트의 흐름을 이해했는지에 기초해서 답하고, 다른 통역사는 전문용어에 대한 언어지식은 풍부하더라도 그 용어가 지칭하는 대상이나 개념에 대해서는 지식이 부족하다는 점을 고려해서 대답한다. 어떤 통역사는 상당히 긍정적인 반면 다른 통역사는 비관적이라서 전문 분야에 대한 저술을 하거나 공부를 하는 전문가들과 비교할 때 습득하는 지식이 적고 이해의 깊이도 너무나 표층적이라는 점에 좌절감을 표한다.

통번역사가 스스로의 전문분야 텍스트에 대한 이해 능력을 좀 더 낙관적으로 바라본다면 동기부여도 되고 전반적인 만족도도 증가할 것으로 생각한다. 따라서 새로운 전문 텍스트를 통역하거나 번역할 때면 교사는 얼마나 많은 새로운 지식을 배울 수 있는지에 대해 강조하면서 학생들이 긍정적인 태도를 갖도록 유도하도록 한다.

6. 이해의 원리에 대한 교육

6.1 본 장에서 소개한 가장 중요한 개념은 전문텍스트의 이해를 도식화한 의미망 모델이다. 학생들은 이렇게 의미요소를 정리해 보면 전문분야의 통번역도 더 이상 한없이 막막한 작업으로만 보이지는 않는다고 말한다. 물론, 수업에 따라서 어떤 학생은 "의미망" "명사구" 등이 매우 추상적이고 접근하기 힘들다고 평가하기도 한다. 이런 경우, 의미망은 소개하지 않고 대신 사례나 그림을 이용하여 설명하는 방법도 있다.

6.2 본 장에서는 일반적인 이해 과정과 전문텍스트의 이해 과정을 편의상 그리고 논리적 설득력을 높이기 위해 두 부분이 아닌 하나로 묶어서 설명했다. 그러나 교과과정에서는 두 부분을 나누어서 교육하는 편이 적절하다.

- 일반적인 이해 과정에 대한 교육은 강의 초기에 실시하도록 한다. 이 교육은 그 자체가 목적이 아니라 교과과정의 후반에서 강조하고자 하는 개념을 교육하기 위한 초석을 놓는다는 의미가 크다. 특히, 통번역 훈련과정에서 지속적으로 강조하는 분석의 역할과 중요성에 대한 학생들의 인식을 확고하게 하고 텍스트 또는 연설문은 저절로 이해가 "이루어지는" 것이 아니라 때로는 의도적인 노력을 통해 의미를 끌어내야 한다는 점을 인식시키는데 기여한다. 일반적인 이해 과정에 대해 교육할 때는 통역언어에 대한 언어지식의 중요성뿐 아니라 주제지식과 일반 상식의 중요성에 대해서도 강조할 필요가 있다. 더불어 학생들이 앞으로 지식을 습득하기 위해 어떻게 준비해야 하는지에 대해서도 교육하도록 한다(제6장 참조).
- 전문 텍스트 및 연설문의 이해에 대한 교육은 학생들이 전문 텍스트를 다루기 시작하는 시기가 될 때까지 기다리는 편이 바람직하다. 그러니까 전체 교육 기

간의 길이에 따라 교육을 시작하고 몇 주 또는 몇 달이 지난 후, 학생들의 능력이 어느 정도 향상된 상태에서 실시하는 편이 좋다.

6.3 일반적인 이해 과정에 대한 교육은 특별한 교수법이 필요하지는 않다. 간단하게 강의를 하면서 몇 가지 예를 보여주는 것만으로도 충분하다. 전문 텍스트 및 연설문의 이해에 대한 강의는 학생들이 갖고 있는 편견을 극복해야 하는 민감한 부분이 있다. 과학기술 분야의 통역이나 번역도 관련 분야의 전문가가 아닌 통역사도 충분히 소화할 수 있는 작업이라는 자신감을 심어주는 심리적인 역할이 크다. 필자의 경험에 의하면 통역과 번역 교육 모두 실제로 시범을 보여주는 형식의 강의가 매우 효과적이었다.

필자가 이용하는 방법은 다음과 같다.

- 짧은 전문 텍스트 (문장 몇 개 길이) 또는 연설문(몇 분 정도 길이)을 학생들에게 제시한 후, 어느 정도 이해했는지 스스로 평가하도록 한다. 예를 들어 1에서 5까지 기준을 주고 "전혀 이해하지 못했음"에서 "매우 잘 이해했음"을 표기하도록 한다.
- 학생들의 평가를 교사가 받아 기록한다. 그 다음, 교사는 학생들에게 텍스트 또는 연설문의 어떤 부분을 이해하지 못했는지 질문한다. 일반적으로 학생들이 이해하는데 문제가 되는 부분은 전문용어인데 교사가 학생들에게 "유도 질문"을 던짐으로 학생들이 어려움의 대부분은 전문용어라는 점을 인식하도록 한다. 동시에 교사는 텍스트의 구문 구조가 매우 단순하다는 점을 강조하고 관계(L)와 특성(A)의 의미요소를 특별한 어려움 없이 이해하고 도착어로 재표현할 수 있다는 점을 강조한다.
- 그 다음 학생에게 그들이 "전혀" 이해하지 못한 용어를 표시하도록 한다. 필요한 경우, 학생들에게 문맥 그리고 어휘의 형태소 분석을 통해서 용어의 핵심적

인 의미요소를 상당부분 추론할 수 있다는 점을 보여 준다(라틴어나 히브리어 어원을 찾아보고 중국어나 일어의 경우에는 옥편을 찾아보도록 한다). 일반 사전에서도 추가적으로 정보를 찾아보고 필요한 경우 전문용어사전도 찾아보도록 한다.

- 통역의 경우, 교사는 실제 회의내용을 녹취해서 문장의 수, 일반 단어 수, 전문용어 수를 사전에 세고 기록해 둔다. 학생들의 평가를 듣고 난 후, 교사는 문제가 되는 문장이나 단어는 전체 연설문의 극히 일부분만을 차지하고 있다는 점을 강조한다(뉴마크(Newmark), 1983:6)에 따르면 전문용어는 평균적으로 전체 텍스트의 12%를 차지하나(1983:6) 구체적인 데이터의 출처는 밝히지 않았다). 또한 관계(L)과 특성(A)에 의해 제공되는 정보를 이해하고 문맥이나 단어의 형태소를 분석하는 것만으로도 상당히 많은 부분을 이해할 수 있다는 점도 설명한다. 앞의 3절의 의학 지문이 그 예이다.

자연과학이나 의학 분야의 연설문은 특히 시연을 통해 설명하는 방법이 적합하다. 임상실험에 대한 연설문이나 가설에 대한 토론 또는 제품을 비교하는 등의 글은 논리적이면서 특정 사물이나 작용을 설명하는 전문용어를 많이 포함하고 있어서 학생들이 일반적인 경험과 연관지어 의미를 분석하는 훈련에 도움이 된다. 의약품, 질병, 신체, 효율, 속도, 힘, 에너지, 미생물 등이 그 예이다. 추상적인 개념(수학, 이론 물리학, 심리분석 등)을 설명하는 연설문이나 논리는 없이 상품명만 나열하고 있는 연설문(컴퓨터 기술관련 회의에서 많이 나타남) 등은 시연을 통해 설명하기 부적합하다. 또한 고정 표현을 많이 포함하고 있는 텍스트를 교육에 사용하는 것도 바람직하지 않다. 이런 텍스트 역시 분석을 하여 이해에 도달할 수 있지만 유사한 주제의 도착어 텍스트를 심도 있게 조사하지 않은 상태에서는 제대로 번역하기 힘들고 여기서 논의하는 통역교육을 위한 분석 훈련과는 별도의 노력이 필요하다. 법률 텍스트는 분석 훈련을 위해 사용하기 적합하지 않다. 법률 텍스트는 고정 표현의 사용 빈도가 높고 형태적으로는 일상적으로 사용하는 어휘와 동일하더라도 법적인 맥락에서는 전문적인 의미로 사용되기 때문에 법 관련 전문지식이 없는 상태에서는 정확한 의미를 분석하기 힘들다.

- 교사는 분석의 과정을 통해 텍스트 문장 또는 연설을 접하면서 새롭게 습득한 지식을 정리하고 학생들에게 새롭게 습득한 지식이 무엇인지 재차 확인한다.
- 마지막으로 학생들에게 문장 또는 연설문을 이해한 성노를 다시 한 번 평가하도록 한다. 그리고 그 결과를 처음의 평가와 비교한다. 필자의 경험에 의하면 학생들의 두 번째 평가 결과는 평균 2점정도 상승했다. 학생들이 훗날 유사한 주제의 전문텍스트 또는 연설문을 접했을 때 느끼는 불안감이 줄었다는 의미이다. 개인적으로 대화를 한 결과, 여러 명의 학생들과 신참 통번역사들이 이 훈련방식을 통해 불안감을 극복했다고 필자에게 말한 바 있다.

물론 앞에 소개한 실험을 통해 모든 문제에 대한 답을 찾지는 못한다. 용어를 정확하게 알고 논리를 이해하는 것만으로는 충분하지 않다. 재표현의 과정에서도 어려움이 산재해 있기 때문이다(제5장, 제6장 참조). 그러나 이 교육방법은 심리적인 안정감이 목적이며 필자가 경험한 바로는 매우 효과적이었다.

6.4 전문 텍스트 및 연설문을 이해하는 능력 못지않게 텍스트를 대하는 태도가 중요하다는 점을 학생들에게 강조할 필요가 있다. 기자를 제외하고는 전문직 중 통번역사가 거의 유일하게 자신의 전문분야가 아닌 분야의 텍스트나 연설문의 전체 내용을 체계적으로 이해하고 정보 처리해야 하는 직업을 가진 사람들이다. 이러한 특성이 통번역사에게 큰 부담으로 느껴지거나, 어렵고 지루한 작업으로 생각된다면 즐겁게 일하기 힘들다. 그러나 어려운 텍스트나 연설문이라도 비전문가도 충분히 이해할 수 있고 새로

운 지식을 배울 수 있는 기회이자 하나의 도전으로 받아들인다면 일이 훨씬 만족스럽고 보람되다고 느낄 것이다. 필자는 학생들이 긍정적인 태도를 갖는 것이 유익하며 적어도 교육을 받는 기간 동안만이라도 학생들을 격려하고 동기부여가 되도록 교육해야 한다고 생각한다.

7. 주요 내용

1. 발화의 이해는 사용하는 언어에 대한 지식, 기존에 가지고 있었거나 문맥으로부터 습득한 언어 외적 지식, 의사소통 상황에 대한 배경 지식 그리고 분석을 기반으로 이루어진다.

2. 이해는 상대적이고 주관적이다. 수신자가 느끼는 텍스트 구문의 난이도, 텍스트의 언어적 요소에 대한 친숙함, 발화를 듣고 수행해야 하는 기능 그리고 주관적으로 받아들이는 "편안함의 정도"에 따라서 수신자가 발화를 이해하거나 이해하지 못했다고 생각하는 인식은 영향을 받는다.

3. 고도로 전문적인 텍스트 역시 논리적 구조로 엮여 있는 문장으로 이루어져 있다. 이러한 논리구조는 일상적인 언어에서 나타나는 논리구조와 동일하거나 유사하다. 대부분의 이해의 어려움은 개념이나 대상을 지칭하는 용어가 일반인들에게는 생소한 전문용어가 많다는 점에 기인한다.

4. 전문용어의 개념과 대상은 그 용어의 의미형태소 그리고 문맥을 분석함으로 상당 부분 의미의 파악이 가능하다.

5. 교육을 받은 일반인이라면 전문분야의 텍스트라도 상당히 많은 부분을 이해할 수 있으며 주제에 대한 지식을 습득할 수 있다. 이러한 지식의 습득이 바로 통번역 일이 제공하는 매력 중 하나이다. 그러나 새로이 습득한 지식은 기존지식체계에 융합되기보다는 파편적인 정보로 남아있는 경우가 많다. 전문가는 동일한 텍스트를 읽거나 들었을 때 그 지식을 활용하지만 통역사는 습득한 지식을 그가 가진 광범위하고 체계적인 지식 기반에 통합하기 어렵다. 한편, 전문가가 전문 텍스트를 이해하는 수준은 더 정확하지만 반드시 "전체"를 모두 이해하지는 못할 수 있다.

6. 문체를 중시하거나 고정 표현을 반드시 사용해야 하는 텍스트가 아니라면, 통번역사는 출발어 텍스트를 심도 있게 분석하는 노력만으로도 사전에 지식이 없던 분야의 전문 텍스트도 통번역이 가능하다. 단, 전문용어의 적합한 도착어 표현을 사전에 숙지해야 한다.

5장

번역의 순차적 모델

1. 들어가기

앞의 장에서 여러 차례 설명했듯이, 대다수의 학생은 오랜 시간 동안 '교육적 번역' 방식에 길들여진 상태에서 통번역대학원에 입학한다. 즉, 분석을 하거나 의사소통을 달성하기 위한 노력보다는 어휘나 문장 구조를 언어 대 언어로 치환하는 방식에 익숙한 상태이다. 제2장과 3장에서 의사소통 모델과 충실성에 대한 설명을 들은 학생들은 이제 전문통번역은 의사소통을 목적으로 이루어진다는 점을 확실하게 이해했으리라 생각한다. 하지만 이해한 바를 어떻게 번역의 과정에 적용할 수 있는지에 대해서는 추가적인 설명이 필요하다. 본 장에서 소개하는 번역의 순차적 모델은 전문번역과정에서 번역사가 출발어 텍스트를 도착어 텍스트로 옮겨가는 과정을 상세히 분석하여 설명하기 위한 도구이다(그림 5.1). 이 모델은 교육에 적합하도록 번역의 과정을 이상적으로 단순화한 모델로 크링스(Krings, 1982/1986)나 회니히(Hönig, 1995:51)의 기술적 과정 모델과는 다르다.

순차적 모델은 주로 번역을 공부하는 학생들을 위해 개발했다. 하지만 본 장의 후반에서도 설명하고 있듯이 통역교육과정에도 유용하다. 교육과정의 가장 기초 실습단계에서 특히 오류 분석의 과정에 적용이 용이하기 때문에 통번역 교육과정 중 가능한 초기부터 학생들에게 보여주고 설명할 것을 권장한다. 가령, 의사소통, 통번역의 품질, 충실성 그리고 이해의 과정에 대해 논의를 한 다음, 본 모델에 대한 설명으로 진행하는 순서를 추천한다.

2. 모델

본 장에서 소개하고 있는 모델은(그림 5.1) 번역을 두 단계의 연속해서 이어지는 정보처리 과정으로 묘사한다. 즉, 원천텍스트를 "번역 단위"로 나누어 각각 이해 그리고 재구성 단계에서의 과정을 통과하도록 하는데, 이때 지식을 활용하여 정보처리를 하고 최적화된 결과물을 생성하기 위해 의사결정이 필요하다는 점을 강조한다.

2.1 이해의 단계

번역사는 출발어를 번역단위로 읽는다. 번역단위라 함은 번역사가 하나의 의미덩어리로 보는 텍스트의 길이이다. 번역단위의 길이는 한 단어("예")에서 한 문장("결과는 확실히 훌륭했다"), 때로는 한 개 이상의 문장까지 출발어 텍스트의 특성이나 번역사에 따라 차이가 있다. 다수의 통번역 문헌에서 번역단위에 대한 정의를 내리고 그 길이에 대해 논의하고 있는데(라로즈(Larose) 1989) 이 책에서는 번역단위를 한 번에 처리하는 의미의 길이로 정의하기로 한다(드 베이그란데(de Beaugrande, 1980) 역시 이와 같이 정의했다). 당세트(Dancette, 1989: 96)도 설명했듯이 이 정의는 주관적 차이를 전제한다. 그러나 본 장에서의 중심 주제인 번역교육을 논의하는데는 번역 단위에 대한 정의의 개인차로 인해 문제가 발생할 소지는 없다. 참고로, 번역단위 혹은 통역의 경우 "발화단위"는 심리언어학 문헌에서 언급하고 있는 "덩어리(chunks)"와도 유사한 개념이다.

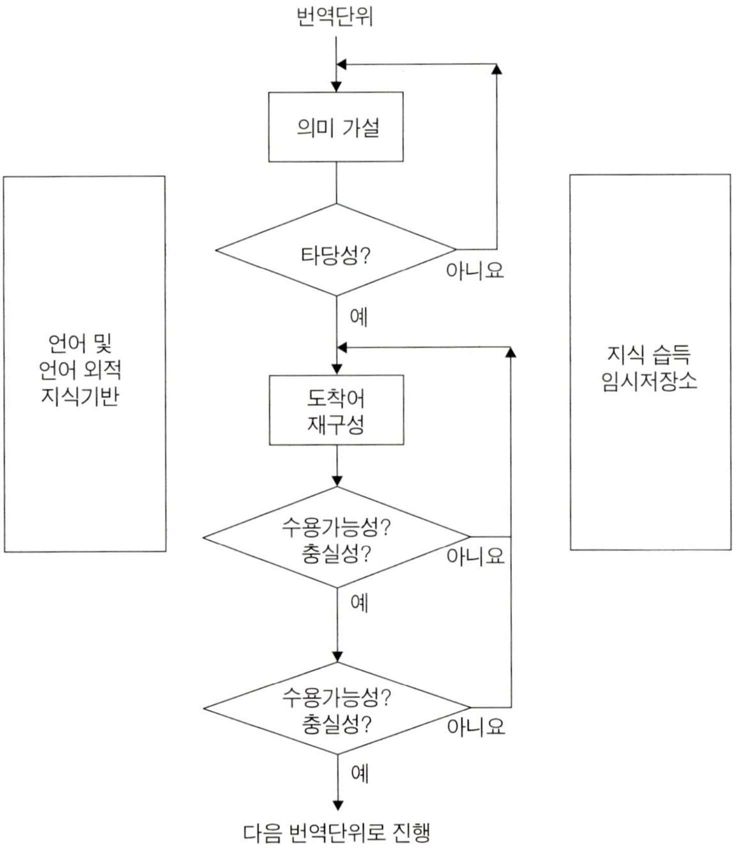

그림 5.1 번역 교육을 위한 순차적 모델

번역사는 텍스트의 번역단위를 읽은 후, 머릿속에서 그 번역 단위에 대한 의미 가설(Meaning Hypothesis)을 세운다. 다시 말해서 번역 단위에 대해 잠정적으로 의미를 부여하다. 이때 번역사는 자신의 출발언어 지식뿐만 아니라 텍스트의 주제에 대해 보유하고 있던 배경지식도 활용한다. 이 두 가지 지식은 모두 그림 5.1의 왼쪽 측면에 있는 지식 기반(Knowledge Base)에 저장되어 있다. 때로는(예로 기술번역의 경우) 지식기반에 보유하고 있는 지식만으로 의미 가설을 구축하기가 충분하지 못한 경우도 있다. 이 경우, 번역사는, 각종 문서나 분야 전문가 등을 이용하여 다른 곳에서 추가적으로 필요한 정보를 찾아야 한다. 이와 같은 과정을 통해 습득한 지식은 그림 5.1 오른편의 지식 습득 임시저장소(ad hoc Knowledge Acquisition)에 저장하는데 제6장에서 이 부분에 대해 자세히 설명하고 있다.

번역단위에 대한 의미 가설을 세운 후, 번역사는 지식기반을 활용하여 의미의 타당성을 검토한다. 이때 필요한 경우 추가적으로 습득한 지식도 활용한다. 다시 말해서 번역사는 번역단위가 전달하고 있다고 가설을 세운 의미 또는 정보의 타당성을 기존의 지식기반에 가지고 있던 정보 그리고 텍스트를 읽으면서 새롭게 습득한 정보와 대조하면서 비판적으로 검토하고 의미배반적인 면은 없는지 확인한다.

검토과정의 중요성에 대해 퍼시벌(Percival, 1983:94)에서는 "문장을 읽고 처음에 이해한 바를 과도하게 확신하는 경우 실수를 초래할 수 있다"고 경계했다. 텍스트를 처음 읽었을 때는 누구나 잘못 이해한 부분이 있을 수 있다. 학생들도 빈번하게 오류를 범하지만 전문번역사 역시 출발어의 의미단위를 너무 급하게 읽거나 언어적 또는 심리적 이유로 비교적 명료하게 쓰인 글도 잘못 이해하는 경우가 있다.

처음에 세운 의미 가설이 타당하지 않다고 판단되면 번역사는 다른 의미 가설을 세운다. 그리고 이 두 번째 가설에 대해서도 동일한 확인과 검토의 과정을 거친다. 두 번째의 의미 가설 역시 기존에 보유하고 있던 지식의 맥락에서 볼 때 타당하지 않으면 또 다시 세 번째 의미 가설을 세우고 이 과정을 반복한다.

의미 가설을 세우고 타당성 검증을 충분히 거쳤다고 판단하면 번역사는 그때서야 다음 단계인 도착어 재구성 단계로 진행한다.

다음은 신문 기사를 발제한 글로 번역 수업시간에 사용했던 과제이다(제6장의 부록에서 지식 습득 임시저장소에 대해 논의하면서 동일한 텍스트를 사용했다).

Zale's debt-reduction program includes asset, sales, inventory reductions, store disposals, contracting out of some internal operations, and possibly a joint venture with one or more outside investors. (캐나다에서 발행되는 *Globe and Mail*(1991)에서 발제)

위의 문단을 보면 "... asset, sales, inventory reductions."라는 문구에 문제의 소지가 있다. 이 문장의 의미가 "자산"이 감소했다는 것인지 아니면 판매 또는 제고가 감소했다는 것인지 모호하다. 번역사는 언어 그리고 언어 외적 지식을 동원하여 만약 자산의 감소가 있다면 여기서는 복수형을 사용해야 옳다고 판단했다. 또한 언어 외적 지식에 기반을 두었을 때, 부채 삭감 프로그램으로 판매를 감소시키는 방법은 논리적으로 성립이 되지 않는다고 결론 내렸다. 번역사가 생각했던 또 다른 가능한 의미 가설은 "자산"이라는 단어 뒤에 있는 콤마가 인쇄상의 실수일 수 있다는 가능성이다. 그럴 경우 콤마를 제거하면 "자산 매각"이라는 표현이 되고 이 의미가 논리적으로 타당하다. 실제로 콤마가 잘못 인쇄 되어 찍힌 것이라는 추측이 정확한 분석이었다. 번역과제를 선정하면서 교사가 실수로 콤마를 추가한 것이고 원래 기사에는 콤마가 없었다.

2.2 재구성의 단계

번역사가 번역단위의 의미에 대해 어느 정도 확신이 생기면 도착어로 언어화하는 작업을 진행한다. 이때 역시 도착어에 대한 지식과 언어 외적 지식을 활용하고 가능한 표현을 여러 차례 검토하는 과정을 거친다. 예를 들어 한 회의에서 노르웨이 대표가 여성이라는 사실을 알고 있던 번역사는 불어로 번역하면서 "노르웨이 대표단"을 "la déléguée norvégienne"라고 여성형으로 표현했다. 같은 맥락에서, 정확한 문맥적 상황을 이해하고 있는 경우에는 영문 텍스트의 "lawyer"에 대한 불어 표현을 "juriste"(일반적인 호칭) 또는 "advocat"(프랑스 법정에서 변호를 할 수 있는 자격이 있는 변호사) 중 어떤 표현을 선택해야 할지 정확하게 판단을 내릴 수 있다. 때로는 번역사가 보유한 지식기반만으로 필요한 언어 그리고 언어 외적 정보를 얻을 수 없기 때문에 추가적으로 지식을 습득한다.

다음으로 번역사는 번역단위에 대해 선택한 도착어 표현이 충실성 요건을 충족하는지 확인한다. 즉, 정보의 위치를 변경했거나 함축적으로 표현한 부분을 제외하고 도착어의 재구성 과정에서 누락된 정보(메시지)는 없는지 확인하고 출발어 번역단위에 없던 검증되지 않은 정보의 추가가 있는지도 확인한다(제3장에서 설명했듯이 때때로 부수적인 정보는 조정이 바람직하거나 요구될 때가 있다). 만약 생각했던 표현이 충실성 요건을 충족하지 못한다면 동일한 의미단위에 대해 다시 새로운 도착어 표현을 작성해보고 다시 충실성 요건을 충족하는지 확인한다. 이 과정을 결과가 만족스러울 때까지 반복한다.

번역사는 또한 도착어 번역본의 편집상태도 확인해야 한다. 이는 의미가 명료한지, 정확한 용어를 사용했는지, 문체가 적절한지, 전문용어의 선택이 정확한지 등을 총체적으로 검토하는 작업이다. 만약 검토 결과가 만족스럽지 않을 때는 도착어 표현을 수정하고 다시 검토한다. 이 과정 역시 만족스러운 결과를 얻을 때까지 반복한다. 예를 들어 출발어에서는 동일한 단어의 반복 사용이 문제가 안 되지만(일어가 그렇다) 도착어 표현에서는 그렇게 했을 때 표현이 중복적이라는 느낌이 든다. 이 경우, 유의어를 사용하거나 표현을 바꾸는 방식으로 도착어를 수정할 필요가 있다. 예를 들어 일어 텍스트에서 미 대통령을 재차 언급한다면 영어 텍스트에서는 대통령의 이름과 직책을 함께 호명하다가("OO 대통령"), "대통령"이라고만 부르다가 아예 직책 없이 이름만 부르는 방식 등으로 변화를 준다. 혹은 "백악관"이라고 호명하는 방법도 있다. 맥락에서 벗어나서 따로 불렀을 때 이들 단어와 표현은 등가를 이루지 않는다. 그러나 해당 맥락에서는 독자들은 모든 호칭이 동일한 대상을 지칭하고 있다고 이해한다. 이렇듯 도착어 텍스트의 편집 상태를 감수하는 과정에서도 지식기반에 저장되어 있는 언어 외적 지식을 활용한다.

번역사는 "일반적인 대응 표현"(퍼시벌, 1983:94)이 존재하는 용어나 표현에 대해서도 반드시 주의를 기울이고 검토의 과정을 거쳐야 한다. 왜냐하면 거의 습관적으로 짝을 이루는 대응어로 전환이 가능하다고 생각했던 표현도 문맥에 따라서 문체가 적절하지 못하거나 어휘 선택이 달라지는 경우가 있기 때문이다.

번역단위의 도착어 표현이 독자들에게 적합한지 수용가능성을 검토하는 과정에서도 번역사는 논리의 타당성을 재차 확인해야 한다. 이 과정은 이해의 단계에서 혹시 놓쳤거나 간과했을 수 있는 충실성에 대한 오류를 확인하는 기회이다.

앞에서 말한 충실성과 수용가능성에 대한 모든 검토과정을 마치고 첫 번째 번역단위에 대한 만족스러운 결과를 얻은 후에는 다음 번역 단위에 대해서 동일한 과정을 다시 반복한다. 그리고 그 다음 번역단위에 대해 동일한 과정을 반복하고 계속 이어서 텍스트의 끝까지 이 과정을 반복한다.

때로는 더 큰 번역단위에 대해서 충실성과 도착어 수용가능성을 검토하고 번역단위를 다양한 길이로 나누어서도 검토한다(예를 들어, 문장, 문단, 또는 페이지 단위로 실행할 수 있다). 이렇게 검토하는 데는 세 가지 이유가 있다.

1. 하나의 번역단위를 처리한 이후, 번역사가 실수로 이어지는 번역단위를 한, 두 개 뛰어 넘겼을 수 있고 심한 경우에는 한 문단이나 한 페이지까지도 넘기는 경우가 있다. 이런 실수가 발생하는 이유는 일반 독자와는 달리 번역사는 출발어 텍스트를 한 번에 연속해서 읽지 않기 때문이다. 번역사는 출발어와 도착어 텍스트를 왔다갔다 번갈아가면서 검토한다. 이때, 출발어 텍스트로 다시 돌아가는 과정에서 실수로 한 단락을 건너뛰고 다음 단락으로 넘어갔는데 공교롭게도 그 단락은 바로 전에 번역사가 읽었던 부분과 논리적으로 잘 이어질 수 있다. 문제는 이런 실수는 개별 번역단위에 대한 충실성을 검토하는 과정에서는 포착하기 어렵고 번역단위를 연결하여 전체적으로 검토하는 과정에서야 찾는 경우가 많다. 출발어와 도착어 텍스트를 전체적으로 대조하면서 검토하거나 도착어 텍스트만을 읽었을 때 비로서 자연스럽게 이어지지 않는 부분을 발견하고 일관성이 결여되거나 다른 어색한 점이 눈에 들어오는 경우가 많다.

2. 번역사는 번역을 진행하면서 더 많은 지식을 습득하고 텍스트를 더 깊이 있게 이해하게 된다. 간혹, 앞에서 번역단위에 대한 해석이 타당하다고 결정했던 부분을 뒷부분에 이르러서 지식을 습득하고 틀렸다는 점을 인식하기도 한다. 물론, 출발어 텍스트를 꼼꼼하게 읽고 번역을 시작한다면 이 같은 상황은 피할 수 있다고 주장하는 의견도 있다. 그러나 항상 사전 읽기가 가능하지는 않다. 첫

째, 텍스트가 과도하게 긴 경우에는 가능하지 않다. 둘째, 필자의 경험에 따르면 번역에 들어가기 전에 텍스트를 읽으면서 이해하는 과정은 결코 번역을 하면서 읽는 과정만큼 꼼꼼하지 못하다. 번역 작업을 해야 하는 상황에서만큼 모든 번역단위를 충분히 깊이 있게 이해해서 재구성하기 쉽지 않기 때문이다(Lagarde 2009).

3. 한 개 번역단위에 대한 도착어 표현의 수용가능성이 높다고 텍스트 전체 표현의 수용가능성이 높을 것이라고 생각해서는 안 된다. 용어 사용의 일관성이 떨어지는 부분이 있을 수 있고 텍스트 도입부와 종결부의 문체 차이가 두드러질 때도 있다. 모든 사항은 번역단위를 하나씩 검토하는 과정에서는 확인하기 힘들다. 번역단위를 보다 크게 나누어서 전체 텍스트를 읽으면서 검토할 때 흐름의 어색함과 같은 문제가 있는지 파악이 가능하다.

3. 논의

3.1 순차적 모델 그리고 일반적인 이해와 재구성

순차적 모델을 구성하는 이해와 재구성의 단계는 번역에만 국한된 특수한 과정이 아니라 모든 텍스트를 이해하고 재구성하는데 적용되는 일반적인 과정이다. 언어의 이해와 표현에 대한 관련 연구를 보면 다수의 모델에서 입력, 검증 그리고 피드백의 과정을 반드시 수반되는 주요 부분으로 설명하고 있다(클라크와 클라크(Clark & Clark), 1977, 마테이와 뢰퍼(Matthei & Roeper), 1985 참고). 흔히 "언어 치환" 또는 단어 대 단어 번역방식은 분석의 과정이 배제되기 때문에 지양해야 한다고 설명하지만 실제로는 이 방식에서도 분석이 이루어지고 있다는 기계번역에 대한 연구 사례가 있다. 분석의 깊이는 차이가 있을지라도 실제로 기계번역의 과정에서도 번역을 위해 입력되는 텍스트의 분석이 반드시 수반된다. 단지 텍스트를 인지하는 "인식기관"이 다르고 재구성하는 방식이나 과정이 차이가 있을 뿐이다. 다만, 통번역의 상황과 일반적인 언어의 이해 그리고 재구성 상황 사이에는 두 가지 중요한 차이가 존재한다. 첫째, 통번역의 상황에서는 하나의 메시지에 대해서 이해, 재구성의 단계가 순차적으로 이루어진다. 반면에 일반적인 언어 이해의 과정에서는 이해 다음에 반드시 표현이 이어지지 않는 경우도 있다. 또한 이해에 이어서 표현이 이루어진다면 이는 이해한 바에 반응하는 새로운 메시지의 표현이지 동일한 메시지를 재표현하지는 않는다. 둘째, 번역의 과정에서 이루어지는 입력/검증/피드백 회로와 일반적인 언어 이해와 표현 과정의 차이는 모델에서는 검증작업이 의도적이고 번역이라는 목적을 위해 이루어진다는 점이나. 다시 말해서 재구성 단계의 목석은 높은 품질의 도착어 텍스트 생산이다. 이해 단계의 목적은 원문의 의미를 명료하고 모호함이 없도록 완벽하게 분석해서 이어지는 재구성 단계에서 요구되는 이해의 수준에 도달하는데 있다.

3.2 모델과 실제 번역 과정

본서에서 설명하고 있는 다른 모델이 그렇듯이 순차적 모델도 실제 번역의 과정에 대한 정밀한 묘사는 아니다. 교육적 측면에서 중요한 요소를 강조하기 위해 번역의 과정을 이상적으로 도식화한 모델이다.

3.2.1 한 개 vs. 여러 개 번역단위의 처리

순차적 모델을 이용한 교육과 교사가 예비 번역사들에게 하는 조언의 차이는 모델은 번역의 과정을 하나의 번역단위를 전달하고 난 이후 다음 단위를 전달하고 이렇게 계속 이어지는 순차적인 과정의 반복으로 설명하고 있다는 점이다. 이와는 대조적으로 대다수의 번역교사는 학생들에게 번역을 시작하기 전에 먼저 텍스트 전체를 처음부터 끝까지 꼼꼼하게 완독하도록 지시한다. 모델에서 묘사하고 있듯이 실제 번역 과정도 두 단계로 이루어진다. 먼저, 번역사는 출발어 텍스트 전체 또는 적어도 처음 몇 장을 읽으면서 어려움이 될 만한 요소가 있는지 훑어보고 특히 용어나 언어적으로 어려움이 될 수 있는 부분은 미리 찾아본다. 재구성의 단계로 넘어가기에 앞서서 사전에 어려운 부분에 대해서 찾아보고 문제가 되는 부분의 일부라도 해결책을 생각해둔다. 따라서 엄격하게 말한다면, 순차적 모델에서 설명하고 있는 과정 중 특히 임시 지식 습득과 같은 과정은 전적으로 또는 적어도 일부는 사전 준비단계에서 이루어진다고 봐야 옳다. 그림 5.1에서와 같이 순차적으로 차례차례 이루어지지 않는다.

실제로 번역을 시작하면 각 번역단위에 대해서 의미가설을 세우고 검증을 한다. 그 다음, 번역단위에 대한 도착어로의 재구성으로 넘어가고 해당 표현에 대해서 충실성 그리고 수용가능성을 확인한다. 번역을 시작하기 전에 지식 습득이 이루어졌다고 해도 번역작업 과정은 동일하다.

3.2.2 교육 과정 vs. 실무 현장에서의 이해와 재구성 단계의 분리

모델에서는 이해의 과정이 완전히 종료된 다음에 재구성의 단계가 시작되는 것으로 설명하고 있다. 실제의 과정을 보면 그러나 번역사가 이해의 과정을 완전히 완료하지 못하는 경우도 발생한다. 예를 들어 번역사가 텍스트의 모호한 부분을 그대로 놔두는 경우도 있고 의미의 가설이 타당한지 논리적인 확신이 없는 경우도 있다. 때로는 텍스트의 한 부분에 대해서 의미 가설을 세우지 못하는 경우도 발생한다(때로는

"이해불가"한 용어 그리고 모호한 문장 구조가 너무 많은 텍스트도 있다). 번역의 과정에서 비일비재한 상황인데 잠정적으로 도착어 표현을 한 후 일단 진행하고 필요한 정보를 습득해서 도착어 텍스트 표현을 확정한다.

본 모델이 과학적인 연구에서 과정에 대한 기술을 목적으로 만들어졌다면 앞에서 언급한 것과 같이 임시로 번역한 후 대안을 찾는 방법도 번역의 과정으로서 모델에 반영했어야 한다. 그러나 번역을 처음으로 공부하는 학생들에게 번역의 모델을 설명하려는 목적이므로 굳이 반영하지 않는 편이 낫다. 여러 가지 측면을 고려할 때, 번역교육을 위한 초기 텍스트는 이해의 단계가 완전하게 이루어질 수 있는 텍스트로 선정하고 학생들이 모델을 따라가면서 번역이 과정을 경험해 보고 만족스럽게 완료하는 훈련을 하는 편이 바람직하다. 그 후, 좀 더 높은 난이도의 텍스트를 선정해서 이해의 단계를 완료하기 어려운 상황이 발생하면 학생들에게 이해의 과정을 반복하면서 최대한으로 의미도출을 하고 더 이상 개선의 여지가 없을 때는 의사결정을 내리도록 교육한다. 이 정도 수준의 번역을 할 단계에 도달했을 즈음이면 학생들이 입력/검증/입력을 순차적으로 반복하는 과정을 완전히 숙달했으리라 생각한다.

3.2.3 미결의 문제

실제 번역 상황에서는 이해 및 구성 단계에서의 어려움을 완전히 해결하지 못하는 경우도 있다. 번역사가 필요한 자료를 구하지 못하거나 정보를 찾아 볼 시간적 여유가 없는 상황을 완전히 배제하지 못한다 (제6장 참고). 그렇다고 매번 어려움에 직면할 때마다 번역물을 능력 있는 동료 번역사에게 넘기기는 현실적으로 불가능하다. 마지막 순간에 의뢰인에게 번역 일을 할 능력이 안 된다고는 말할 수는 더더욱 불가하다. 번역사가 취할 수 있는 대처방안은 그 상황에서 최선의 해결방법을 찾는 일이다.

전문통번역사는 자신이 작업할 수 있는 과제만을 수락함으로 미연에 난처한 상황 자체를 최대한으로 방지하는 것이 가장 전문가다운 태도이다. 국제회의통역사협회(Association of Conference Interpreters, AIIC)의 전문통역사에 대한 윤리강령에서도 통번역사는 수행할 능력과 자격이 충분한 일만을 수락해야 한다고 명시하고 있다. 물론 연설문의 난이도는 예측불허하기 때문에 항상 정확하게 판단을 내리기는 어렵다. 마찬가지로 번역사도 일을 할 텍스트에 대해 충분히 알아보고 작업할 능력을 갖추었다고 판단되는 경우에만 일을 수락해야 한다. 물론 시간적인 가능성도 고려 대상이다. 번역사는 일반적으로 사전에 텍스트를 검토하거나 적어도 요약문을 읽고 일을 수락한다. 그러나 대부분 번역에서의 어려움은 실제로 번역을 하는 과정에서야 발견될 때가 많다(라가르드(Lagarde) 2009). 그러므로 충분히 만족스러운 수준까지 해결이 어려운 문제와 씨름하는 일은 통번역사의 직업에서 불가피하다.

따라서 필자는 번역의 기본적인 개념과 접근방법을 공부하는 학생들에게는 먼저 어려움이 남지 않을 텍스트를 선정해서 번역하도록 하고 모델에서 설명하고 있는 순차적인 과정을 따라 번역하는 습관을 들이는 훈련이 바람직한 접근이라고 생각한다. 그렇지 않으면 학생들은 쉽게 모델을 도외시하고 쉬운 방법을 찾게 되면서 결과적으로는 전체 번역의 품질을 저하시키는 결과로 이어진다. 일정 시간이 지난 후, 교사가 보기에 적합하다고 판단되는 시점에는 앞에서 말했듯이 난제가 포함되어 있는 텍스트도 선정하고 문제를 어떻게 접근할 수 있는지 전략에 대해서도 지도해야 한다.

3.2.4 의사 결정, 위험 감수, 득과 실

번역과정에서의 어려움에 대처하는 방법은 기본적으로 의사결정의 전략이다. 최대한으로 많은 정보를 수집한 후 어떻게 표현할 것인가를 결정해야 하는데 이때 의사판단의 결과로서 기대되는 득 그리고 가능한 실이라는 변수가 결정에 영향을 미친다. 득은 명료성, 가독성 그리고 좀 더 설득력 있는 텍스트를 생산하기 위한 결정이고 저자의 생각을 잘못 전달하는 오류의 감소이다. 실은 정보의 손실, 적절하지 못한 용어의 사용에 따른 신뢰도의 감소, 도착어 텍스트의 표현 내용 그리고 표현 방식이 도착어 텍스트 독자들에게 수용성이 떨어짐으로 인한 문화적인 수용성의 감소이다.

번역사의 직업윤리 측면에서 생각해 본다면 통번역사는 의사결정의 결과가 저자, 독자 그리고 의뢰인에게 초래할 영향을 고려해보아야 한다. 무엇보다도 정보의 누락, 정보의 오류 또는 저자의 의도를 충분히 전달하지 못함으로 인한 효과 반감 등을 고려해서 결정을 내려야 한다(제2장 참고). 실제 현장에서 번역사가 의사 결정을 내릴 때는 오류로 인해 자신이 받을 수 있는 영향으로 신뢰도의 하락, 수입의 감소 등 역시 고려 대상에 포함된다(제9장 "대응 전략" 선택의 원칙 참고). 예를 들어 통번역사가 출발어 텍스트를 충분히 이해하기 위해 정보가 필요함에도 불구하고 의뢰인에게 요청하기를 주저하는 경우가 있다. 혹은 의뢰인이 불쾌해 하거나 관계가 안 좋아질 수 있다는 우려 때문에 적절한 도착어 표현을 사용하지 않을 수 있다. 결국 번역사의 일거리 수주의 감소 등으로 영향을 받을 수 있다고 생각하기 때문이다. 윤리적으로 볼 때, 자신만을 보호하려는 의도로 내리는 결정은 정당화하기 힘들다. 그러나 실제 현장에서는 그리 드문 경우는 아니다. 이런 갈등을 교실에서는 경험하기 어렵다. 교실은 학습 환경이고 교사가 면밀하게 감독하기 때문이다. 실제 현장에서 통번역사의 의사 결정은 주어진 기회 또는 개인적인 인성에 좌우된다.

번역사는 위험 감수와 손실이 적절하게 균형을 이루는 선에서 결정을 내려야 한다. 때로는 오류의 가능성은 아주 높아도 결과적으로 손실을 초래하는 부분은 거의 없기 때문에 큰 문제가 안 되는 경우도 있다. 예를 들어서 번역사가 도착어의 전문용어를 선택했는데 대상 도착어 독자들이 주로 사용하는 전문용어보다 사용빈도가 조금 떨어지는 용어인 경우이다. 가장 빈번하게 사용하는 용어는 아니더라도 의미를 정확하게 전달한다면 충분히 수용 가능한 선택이다. 그러나 결과적인 손실이 너무 치명적이어서 오류를 전혀 허용하지 않도록 만전을 기해야 하는 경우도 있다. 가령, 매우 중요한 의료장비에 대한 사용설명서 번역 등이 한 예이다.

번역은 끊임없이 의사 결정을 내려야 하는 과정이다. 그리고 순차적 모델은 학생들에게 의사 결정과 위험의 감수는 번역의 과정에서 불가분한 부분이라는 점을 강력하게 인식 시켜 주는 좋은 계기이다. 이에 대해서는 이미 여러 학자들도 강조했다(레비(Levy), 1967, 나미(Namy), 1979, 멜런(Mellen), 1988, 사헤르(Sager), 1992, 뒤리외(Durieux), 1992 참조). 의사 결정 그리고 지식 습득을 통한 분석의 과정은 전문 번역이 얼마나 고도의 지적 활동인지를 여실히 보여줄 뿐 아니라 번역사들이 사회적 지위 그리고 급여수준의 개선을 위해 노력하는 요구가 결코 근거 없지는 않다는 점을 보여준다. 대우의 개선이 있어야 번역이 단순 사무직과는 비교될 수 없는 지적활동이라는 점을 입증할 근거가 생긴다. 부록 B에는 이 모델을 이용하려는 교사를 위해 의사 결정 과정을 그림으로 설명하고 있다.

3.2.5 순차적 과정의 단선성(linearity)

또 한 가지 모델과 실제 번역연습의 차이는 실제 텍스트는 번역단위가 명료하게 일정한 간격으로 나뉘어져 있지도 않고, 이해의 단계에서 재구성의 단계로 자연스럽고 막힘없이 이어지지도 않는다는 사실이다. 번역단위의 의미가 상호 맞물려 있는 경우도 있고 이전 번역단위로 다시 돌아가거나 또는 뒤로 건너뛰어야 하는 경우도 생기고 이해의 단계와 재구성의 단계를 반복해서 오갈 수도 있다. 때로는, 번역사가 의미의 가설을 도착어로 먼저 언어화 한 다음 그 정확성을 검증하는 경우도 있다. 조별번역을 읽고 난 후에야 문제가 있다는 사실을 인식하는 경우도 빈번하다. 다시 말해서, 재구성의 단계도 이미 완료한 이후에야 이해의 단계를 검증하기도 한다.

3.2.6 일련의 번역단위 검증

모델에서는 번역단위에 대한 수용성 및 충실성을 검증하는 과정이 한 번만 이루어지고 또 반드시 순차적으로 이루어지는 과정으로 묘사하고 있다. 실제로는 긴 텍스트의 경우 여러 개의 번역단위에 대해서 각각 다른 수준에서 검증과정이 동시다발적으로 이루어진다. 그렇다고 모델의 교육적 효용가치가 떨어지지는 않는다. 학생들에게 여러 개의 번역단위에 대한 검증과정은 번역의 과정에서 반드시 거쳐야하는 중요한 부분이라는 사실을 모델을 이용해서 간략하게 설명하는 것으로 충분하다. 만약 실제의 상황을 세밀하게 반영을 했다면 모델이 과도하게 복잡해졌을 것이다.

이렇듯 모델과 현실의 격차가 존재한다는 이유로 교육을 위한 도구인 모델이 쓸모없다고 생각해서는 안 된다. 모델은 각 번역단위를 분석을 해서 의미 가설을 구축하고 검증의 과정을 거치고 수정하고 각 번역단위에 대해서 생성이 된 도착어 번역에 대해 충실성 그리고 수용가능성을 확인하고 다시 수정의 과정을 거치고 필요하다면 이렇게 수차례 반복하는 과정을 한 눈에 보여준다. 이러한 이론은 교육에 큰 도움이 되고 현장에서도 유용하다.

3.2.7 지식 기반 (Knowledge Base)

번역사가 이해와 구성의 과정에서 활용하는 지식 기반은 출발어와 도착어에 대한 지식(언어 지식) 그리고 백과사전 지식(언어 외적 지식)으로 구성된다. 이 두 지식 간의 관계는 제4장에서 언급한 바 있다. 지식 습득이 출발어 텍스트 문맥을 통해서 이루어지던지 아니면 다른 별도의 텍스트나 사전 또는 전문가의 도움으로 이루어지던지 어떤 경우이건 보유하고 있던 지식 기반에 추가적으로 새로운 지식을 더하게 된다. 지식기반은 그림 5.1의 우측 편에 있는 커다란 사각형이고 지식을 새로이 습득하는 과정에 대해서는 제6장에서 보다 상세하게 설명하고 있다.

매번 번역을 할 때마나 새롭게 습득하는 지식은 번역사가 기존에 보유하고 있던 지식 기반의 정보량과 비교하면 아주 적은 수준이다. 지식 기반은 한 개인의 평생에 걸친 경험을 통해서 구축되는 지식의 총합이기 때문이다. 그러나 통번역사가 작업하는 주제 분야의 지식이 전체 지식 기반에서 차지하는 부분은 일을 할 때 상당히 역동적으로 증가 한다. 특히 새로운 주제 분야인 경우는 관련 지식이 더욱 역동적으로 축적되는 현상을 본다.

3.3 교정

교정은 번역사가 번역을 모두 마친 후에 감수자에게 감수 및 수정을 받는 과정으로 재구성 단계부터 또 한 차례 번역단위를 검토하는 과정이라고 설명할 수 있다(즉, 그림 5.1 모델 하단인 두 번째 단계의 과정이다). 감수자는 목표텍스트를 받아서 검토를 시작하는데, 먼저 감수자의 입장에서 문장단위 또는 더 긴 단위로 번역단위를 검토하면서 수용성과 충실성을 확인한다. 감수자는 표현의 수용가능성을 중점적으로 검토하는데 그 이유는 번역사가 자신의 지적 양심에 따라 텍스트의 충실성은 면밀히 따져가며 꼼꼼하게 번역했다고 전제 하기 때문이다. 이 방식이 바람직한 감수의 예이다. 감수자가 충실성에 대해서도 감수를 하는 경우도 있다. 잘 알지 못하는 새로운 번역사가 번역을 했거나, 아직까지는 실력이 검증되지 않은 번역사의 경우, 텍스트의 내용이 매우 중요할 때, 도착어 텍스트의 수용성이 떨어지는 수준으로 번역이 완료된 상태이거나 일관성이 떨어지는 부분이 있을 때 등이다. 충실성을 감수하기 위해서는 다시 이해의 단계로 역행해야 함을 의미하는데 특히 번역사가 선택한 의미의 가설이 적합하지 않다고 감수자가 느낄 때는 이해의 단계로 돌아가서 검토를 한다. 따라서 각 의미단위에 대한 감수의 과정은 번역의 과정인 이해 그리고 재구성의 단계를 뒤에서부터 역으로 거슬러가며 검토하는 과정이라고 설명할 수 있다.

4. 순차적 모델의 관점에서 본 통역과 번역의 차이

일부 교육기관에서는 특히 통역과 번역 전공을 별도로 운영하고 있는 교육과정이나 번역 교육을 마친 이후 통역 교육으로 이어지는 과정을 운영하는 기관에서는 학생들에게 통역과 번역의 차이를 설명하기 위한 목적으로 모델을 사용할 수 있다.

기본적으로 본 모델은 통역과 번역 모두에 대해 적용 가능하다. 통역과 번역 모두 의미단위를 순차적으로 처리하고 재구성 단계로 진행하기 이전에 일정 수준의 이해가 이루어졌음을 전제한다. 또한 두 경우 모두 검증과 의사 결정의 과정을 포함한다.

보다 세부적으로 들여다보면 통역과 번역 사이에는 매우 중요한 차이점이 존재한다.

a. 번역사는 일반적으로 작업을 위해 오랜 시간, 몇 날, 며칠, 심지어는 몇 주까지 시간이 주어진다. 물론, 한 개의 번역단위를 처리하는데 몇 시간씩을 할애할 수 없다는 점은 인정하지만 그래도 하루 몇 장 정도의 속도로 작업을 진행한다(일반적으로 1일 번역 양은 약 6에서 15 페이지 정도 또는 2천에서 5천 단어정도로 간주된다). 일반적으로 번역을 완료하기까지 며 칠의 시간이 주어지기 때문에 해결되지 않는 문구에 대해서는 시간을 내서 관련 분야 전문가의 조언을 구하거나 동료 번역사에게 전화로 문의할 수도 있고 필요한 정보를 문서, 데이터베이스 또는 사전에서 찾아볼 수도 있다. 통역사는 연사의 발화속도에 맞추어서 작업을 한다. 즉, 평균 분당 100에서 200단어를 처리한다. 양적으로만 본다면 통역사는 10분에서 길게는 1시간의 작업 시간 동안에 번역사가 하루 내내 번역한 양의 단어를 처리한다. 통역사는 순차통역의 경우에는 불과 몇 분, 그리고 동시통역의 경우에는 몇 초의 시간만이 허용되는 상황에서 연사가 발화하는 속도에 맞추어서 번역단위를 연속적으로 처리한다. 통역사 역시 부스 안 옆자리에 앉아 있는 동료의 도움을 받기도 하고 회의 전에 받은 자료 또는 단어 목록에서 필요한 정보를 찾을 수도 있다(물론 도움을 받기 위해서는 위험을 감수해야 하는 측면이 있다. 사용가능한 정보처리 역량을 할애해야 하다 보니 이어지는 의미단위를 놓칠 수 있는 위험을 감수해야 한다. 제8장 참조). 그러나 통역을 멈추고 부스 밖으로 나가서 문제가 되는 부분을 해결하기 위한 방법을 찾지는 못한다.

따라서 통역의 경우, 지식 습득은 반드시 통역을 시작하기 이전에 완료해야 한다. 반면, 번역은 번역을 하는 과정에도 시시때때로 지식 습득이 가능하다. 이점이 결코 작은 차이가 아닌 이유는 통역을 위해 요구되는 지식이란 사실 예측불가능하기 때문이다. 예를 들어서 데이터 처리에 대한 회의에서 갑자기 성경문구를 인용할 때도 있고 의학 회의에서 복잡한 수학개념을 언급할 수도 있다. 또 농업관련 회의에서 매우 복잡한 세계 정치사에 대한 언급을 할 수도 있다. 통역사는 그렇기 때문에 번역사에 비해서 "폭 넓은 교양"을 갖추어야 할 뿐 아니라 훨씬 더 신속하게 결정을 내릴 수 있어야 하며 위험부담도 더 많이 감내해야 한다(위험 부담에 대해서는 통번역관련 문헌에서는 거의 언급을 하지 않고 있다. 그러나 제네바대학의 클로드 나미(Claude Namy)는 1979년, 1988년 논문에서 이에 대해 언급한 바 있다).

b. 번역사는 도착어로 텍스트를 번역 한 후, 독자의 입장에서 번역문을 다시 읽으면서 수정을 한다. 그리고 또 다시 읽으면서 교정을 하는 과정을 반복한다. 통역의 경우, 재구성 단계는 통역사의 머릿속에서 진행이 되며 한 차례의 최종적인 발화만이 허용된다. 간혹 단어를 잘못 말했거나 문장을 잘못 시작했을 경우 수정을 하지만 통역사는 청중 또는 연사처럼 스스로 발화를 들을 수 없을 뿐더러 발화한 내용을 수정하기도 어렵다(자기 수정에 대한 흥미로운 연구는 페티트(Petite 2005), 펠러스 (Fellus 2005) 참고). 통역을 하는 동안에는 외부의 도움을 받기도 어렵다. 간혹 연사나 동료 통역사가 전문 용어, 고유명사 또는 숫자를 알려줄 수는 있지만 대부분의 경우 통역사는 혼자의 힘으로 서야한다(제7장 참조). 이런 점이 번역사와의 차이다. 번역사는 최종적으로 번역물을 송부하기 전에 감수자가 번역본을 검토하고 따라서 번역물에 대한 책임을 부분적이지만 함께 진다. 이 점을 고려할 때, 통역사는 상대적으로 자신의 업무 수행 능력에 대한 높은 수준의 자신감이 요구된다. 더군다나, 통역사의 발화는 즉각적으로 모니터 되고 대부분의 경우 동료 통역사나 통역사를 고용한 의뢰인에 의해 평가된다. 이때 의뢰인은 매우 비판적이거나 심지어는 적대적인 자세로 통역을 평가

할 때도 있다. 훌륭한 통역사라 할지라도 출발어의 내용을 완벽하고 충실하게 항상 명료하고 적합한 도착어로 전달한다는 통역의 목표를 아무 무리 없이 단번에 수행해낼 수 있다고 자부하기는 어렵다. 실제로 약간의 어색함이나 정보의 누락은 빈번하게 발생한다(질(Gile, 1989) 제1장, 아론소 바치가루페(Alonso Bacigalupe, 2006) 참고). 이런 작은 실수가 전체 통역의 질에 미치는 영향은 적을 지라도 통역사 스스로는 자신의 실수에 대해서 누구보다도 잘 알고 있고 주어진 책임을 완벽하게 수행하지 못했다는 스트레스에 시달리곤 한다(제3장). 특히 이해의 관계가 복잡하게 얽혀 있는 고위급 회의일수록 스트레스가 더 많고 라디오나 텔레비전의 생방송 통역같이 수십만 많게는 수백만 청중이 듣고 있다고 인식을 하면 스트레스가 심하다. 케이스 연구를 실시했던 쿠르츠(Kurz, 2002)에서는 통역사의 스트레스 수준은 의료 회의의 초반에 가장 높고 그 후 감소하는 반면, 전문적인 내용이 훨씬 적은 TV 통역에서는 스트레스 수준이 꾸준히 높게 유지된다는 연구 결과를 발표했다. 통역사도 때로는 무대공포증을 느끼기도 하지만 마치 배우처럼 잘 통제해야 한다. 반면에 번역사는 이와 같은 스트레스는 없다. 번역사의 주요 스트레스 요인은 번역물을 완성해서 넘겨야 하는 기한 정도이다(여기에 한 가지 스트레스 요인을 더 추가한다면 번역과 통역 모두에 적용되는 요인으로 시장의 변화와 불확실성에 따른 직업 불안정성이 있다). 한편, 번역사는 여러 차례에 걸쳐서 같은 과정을 반복할 수 있고 번역본을 읽는 독자들 역시 충분한 시간을 들여서 도착어 텍스트를 읽을 수 있다는 점은 통역과 번역에 대해서 품질의 기준을 다르게 적용하고 다른 접근이 요구됨을 시사한다(제2장 참고). 통역사는 분석을 완료한 후에는 자신이 내릴 수 있는 최선의 결정을 거의 실시간적으로 내려야 한다. 일단 도착어로 발화한 후에는 이미 과거이고 더 이상 그 발화에 대해서 걱정을 하지 않는다. 물론 통역을 망쳤다고 생각될 때에는 걱정을 하지 않을 수 없다. 번역은 도착어 텍스트를 최종적으로 의뢰인에게 넘겨주기 전까지는 완료가 아니다. 다시 말해서 번역사는 마지막 순간까지 얼마든지 교정할 수 있는 기회가 있다. 양심적인 번역사는 그렇게 마지막 순간까지 최선을 다하는 노력이 자신들의 임무라고 생각하기도 한다. 심리적으로 볼 때, 통역사는 일을 하는 동안에는 많은 스트레스를 받지만(통역을 시작하기 전에도 유사하다) 통역 부스에서 나오는 순간부터 긴장을 푼다. 번역사는 비록 강도는 낮지만 지속적인 스트레스에 노출되어 있는 상태이다.

c. 마지막으로 통역과 번역의 또 다른 중요한 차이는 번역단위에 대한 수용가능성을 검토하는 과정에서(그림 5.1의 하단 부분) 나타난다. 통역사는 시간이 촉박하고 기억할 수 있는 양이 제한되어 있기 때문에 매우 적은 양의 번역단위에 대해서만 검토가 가능하다(제7장 참고). 동시통역의 경우, 통역사는 한, 두 개 또는 최대 세 개 정도의 번역단위까지 기억해서 정보처리가 가능하지만 한 개 문장 이상의 긴 의미단위의 수용성을 발화하기 전에 검토하기는 어렵다. 왜냐하면 단기기억에 문장 전체를 가지고 있으면서 동시에 입력되고 있는 출발어의 새로운 내용까지 기억하기가 쉽지 않기 때문이다. 더욱이 시차(time lag)가 추가적으로 어려움을 더할 수 있다. 순차통역의 경우, 시간적인 여유가 있어서 이론적으로는 도착언어로 재표현하기 전에 여러 개의 번역단위에 대해서 검토가 가능할 수 있다. 그러나 순차통역의 경우에도 통역사의 단기 기억용량이 한계가 있고 속도, 유창함 등에 대한 요구 수준이 높기 때문에 결국 검토가 가능한 의미단위는 매우 적은 양으로 제한된다. 다시 말해서 순차통역의 경우에도 재표현 단계에서 통역사가 느끼는 시간과 기억 장치의 제약은 동시통역 못지않게 강하다.

5. 순차적 모델 교육

5.1 학생들의 인식 제고

본 모델은 제2장에서 설명한 의사소통 모델과 마찬가지로 실용적이고 학술 이론은 거의 포함하지 않는다. 이 모델은 통번역 방법론에 대한 일반적인 지침을 제공함이 그 목적이고 특정 어려움에 대한 해결책을 제시하기 위한 모델은 아니다. 따라서 본 모델을 학생들의 질문에 대한 답으로서 제시하기 보다는 교사가 적절하다고 판단하는 시점에 수업에서 소개하는 편이 바람직하다. 아니면, 학생들의 번역 과제물에 나타난 오류를 교정하면서 왜 이런 오류가 나타났는지 논의할 때 모델을 활용한다면 더 자연스럽게 도입할 수 있다.

먼저 교사는 일반적인 주제이지만 모호한 부분이 다소 포함된 출발어 텍스트를 학생들에게 과제물로 준다. 학생들은 아직 논리적으로 분석해서 번역을 하는데 익숙하지 못하기 때문에 이들이 과제로 제출한 번역에서 다양한 종류의 오류를 찾을 수 있다. 교사는 학생의 과제물에서 오류가 나타난 부분을 찾아 그 부분을 칠판에 적고 전체 학생들에게 이에 대한 의견을 묻는다. 심리적인 불편함을 덜어 주기 위해 오류의 출처는 익명으로 하고 현재 반 학생들의 과제물보다는 한 해 전 번역 과제물에서 인용하여 사용하는 편이 좋다. 짧은 텍스트에서는 오류를 인식하고 찾아내기가 비교적 수월하기 때문에 학생들도 어려움 없이 의견을 말한다. 교사는 논리적으로만 접근한다면 출발어 텍스트에서 해결하지 못할 어려움이 없다는 점을 강조한다. 또한 때로는 시간적인 제약이나 다른 이유로 인해서 번역 단위를 이해한 순간에 잘못 해석을 할 수 있으나 의미 가설을 세우고 그 타당성을 꼼꼼하게 검토한다면 아주 효과적으로 번역 상의 오류를 줄일 수 있다는 점을 덧붙여서 강조한다. 이 설명만으로도 타당성 검토가 왜 필요한지 학생들을 충분히 납득 시킬 수 있다.

한 사례로 아래는 질(1988a)에서 소개한 텍스트이다. 이 텍스트는 출발어가 일어였는데 도착어인 영문 번역의 첫 문장부터 어색한 부분을 발견할 수 있다. 번역문은 다음과 같다.

> "There are countries that produce and sell computers and countries that produce and sell TV sets."

만약 한 국가에 전자산업이 있어 컴퓨터를 생산한다면 당연히 텔레비전도 생산하고 있지 않겠는가? 이 문장은 논리적으로 이치에 맞지 않는 느낌이 들고 따라서 이 문장을 번역한 학생은 다시 타당성을 꼼꼼히 검토해 볼 필요가 있다. 이 문장은 저자의 글쓰기 방식이 문제라기보다는 일어의 일반적인 언어 사용 스타일이 원인이었다. 유사한 문장을 학생의 과제물에서 발견한 경우에는 이해 단계의 역할에 대한 학생들의 인식을 제고할 수 있는 좋은 기회이다.

또 다른 예는 의학 회의에서 발표한 불어 텍스트의 경우이다. 이 단락에서는 특정 병리학적 증상을 치료하는데 사용할 수 있는 의약품인 PGE1이라고 불리는 제품의 용도에 대해서 언급하고 있다.

> "... Dans ces sac, la dose de PGE1 pourrait être réduite à 0 mg sans inconvénient."

문자 그대로 자구적 번역을 한다면 PGE1의 용량을 "could be reduced to 0 mg(0 mg까지 줄일 수 있다)"라고 말하고 있다. 통번역사는 텍스트에서 논의하고 있는 증상을 치료하는데 PGE1을 완전히 끊는 것이 이치에 맞는지 판단을 내릴만한 전문지식은 없다. 그럼에도 불구하고 이 표현이 일반적으로 용량을 처방하는 방식과는 다르다는 점을 포착할 수 있어야 한다. 오히려 다음의 문장과 같은 표현이 더 자연스럽다.

"... Dans ces sas, on puet se passer de PGE1 sans inconvénient"

또는

"... Dans ces cas, on peut éliminer la PGE1 sans inconvénient"

"pourrait être réduite a ..."('could be reduced to' '--까지 줄일 수 있다') 라고 말할 때 일반적으로 점점 적은 양을 복용한다는 표현은 논리적이지만 0 mg 까지 줄인다고는 말하지 않는다. 이와 같은 경우에는 통역사나 번역사는 텍스트를 뒷부분까지 읽고 분석해서 과연 "0 mg"이 인쇄상의 오타인지 아니면 실제로 의도한 바인지 확인하도록 한다.

타당성 검토를 설명하기 위해 원천텍스트에서 좋은 예를 찾는 일은 시간과 노력을 요하는 작업이지만, 재구성 단계에 대해 설명할 좋은 기회이다. 언어적으로 문제가 있는 채로 번역 과제물을 제출한 학생에게 자신의 작업에 대해 만족하는지 질문했을 때 이에 대한 답변이 "아니요"라면 교사는 학생에게 왜 더 개선할 수 없었는지 물어본다. 이때 일반적인 학생들의 답변은 "시간이 충분하지 않았다"거나 출발어의 의미를 어떻게 더 잘 표현해야 할지 너무 어려웠다, 아니면 충실성의 원칙을 위배하게 될까봐 출발어에서 너무 멀어지는 표현을 하지 않았다 등이다. 이 시점에 학생들에게 번역사는 저자의 목적에 충실한 텍스트를 생산해야할 윤리적 책임이 있다는 점을 상기시키고, 이 책임은 가장 충실한 도착어 텍스트를 생산함으로 달성할 수 있다는 점을 인식시킨다(제2장 참조). 번역사의 의무는 결국 최선을 다해 도착어 텍스트를 다듬고 또 다듬는 작업이다. 이 의무를 수행하기 위한 최선의 방법은 먼저 자신이 번역한 텍스트를 철저하게 검토해서 바꿀 수 있는 부분은 수정하고 또 다시 면밀히 검토하고 수정하고 다시 검토하는 과정을 반복하는 일이다. 이 과정이 바로 모델의 재구성 단계에서 묘사하고 있는 과정이다. 교사는 또 이 기회를 빌어서 번역 상의 어려움에 대한 자신의 해결 방안을 제시해 보일 수 있다. 특히, 교사의 입장에서 어느 정도까지가 출발어의 구조와 표현에 너무 얽매이지 않지만 충실성의 원칙에서 과도하게 벗어나지 않는 허용 한도라고 생각하는지 예를 보여주도록 한다. 과정지향적 교육과정에 대해 설명하면서 언급했듯이(제1장 참조), 교사는 자신이 사례로 언급한 기준이 교사 한사람의 개인적인 기준이지 모든 통번역사들이 동의하는 기준은 아니라는 점도 강조하고 따라서 절대적인 원칙으로 삼아서는 안 된다는 점을 알릴 필요가 있다.

필자는 이해와 재구성 단계를 각각 분리해서 설명하는 방식이 더 바람직하다고 생각한다. 이렇게 했을 때 두 번째 단계에서 발생하는 문제가 반드시 첫 번째 단계와 연관된 문제는 아니라는 점을 보여줄 수 있다. 이 점을 확실하게 인식시킨 후에는 완전히 상반된 교육적 접근을 시도한다. 즉, 이해의 단계에서 해결되지 않은 문제는 결국 재구성 단계의 문제로 이어진다는 점을 설명하는 방식이다. 다시 말해서 번역사가 직면한 어려움을 해결하거나 회피하려는 과정에서 때로는 저자가 의미한 바를 잘못 전달하는 오류를 피하기 위해(특히 저자의 의미를 잘못 분석했을 때 이어지는 위험부담이 큰 경우에는) 의도적으로 모호한 표현을 선택하는 경우도 있고 과감하게 결단을 내리고 위험을 감수하는 표현을 선택하는 경우도 있다는 점을 설명하면 된다.

5.2 수업에서 모델의 도입

앞에서도 언급했듯이 본 모델에 대해 설명할 때 권장하는 순서는 이해의 단계나 재구성의 단계에 대한 설명으로 시작한 다음 학생들의 모델에 대한 인식 강화의 과정 그리고 이어지는 이해/검증/이해의 과정에 대해서 설명하는 순서이다. 그 후 지식 기반 그리고 지식의 습득에 대해 추가하고 마지막으로 전체를 다시 한 번 검증하는 과정을 거친다.

모델에 대해 설명하는 과정에서 다음의 주요 포인트를 특히 강조할 것을 제안한다.

a. 이해 단계와 재구성 단계를 반드시 분리해서 설명한다.

- 두 단계를 분리함으로 분석을 유도할 수 있다. 그 이유는 통번역사들이 이해했다고 확신하는 바에 대해서 다시 생각할 계기를 제공하기 때문이다. 이 자체만으로도 어느 정도 목표를 이룬 셈이다. 이해와 재구성 단계를 분리하지 않은 경우에는 번역사들은 이해의 과정이 덜 중요하다고 생각하거나 아니면 재구성으로 넘어가기 위해 필요한 임시적 과정일 뿐이라고 흔히 생각한다. 이 때문에 통번역사들이 번역단위를 면밀히 검토하지 않는 경향이 생기고 더 많은 오류로 이어진다.
- 두 단계를 분리함으로 출발어와 도착어 사이에 언어 간섭을 줄일 수 있다. 분리가 안 된 상태에서는 상호 영향을 줄 가능성이 상당히 높거나 불가피하다고 일부 문헌에서는 말한다(퍼시벌(1983:91)과 같은 저자가 예이다).

다음의 두 가지 전략은 보다 완성도가 높은 도착어 텍스트를 생산하는데 기여한다. 첫째는 단어 대 단어의 번역에서 시작하여 재구성의 단계를 반복하면서 더 나은 표현으로 수정하는 방법이다. 둘째는 의미도출을 상당부분 끝낸 상태에서 재구성 단계를 시작한다. 다시 말해서 언어라는 포장형태를 벗겨낸 상태의 번역단위가 가지고 있는 의미 내용을 재구성하는 방식이다. 통역의 경우는 두 번째 방법이 더 좋은 도착어 텍스트 재구성으로 이어질 가능성이 높다. 왜냐하면 의미도출을 한 상태에서는 연사가 선택한 단어 또는 문장 구조에 얽매이지 않고 보다 자유롭게 자신만의 단어, 표현으로 정보 또는 아이디어를 발화할 수 있기 때문이다. 번역의 경우도 이 같은 방식의 재구성이 가능하다. 솔직히 말해서 두 가지 접근방식이 도착어 텍스트의 품질 면에서 어떤 차이가 있는지를 증명하는 체계적인 근거는 없다. 그러나 번역을 가르치는 전문 번역사들 대부분이 통역의 경우와 같이 두 번째 전략을 선호하는 것으로 나타났다. 이 전략이 위에서 설명한 이해와 재구성의 분리 원칙에 충실할 수 있는 당연한 선택이다.

b. 지식 기반은 이해와 재구성 단계 모두에서 절대적으로 중요한 역할을 한다. 통번역을 수행하는데 있어서 어느 정도의 지식 습득이 필요한지는 출발어 텍스트를 이해하는데 요구되는 지식 또는 정보를 통번역사의 기존 지식 기반에서 어느 정도 지원해 줄 수 있는가에 따라 달라진다. 요구되는 정보의 양이 적은 경우라도 지식의 습득 과정은 긴 과정이 될 수 있다. 한 가지 정보를 찾기 위해 몇 시간, 며칠 아니면 몇 주를 조사해야 하는 경우도 있다. 전문 번역의 경우 번역을 하는 속도를 의미하는 생산성이 절대적으로 중요하다. 생산성을 높일 수 있는 방법으로는 습득해야 할 지식의 양을 줄이거나 아니면 필요한 정보에 대한 접근성을 높이는 노력도 도움이 된다. 전자의 경우라면 번역사가 한 분야를 특화하면 주제 지식을 상당히 축적할 수 있고 또 필요한 정보를 어디서 찾아야하는지도 잘 알기 때문에 정보를 습득하는데 소요되는 시간을 줄일 수 있다. 후자의 경우는 해당 분야의 전문가와 친분이 있어서 정보를 제공받거나 아니면 회의 주최 측에서 직접 정보를 제공해주는 경우도 도움이 된다. 특화가 절대적으로 필요하다는 말은 결코 아니다. 이론적으로 볼 때, 비전문가일지라도 필요한 정보를 찾지 못할 이유는 없다. 문제는 이런 정보를 찾기 위해 소요되는 시간이다. 통번역사가 특화를 하는 이유는 자신의 특화 영역 외의 주제에 대해서 번역을 할 수 없기 때문이 아니라 단지 너무 많은 시간과

노력을 요하기 때문이다.

c. "저자는 바보가 아니다"라는 원칙을 잊어서는 안 된다. 저자가 달필이 아닐 수는 있다. 저자가 충분히 숙달하지 못한 언어로 자신의 생각을 표현해야 할 때도 있고 시간에 쫓기면서 글을 쓸 때도 있다. 이 모든 요인으로 결국 출발어 텍스트에 논리적이지 않는 부분이 남아 있을 수 있는데 이러한 텍스트가 번역사에게 주어지는 경우는 예상보다 빈번하다. 이 상황에 대해서는 번역사들 사이의 비공식적인 토론의 장이나 문헌에서 언급하고 있다(알리뇰(Allignol, 1995), 미출판 박사학위 논문, 회니히(Honig 1988), 다타(Datta 1991), 라볼트(Lavault 1998), 슈미츠(Schmitt 1999), 다호트와 퀘니아트(Dahout & Queniart 2000), 프로에리게(Froeliger 2004)). 출발어 텍스트에 문제가 있을수록 이해 단계의 역할이 특히 중요하다. 이 점을 인쇄된 글은 절대로 오류나 문제를 포함하고 있지 않을 것이라고 믿는 학생들에게 설명을 해 줄 필요가 있다. 번역사가 반드시 명심해야 할 가장 기본적인 원칙은 저자는 바보가 아니라는 점이다. 텍스트가 아무리 모호하고 오류가 있고 얼핏 보기에는 이치에 맞지 않아 보여도 저자는 전달하는 메시지에 대해 잘 알고 있는 전문가라는 점을 신뢰해야 한다. 이런 전제 하에 번역사는 이해과정을 반복하면서 이치에 맞는 의미의 가설을 세울 수 있을 때까지 분석하고 그래도 아닌 경우에만 저자가 실수를 했다는 점이 확실하다는 최종적인 결론을 내려야 한다.

d. 저자에게 표현의 자유가 많이 허용이 되는 문화권에 속해 있는 경우에도 문제가 발생한다. 그 전형적인 예는 바로 일본이다. 일본 문화는 표현을 할 때 어느 정도의 모호성에 대해 관대하고 오히려 권장하기까지 한다(콘돈과 사이토(Condon & Saito), 1977, Torikai

2009:42 참고). 이러한 특성은 동일 언어를 사용하는 사람들끼리 의사소통을 할 때는 문제가 되지 않는다. 그러나 보다 명확한 정보를 필요로 하는 언어로 번역을 해야 하는 경우에는 심각한 난관을 초래할 수 있다. 이 경우, 이해의 과정에서 번역사는 매우 중요하고 때때로 과감한 결정을 내려야 하는 어려움을 감수할 때도 있다고 질(1988a, 1988d)은 설명한다.

e. 본 장에서 논하고 있는 고급 전문번역의 경우는 이상적으로는 도착어 텍스트에 어떠한 언어적 오류나 어색한 문장구조, 표현, 전문용어도 존재해서는 안 된다. 특히, 송신자에 대한 충실성 원칙을 표방한다면 번역사의 직업윤리 측면에서 생각하더라도 출발어 텍스트의 품질과는 상관없이 번역된 도착어 텍스트에는 조금이라도 자연스럽지 못하거나 수용가능성이 떨어지는 표현이 남아 있어서는 안 된다. 그러나 아무리 꼼꼼한 번역사라도 첫 시도부터 완벽하게 만족스러운 번역을 할 수 있는 사람은 드물다. 적어도 두, 서너 번에 걸쳐서 의미를 분석하고 수정하는 과정을 반복한 다음 더 이상 개선의 여지는 없다고 생각하는 때 작업을 멈춘다. 얼마 전까지만 해도 번역사들은 번역을 직접 손으로 쓰거나 타자를 치고 아니면 대필을 시키고 난 후 다시 받아서 교정을 보고 다시 타자를 치고 교정을 보는 과정을 되풀이해야 했다. 이런 방식으로는 번역사의 언어적 능력을 최대한 발휘해서 텍스트의 문구가 완벽한 수준에 도달할 때까지 교정을 하기는 어려웠다. 너무 많은 수고와 시간이 소요되기 때문에 책임감이 투철한 전문번역사인 경우라도 몇 차례의 수정 과정만으로 만족해야 했다. 그러나 이제 컴퓨터를 이용한 워드 작업이 가능해지면서 재구성의 과정을 반복하는데 필요한 시간과 기술적인 제약이 거의 사라졌다. 어느 시장에서든지 이제는 고급 전문번역을 하는 과정에서는 항상 워드작업이 이루

어지고 있다. 뿐만 아니라 워드 프로세서가 점점 더 첨단화되고 있어서 철자 검사는 물론 문법 검사까지 가능하고 보다 효율적으로 문법이나 스타일을 검토할 수도 있다. 이러한 기능은 오류를 찾는 데는 도움이 되겠지만 전적으로 의존해서는 안 된다.

5.3 순차적 모델과 오류 분석

학생들에게 순차적 모델을 소개하고 충분히 설명한 이후에는 번역 오류가 발생하거나 도착어 텍스트의 품질이 떨어지는 경우에 문제의 원인을 찾기 위해 또는 방법론적인 대안을 설명하기 위해 교육과정의 어느 시점에라도 모델을 활용하고 참고할 수 있다. 실제로, 필자가 생각하기에 모델의 가장 큰 장점은 오류 분석을 위한 도구로 사용할 수 있다는 점이다. 본 모델은 번역과정에서 오류 분석을 할 수 있는 유일한 개념적 틀을 제공하고 언어적 또는 심리적 측면보다는 방법론적 측면에 중점을 두었다는 점이 특징이다(언어적, 심리적 측면에 대해서는 당세트(1989) 참고).

번역문에서 발견되는 오류의 원인 중 상당 부분은 번역사가 보유하고 있는 언어지식 또는 언어 외적 지식이(아래 a, e 와 c 항의 경우) 충분하지 못한데 기인하거나 잘못된 번역의 절차를 따름으로(아래 b, d 항의 경우) 발생하는 오류이다.

a. 출발어 언어지식의 부족

전문 통번역사를 양성하는 교육기관의 교사들이 반복해서 강조하는 점 중 하나는 출발어와 도착어를 완벽하게 구사할 수 있는 언어능력은 통번역 교육기관 입학을 위한 전제조건이어야 한다는 점이다. 따라서 출발어 언어지식이 부족해서 수업시간에 어려움이 발생했다면 이는 이론적으로도 말이 안 되고 최소한 전문교육기관에서는 있어서는 안 되는 일이다. 그러나 학생들의(심지어는 일부 전문 번역사의 경우에도) 수동언어 지식이 부족한 상황은 어쩔 수 없는 현실이다(제9장 참고). 이 문제를 해결하기 위한 두 가지 가능한 대안이 있다. 먼저 사용언어를 잘 구사하는 사람에게 도움을 받는 방법이다. 아니면 제4장에서 제안했듯이 관련 주제지식을 습득해서 또는 깊이 있는 분석을 통해서 언어적 취약점을 보완하는 방법이다. 출발어에 대한 이해가 충분하지 못해서 나타나는 증상은 출발어 텍스트의 분석이 충분히 이루어지지 않았을 때 나타나는 증상과 유사하다(아래의 내용 참조). 따라서 이 문제에 대해 교사가 취할 수 있는 대응방안 역시 유사하다.

b. 이해 단계에서 분석의 부족

학생이 제출한 번역에 상식적으로 생각했을 때 또는 관련 주제에 대해 기존에 알고 있던 지식에 비추어 봤을 때 비논리적인 내용이 포함되어 있다면 이는 번역을 완료한 후 학생들이 자신의 번역문을 분석하면서 비판적으로 읽지 않았을 가능성이 상당히 높다. 꼼꼼하게 읽었다면 출발어 텍스트의 번역단위에서 진정으로 전달하고자 하는 의미가 무엇인지 충분히 파고 들어가지 않은 경우이다.

이런 상황에서 교사는 먼저 문제를 확인하도록 한다(먼저 학생들이 제대로 검토를 하지 않아서 발생한 문제인지 아니면 학생 나름대로 의미가설을 세우고 제반 지식을 활용하여 타당성을 검토했지만 논리적으로 이치에 맞는다고 착각한 것인지를 확인할 필요가 있다. 5.4절 IPDR 참고). 교사가 보기에는 학생의 논리가 빈약해 보이더라도 학생은 자신이 생각한 논리의 흐름이 옳다고 판단 내렸을 수 있다. 만약 후자의 경우라면 과정중심적인 번역교수법에 의거해서 먼저 학생이 자신이 세운 의미가설을 검증하려고 시도한 노력을 높이 평가하고 칭찬하는 일이 바람직하고 결과가 교사의 생각과 일치하지 않는다는 점을 너무 부각시킬 필요는 없다. 교사가 융통성 있는 태도를 보인다면, 학생들이 감정적으로 반응하거나 교사의 지적에 대해 덜 수용적인 태도로 반응하는 어려움은 피할 수 있다. 교사가 표면적으로나마 결과보다는 과정을 중시하는 자세로 반응하면 학생들에게 적절한 과정을 통한 접근이 중요하다는 점을 부각시킬 수 있다. 어느 정도 시간이 지나 방법론적 원칙에 익숙해진 다음에 개별 학생들의 번역에 대해서 그 장단점을 지적하면서 평가를 해도 늦지 않다(제1장 참조).

만약 학생들이 텍스트의 논리적 타당성이 확고하지 못하다고 느낀다면 학생들로 하여금 끝까지 붙들고 분석하도록 격려할 필요가 있다. 동등하게 설득력을 갖는 몇 가지 가능한 번역이 있는 경우에는 위험을 감수하더라도 한 가지를 취하도록 훈련할 필요도 있다. 이는 오류를 범했을 경우에 따르는 잠재적 의미의 손실이 무엇인지에 대해서 인식하고 취사선택 하도록 하는 훈련의 기회를 제공한다. 전문번역사의 경우, 의미의 손실을 최소화하기 위해 때로는 전략적으로 모호한 도착어 표현을 선택하는 경우도 있다. 번역을 공부하는 학생의 입장에서는 보다 과감한 의사판단을 내리는 연습이 필요하다고 생각한다. 왜냐하면 이러한 경험이야말로 번역의 방법론을 찾는 훈련의 계기를 제공하기 때문이다.

c. 언어 외적 지식의 부족

번역사의 수동언어 지식도 훌륭하고 분석도 체계적으로 이루어졌음에도 보유한 지식이 부족해서 의미 가설의 설득력이 떨어지는데도 인식하지 못하고 타당성 검토가 충분히 이루어지지 못하는 경우가 있다.

출발어 텍스트에서 저자가 과학적인 연구결과에 대해 언급하면서 “p>.05”인 “유의미한 차이”가 있었다고 설명했다. 기본적인 통계에 대해 약간의 지식만 있어도 이 설명에는 모순이 있다는 점을 인식했을 것이다. 왜냐하면 유의미한 차이란 특정 수치 이하의 차이가 나타났을 때이지 이상일 때가 아니기 때문이다. 아마도 텍스트에서 부등식 기호를 오자였다고 생각했을 수 있다. 학생들 중 통계에 대한 지식이 없는 학생들은 이 기호가 잘못되었다고 의심할 일말의 이유도 없었고 따라서 오류를 수정하지 않은 상태에서 그대로 번역했다. 그러나 심리학을 전공하고 통계처리가 친숙한 한 학생의 번역에서는 기호를 수정했다.

이렇듯 과정 중심적인 교육의 초기에는 타당성 검토가 부족해서가 아니라 보유하고 있는 지식의 부족으로 학생의 번역에 오류가 발생하는 경우가 있으므로 이때는 취약한 부분에 대해 지적하고 어떤 결과를 초래했는지 학생들에게 주지시킬 필요가 있다. 교사에게는 다소 실망스러울지라도 학생들의 지식이 부족한 점을 탓하지는 말아야 한다. 교육의 후반으로 접어들면 해당 분야 관련 지식의 취약함이 전문통번역사로서 일할 능력을 평가할 때 영향을 미칠 수 있다.

d. 새로운 지식 습득을 위한 노력의 부족

번역오류가 발생하는 주요 원인 중 전문 지식의 부족에 기인하는 경우가 많은데 여기에는 언어 지식과 언어 외적 지식이 모두 포함된다. 잘못된 용어 사용으로 인한 오류가 그 한 예이고 출발어 텍스트의 정보를 잘못 해석해서 발생하는 오류도 있다. 용어의 잘못된 사용, 해석 오류, 자연스럽지 못한 문체 등을 도착어 텍스트에서 발견했을 때, 교사는 학생이 해당 번역연습을 위해서 어떻게 지식 습득을 했는지 확인하고 관련 지식의 부족이 문제의 원인이라면 지식 습득의 과정 중 무엇이 잘못되었는지 설명해야 한다(제6장 참고). 지식 습득을 위해서는 많은 시간과 노력이 필요하기 때문에 이 과정을 철저하게 수행하기 위해서는 상당한 동기부여가 필요하다. 하지만 처음 훈련을 하는 기간 중에는 동기부여가 거의 없어서 학생들이 제출한 번역물에는 주제지식의 부족으로 인한 취약점이 많이 발견된다.

또한 번역을 처음 배우는 학생은 텍스트에 있는 함정에도 쉽게 빠져 오류를 범한다. 예를 들어 일반 단어인데 전문 분야에서 한정된 의미의 전문 용어로 차용해서 사용하는 단어가 있다(Lagarde 2009).

분석을 철저하게 하지 않은 경우 발생할 수 있는 현상에 대한 전형적인 사례가 있다. 수업에 전반적으로 우수한 학생이 있었다. 일어에서 불어로 마이크로컴퓨터에 대한 텍스트를 번역하면서 이 학생이 "baignoire(욕조)"라는 단어를 사용했다. 이 학생이 번역한 원천텍스트에는 일어로 basu라는 단어를 사용했고 이 단어를 일반사전에서 찾아보면 bus, bath 또는 bathtub라고만 대응어가 나와 있다. 학생은 데이터 프로세싱 분야에서 "baignoire"가 비유적인 표현으로 다르게 쓰였을 것이라고 생각만 했지 확인은 하지 하지는 않았다(실제로 여기서 사용된 용어는 "bus"로 한 컴퓨터에서 다른 컴퓨터로 전기 신호를 "전송"한다는 의미를 은유적으로 표현한 단어이다). 학생이 마이크로컴퓨터 분야에서 버스라는 용어를 모르고 있던 점을 비난할 수는 없지만 지식 습득을 위한 노력을 통해서 불어의 "baignoire"가 컴퓨터 맥락에서는 다른 특정 개념으로 사용된다는 점 정도는 마땅히 확인했어야 한다.

e. 재구성 단계에서의 세심한 노력의 부족

학생들이 지식 습득의 과정에서 경험한 어려움에 대해 듣거나 번역 과정에 대한 코멘트를 듣다보면 교사는 지식 습득이 적절하게 이루어졌다는 판단을 내릴 수 있고 번역상의 문제가 재구성 단계에서의 취약점에서 비롯된 어려움이라는 진단을 내릴 수 있다. 대부분의 경우 재구성 단계에서의 문제는 다음의 세 가지가 원인이다.

- 학생들이 재구성의 과정에 충분한 시간과 관심을 기울이지 않았다. 이 경우, 교사는 전문가로서의 직업윤리, 직업에 대한 자긍심에 대해 강조하도록 한다. 또한 자긍심을 가질 수 있는 이유는 전문 번역사와 아마추어 사이에 차이가 존재하기 때문이며 전문가들이 더 나은 사회적 지위와 근로 조건을 주장할 수 있는 타당한 근거가 있기 때문이라는 점을 강조한다(5.5절 참조).

- 학생들이 재구성의 과정에 충분한 시간과 관심을 기울이기는 했으나 해당 문구에 대한 적절한 도착어 표현을 찾는데 실패했다. 이는 대부분의 경우 자신감의 부족에서 비롯된다. 특히, 저자에 대한 충실성을 위배할지도 모른다는 두려움이 큰 원인으로 작용한다. 학생들에게 문장의 정보를 구성하는 요소에 대해 다시 한 번 상기 시키고 제3장에서 설명한 충실성 원칙을 설명하도록 한다. 그러면 학생들은 좀 더 과감하게 표현을 선택할 수 있다는 인식에 도달한다.
- 마지막으로 학생들이 출발어 문장 구조와 등가가 되는 적절한 도착어의 명사, 동사 또는 형용사 표현을 찾지 못해서 진전을 못하고 정체되어 있는 경우가 있다. 이 경우에는 문장을 완전히 다른 구조로 재구성하거나 통합해서 정보의 순서를 바꾸는 변화를 줌으로서 난관을 극복할 수 있다.

출발어가 일어인 번역 연습을 하면서 단어 대 단어로 치환하여 다음의 불어 번역텍스트를 작성했다.

Quels mots, dans quel ordre, combien doivent-ils être appris pour que l'on puisse dire qu'une méthode d'apprentissage des langues étrangères est efficace? Ce sont des quetions importantes dans la pédagogie des langues étrangères.

불어 텍스트를 영어로 번역하면 다음과 같다:

What words, in what order, how many should be learned in order for a foreign language learning method to be considered efficient? These are important issues in foreign language education.
(어떤 단어를 어떤 순서로 얼마나 많이 배워야 외국어 학습 방법이 효율적이라고 간주할 수 있는가? 이 점이 외국어교육에 있어서 매우 중요한 문제이다.)

수업시간에 위와 같이 번역된 불어 문장을 읽었을 때 여러 곳이 어색하다는 평가를 들었고 자연스러운 도착어 문장을 만들기 위해서는 대대적인 수정이 필요했다. 단 한 명의 학생도 이 번역이 만족스럽다고는 평가하지 않았다. 다음과 같이 문장 구조를 수정하자는 제안이 나왔다.

Dans l'enseignement des languaes étrangères, il est important, pour optimiser la progression, de pouvoir décider de la taille du vocabulaire à apprendere, définir ses éléments, et déterminer l'ordre de leur apprentissage.

위의 불어 번역문을 영어로 다시 번역하면 다음과 같다:

In foreign language teaching, it is important, in order to optimize progression, to be able to decide the size of the vocabulary to be learned, define its elements, and determine the order in which they should be learned.
(외국어를 교육할 때, 적절한 속도로 향상을 이루기 위해서는 학습해야 하는 단어의 양을 정하고 구성 단어를 정하고 학습 순서를 결정하는 작업이 매우 중요하다.)

물론 위의 번역이 가장 좋은 번역이라고 주장하지는 않겠다. 그러나 모든 학생들이 일어의 출발어 문장 구조를 그대로 유지하면서 번역했던 첫 번째 번역에 대해서는 만족스럽지 못하다는 평가를 한 반면에 두 번째 번역은 자연스럽다고 평가 했다. 번역 교사가 다양한 언어 조합에 대해서 이와 유사한 예를 발견하는 일은 어렵지 않다.

언어간섭 문제 외에도 명심해야 할 한 가지는 번역하려는 텍스트에 특정 사회집단에서 사용하는 전문 용어나 숙어적 표현, LSP(특수목적 언어) 아니면 보도체 같이 일상적으로 사용하는 어휘나 표현이 아닌 문체나 표현이 포함되어있다면, 번역사는 모국어로 번역을 하고 있기 때문에 도착어 표현의 수용가능성을 직관적으로 평가할 수 있다고 자만해서는 안 된다는 점이다. 항상 자료를 참고하여 도착어 표현에 문제는 없는지 확인할 필요가 있다. 요새는 인터넷이라는 편리한 수단이 있어서 검색을 해서 신뢰할 만한 도착어 자료에서 표현을 쉽게 확인할 수 있다(제9장).

f. 도착어 언어 구사력의 부족

때로는 재구성의 품질이 떨어지는 원인이 어떤 방법론적인 취약점에서 비롯되었기보다는 도착어 언어 구사력의 부족, 특히 필력이 부족한 데 기인하는 경우가 있다(여기서 논의하는 번역은 항상 모국어로의 번역으로 국한한다. 물론 학생들에게 습득한 언어로의 번역도 교육할 필요가 있으나 번역에 대한 기본 능력을 교육하는 시점에는 모국어로의 번역을 예로 교육하는 편이 가장 효율적이라고 생각한다). 단기교육과정인 경우에는 도착어 구사력 부족으로 인한 어려움에 대해 해줄 수 있는 조언은 별로 없다. 단지 도착어 언어능력을 강화해야 한다는 말과 더불어 필력의 중요성에 대해 강조하거나 작문 과목을 수강하라고 조언하는 정도이다. 이론적으로 언어지식 문제가 발생해서는 안 되지만 현실은 그렇지 못하다. 교육과정이 긴 경우에는 기술 작문시간을 추가해서 학생들의 실력이 요구되는 수준까지 향상 될 수 있도록 훈련하는 방법도 가능하다.

마지막으로 오류분석과 관련하여 언급하고자 하는 핵심 포인트는 오류분석은 출발어 텍스트를 보지 않고 도착어 텍스트만을 가지고도 할 수 있다는 점이다. 교사가 친숙하게 알고 있는 주제인 경우에는, 출발어를 전혀 알지 못하는 상황이거나 출발어 텍스트를 모르는 상황에서도 도착어만 보고도 도착어 텍스트의 문법, 문체 그리고 용어의 잘못된 사용 등은 물론이고 내용의 오류까지도 쉽게 파악할 수 있다(제2장 부록 참고). 따라서 도착어 텍스트와 순차적 모델을 이용한 오류분석을 실시하여 교사는 자신은 언어지식이 전혀 없는 다양한 언어를 구사하는 학생들에게도 번역 방법론을 지도하는 일이 가능하다.

5.4 IPDR(오류분석보고서)

번역의 원리에 대한 인식을 확고히 하고 특히 본 장에서 설명한 순차적 모델에 대해서 교육하고자 한다면 학생들이 매번 번역과제물을 제출할 때마다 번역을 하는 과정에서 경험한 어려움 그리고 그에 대해 어떻게 의사결정을 내렸는지에 대해서 보고서(Integrated Problem and Decision Report)를 적어 함께 제출하도록 하는 방법도 효과가 있다. IPDR은 일반적으로 사용되고 있는 번역 일지와 유사한 개념이나(폭스(Fox), 2000) 번역을 하는 과정에서 경험한 모든 문제를 기록하고 가능한 대안을 모두 고려한 후 왜 최종적으로 그런 결정을 내렸는지 이유까지도 기록하도록 한다는 점에서 좀 더 체계적이고 구체적이다(Gile 2004). 필자는 IPDR을 30년이 넘게 사용하고 있는데 보고서의 장점은 다음과 같다.

- 학생이 자신이 무엇을 하고 있는지 그리고 당면한 문제가 무엇인지에 대해 생각하도록 유도하며 결과적으로 문제의 본질과 발생 빈도에 대한 인식을 제고할 수 있다.
- 학생이 이해 단계와 재구성 단계 어려움의 차이를 인식하도록 하여 언어적 치환을 지양하고 의미에 기반을 둔 번역을 할 수 있도록 돕는다.
- 교사가 오류의 원인을 분석해서 문제의 원인을 정확하게 파악할 수 있도록 한다. 문제의 원인을 (이해의 문제인지 단지 무성의한 재구성의 문제인지 지식 습득을 위한 노력이 충분하지 못한 것인지 아니면 적절한 정보에 대한 접근이

불가능한 데 기인하는지) 막연하게 추측하기 보다는 정확하게 분석할 수 있다.

- 학생들의 번역 방법론에 대한 인식과 적용 수준이 얼마나 향상되고 있는지 그 진전사항을 모니터하는데 도움이 된다(다양한 번역일지 방식의 장단점에 대해서는 한센(Hansen 2006a)에서 설명하고 있다).

5.5 순차적 모델과 전문성

마지막으로 순차적 모델을 도입함으로 번역사의 전문가다운 태도가 얼마나 중요한지에 대해 다시 한 번 강조할 수 있다. 아마추어나 평범한 수준의 번역사도 기본적으로 뛰어난 번역사와 유사한 과정을 거치면서 일을 한다. 다시 말해서, 아마추어 역시 출발어 텍스트를 읽고, 번역단위를 나눈 후에 도착어 텍스트로 재구성 한다. 그 다음 일련의 타당성과 수용성 검증을 거치는데 이때 자신들의 제반 보유 지식을 활용하거나 필요한 경우 지식을 새롭게 습득하기도 한다. 아마추어와 전문 번역사의 차이는 이들의 언어 지식, 언어 외적 지식 그리고 번역의 기술에만 기인하는 것이 아니라 전문가다운 태도에서 비롯된다. 특히, 지식의 습득이라는 측면에서 보면 평균 수준의 번역사는 단어를 사전에서 찾아보는 것으로 끝낸다. 아니면 특정 단어에 대한 도착어 대응어가 무엇일까를 추측해서 사용하기도 한다. 그러나 진정한 전문가다운 자세를 갖춘 우수한 번역사는 가장 정확하고 신뢰할 수 있는 정보를 찾기 위해 몇 배의 공을 들인다.

교육과정에서 학생들에게 전문가다운 태도의 중요성에 대해 강조했을 때 이들이 향후 일을 하는데 도움이 된다고 생각하고 더 나아가서는 통번역업계 전체에도 기여한다고 생각한다. 학생들이 직업 현장에 투입되어 몸으로 부딪치면서 일하다보면 시장에는 오히려 품질을 저해하는 역방향으로 나아가려는 압력이 존재한다고 느낄 때가 있다. 왜냐하면 번역의뢰인은 "번역물이 얼마나 빨리 책상 위에 올라올 수 있는지 소요시간이나 의미의 타당성, 외형적 편집 상태에만 관심이 있지"(카스테야노(Castellano), 1983: 47) 저자의 의도를 전달하기 위한 수단으로서 메시지를 잘 담고 있는지, 출발어 원문에 대해 충실한지 등은 도외시할 수 있기 때문이다. 따라서 학생 신분일 때부터 전문가로서 작업을 성실하게 수행하는 자세에 긍지를 갖는다면 나중에 현장에서 일을 할 때 받는 압력을 보다 효과적으로 극복할 수 있을 것이다.

앞에서 지적한 상황에 덧붙여 말하자면, 학생들에게 평균 수준의 번역사와 훌륭한 번역사의 차이란 이들이 가지고 있는 제반 지식이 어느 정도인가의 차이나 필력의 차이라기보다는 이들이 번역에 임하는 태도라는 점을 분명하게 강조해야 한다. 소질이 있고 지식도 많다면 작업 생산성은 향상 한다. 그러나 이 두 가지를 갖추지 못했더라도 번역사가 평균 수준의 능력과 필력만 갖추고 있고 건전한 원칙을 지키기 위해 노력하면서 일하는 양심적인 번역사라면 규칙을 준수하지 않는 비양심적인 번역사보다 양질의 번역물을 생산할 수 있다. 처음 시작할 때는 언어 외적 지식이 거의 전무한 상태였더라도 시간이 흐름과 함께 보유 지식은 증가한다. 그래서 통번역사는 어떤 분야에서건 특화를 할 수 있을 정도의 지식수준에 도달한다. 물론, 처음에는 모든 과정이 더디고 고통스럽게 느껴질 것이다. 그러나 방법론적 원리 즉, 순차적 모델에서 제시하고 있는 방법론적 원칙만 잘 준수한다면 실력은 많이 향상 될 수 있다. 특정 분야에 대한 전문 지식을 축적하고 체계적이고 꼼꼼하게 품질 관리를 한다면 번역사는 전문가로서의 긍지를 느낄 수 있을 뿐 아니라 사회적 지위도 높아지는 일거양득의 효과를 누릴 수 있다. 이 두 요소야말로 직업 만족도를 가늠하는데 있어서 매우 중요한 지표라고 평가되는 부분이다. 뿐만 아니라 입소문을 통해서 기존 고객을 유지하거나 새로운 고객을 유치할 가능성도 높아진다. 반면에 능력은 있으나 비양심적인 번역사는 시간이 흐름에 따라 고객을 잃을 수 있다.

6. 주요 내용

1. 일부 예외적인 경우를 제외하면 번역은 기본적으로 이해의 단계에서 시작하여 재구성의 단계로 이어지며 언어대언어 치환과는 다르다.

2. 정확하게 이해에 도달했는지 제반 지식 그리고 맥락을 고려하면서 반드시 확인해야 한다. 만약 번역사가 이해한 바가 비논리적이라면 저자가 의도한 의미가 아닐 가능성이 높다.

3. 좋은 번역을 위해서는 의사결정이 필요하며 그 결정에는 번역사의 책임이 따른다.

4. 번역사의 제반 보유 지식의 활용이 중요하지만 새로운 지식 습득도 반드시 필요하며 번역을 위해 소요되는 시간의 대부분을 차지한다.

5. 통번역사로서 성공하기 위해서나 직업만족도를 높이기 위해서도 전문가다운 태도를 유지하면서 일해야 한다.

부록

■ 부록 A

번역 오류 및 어려움 예시 그리고 순차적 모델을 이용한 오류 진단 방법

다음은 1992년 2월 나이제리아에서 실시된 번역전공 학생들을 대상으로 한 세미나에서 취합한 예이다. 출발언어인 불어를 영어로 번역했으며 도착어 텍스트 1과 2는 두 명의 학생이 각각 제출한 번역본이다. 교사가 진단한 오류 부분은 도착어 번역에 번호를 매겨서 표시했고 별도의 문단에서도 설명했다.

원천텍스트:
Il y a des siecles que les peuples du nord et sud de la Mediterranée vivent ensemble, se combattent, se conquierent mutuellement, se courtisent et s'injurient; en bref cooperent, au sens propre du terme. Or, l'histoire -- comme les avalanches -- tend à s'écouler dans des couloirs traditionnels; c'est alors qu'elle prend sa force.

모범답안으로 제시한 번역 (필자 역):
Over centuries, peoples of the North and the South of the Mediterranean have been living together, fighting each other, conquering each other's territories, wooing each other, abusing each other. Yet, history -- like avalanches -- tends to always run its course in the same corridors. This is where it gains strength.

목표텍스트 1:
Centuries ago (1), the peoples of the North and South Mediterranean lived together, got involved in internal wars from which they emerged as conquerors or losers, wooed and cursed one another; in short(2) cooperated in the real sens (3) of the word. But then, history -- like a torrent -- settles down (4) in the silent reservoir of tradition where it regains (5) its force.

교사가 지적한 오류와 문제점 그리고 진단:

1) 이 지역에서는 아직까지도 전쟁이 한창이기 때문에 과거형 시제가 어색하다. 타당성 검토시의 오류 또는 타당성 검토의 부재
2) 대명사 누락? 충실성 및 수용성 검토의 오류 또는 부재
3) "sense"의 뒷부분에 오자. "e" 누락. 수용성 검토 부재
4) 급류가 "가라 앉다"고 표현할 수 있는가? 타당성, 수용성 검토
5) "다시 회복하다"? 가라 앉았던 급류가 왜 "조용한 저장소"에서 "다시 회복"하나? 타당성 및 수용성 검토
6) 기타 문제

   "torrent"를 "avalanche산사태"로 그리고 "silent reservoir"를 "couloir"로 표현. 이해의 문제라고 보기에는 출발어 텍스트의 단어 자체가 너무 기본적인 어휘이다. 번역사의 불어 언어지식은 상당히 훌륭하다고 생각된다. 문제는 어떤 비유적 표현을 사용할 것인가하는 선택의 문제라고 본다.

수업 중 제시된 즉흥적인 대안:

1. 번역사에게 지중해에서의 전쟁이 수백 년 전에 끝난 것으로 생각하는지 질문했다. 그러자 번역사는 자신의 번역문에서 과거시제를 사용한 데 문제가 있다는 점을 즉각적으로 인식했다.

2. 번역사에게 "in short cooperated in the real sens of the word" 표현에 대해서 어떻게 생각하는지를 질문했다.

다시 꼼꼼하게 읽고 난 후, 번역사는 (2)번 (3)번의 오류를 발견했다. 이때 교사는 수용성 검토의 중요성을 강조했다.

3. 번역사에게 "history -- like a torrent -- settles down"이라는 표현의 수용가능성에 대해 어떻게 생각하는지를 질문했고 번역사는 비유적 표현에 문제가 없다고 대답했다.

4. 번역사에게 원천텍스트를 다시 읽고 이를 목표텍스트와 대조해 볼 것을 요청했다. 번역사는 "Il y a des siècles que -- vivent ensenble"과 자신이 번역한

"Centuries ago -- lived" 간의 의미의 간극을 발견했다. 교사는 이를 충실성 검토의 중요성을 다시 한 번 강조하는 기회로 삼았다.

번역사는 "torrent"와 "avalanche" 그리고 "silent reservoir"와 "couloir traditionnel"에 대해서는 비유적 표현을 의도적으로 선택한 것이라고 밝혔다. 예측했던 대로 번역사의 불어 언어지식이 충분하지 않은 것이 아니라 재표현 전략을 좀 더 명확하게 정립할 필요가 있다는 의미이다. 비록 교사가 생각하기에는 번역사가 선택한 비유적 표현이 적절한 수준의 수용가능성 범위를 벗어났더라도 특정 표현에 대해서 강력하게 의견을 주장하지는 않았다. 단지 나중에 다시 언급하도록 표시만 해두고 번역과정에 대해 다시 한 번 숙지한 후 결과물로서 도착어 텍스트를 검토하는 시점에 다시 지적하기로 생각했다.

번역사는 "prend sa force"와 자신의 번역인 "regain its force"간의 의미의 간극을 인식하지 못하고 있었다. 교사가 그룹에 있는 다른 학생에게 번역의 마지막 문장에서 지적할 사항이 있는지를 질문하자 한 명이 문제를 발견했다. 이때 교사는 역사는 그 시대적인 흐름의 과정에서 점점 더 영향력이 강해진다는 의미에서 산사태에 비유한 개념적 설명을 부탁했다. 그리고 번역사가 이 개념을 좀 더 심층적으로 분석했다면 피할 수 있는 오류였다는 점을 지적했다. 왜냐하면 눈사태는 흩어져 있을 때는 큰 힘을 발휘하지 못하지만 커다란 눈 덩어리로 뭉쳐져서 계곡을 따라 몰려올 때 강력해지기 때문이다. 이 특정 문구를 번역한 학생은 나이지리아에서 온 학생이었다. 그래서 눈사태에 대해 사전지식이 없었고 "couloir"의 의미 역시 이 문장의 맥락에서 어떤 개념을 상징하는지 완전히 이해하지 못하고 있었다. 교사는 지식 습득의 중요성에 대해서 언급했다.

목표텍스트 2:

There are centuries (1) during which people of the Mediterranean (2) Sea live together with those south of it: they fight against each other, conquer, woo and abuse each other: in short they co-operate with each other in the real sense of the word. However, like an avalanche, history has a tendency of becoming (3) consigned (4) to tradition; it then assumes its full force.

교사가 지적한 오류와 문제점 그리고 진단은 다음과 같다.

1) 불어 구조 ("Il y a des siecles que ...")
언어 간섭?

2) "People of the Mediterranean" 대 "those south of it"
잘못된 타당성 검토, 지식 기반의 부족, 또는 표현에 충분한 주의를 기울이지 않음 -- 아래 참조

3) "a tendency of becoming"
수용성에 대한 검토 또는 영어 문법에 대한 지식 기반의 부족

4) "consigned" -- 방향보다는 제한의 개념으로 간주
잘못된 수용성 검토 또는 어휘 사용에 있어서의 문제

이 번역은 언어적 오류가 많이 발견된다는 점에서 오류의 원인이 영어 언어지식의 부족 또는 영어와 불어간의 언어간섭을 완전히 차단하지 못한데서 비롯되었음을 알 수 있다.

혹은 불어에 대한 충분한 이해 부족이 원인일 수 있다.

수업 중 제시된 즉흥적인 대안이 있었다.

1. 번역사에게 "There are centuries during which people of the Mediterranean live together with those south of it ... conquer, woo and abuse each other" 이 논리적이라고 생각하는지 질문을 했다. 지중해 남쪽의 사람들이라면 누구를

의미한다고 생각하는지 아니면 "people of Mediterranean(지중해 사람들)"을 의미하는 것인지를 질문했다. 답변은 "Africans south of the Sahara 사하라 이남의 아프리카 사람들"이었고 이를 통해서 번역사는 자신이 가지고 있는 역사지식이 도착어에 적절하게 반영하지 못했다는 점을 인식했다. 대부분의 정복은 지중해 연안국가 사람들에 의해 이루어졌지 지중해 남쪽의 사람들에 의해 정복된 경우는 없었다. 이를 인식한 번역사는 출발어 텍스트를 다시 면밀하게 검토했고 원문에 대한 충실성에서 다소 벗어나는 부분이 있음을 발견하는 계기가 됐다. 번역사는 여러 개의 번역 단위에 대한 도착어 표현의 타당성 검토를 제대로 하지 못했다는 점을 시인했다.

2. 번역사에게 번역에서 표현한 싸움, 정복 등등이 수백 년 전에 종료된 것인가에 대해 질문했다. 그리고 특히 알제리와의 전쟁은 금세기 중반에 벌어졌다는 점을 상기시켰다. 이때도 타당성 검토가 중요하다는 점을 다시 한번 강조했다.

3. 번역사에게 영어 표현 "a tendency of becoming"의 수용성에 대해 질문했고 번역사는 불어의 언어간섭으로 영향을 받았다는 점을 인정했다. 이와 같은 문제는 번역 훈련의 범주에서 벗어나는 기본적인 언어사용의 문제이기 때문에 교사는 더 이상 지적하지 않았다. 계속해서 번역의 방법론에 대한 토론을 진행했다.

4. 번역사에게 "consigned"의 의미에 대해 질문을 하고 영어에서 이 표현의 수용성에 대해 물어 보았다. 역시, 불어의 언어간섭이라는 점을 인정했다. 추가적으로 교사는 불어에서는 이 표현이 제한, 한정의 의미를 함축하며 문장의 다른 부분에서 강조하고 있는 힘의 개념과는 호응이 맞지 않는다는 점을 지적했다. 이 표현은 추가적인 수용성 검토가 있었어야 하는 부분이었다.

■ 부록 B

통번역과정에서의 의사결정에 대한 모델

통번역사가 의사결정을 내려야 하는 상황일 때, 그 결정에 따라 얻을 수 있는 잠재적 득인 G가 있고 이 이득을 성취할 수 있는 가능성은 Pg이다. 동시에 결정에 따른 실은 L이고 이 손실이 발생할 가능성은 Pl이다. N수의 선택 가능한 대안 중 최선이라고 생각하는 Di를 선택하는 결정은 기대되는 이득과 가능한 손실 사이의 최적의 균형점을 찾는 작업이고 결정에 따른 각각의 확률을 고려한다.

최적의 의사결정: 최대 값($p_{iG}G_i$-$p_{iL}L_i$)

의사결정1	의사결정2	의사결정3
p(이득1)	p(이득 2)	p(이득 3)
p(손실 1)	p(손실 2)	p(손실 3)

단순한 수학 공식이지만 확률 이론과 통계에 친숙한 학생들에게는 설득력이 있다. 그러나 친숙하지 않은 학생의 경우는 반드시 사용할 필요는 없고 바람직하지도 않다. 중요한 점은 학생들이 어떤 결정을 내리던지 긍정적 그리고 부정적인 영향을 동반하며, 학생들이 결정에 따른 결과에 대해서 생각해보지 않고 후에 직감적으로 대처하려하기 보다는 선택하기 전에 가능한 영향에 대해서 반드시 고려해 보아야 한다는 점을 기억하도록 주지시켜야 한다.

6장

통역과 번역을 위한 지식 습득

1. 들어가기

제4장 통번역 과정에서의 이해 그리고 5장의 통번역의 순차적 모델에 대해 설명하면서도 언급했듯이 언어 외적 지식은 이해 단계와 재구성 단계 모두에서 중요한 역할을 한다. 충분히 알지 못하는 전문 분야의 텍스트나 연설을 번역 또는 통역하려고 한다면 얼마 못가서 보유 지식만으로 작업을 하기에는 정보가 충분하지 않다는 사실을 깨달게 된다. 실제로 자신이 잘 알고 있는 분야에 대한 일을 할 때도 이해 그리고 재구성의 단계에서 어려움을 경험하는 통번역사들이 많다.

통역과 번역을 수행하는데 필요한 지식이 무엇인가에 대해서는 이미 많은 논의가 있었다. 일부 전문가와 교수진은 매우 높은 기준을 제시하기도 하는데 바바라 폴커트(B. Folkart, 1984)는 기술번역 교육에 대한 논문에서 "기술 번역가의 전문능력이란 설명하고 있는 내용에 대한 깊이 있는 이해능력(p.229)"이라고 설명하며 "저자가 원천텍스트의 잠재적 독자로 설정한 전문가 집단의 지적 수준에 근접하는 이해력"을 신속하게 갖추는 일이 중요하다고 설명했다. 블라디미르 쿠르가노프(V. Kourganoff, 1980)도 이와 비슷한 의견을 피력했는데 필자의 생각으로는 이 요구 수준은 지나치다. 분야의 전문가인 독자가 훌륭하다고 평가한 많은 번역문도 알고 보면 해당 분야에 대한 지식이 충분치 않은 번역사가 작업을 한 경우가 많다. 통번역 교육자들은 통번역을 수행하기에는 충분하지만 해당 분야의 전문가처럼 행동하기에는 충분하지 못한 정도의 지식이라고 정의한다. 다시 말해, 의학이나 공학 관련 텍스트를 번역하는 사람이 실제 의료 행위를 하거나 교량을 건설할 만큼 건축공학에 대해 완벽하게 알 필요는 없다. 이 정의가 좀 더 현실적일 뿐 아니라 앞의 의견에 대한 설득력 있는 반박이라고 생각한다. 하지만 역시 지식 습득에 대한 유용한 기준은 제시하지 못하고 있다.

현재 통번역사로 활동하고 있거나 통번역 교육을 담당하는 교사 어느 누구도 반론이 제기하지 않는 한 가지는 전문텍스트를 통번역 하는 사람이 실제 업무 수행에 필요한 지식을 사전에 모두 갖추고 있는 경우는 매우 드물다는 점이다. 따라서 통번역의 과정에서 특정 작업을 수행하기 위해 필요한 지식의 습득은(이러한 지식은 한 사람이 개인적으로 또는 일을 하면서 습득하는 일반적이고 지속적으로 이루어지는 지식과 대비된다) 일상적이면서도 매우 중요한 한 부분이라고 간주할 수 있다. 이에 본 장에서는 자료의 활용과 지식 습득 전략에 관한 기본적인 사항을 살펴보도록 하겠다.

2. 통역과 번역의 차이

근본적으로 통역과 번역을 위해 필요한 지식은 그 종류나 활용에 있어서 유사하다.

a. 언어 지식

• 어휘 정보(lexical information)는 출발어 텍스트에 사용된 용어에 대한 이해를 높이고 지시 대상을 도착어 용어로 정확하게 재표현하기 위해 필요하다. 새로운 용어의 습득은 번역의 과정에서 가장 시간이 많이 소요되는 어려운 작업 중 하나로 이 과정에서 번역사가 얻을 수 있는 지적 만족도는 가장 낮은 편이다. 이 때문에 다른 작업과 비교할 때 학생들이 용어 습득을 위해 쏟는 노력은 상대적으로 적고 분석을 위한 노력보다는 사전이나 용어집을 참고하는 경우가 많다. 번역교육 과정에서 교사는 정확한 용어의 사용여부가 번역을 이용하는 사람의 관점에서는 매우 중요한 품질 평가 기준이라는 점을 강조할 필요가 있다. 이와 관련하여 스넬과 크렘톤(Snell & Crampton)은 다음과 같이 설명하고 있다(1983: 113).
"앞과 뒤(front and back)" 나 "왼쪽과 오른쪽(left and right)"을 이해하지 못하는 사람은 없겠지만 범선에 관한 글을 번역한다면 "이물과 고물(bow and stern)", "좌현과 우현(port and starboard)"과 같은 용어를 사용했을 때 원문의 의도를 정확하게 살릴 수 있다. 승마에 관한 글이라면 "전구와 후구(fore and hind)", "좌측과 우측(near and off)"과 같은 용어를 사용했을 때 번역사가 정확한 용어를 알고 있음이 드러난다.

도착어 텍스트에서 정확한 용어를 사용하지 않은 경우, 번역사와 번역 결과물에 대한 신뢰도를 떨어뜨리고 텍스트가 의도한 효과가 약화될 수 있으며 저자나 연사의 시각에서 볼 때는 의사소통 효과가 줄었다고 판단내릴 수 있다(2장 참조).

용어에 대한 정보 외에도(여기서 용어란 특수 목적으로 전문 의미 또는 용도로 사용되는 어휘 단위를 의미한다) 일반적인 어휘 정보(전문 용어가 아닌 일반 어휘를 의미한다)는 통번역사가 빈번하게 찾아보고 확인하는 부분이다. 통번역사는 관련 분야의 도착어 집단이 사용하는 의미나 용례를 알아보고, 도착언어의 가능한 대응어가 "잘못된 언어짝(false friend)"이 아님을 재확인하기 위해서도 용어 정보를 수시로 확인한다.

- 스타일 및 표현 정보는 도착어 텍스트로 메시지를 재구성하는 과정에서 필요한 정보인데 동일한 종류의 텍스트를 도착어로 작성할 때 저자들이 주로 사용하는 스타일과 표현으로 번역문 텍스트를 재표현하기 위해 참고하는 정보이다. 예를 들어 마이크로컴퓨터에 대한 홍보책자에 있는 "Includes math coprocessor socket" 라는 영어 문구를 불어로 직역하면 "Comprehend une embase pour coprocesseur mathématique"라고 쓸 수 있으나 이는 불어 텍스트에서 일반적으로 사용하는 표현과는 거리가 있다. 이보다 보편적인 번역은 "Embase pour coprocesseur mathématique"라는 간결한 표현이다.

다시 한 번 강조하지만 적합하지 않는 스타일로 작성된 번역문은 신뢰도나 전달효과가 크게 떨어진다.

이런 측면에서 "모국어로 또는 모국어로부터" 통번역할 것인가에 대한 방향성에 대한 논쟁은 문제의 핵심을 간파하지 못하는 과도한 단순화이다. 많은 경우, 통번역사는 특정 사회계층어(전문용어, 과학 기술 예술 용어)를 구사하는 도착어 집단을 위해 고도로 전문분야에 대해 글을 작성한다. 이들의 표현은 일반 언어와 유사하지만 동일하지는 않다. 통번역사는 따라서 일상에서는 사용하지 않고 친숙하지도 않는 표현을 습득하고 사용해야 한다. 또한 제5장에서 언급했듯이 일반적인 용어의 형태를 갖고 있으나 관련 분야에서는 전문적인 의미나 용례로 사용되는 표현이 아닌지 습관적으로 확인해야 한다. 라파르드(Lafarde, 2009)의 연구에 따르면 이렇듯 변장을 한 전문용어는 번역작업을 하는 과정에서 걸려 넘어지기 쉬운 장애물이다.

b. 언어 외적 지식

통번역사가 보유한 기존 지식이나 출발어 텍스트에서 제공하는 단서가 충분하지 않아서 이해 그리고 재구성에 어려움이 발생한다면 새로운 지식의 습득이 필요하다. 이 같은 상황은 텍스트의 글이 명료하지 않거나 심지어 모호할 때, 오류가 있을 때 그리고 출발언어에서는 명시화하지 않으나 도착어 및 도착 문화의 규칙에 의거하여 정보의 외연화가 요구될 때 발생한다(예를 들어 직책, 성, 단, 복수 구분 등은 언어에 따라 명시화하는 기준이 다르다. 제3장의 언어/문화 생성 정보 참고). 또한 표현의 대안을 찾아서 어문구조변형, 요약, 내연화 또는 명시화, 등가의 확인 등을 하고자 할 때도 언어 외적 지식을 새롭게 습득해야 한다.

통역과 번역의 중요한 차이점 중 하나는 지식 습득 방식과 관련이 있다. 통역보다는 글로 기록이 남는 번역에서 도착언어의 수용성 기준이 더 높다. 특히, 문법과 스타일 측면에서의 요구 기준이 엄격하다. 본 장의 후반부에서 설명하겠지만 번역과정에서 새로운 지식 습득은 일반적으로 작업을 진행하는 동안 이루어지는 반면 통역을 위한 지식 습득은 대부분 회의가 개최되기 이전에 이루어진다(적어도 "일반적인" 작업 상황에서는 그렇다). 이 같은 차이점 때문에 통역사와 번역사에게 교육하는 지식 습득 전략은 확연히 달라진다.

3. 지식 습득을 위한 자료

3.1 자료의 분류

지식 습득을 위한 자료는 몇 가지로 분류가 가능하다. 먼저 자료가 문서인가, 전문가인가로 분류한다. 문서는 인쇄물(또는 필름, 마이크로필름) 또는 전자 자료가 있고 근접 소장 자료와(컴퓨터 디스크, 디스켓, 테이프, CD-ROM 등) 원격자료(원격 데이터베이스, 월드와이드웹 문서 등) 등으로 나뉜다.

문서 자료는 용어집과 그 외 관련 문서로 다시 세분화 가능하다. 전자는 사전, 용어집, 용어 파일 등으로 어휘에 대한 정보를 제공하기 위한 목적으로 제작된 문서이며 번역사가 지시 대상어와 그 용례를 이해하고 외국어로 대응어를 찾는데 유용하다. 그 외 관련 문서로는 논문, 서적, 카탈로그, 홍보 자료, 공식 정부문서, 다국적 기구 및 비정부 기관 보고서, 법문서, 계약서, 특허권, 사용자 매뉴얼, 파워포인트 발표 자료, 공지사항 등등 다양하며 이들 문서를 제작한 용도나 저자의 의도 또한 다양하다. 그럼에도 불구하고 본 장의 후반부에서 설명하겠지만 관련 문서는 일반적인 맥락에서 관련 분야 용어의 용례를 찾아 볼 수 있어서 용어와 관련된 지식을 습득하는데 유용하다.

참고로 통번역학에서 술어(terminology)와 술어학(terminological)이라는 개념은 실제 술어학 학자의 관점에서는 잘못된 명칭이다. 술어는 전문용어, 특히 전문용어가 만들어지고 발전하고 교류되는 과정에 대해 연구하는 과학적인 학문분야를 지칭한다(마이요(Maillot), 1970, 뒤뷕(Dubuc), 1978 참조). 그러나 본서에서는 번역사들이 일반적으로 일컫는 의미로 정의하고 있어서 전문 용어를 이해하고 적합한 도착어 대응어로 재표현하는 통번역 활동의 한 영역으로 술어의 의미를 정의하겠다.

3.2 통번역을 위한 자료의 분류 기준

전문 통번역사의 입장에서 지식 습득을 위한 자료 출처의 효용 가치는 다음의 다섯 가지 기준으로 평가가 가능하다.

1. 존재 여부

언뜻 보기에는 사소한 사항이라고 간주할 수 있지만 중요한 평가 기준이다. 분야에 따라 기타 여건에 따라 자료를 수월하게 구하기도 하고 때로는 무척 어려울 때도 있다. 자료의 존재 여부는 지식 습득 전략에 영향을 미치므로 중요하다.

2. 외부 접근성

자료 출처에 접근하기 위한 시간적, 금전적, 필요 노력(예를 들어 도서관 사서, 상점주, 문서의 소유자와 같은 정보의 문지기로 인해 번역사의 정보에 대한 접근이 허용되지 않는 경우) 측면에서의 비용을 의미한다.

3. 내부 접근성

관련 자료를 입수한 때부터 필요한 정보를 정확하게 찾기까지 소요되는 시간과 노력으로 정의한다. 내부 접근성은 출처 내에 정보가 정리되어 있는 방식이나 자료의 편집 상태, 외형 또는 음질(필체, 인쇄 상태, 텍스트의 편집 상태, 녹음 상태 등)에 의해 좌우 된다.

4. 정보의 유효 범위(coverage)

자료에 포함된 정보의 양이 정보의 유효 범위와 비례한다고 생각하는 경향이 강하다. 대략, 얇은 책보다 두꺼운 책에 많은 정보가 담겨 있을 것이라고 생각한다. 전문용어사전과 용어집은 입력 용어의 수가 많을수록 정보가 더 많이 포함되어 있으리라 생각한다. 그러나 항상 이 생각이 옳지는 않다. 먼저, 전문용어사전, 용어집 등 문서자료에서 제공하는 정보는 전문적인 내용보다는 일반적인 설명인 경우가 많고 전문적인 설명이 전체에서 차지하는 비율은 극히 적을 수 있다. 둘째, 얼마나 유용한 정보인가는 통번역사가 보유하고 있는 주제에 관한 사전 지식에 좌우된다. 사전 지식수준에 따라 얼마나 많은 정보를 그리고 어떤 정보가 포함된 자료가 필요한지 결정할 수 있고 동일한 자료라도 어떤 사람에게는 매우 효과적이고 유용한 반면 어떤 이에게는 큰 쓸모가 없을 수 있다.

5. 신뢰도

자료에서 찾은 정보의 신뢰도는 차이가 있다. 신뢰도는 다시 언어 신뢰도와 언어 외적 신뢰도로 구분하는데 언어 신뢰도는 용어 및 표현에 대한 신뢰이고 언어 외적 신뢰도는 현실에서의 정보 대상에 대한 신뢰로 평가한다. 때로는 자료의 정보는 신뢰도가 높은데 용어를 부적절하게 사용하고 있는 경우가 있고 용어의 사용은 정확하나 정보가 부정확한 자료도 있다.

3.3 용어 관련 지식 습득을 위한 문서 자료의 장단점

1. 존재 여부

문서 자료는 늘 존재한다. 우선 출발어 텍스트가 문서자료 중 하나인데 관련 주제에 대한 언어 정보(용어 및 관련 표현) 그리고 언어 외적 정보를 포함한다. 사소한 사항이지만 특정 주제에 대한 번역 수요가 증가하는 시점은 일반적으로 그 주제나 현상에 대해 많은 논의가 진행되고 저서 등의 집필이 이루어진 직후인 경우가 많다. 2중 언어 및 다국어 용어집은 보통 관심을 받은 한참 후의 시점에서야 제작이 이루어지는 편이다. 용어집 제작을 위한 방대한 작업과 비용에도 불구하고 해당 주제에 대한 관심이 꾸준해서 필요하다고 판단하는 시점에 제작을 결정하기 때문이다. 과거에는 통번역사가 새로운 분야의 일을 처음 맡으면 가장 먼저 용어자료를 찾는 일에 착수했었다. 그런데 불과 몇 십 년 사이, 온라인상에 여러 언어로 엄청난 분량의 문서가 업로드 되기 시작하면서 용어 자료의 존재 여부에 대해 우려하거나 자료를 찾는 일은 더 이상 최우선순위가 아니다. 검색엔진에서 적절한 키워드를 입력하기만 하면 상당히 다양한 문서 그리고 용어 자료를 구할 수 있다.

2. 외부 접근성

문서 자료에 대한 외부 접근성은 각 번역사의 지리적 위치 그리고 작업환경에 따라 상당 부분 결정된다는 점에서 여기서 논의하는 다른 기준과는 차이가 있다. 번역 작업을 위해 도서관에서 문헌을 찾아보아야 한다면 대도시에 살고 있는 번역사가 그렇지 않은 번역사에 비해 외부 접근성이 더 높다. 비슷한 맥락에서 출발어나 도착어를 사용하는 국가가 번역사가 일하는 국가로부터 먼 곳이라면 접근성이 떨어진다. 따라서 프랑스에 살고 있는 번역사라면 영어를 불어로 번역하는 작업이 일어를 불어로 번역하는 작업보다 유리하다고 평가한다. 그러나 요새는 온라인에서 엄청난 양의 문서를 검색할 수 있고 영어뿐만 아니라 서구 언어 그리고 점점 다양한 언어로도 검색이 가능하다. 이로 인해 통번역사의 문서에 대한 의존도는 줄었고 지식 습득에 있어서 지리적 장벽은 더 이상 문제가 아니다. 그러나 이러한 환경이 보편적으로 보장되고 있지는 않다. 특정 주제와 관련된 웹에서 접근 가능한 문서는 일부 언어의 경우는 여전히 매우 제한적이다. 다만 급속도로 발전이 이루어지고 있기는 하다. 또한 기밀유지의 차원에서 일부 자료에 대한 접근이 차단된 경우가 있는데 이는 기술의 발전 여부와는 관계가 없다.

외부 접근성에 영향을 주는 또 한 가지 측면은 통번역사와 의사소통 당사자 사이의 연락 가능성이다. 작업환경 측면에서는 번역사가 원문의 저자나 번역문의 독자와 직접 연락을 취할 수 있다면 번역 회사를 중간에 두고 일하는 때보다 정보습득을 위한 접근성이 높다. 이 점이 번역회사를 중간에 두고 작업할 때의 가장 큰 단점이다.

3. 내부 접근성

문서자료의 내부 접근성은 정보가 정리되어 있는 방식이나 외형적 상태에 의해 좌우된다. 용어집은 알파벳순으로 정리되어 있어서 원하는 정보를 찾기가 매우 용이하므로 내부 접근성이 높은 반면, 기타 문서자료는 원하는 정보를 찾기 위해 한참동안 서류를 뒤져야 하는 경우도 있다. 전자 문서의 경우, 검색 기능이 추가되면서 내부 접근성이 크게 향상되었고 이제는 문서의 내부 구조에 의해서는 크게 영향을 받지 않는다(검색한 정보가 화면에 나타나기까지 시차는 1초에 불과하다). 지난 10년 사이에 검색기의 성능이 더욱 향상되면서 키워드만을 사용해서도 한 순간에 수천 개의 자료 검색이 가능하다. 특히, 웹상에 업로드 되는 자료가 기하급수적으로 증가하면서 용어 외의 관련 주제지식을 습득하는 일은 절대적으로 편리해졌다(웹을 이용한 주제지식의 습득에 대해서는 4.4절과 부록에서 논의하고 있다).

4. 정보 유효 범위

앞에서 설명한 바와 같이 특정 자료의 정보 유효 범위는 주관적인 측면이 많은데 번역사가 보유한 기존 지식에 따라 찾고자 하는 정보가 달라질 수 있기 때문이다. 동일한 자료를 본 후, 일반인의 경우는 알고자 하는 정보의 상당 부분을 자료에서 입수했기 때문에 아주 꼼꼼한 자료라고 평가하겠지만 전문가의 입장에서는 대부분 이미 알고 있는 정보이므로 새로 습득해야 할 정보를 찾을 수 없다면 해당 자료의 정보 유효 범위가 낮다고 평가할 것이다. 개인차가 존재한다는 전제 하에 정보 유효 범위에 대해 몇 가지를 언급하고자 한다.

번역 작업에 필요한 모든 용어에 대한 정보를 단 하나의 용어집에서 완벽하게 찾는 경우는 극히 드물다. 기본적인 용어에 대해서는 주변에서 쉽게 입수 가능한 일반 자료에서도 정보를 얻을 수 있다. 그러나 찾고자 하는 정보가 전문적일수록 다양한 출처를 찾아보아야 하고 어느 시점 이후부터는 더 이상 찾아 볼 출처가 존재하지 않는다. 기본적으로 용어집이나 용어관련 문서자료에서 필요한 정보를 완벽하게 찾지 못하는 몇 가지 이유가 있다.

* 첫째, 용어 자료를 제작하는 일은 방대한 작업이며 직접적으로 간접적으로 많은 비용이 든다. 출판사와 같은 영리기관에서 용어집을 제작한다면 당연히 수익성에 관심이 있을 것이고 이는 수시로 수정보완이 이루어질 가능성은 희박하다고 예측해야 한다. 빠르게 기술이 변화하고 신조어가 만들어지는 분야라도 채산성을 고려하면 자주 개정판을 출간하기는 힘든 일이다. 상업적인 목적의 자료가 아니라면 수익성은 고려하지 않겠지만 문제는 작업을 할 인력과 시간이다. 결국 결과는 동일하다. 관련 분야의 발전을 따라가기에는 수정보완이 더딜 수밖에 없다.
* 둘째, 자료의 인쇄와 관련된 어려움이 있다. 특정 분야에서 사용하는 모든 용어를 수록한 용어집은 물리적으로 그 부피가 너무 커서 사용하기 불편할 것이다. 가격도 매우 고가이므로 판매가 부진할 것으로 예상된다. 전자문서라면 이런 문제의 해결이 가능하다.
* 셋째, 용어집에 수록할 용어는 정도의 차이는 있지만 매우 까다롭게 선정한다. 용어집을 제작하는 입장에서는 표준용어만 수록해야 의사소통에 기여할 수 있으므로 까다로운 선별 태도는 타당하다. 반면에 현장에서 보면 전문용어의 용례가 아직까지 일관성이 결여되어 있다. 따라서 수록 용어의 선정 기준을 표준화에 둔다면 유효 범위가 떨어지는 용어집을 제작하는 결과를 초래한다. 통번역사의 입장에서는 이런 용어집은 효용 가치가 떨어진다.
* 넷째, 용어는 속성상 자연적으로 그 수가 증가하기 마련이고 특히 특정 기업이나 집단 내에서만 국한해서 사용하는 용어도 증가하기 마련이므로 아무리 용어 전문가로 구성된 팀이라도 한 특정 분야

에서 사용하는 모든 용어를 놓치지 않고 취합해서 정리하기는 어렵다. 다시 말해서 사내에서 만들어 사용하는 업체 "고유"의 용어는 일반 자료에서는 찾기 힘들고 사내에서 제작한 내부자용 용어집에서만 이용 가능하다는 의미이다.

* 다섯째, 용어자료집을 제작하기 위해서는 수개월 또는 수년에 걸쳐서 편집, 인쇄, 배포 등의 작업을 수행하고 노력해야 한다. 그런데 전문분야에서 용어의 혁신 속도는 매우 빠르게 진행되기 때문에 몇 달만이라도 뒤쳐진다면 많은 양의 정보를 놓치게 된다. 클로드 베다르(C. Bédard, 1986)가 번역의 기술(La traduction technique)에서 설명했듯이 사전을 출간하기도 전에 이미 시대에 뒤쳐질 수 있다. 베다르는 또 주제 분야에 따라 혁신 속도가 차이가 있음을 강조하면서 1930년대에 만들어진 자동차 구조에 관한 사전이라면 현재도 일부 효용가치가 있을 수 있으나 데이터 처리에 관한 내용이라면 가장 최신판을 사용해야 한다고 주장했다(p. 34). 의학 분야의 경우, 네크라소프(V. Nekrassoff, 1977: 106~107)에 따르면 1920년대 후반에는 알려진 증후군이 겨우 3천여 개에 불과했으나 1970년대 후반에 들어서는 3만개 이상의 증상이 수록되었으며 매일 두, 세 개가 늘어난다고 한다. 데이터베이스와 같은 전자 자료는 인쇄된 자료보다 훨씬 더 빠르게 업데이트할 수 있지만 역시 기본적인 한계가 있어서 이 또한 최신 정보를 완벽하게 모두 포함하지 못한다.

5. 신뢰도

자료의 신뢰도는 다음의 6가지 하부 항목에 의해 평가가 가능하다.

a. 자료가 작성된 언어에 대한 저자의 언어 숙달 정도. 대개 저자의 모국어로 작성한 자료가 그렇지 않은 자료보다 신뢰도가 높다고 평가한다. 물론 자신의 전문 분야에 대해서는 외국어로도 충분히

높은 수준의 필력을 갖출 수 있다.

b. 2차 텍스트(다른 텍스트의 파생 텍스트 예를 들어 원문 텍스트에 대한 보고서, 요약문, 축약본 등) 대비 원문텍스트로서의 위상. 일반적으로 해당 언어로 직접 작성된 텍스트는 번역문보다 언어적 측면에서 신뢰도가 높다. 물론 절대적이지는 않다. 때로는 저자가 모국어가 아닌 언어로 글을 쓰는 경우도 있기 때문이다. 2차 텍스트 대비 원문 텍스트의 신뢰도가 높은 이유는 많은 경우 2차 텍스트의 저자가 원문 저자에 비해 해당 분야에 대한 지식이 아직 축적되지 않은 경우가 많기 때문이다(아래 c항 참고).

c. 해당 분야에 대한 저자의 지식. 전문기자가 작성한 텍스트는 전문가의 텍스트보다 더 명료하고 읽기 쉬울 수는 있지만 신뢰도는 떨어진다. 텍스트 주제와 저자의 전문 분야 또는 준 전문 분야의 관련이 많을수록 텍스트의 신뢰도는 높아진다. 예를 들어 부정맥(심장의 운동 리듬에 문제가 발생하는 증상)에 관한 심장학 자료의 경우, 가정의학과 전문의, 심장전문의, 부정맥전공 심장전문의가 작성한 텍스트의 신뢰도는 각각 차이가 있다.

d. 원문과 번역대상 텍스트의 유사성. 동일한 주제의 글이라도 텍스트의 종류, 저자, 대상 독자에 따라 그 문체나 용어 선택에서 차이가 발생한다. 일반인을 대상으로 특정 기술의 발전상에 대해 설명하는 글이라면 저자는 가장 평이하고 명료한 단어를 사용해서 글을 쓰겠지만 기술자가 다른 기술자를 대상으로 글을 쓰는 경우에는 전문용어나 약어의 사용이 빈번하다. 회의의 연사의 경우에도 유사하다.

e. 시간. 앞에서 언급했듯이 과학 기술 분야는 하루가 다르게 변화하기 때문에 정보가 유효성을 잃는 속도 또한 매우 빠르다. 특히, 용어 정보는 워낙 변화가 빠르다보니 일 년 정도의 시간이면 시대에 뒤처지는 경향이 있다. 카스테야노(L. Castellano, 1983: 71)는 이러

한 실태에 대해 다음과 같이 평했다. "용어를 수집해서 정리하고 출간하기까지는 시간이 소요되기 때문에 어떤 사전이라도 빨라야 5년 또는 10년 정도 시대에 뒤져 있다." 실제로 용어의 정의나 등가 표현이 바뀌는 것은 물론이고 뜻도 더 다양해지고 의미나 용례가 바뀌는 단어도 많다.

f. 출발어 및 도착어 사회계층어의 일치성.
사료에서 제공하는 정보는 "표순 표현" 또는 가장 관련성이 많은 사회계층 사람들이 사용하는 용어 및 표현을 사용하고 있지만 의도한 도착어 독자집단이 사용하는 표현과는 거리가 있는 경우가 있다. 도착어 독자의 소속 기관 내에서만 통용되는 별도의 용어와 표현이 존재하기 때문이다. 이런 사례는 정보통신 분야 기업의 사내 문서의 특성이다.

요약하면 이상적인 자료 출처는 다음을 충족해야 한다.

- 원문이 도착언어로 작성된 참고지료여야 헌디(번역문은 피하는 편이 좋다).
- 해당 주제분야의 전문가가 작성한 글이어야 한다.
- 최신의 정보를 담아야한다.
- 번역하려는 텍스트와 유형(교과서, 학술지 논문, 공식 보고서, 카탈로그 등) 그리고 의사소통 행위의 사회적 요인(누가 누구를 위해 어떤 목적으로 어떤 상황에서 작성한 글인가) 등의 측면이 유사한 자료여야 한다.

4. 번역을 위한 지식 습득 전략

4.1 시간적 고려사항

통역의 경우는 작업 수행에 필요한 관련 지식을 대부분 통역을 시작하기 이전에 습득한다. 통역이 이루어지는 상황에서는 지식 습득을 위한 여유가 없기 때문이다. 하지만 번역은 상황이 다르다. 번역사는 작업을 진행하면서 필요한 부분에 대해서 그때그때 지식을 찾아볼 시간적 여유가 존재한다. 언뜻 보기에는 번역사는 시간의 부족으로 인한 어려움은 없는 듯하다. 하지만 독자들의 까다로운 평가를 오랜 시간이 지나도 견딜 수 있는 완성도 높은 텍스트를 그것도 신속하게 완료해야 한다는 압박을 받으면서 일하고 있다는 측면에서 번역사도 통역사와 상황이 거의 유사하다. 이와 같은 상황에서 엄청난 양의 문서를 거의 실시간으로 접근할 수 있는 월드 와이드 웹은 지식 습득을 위한 더할 나위 없이 훌륭한 정보출처이다(4.4절과 부록 참고).

4.2 자료 선택

4.2.1 시작단계 자료, 중간단계 자료, 정리단계 자료

번역의 결과물로서 산출된 텍스트의 품질은 출판 가능한 수준이여야 한다는 기대를 충족하기 위해서는 무엇보다도 신뢰할 수 있는 참고자료를 확보하는데 우선순위를 두어야 한다. 이와 관련하여 지식 습득의 과정 그리고 습득한 자료의 효용성을 세 단계로 나누어 평가할 수 있다. 정보를 찾아보는 과정에서 번역사들이 가장 쉽게 접하게 되는 자료는 신뢰도가 떨어지는 경우가 있다. 예를 들어 번역텍스트 또는 다국어 사전 등을 이용가능한데 가장 처음 찾아보는 자료인 시작단계 자료에서 찾은 정보는 반드시 신뢰도가 높은 정리단계 자료와 비교하며 검토하도록 한다. 때때로 중간단계 자료도 활용할 수 있다.

용어의 경우는, 시작단계 자료는 이해하기 어려운 텍스트 단락을 이해하는데 도움이 되도록 출발어로 작성된 텍스트를 주로 참고하고 불가피한 경우 신뢰도가 다소 떨어지더라도 2중언어사전 또는 다국어사전을 이용한다. 정리단계 자료는 재표현에 도움을 줄 수 있는 도착어로 작성된 자료가 좋다. 희소언어(상황에 따라 희소성은 상대적이다)로 또는 희소언어에서 다른 언어로 번역하는 경우에는 중간 언어를 거쳐야 하는 경우가 발생한다. 예를 들어 일어를 불어로 번역할 경우 일불 기술용어 사전이 거의 없기 때문에 일영 사전을 참조한 후 영불 사전을 중간단계 자료로 이용하고 불어 문서를 정리단계 자료로 사용하는 경우가 종종 있다.

시작단계 및 중간단계 자료로는 다양한 종류의 텍스트를 참고하고 반드시 그 언어를 모국어로 사용하는 저자가 아니더라도 비원어민이 작성한 출발어, 도착어, 또는 제3의 언어로 작성된 텍스트 자료를 참고해도 좋다. 반드시 신뢰도가 높지 않아도 중간, 또는 낮은 신뢰도의 텍스트도 모두 참고하면 도움이 된다. 중요한 점은 정리단계 자료는 반드시 신뢰할 수 있는 자료여야 한다는 점이다.

4.2.2 접근성

외부 접근성과 관련한 어려움은 문서 자료나 전문가에 대한 접근성인 경우가 가장 많다. 내부 접근성의 문제는 용어 자료가 아닌 문서 자료를 검토할 때 어려움으로 작용할 수 있으나 전자 문서 형식의 용어 자료는 사용이 용이하다. 현장은 항상 예측 불허하지만 다음의 두 가지 원칙이 적용된다.

- 특화는 접근성으로 인한 어려움을 해소 하는데 도움이 된다. 제5장에서 언급했듯이 번역 분야를 특화하면 해당 주제에 대해 더 심도 있고 체계적으로 탐구할 수 있을 뿐 아니라 정보의 출처, 신뢰도 그리고 정보에 대한 접근 방법에 대해 더욱 잘 알 수 있기 때문이다. 반면에 초보 번역사는 처음부터 바로 특화를 할 여건이 되지 않으므로 언제라도 이용할 수 있도록 다양한 자료를 확보해 두어야 한다. 어떤 언어조합의 경우는 번역 일도 많지 않고 특화도 불가능하다. 과거에는 이런 경우는 사전 그리고 다른 문서를 찾는데 많은 투자를 해야 함을 의미했다. 이제는 어떤 언어라도 온라인이라는 지식의 보고가 있어서 큰 어려움은 없다.
- 인맥. 일반적으로 번역을 읽을 대상 독자와 직접적으로 연락이 가능하면 가장 수월하게 도착어로 된 신뢰도 높은 자료에 접근할 수 있고 번역의 품질을 대폭 향상 시킬 수 있다. 도착어 독자와의 접근성이 있다면, 번역사가 단독으로 해결할 수 없는 문제에 대해 여러 사람의 의견을 취합하고 논의해서 해결방안을 결정하는데 도움이 된다.

4.2.3 초기 자료 구입

번역사가 친숙한 주제일수록 어떤 자료를 어디서 어떻게 찾을 수 있는지에 대해 더 잘 알고 결과적으로 시간이 오래 지났거나 신뢰도가 떨어지는 자료를 중복 구입하는 양이 줄어든다. 초보번역사의 경우 처음에 돈을 많이 들여 여러 권의 사전을 구입하는 경향이 있는데 사전은 대부분 잠시 사용하다가 손 안 닿는 책장 꼭대기나 상자 속에 방치되는 경우가 많다. 라가르데(Lagarde), 2009)의 최근 연구에 따르면 프랑스에서 일하는 프리랜서 번역사들은 웹에서 많은 자료를 접근할 수 있게 되면서 더 이상 그러한 자료는 구입하지 않는다고 한다. 물론, 온라인상에서 여전히 자료를 찾기 힘든 언어조합의 경우는 예외이다.

불필요한 낭비를 줄이기 위해 교사가 학생들에게 자료 구매에 대한 조언을 하는 것도 좋은 방법이다. 가능하다면 각 자료에 대해 정확하고 꼼꼼하게 충고해야 도움이 되고 전반적인 주의 사항에 대한 권고도 필요하다. 예를 들어 다국어 사전이나 오래된 사전은 피해야 한다(일부 예외적인 경우에 대해서는 별도로 교사가 조언하도록 한다). 사전에 수록된 단어 수가 많다고 정보 유효 범위가 높다고 오해해서는 안 된다. 수록된 단어 중 많은 어휘는 중요성이 떨어지거나 해당 분야와 관련이 적은 다른 전문 분야 또는 일반 어휘일 가능성이 높다.

4.2.4 도서관 이용 전략

반복적으로 사용하게 될 가능성이 높은 자료는 구입하고 개인적 용도로 정리해 둔 자료(4.5절 참조) 외에는 도서관도 유용한 지식 습득 장소라는 사실은 누말할 필요가 없다. 도서관 활용 전략은 본서의 목적을 벗어나기 때문에 여기서는 몇 가지 주요 사항에 대해서만 짧게 언급하고 개별 교사가 알아서 교육하도록 한다.

- 번역 작업을 하는 데 필요한 모든 정보를 한 출처에서 얻을 수 있는 그런 자료는 없다. 또한 용어를 찾을 때만큼 수확체감의 법칙이 강하게 작용하는 때도 없다. 관련 분야에 대한 기본적인 용어나 개념에 대해서는 어느 자료에서나 쉽게 찾을 수 있지만 한 곳에서 찾지 못한 정보는 다른 어느 자료에서도 찾기 힘든 경우가 많다. 이로 인해 번역사는 필요한 정보를 찾기까지 수많은 문서를 뒤져야 하고 결국은 못 찾는 경우도 발생한다. 번역사는 외부 접근성 문제를 피하기 위해서라도 되도록 열람이 가능한 개방형 도서관을 이용하는 습관을 들이면 도움이 된다.
- 문서 자료에서 정보에 대한 내부 접근성이 가장 높은 부분은 목차 그리고 색인 정보이다.
- 도서관에서 용어 정보를 찾을 때에는 찾아 볼 항목을 미리 알파벳 순서로 준

비하도록 한다. 사전과 용어 해설의 앞뒤를 오가면서 뒤적거릴 필요 없이 같은 방향으로 페이지를 넘기면서 자료를 찾으면 편하다. 이는 사소하지만 많은 시간을 절약할 수 있으면서도 간단한 전략이다.

- 마지막으로 대부분 교과서에는 용어 해설이 첨부되어 있다. 이 자료는 대개 신뢰할 수 있고 다른 곳에서 찾기 어려운 해당 분야에만 국한된 정보도 있다. 용어해설이 수록된 교과서 위주로 찾아 참고하는 방법도 효율적인 전략이다.

4.3 이중 언어 및 다국어 사전

신뢰도가 높은 자료를 선별해서 사용하는 요령이 매우 중요하다. 가장 많이 알려져 있고 또 널리 사용하는 용어 자료인 2중 언어 및 다국어 사전은 "번역사가 가장 먼저 찾아보는 자료"(카스테야노, 1983)이며 "학생이 가장 처음에 구입하는 참고문헌"(메이어(Meyer), 1988)이면서 "모든 번역사가 애용하는 도구"(미첼(Mitchell), 1988)라고 말한다. 따라서 사전에 대해 검토해 볼 필요가 있다.

한 가지 꼭 기억해야 할 사항은 두 개 언어의 전문가 집단을 모으기가 단일 언어 전문가 집단을 모으기보다 훨씬 어렵고 셋이나 넷, 그 이상의 언어 전문가 집단을 모아서 공동 작업을 하는 일은 더더욱 까다롭다는 점이다. 일반적으로 용어집에서 취급하는 언어의 수가 늘어날수록 작업은 복잡해지고 신뢰도의 확보가 어려워진다. 이에 대해 카스테야노는 다음과 같이 말했다(1983: 72).

> 전문용어사전의 경우 사전이 편찬되는 언어의 수가 많을수록 거의 예외 없이 실제로 사전을 사용해 보면 신뢰도가 떨어지고 내용도 부실하다는 생각이 든다. 가장 유용한 사전은 전문가들로 구성된 위원회에서 편찬한 단일 언어로 된 전문용어사전이나 용어 해설이다.

그렇다고 이중 언어 및 다국어 사전을 금지시켜야 한다는 말은 아니다. 내부 접근성이 높고 가끔은 외부 접근성도 양호하기 때문에 시작단계 자료로 유용하다. 그러나 정리단계 자료로는 사용하지 않는 편이 바람직하다. 다른 대안이 없는 경우 일반적으로 사전은 저자의 모국어나 사전의 발행 장소에 따라 신뢰도가 높은 언어가 있다는 점을 기억해두면 도움이 된다. 예를 들어 일본에서 편찬된 사전이라면 영어나 기타 언어보다는 항상 일본어 용어의 신뢰도가 높다. 유럽 언어 사전이라면 일반적으로 저자의 이름을 보고 저자의 모국어 또는 편집부가 주로 사용한 언어가 무엇인지 파악이 가능하다.

4.4 전자 자료

전자 자료가 존재하는 경우 내부 접근성 측면에서 인쇄된 문서자료를 능가한다. 일부 번역사는 인터넷에서 전문 분야에 대한 텍스트는 찾기 어렵다고 불만을 토로하기도 한다(라가르데, 2009). 그러나 온라인에 게시되는 문서는 고도로 전문분야의 문서를 포함해서 꾸준히 증가하고 있고 이제는 웹상에서 검색을 하는 일이 일차적인 자료 찾아보기 수순이다. 또한 통번역을 위한 목적으로 지식을 습득하기에 충분한 전략이라고도 말한다.

사전과 비교했을 때 웹의 가장 큰 장점은 번역사가 숙어나 연어를 다양한 맥락에서 검색하고 확인이 가능하다는 점이다. 이에 비해 사전은 일반적으로 한 단어씩 수록되어 있고 불과 몇 개의 숙어나 예시를 제공하는 정도이다. B언어로 작업을 하는 경우에는 이는 매우 중요한 이점이다.

온라인을 이용한 지식 습득 방식의 주요 우려사항은 신뢰도이다. 온라인상의 문서는 언어 측면에서나 정보의 신뢰성 측면에서 관리 통제가 이루어지기 힘들다는 문제가 있다. 결국 진정으로 전문가가 작성한 문서와 정보나 언어적 측면에서 품질이 떨어지는 문서가 공존하고 있음을 의미한다(매우 인기가 높은 온라인 정보 출처인 위키피디아도 이런 측면에서 문제가 있다). 둘째, 연관된 문제인데 웹 문서는 때로는 저자가 누구인지 알 수 없고 저자의 자격 또는 문서가 작성된 날짜 등도 불분명하다. 당연히 문서의 신뢰도를 평가하기가 더욱 힘들다. 그러나 많은 경우 텍스트의 종류, 저자, 관련 기관, 전문가로서의 지위, 모국어 또는 비모국어 연사가 작성하거나 연설한 텍스트 여부 등이 명시되어 있거나 이름 또는 url 주소(문서를 찾은 웹사이트의 정식 명칭) 등을 통해서 추론이 가능한 때도 있다.

지난 십년동안 IPDR(제5장 참고) 등을 통해서 학생들이 웹을 이용하여 지식검색을 했을 때 문제가 무엇인지 알게 되었다. 첫째는 통번역 과정에서의 어려움(도착어 용어 또는 표현)에 대한 최상의 해결책은 가장 많은 수의 사람들이 검색한 내용이라고 믿는 착각이었다. 동일한 웹 문서를 검색하는 사람들이 많을 수 있다는 점을 생각한다면 잘못된 생각이다. 각 자료의 신뢰도는 그 출처를 정확하게 알아보기 전까지는 확신해서는 안 되며 신뢰도가 낮은 자료도 검색 횟수는 높을 수 있다는 점을 기억해야 한다. 예를 들어 불어 키워드를 입력하고 검색을 하면 많은 검색 결과가 캐나다의 문서로 이어진다. 그러나 캐나다식 불어는 용어나 표현이 프랑스에서 사용하는 것과는 차이가 있다. 또 다른 자주 발생하는 오류는 웹상에서 검색이 안 된다는 이유로 특정 용어, 표현 또는 연어의 대응어를 거부하는 일이다. 빈도 높게 사용하는 용어나 표현이더라도 항상 웹에서 검색이 가능하지 않을 수 있다는 점을 학생들에게 주지시킬 필요가 있다. 때로는 신선하고 창의적인 표현을 사용하는 전략이 가장 좋은 방법일 때도 있다. 또 다른 한 가지 학생들이 빈번하게 범하는 오류는 자료를 대충 훑어본 후 정확하게 올바른 표현 또는 용어인지 확인하지 않은 상태에서 사용하는 일이다. 의도한 맥락 그리고 의미가 정확하게 일치하는지 충분히 확인이 이루어져야 한다(이에 대한 예시는 부록에 나와 있다).

4.5 개인적으로 정리한 자료

모든 문서 자료의 가치는 시간이 지나면서 감소하게 마련이다. 각 분야가 발전하면서 정보가 빠르게 시의성이 떨어지기 때문이다. 그렇다고 사전과 교과서의 개정판이 나올 때마다 구입하는 것은 비용도 많이 들고 개정판이 나오더라도 변경된 내용의 비중이 미미하기 때문에 비합리적이다. 이 모든 취약점과 더불어 비용과 저장의 문제 등을 고려할 때 결국 번역사가 직접 자료, 특히 용어 자료를 정리하고 시시때때로 보완해 이용하는 방법은 매우 바람직한 전략이다.

개인별 파일과 용어정리의 방법이나 형식에 대해서 논의를 하는 것은 본 장의 취지를 벗어나지만 아래의 두 가지 원칙이 매우 중요하므로 반드시 준수하도록 한다.

- 신뢰도를 확보하기 위해 각 자료마다 정보의 출처를 반드시 명시하도록 한다. 가능하다면 날짜와 신뢰성 점수도 같이 기록해두도록 한다. 이는 일종의 예방책이 되기도 한다. 만약 고객이 용어 사용에 대해 이의를 제기할 경우, 좋은 뜻으로든 나쁜 뜻으로든 (일부 고객의 경우 번역비용이 너무 비싸다거나 결제를 미루거나 줄이기 위한 핑계거리를 찾으려는 목적으로 이의를 제기하는 경우도 있다) 출처를 정확하게 밝힐 수 있으면 용어 사용의 정당성을 확보하거나 적어도 전문가들이 사용하는 표현이라는 점을 확인할 수 있다. 실제로 이러한 이유로 인해서 통역사보다는 번역사가 시간을 들여서 개인 용어정리를 하고 앞에서 언급한 주요 정보를 기록해 두는 경우가 많다.
- 인쇄된 문서의 경우에는 (컴퓨터 파일로 정리된 용어집을 통번역을 위해 인쇄하여 배포한 경우도 포함) 필요한 정보를 찾지 못하는 낭패를 막기 위해 자료를 정리하는 시점부터 내부 접근성을 높일 수 있는 방법을 확보해야 한다. 파

일을 알파벳 순서로 정리하는 방법이 한 가지 이다. 좀 더 체계적인 방법은 주제 및 소주제별로 용어를 정리하는 방식이지만 계획을 짜서 실행하는데 오랜 시간이 걸린다. 전자 문서만을 사용하는 경우 (컴퓨터, 노트북, 개인용 휴대 장비 등), "검색" 기능을 이용하면 어떤 방식으로 정리를 하든지 내부 접근성의 확보가 가능하다.

카스테야노(1983: 75)는 "번역사에게 가장 중요한 용어집은 자신이 직접 정리한 자료이다"라고 말했다. 필자도 이 말에 동의한다. 단, 용어 및 자료 정리는 전문통번역사로 일하기 시작하는 초기 몇 개월 동안만이 아니라 중장기적인 차원에서 꾸준히 지속해야 한다고 생각한다. 10만 개 이상의 용어가 수록된 전문 사전을 보고 그 작업의 방대함으로 인해 위축될 필요는 없다. 많은 경우, 사전에 수록된 용어 중 상당수는 번역사가 실질적으로 필요하지 않거나 이미 알고 있는 어휘일 때가 많다. 매번 번역 작업을 진행하면서 습득한 유용한 용어를 기록해둔다면 수 개월에서 길게는 수년 동안 적어도 수백에서 수천 개에 이르는 용어를 정리할 수 있을 것이다.

4.6 인적 자료

4.6.1 전문가

전문가와의 인맥이 어쩌면 가장 강력한 정보 출처가 될 수 있다. 한 분야의 전문가라면 어떤 책이나 데이터베이스에서 정보를 검색하는 것보다 더 신뢰도 높은 정보를 신속하게 제공해 줄 수 있을 뿐 아니라 통번역사의 구체적인 필요사항도 해결해 주고 필요한 정보를 가장 적절한 방식으로 설명과 함께 제공해줄 수 있는 정보 출처이다. 출발어를 모국어로 사용하는 전문가는 시작단계 자료로서 도움이 되고 도착어가 모국어인 전문가는 정리단계 자료로 활용이 가능하다. 만약 한 명의 전문가가 도착어를 모국어로 사용하면서 출발어까지 이해한다면 가장 이상적이다.

전문가와의 인맥을 활용하는데 존재하는 어려움은 주로 외부 접근성의 문제이다. 우선, 통번역사가 전문가와 연락을 취할 방법을 아는 경우도 드물고 둘째, 전문가들이 돕고자 하는 의향이 있다고 하더라도 충분히 시간과 협조를 제공해줄지도 장담하기 힘들다. 용어관련 정보의 경우는 꽤 효율적으로 도움을 받을 수 있다. 과도하지만 않다면 통번역사에게 텍스트의 모호한 부분에 대해서 설명하는 일을 즐겁게 생각할 수도 있다. 그러나 표현을 수정하는 일이나 도착어 텍스트의 문구를 다듬는 일에 대해서는 그리 효율적이지 못하다. 윤문 작업은 전문가의 영역을 벗어나고(전문지식은 많더라도 반드시 필력까지 뛰어나지는 않을 수 있다) 지지부진한 과정이기 때문이다.

학생들이 과제를 수행하면서 전문가의 도움을 받았다고 말하는 경우가 종종 있는데 번역결과물에는 심각한 오류가 남아 있는 경우가 있다. 전문가가 정확하게 알지 못해서 오류가 발생했을 가능성은 없다고 생각한다. 그보다는 전문가가 번역과정에서 요구되는 세부적인 사항까지 주의를 기울이지 않아서 발생한 문제라는 설명이 더 설득력 있다. 이런 이유에서 전문가의 도움을 받는 경우에는 비용을 지불하고 전문가의 지원을 제도화하는 방법이 좋다.

한 가지 가능한 방법은 전문가와 전문적인 컨설팅 계약을 체결하는 방식이다. 이에 따라 자문의 대가를 작업에 소요된 시간, 원문의 페이지 수, 또는 처리한 항목의 수에 따라 산정하여 비용을 지불한다. 계산의 기준이 무엇이든지 자문료는 전문가의 노력에 대한 충분한 보상을 하면서 번역사가 단축한 시간을 고려할 때 상호 이득이 되도록 한다면 양측의 관계를 유지하는데 유리하다. 전문가는 정보를 생산할 수 있는 속도가 빠르기 때문에 협력관계를 구축하는 일은 충분히 실현 가능하다. 게다가 업무처리 속도가 빠르기 때문에 컨설팅 자체의 시간도 짧게 걸릴 뿐더러 컨설팅을 제공하는 전문가의 본업에 지나친 부담을 주지 않으면서 부수적 사업으로 운영할 수 있다(물론, 전문가가 컨설팅 자체를 본업 또는 파트타임 일거리로 삼을 수도 있다). 필자도 의학 분야 번역 일을 하면서 의사와 계약을 맺은 적이 있는데(질, 1986a) 의사 측에서도 이 일이 흥미롭고 수입에도 도움이 된다고 즐거워했다. 특히, 새로운 의학 관련 텍스트를 읽어볼 수 있는 기회를 매력으로 생각하는 듯 했다. 젊은 기술자나 과학자뿐만 아니라 다양한 분야의 젊은 전문가들에게도 좋은 수입원이 될 수 있다. 번역사의 입장에서는 컨설팅 계약은 생산성과 신뢰도를 높일 수 있는 확실한 기회이고 일을 맡을 수 있는 주제의 범위도 대폭 넓힐 수 있다. 번역사가 컨설팅 비용을 상쇄할 수 있을 만큼 충분히 일거리가 있다면 금전적으로도 상호 이득이 되는 관계이다. 가령, 번역사가 한 달 동안 작업할 수 있는 번역 량을 두 배로 늘릴 수 있다면 컨설팅 비용으로 20%를 제공하고도 번역작업으로 약 60%의 소득을 올리는 결과를 가져올 수 있다.

이와 같은 협력관계는 번역사협회나 번역회사가 각 전문가 집단을 접촉하여 기술 번역을 도울 수 있는 인적 자원 네트워크를 형성함으로써 제도화하는 방법이 있고 전문가 개인을 직접 접촉해서 인맥을 구축하는 방법도 있다. 그러나 번역 교육 초기에는 이 방법을 권하지 않는데 학생들이 타당성 검토 그리고 지식 습득이라는 과정을 건너뛰려는 의도로 이용하는 경우는 교육에 역행할 수 있기 때문이다. 그러나 추후 이러한 인맥을 구축할 수 있다는 가능성에 대해서는 학생들에게 알려주도록 한다.

컨설팅 계약을 체결하여 지식 습득의 과정에서 정규적으로 전문가의 협력을 받는 상황이 아니라면 번역사의 정보 출처로서 전문가는 매우 가치 있는 정보출처이지만 접근이 제한적이고 동기부여도 높지 않다. 따라서 전문가의 노력을 최소화하면서 도움을 받을 수 있도록 배려하는 현명함이 필요하다. 전문가가 질문을 받았을 때 너무 많은 시간을 들여서 불필요한 정보까지 설명하거나 통번역사가 구체적으로 무엇을 질문하는지 파악하기 위해 시간을 소비하지 않고 즉각적으로 답할 수 있도록 질문을 작성하는 등의 사전 준비가 필요하다(뒤리외(Durieux, 1990b)의 조언 참고).

4.6.2 동료 통번역사

전문가 외에도 동료 통번역사로부터도 도움을 받을 수 있다. 팀으로 일하기 때문에 번역이나 통역 작업을 할 때 동료들끼리 정보를 교류하는 일은 자연스러운 현상이다. 혼자서 작업을 하는 통번역사의 경우는 특화를 한 동료의 도움을 받아도 좋다. 인터넷상에 개설되어 있는 통번역사의 모임 역시 소중한 정보원이다. 도움을 받을 수는 있지만 동료 통번역사는 관련 분야의 전문가가 아니라는 점 때문에 정보의 신뢰도에 대한 우려를 완전히 불식시키기는 어렵다.

5. 통역을 위한 지식 습득

5.1 기본요건

회의 통역의 경우 필요한 정보의 상당 부분은 통역사에게 제공되는 회의 자료에서 찾을 수 있고 또한 전문가가 의사소통의 상황에 함께 있기 때문에 의사소통이 이루어지는 현장에서 문의를 할 수 있다는 점도 도움이 된다. 통역을 위해 요구되는 최소한의 지식수준은 번역보다 낮은 편이다. 일반적으로 번역사는 특화가 바람직하다고 보지만 통역사의 경우는 그렇지 않다. 회의 통역사는 마치 통역 분야의 "가정 의학과"

같이 넓은 분야에 대한 지식을 갖추는 있는 편이 바람직하다(스웨다-니콜슨(Schweda-Nicholson) 1986, 펠스웨그(Feldweg) 1990). 통역사도 물론 경력이 쌓여가면서 한 영역에서 다른 주제보다 더 많은 지식을 축적하지만 전공분야로의 특화가 바람직하다고는 보지 않는다. 한편, 앞에서 설명하고 있듯이 번역사는 번역 작업을 진행하면서 지식을 습득할 수 있지만 통역사는 가능한 많은 양의 관련 지식을 회의가 시작되기 이전에 모두 습득해야 한다.

5.2 전략

5.2.1 지식 습득 3단계

지식 습득의 관점에서 회의 준비는 세 단계로 나누어 생각해볼 수 있다. 사전 준비, 회의 직전 준비, 그리고 회의 중 지식 습득이다.

a. 사전 준비

일반적으로 회의가 열리기 한참 전부터 통역사는 회의 주최 측에게 회의에서 사용되는 모든 언어로 작성된 문서 자료 전체를 제공해달라고 요청해야 한다. 여기서 입수한 자료가 통역에 결정적인 영향을 미치는 요소라는데 통역사들은 모두 동의한다. 요청하는 자료에는 회의 프로그램, 참석자 명단, 회의 배경 지식, 그리고 가장 중요한 부분인 회의 관련 문서 그리고 발표자료 및 초록이 포함된다. 문서는 해당 회의의 주요 문건으로 통역사들은 회의를 준비하는 과정에서 꼼꼼하게 검토하고 공부한다. 안타깝게도 실무 현장에서 보면 통역사들에게 문서를 제공하지 않는 경우도 많고 문서를 제공하더라도 충분하지 못한 경우가 많다. 이런 경우에는 통역사는 인터넷 등과 같은 다른 방법을 동원해서 관련 자료를 확보할 필요가 있다.

브리핑은 사전준비 과정의 일부로 통역사들에게 유익한 시간이다. 통역사를 위해 마련된 회의로 회의 주최 측과 분야 전문가가 참석하며 수 시간이 걸리는 경우도 있다. 때로는 통역사들이 리허설에 참석하도록 요청받는 경우도 있다. 가령, 주주총회 참석자가 다양한 언어를 사용하는 경우나 회의 주관 회사의 경영진이 최상의 상태로 회의가 진행되도록 준비하기 위해 리허설을 실시하기도 한다. 브리핑은 전반적인 정보를 통역사에게 제공하기 위한 목적이지만, 통역사는 개념이나 용어에 대한 구체적인 질문을 할 수 있는 기회이기도 하다. 대부분의 브리핑은 회의를 개최하기 얼마 전에 자리를 마련하고 때로는 회의 개막 몇 분전에 진행되는 경우도 있다. 통역사가 관련 문건을 사전에 숙지하고 참석자에게 물어볼 질문을 준비했을 때 효과적이다. 그렇지 않을 경우에는 주최 측에서 통역사에게 중요하다고 생각하는 정보를 준비해야 하는데 그렇게까지 꼼꼼하게 배려하는 주최 측은 극히 드물다.

b. 회의 직전준비

준비과정에서의 다양한 이유로 인해 회의 자료를 사전에 받지 못하는 경우가 있다. 회의 자료는 마지막 순간에서야 완성되는 경우가 빈번하고 연사는 통역사에게 무엇이 필요한지 인식하지 못하는 경우도 많기 때문이다. 연사가 발표 내용을 사전에 공개하기를 기피하는 경우도 있고 연설 내용이 기밀사항이면 보안 기준을 위반할 가능성도 우려한다. 상당히 많은 자료는 마지막 순간에 회의장에 도착해서야 전달된다. 최근의 경향은 파워포인트 자료를 USB에 넣어서 회의장에 가지고 오는 경우가 많다. 이때 통역사가 노트북을 가지고 있는 경우라면 자료를 복사하도록 허락을 받고 통역을 하면서 참고할 수 있다. 회의장에서 마지막 순간이 돼서야 발표 자료를 입수하는 경우도 많다. 지식 습득의 상당 부분은 이렇듯 회의가 시작되기 직전에도 이루어진다.

반면에, 회의 직전까지 해결되지 않고 있던 문제가 회의 시작 몇 분전에 참석자의 도움으로 해결되는 경우도 있다. 연사 중 자발적으로 통역 부스까지 찾아와 자신의 발표문 사본을 통역사에게 전달하고 질문에 답을 하는 경우도 있다. 그렇지 않는 연사에 대해서는 별도로 질문을 하거나 도움을 요청해야 한다.

c. 회의 중 지식 습득

마지막으로, 회의가 진행되는 동안에도 상당한 양의 정보를 모을 수 있다. 회의 시작 직후에 전달된 문서를 보거나 휴식시간 동안 참석자와 대화를 나누면서 그리고 발표와 토론의 내용을 청취하면서 통역사는 끊임없이 지식을 습득한다. 이는 문서자료를 능가하는 양의 정보이다. 회의가 이미 시작된 후라도 새로 습득한 지식은 유용한데 이어지는 발표를 통역하는데 도움이 되는 부분이 있기 때문이다. 특히, 회의가 진행되는 동안 사전에 받은 문서자료에서는 접하지 못했던 새로운 언어로 정보를 접하면서 용어 문제가 해결되기도 한다. 회의가 진행되는 다양한 언어로 연사의 발표를 듣는 방법도 관련 정보와 표현에 대한 지식을 쌓을 수 있는 좋은 기회이다.

같은 맥락에서, 부스 내에서 해당 분야에서 오랜 경험이 있어서 정확한 용어와 표현 사용이 가능한 동료의 통역을 청취하면서도 지식을 습득할 수 있다. 또는 팀의 다른 동료와 사전에 회의 준비를 하면서 정리한 용어를 교환하기도 한다. 이는 모두 회의 중 지식 습득에 해당되며 유용하다.

5.2.2 회의 준비 과정에서의 어려움

회의통역사들 사이에서는 통역 준비방법에 대해 전반적으로 큰 의견 차이는 없다. 다만, 사전 준비단계와 관련된 한 가지 기본적인 사항에 대해서는 의견이 나뉘고 있다. 일부 통역사는 사전 준비단계에서는 주로 언어 외적 지식에 초점을 맞추어 지식 습득을 해야 한다고 생각하는 반면 다른 이들은 용어 준비에 우선순위를 두어야 한다고 주장한다. 어느 곳에 우선순위를 두어야 하는가를 그리 크게 문제 삼지 않는 이유는 언어 외적 지식과 언어 지식 모두 필요하다는 점을 양측 모두 인식하고 있기 때문이다. 구체적으로 말하면, 첫 번째 접근방식을 옹호하는 사람들은 통역사가 회의 준비를 시작할 때 먼저 일반대중을 대상으로 하는 과학 이론서나 잡지, 백과사전 등을 활용해서 언어 외적 지식을 습득하고, 그 다음은 좀 더 전문적인 글을 숙독하고 그 후 회의 관련 문건 순서로 학습해야 한다는 의견이다. 두 번째 접근방식을 옹호하는 사람들은 통역사가 회의에서 사용할 것으로 예상되는 구체적인 용어를 학습하는 데 중점을 두어야 한다고 생각한다. 흥미로운 사실은 전자의 입장은 참고문헌에서 통번역 학자들과 통역 교사들이 주장하는데 비해 후자는 교육에 관여하지 않는 현역 통역사들이 지지하는 입장이라는 점이다. 필자가 개인적으로 현장에서 일하면서 느낀 바는 첫 번째 접근방식의 옹호자 역시(일반적인 배경지식을 쌓고 범위를 좁혀서 구체적으로 회의 사선 준비를 하는 방식) 용어의 습득을 먼저 시작하고 있다는 점이다.

언어 외적 지식에 중점을 둔 지식 습득이 통역사에 대해 사람들이 생각하는 지적인 이미지나 학자나 교사가 그리는 전통적인 이미지에도 잘 어울린다. 그러나 통역 과정에서의 정보처리 역량에 대한 제약을 피하기 위한 전략으로서(제7장, 9장 참고) 그리고 통역사가 직면하는 많은 어려움이 어휘 그리고 전문용어에서 비롯된다는(제4장, 7장 참고) 점을 고려할 때 전문 용어에 중점을 두고 사전 준비를 하는 접근이 타당하다. 뿐만 아니라 통역이 이루어지는 상황에서 통역사의 관심과 집중력이 대부분 "분자"수준에 집중되어 있기 때문에(대략 문장 수준으로 정보처리를 하고 있고 개별 단어나 전체 텍스트 수준은 아니다) 언어 외적 지식이 얼마나 도움이 되는지는 평가하기 어렵다. 안데르손(Anderson, 1979)이 연구한 실험결과를 보아도 이 부분에 대해 결론을 내리기는 어렵다. 안데르손은 통역할 주제에 대한 지식이 거의 없거나 아주 많은 피험자집단과 사전지식이 전무한 피험자 집단의 통역을 비교한 결과 두 집단의 작업수행 결과에 유의미한 차이를 발견하지 못했다. 데이터로 사용한 연설이 고도로 전문적인 내용은 아니었기 때문에 이 실험 결과가 어느 정도의 대표성이 있는지 평가하기는 어렵지만 통역에 관한 일반적 인식에 의문을 제기한 연구임에는 틀림없다. 람베르게-페르버(Lamberger-Felber, 1998)와 알론소 바치가루페(Alonso Bacigalupe, 1999)의 연구도 같은 맥락이다. 이들 연구에서는 사전에 연설문이 통역사에게 주어졌는지의 여부가 동시통역의 품질에 확연한 영향을 미친다는 근거는 없다고 주장한다.

5.2.3 통역사의 용어 목록

시간적인 제약으로 인해서 통역사는 번역사보다 용어정리를 위해 할애할 수 있는 시간이 짧다. 회의 개최가 많은 시기에는 용어 정리에 불과 몇 시간 정도밖에 할애하지 못하고 회의가 진행되는 며칠 동안 새로운 항목을 추가하거나 수정보완을 한다. 용어정리는 주로 그때그때 회의 상황에 적합한 표현을 기록하는 정도이지 장기간에 걸쳐서 참고자료로 사용하거나 여러 회의에서 두루 이용할 수 있는 차원은 아니다. 통역사는 주로 한 가지 맥락에서만 적합한 용례를 기록하고 정보의 신뢰성, 출처, 활용 범위, 지시 대상의 의미 또는 성격 등에 관한 내용을 약간 추가하는 정도로 기록한다. 정확도나 신뢰성이 떨어지기 때문에 이런 용어집은 처음에 준비했던 회의 외의 다른 회의에서는 사용하기 어렵다.

용어를 정리한 방식으로 인해 내부 접근성이 떨어진다면 결국 큰 도움이 되지 못한다. 종종 시간적 제약으로 인해 통역사는 문서나 회의에서 접한 용어를 단순히 기록만 해둔다. 때로는 손에 잡히는 대로 종이에 적기도 한다. 용어 정리는 시간이 많이 소요되는 작업이기 때문에 통역사는 보통 수작업으로는 정리할 여력이 없었다. 그러다 보니 1980년대 중반까지는 대부분 통역사는 특정 회의를 위해 준비한 용어집을 나중에 그냥 버리거나 마구잡이로 모아두기만 하고 대부분의 정보는 다시 활용하지 못했다. 그러나 컴퓨터, 텍스트 프로세싱 그리고 스프레드시트 등의 소프트웨어가 개발되면서 상황을 바꾸어 놓았다. 컴퓨터에 용어를 입력하는 작업이 매우 간단하고 필요에 따라 정리, 수정보완, 인쇄 등 원하는 대로 다양한 작업을 할 수 있어서 정보를 저장, 유지, 활용하기가 쉬워졌다. 전문적인 회의의 주제와 관련한 용어정리가 통역 과정에서 발휘할 수 있는 가치를 고려할 때 분명히 의미 있는 변화이다. 특히, 용어집 준비가 용이해짐에 따라 과거에 모든 일을 수작업으로 했을 때보다 훨씬 더 많은 일을 할 수 있다는 점에서 중요한 변화이다(질, 1989 4장 참조).

5.2.4 참고 문헌

번역사가 참고문헌을 구입하여 소장하는 경우가 있다. 주로 본인이 특화하는 분야의 교과서, 핸드북, 전문용어사전 등을 소유하고 있는데 이런 추세는 점점 사라지고 있다. 온라인에 업로드 되는 엄청난 양의 문서를 이용 가능하게 되면서 나타나고 있는 변화이다(라가르데 2009). 회의 통역사 역시 빈번하게 통역을 하는 주제에 대한 참고문헌 특히 의학이나 법률 분야의 참고문헌을 소장하는 경우가 있다. 그러나 전반적으로 볼 때 참고문헌에 대한 통번역사의 관심이 변하고 있다. 아마도 통번역사들이 상당히 넓은 분야의 주제를 넘나들면서 일을 해야 하기 때문이라고 생각한다. 하루는 한 분야의 일을 하다가 그 다음 날은 또 다른 주제를 다룬다. 때문에 회의 전은 물론이고 회의 중에는 더 더욱

이 문헌까지 참고할 시간은 부족하다. 게다가 일을 하면서 상당한 양의 문서를 받고 보유하게 되는데(인터넷에서 검색해서 인쇄한 문서로 일을 할 때도 부스에 가지고 들어간다) 이 모든 문서의 양이 너무나도 많다보니 보관도 어렵고 쉽게 찾아 볼 수 있도록 정리하기도 힘들다. 이런 연유에서 번역사와 비교할 때 통역사는 참고 문헌을 구입해서 사용하는 경향이 적다.

6. 통역과 번역을 위한 장기적인 지식 축적

통역사와 번역사가 장기적으로 축적하는 지식에 관한 흥미로운 질문이 제기되고 있다. 현재까지 통역사와 번역사가 일을 하는 동안 축적하는 지식에 관해 과학적인 연구가 이루어진 바는 없지만 몇 가지 가설은 세워 볼 수 있다. 번역의 과정에서는 지식을 꽤 오랜 기간에 걸쳐 체계적으로 쌓아가는 경우가 많다. 동일한 주제에 대해 여러 차례 작업을 하면서 신뢰성을 확인하고 언어의 수용가능성이 검증된 정보를 습득한다(5장 참조). 한편, 통역의 경우는 각 의미 단위의 인지 처리(문장이나 용어를 이해하고 적절한 대응 용어나 표현을 찾아서 도착어로 재표현하는 작업)를 위한 시간이 매우 짧다(문장의 경우는 대략 몇 초, 개별 전문용어의 경우는 일 초의 몇 분지 일의 시간이 허용된다). 게다가 두 번의 기회는 없다. 더군다나 거버(Gerver, 1974a)와 랑베르(Lambert, 1998)가 수행한 연구를 보면 동시통역의 경우 동시에 듣기와 말하기에 주의력을 분산하기 때문에 출발어 연설을 기억하고 이해하는 능력을 저해할 수 있다고 설명한다. 즉, 통역의 경우는 장기기억에 쌓이는 정보의 양이 매우 적다.

언어 외적 지식과 관련해서 통역사는 번역사보다 다양하고 넓은 지식을 접하지만 통역사의 지식은 피상적이고 쉽게 사라지며 체계적으로 저장되지도 못한다. 이와 같은 차이는 단일 기관에서 오랫동안 일하는 통역사 특히 국제기구 소속 통역사나 한 분야를 전문으로 일하는 통역사에게는 적용되지 않는다. 그러나 통역사와 번역사 사이의 차이는 어느 정도 존재한다고 보며 실험을 통해서도 검증이 가능하다. 한편, 특정 분야의 일을 여러 차례 수행한 경우라면 번역사와 통역사 모두 전문 용어와 관련 표현에 대해 매우 탄탄한 지식을 축적한다고 봐도 무방하다.

통번역사들은 주제분야 전문가와 비교했을 때 지식수준도 표층적이고 지위도 아래라는 점으로 인해 시간이 경과하면서 좌절감을 느낄 수 있다. 특히 회의통역사의 경우는 실제로 전문가들과 함께 물리적으로 같은 공간에서 일하기 때문에 자신들은 자율이 없다는 느낌을 강하게 받기도 한다. 이에 대해서 문헌에서 언급한 바는 없지만 토리카이(Torikai)에서 초기 일본어 통역사들이 느꼈던 점을 기록한 글을 읽으면 어느 정도 공감이 된다(토리카이, 2009 제5장). 교사는 훗날 일을 하면서 이 같은 감정이 들을 수 있다는 점에 대해 학생들에게 미리 주의를 줌으로 어느 정도는 좌절감을 완화할 수 있다. 또한 학생들에게 다른 지적이거나 예술적인 활동이나 취미생활 등을 병행하도록 조언할 수도 있다. 공동체 통역사의 경우는 상황이 현격하게 다르다. 특히 수어통역사의 경우는 통역사가 의사소통 당사자에 비해 일반적으로 주제에 대한 지식수준도 높고 사회적인 지위도 높은 편이다. 이런 연유에서 수어통역사는 회의통역사보다 자신이 의사소통에 더 기여하고 있다고 생각하는 경우가 많다.

7. 교육을 위한 제언

본 장에서는 하나의 완전한 모델에 대해 소개하기 보다는 개념적인 설명과 함께 적용 가능한 실제 교육 방안에 대해 논의하고 있다. 본 장에서 소개한 내용은 지식 습득과 관련한 훈련을 하는 과정에서 효율적으로 적용이 가능하리라 생각한다.

번역의 과정에서 지식 습득은 자연스럽게 이루어지기 때문에 이를 위해서 특별한 훈련이 필요한지에 대해 의문이 들 때가 있다. 문제는 일반적으로 번역 과제를 수행하는 과정을 보면 교실에서건 실제 현장에서건 훈련생과 전문번역사 모두 결과물에만 관심을 기울인다. 바로 완성된 도착어 텍스트이다. 이로 인해 뒤로 잠깐 물러나서 지식 습득 방법이나 각각의 장단점에 대해 돌이켜 볼 시간이나 동기가 부족하다. 결과적으로 좀 더 체계적으로 자신의 경험을 분석한 학생들에 비해 그렇게 하지 않은 학생들의 학습 상승곡선이 덜 가파르다. 따라서 별도의 지식 습득 훈련을 실시하고 시연(부록 참고)을 하는 방법이 바람직하다. 또한 번역의 과정에서도 신뢰도 높은 유용한 지식을 습득하도록 항상 주의를 기울여야 한다.

통번역사의 교육이 과정 지향적인 접근 방식으로 이루어지도록 번역 과제물에 대해 피드백을 할 때는 한 학생이 찾은 대안에 대해 긍정적인 평가를 하고 다른 학생의 제안은 비판을 하는 대신 교사는 자료의 선택폭에 대해 논의하고 학생들이 내린 결정에 대해 논의하면 도움이 된다. 관련 어려움이나 현상 등에 대해서도 본 장에서 설명했듯이 강조한다. 예를 들어 학생들은 자신이 가지고 있는 전문용어 자료가 필요한 부분을 충족하기엔 충분하지 않다는 점과 반드시 신뢰도가 높지 않을 수 있다는 점도 인식하게 될 것이다. 그러나 이는 자료와 관련한 문제라기보다는 통번역 과정에 존재하는 내재된 어려움이라고 설명하도록 한다.

수업시간에 실행 가능한 훈련이 있다. 전문분야의 출발어텍스트를 학생들에게 제시한 후, 텍스트를 읽고 본인이 생각하기에 전문용어로 인해 어려움을 야기할 단어를 찾도록 지시한다. 그리고는 교실에 비치된 자료를 찾아보고 해결방안을 찾도록 한다. 이 연습은 텍스트의 길이에 따라 몇 시간까지 소요될 수 있는데 결과를 분석함으로 매우 중요한 점을 학생들에게 인식시키는데 도움이 된다. 실제 번역의 과정에서 필요한 다른 모든 작업은 배제시키고 단지 지식 습득만을 위해 시간을 전적으로 사용하기 때문에 이 연습은 학습의 효율을 높이는 데 기여한다. 또한 이 작업을 하면서 사용하는 자료는 한 학생이 사용할 것으로 예상되는 자료보다 훨씬 다양하고 많을 뿐 아니라 함께 협력을 해야 하는 작업이므로 집단 전체의 노력과 결과를 보여주게 된다.

또 다른 방법은 자료의 출처를 통제하는 방식이다. 예를 들어 동일한 텍스트를 번역하는 학생들에게 각각 다른 자료를 제공하고 그 결과를 비교하는 방식이다.

이러한 절차를 통해서 강조하고자 하는 핵심은 학생들의 인식을 높이는데 있다. 다양한 종류의 자료와 지식 습득 방법의 장단점을 경험해 본 후 이에 대해 생각해보는 계기를 제공하려는 목적이다.

오류분석보고서(IPDR)(제5장 참고)는 지식 습득과 관련한 학생들의 진전을 알아보기 위한 좋은 방법이다. 학생들에게 어떤 자료를 찾았는지 구체적으로 기록하도록 하고 용어문제를 해결하기 위해 어떤 결정을 내렸는지 보고하도록 함으로 양질의 지식을 습득할 수 있도록 이끈다. 이는 교정이 필요한 취약점이 개인의 문제이건 집단 전체의 문제이건 상관없이 실행했을 때 도움이 된다.

본 장의 내용을 교육하기에 가장 적합한 시점은 아마 일반적인 텍스트와 연설문을 가지고 통역과 번역의 기본 원리에 대해 실습을 마친 이후, 본격적으로 전문텍스트를 이용한 교육을 시작하면서 학생들이 추가 정보를 찾는데 어려움을 겪기 시작할 때라고 본다. 하지만 전문 표현의 습득이나 번역사가 언어사용에 대해 직관적으로 내린 판단에 대한 평가는 교육의 초기부터 그러니까 전문적인 텍스트 번역 작업에 들어가기 이전부터 이루어지는 편이 바람직하다.

번역교육을 할 때 실제 상황을 가정하기는 비교적 쉽다. 실제로 전문번역에서 사용한 텍스트를 사용할 수 있고 관련 정보를 브리프 형식으로 제공하거나 기한을 정해 놓을 수도 있다. 통역교육을 할 때는 모의회의 등과 같이 실제 현장을 재현하더라도 교실 환경은 실제 통역 현장과 어느 정도 차이가 있다. 실제 연사들이 연설을 하고 의사소통의 성패가 결정되는 긴박함도 부족하다. 그러므로 통역을 준비하는 과정이 얼마나 중요한지를 보여주기 위해 실제 사용된 회의 문건을 이용하거나 회의 내용을 녹음하여 수업 중에 통역 연습용으로 활용하기를 권장한다. 이를 통해 실제 상황에 최대한 근접한 환경을 재현하도록 한다. 이는 준비라는 측면에서 교실에서의 연습이 실제 환경과 가장 근접하도록 만드는데 도움이 된다. 과거에는 일부 통번역교육기관에서는 실제 연사의 발화를 듣고 통역 연습을 하는 것이 아니라 녹음된 내용을 듣는 것에 대해 논란이 있었다. 그러나 요새는 받아들여지고 있는 추세이고 심지어는 적극적으로 활용을 하기도 한다(마뉴엘 헤레즈(Manuel Jerez), 2006 참고).

언어 외적 지식의 습득과 용어의 준비가 각각 어떠한 상대적 이점이 있는지를 확인하고, 또 여러 종류의 정보 출처가 가지고 있는 강점과 약점을 보여주기 위해 다양하게 연습 상황을 재현해 보는 시도는 바람직하다. 이때 학생의 절반은 배경지식 같은 '간접적인' 준비에 집중을 하도록 하고 나머지 반은 용어 준비를 하도록 한 후 그 결과를 비교해 보는 시도도 흥미롭다.

8. 주요 내용

1. 통번역을 수행하기 위해서는 각 작업에서 요구되는 관련 지식의 습득이 필요하다. 통역의 과정에서 지식은 매우 유용하고 번역의 과정에서도 지식 습득은 없어서는 안 되는 과정이다. 번역사가 의뢰인에게 출판가능한 수준의 텍스트를 제공하기 위해서는 반드시 필요한 과정이다.

2. 대부분의 경우 통번역은 전문가 집단이 사용하는 사회계층어(의도한 번역문 독자)로 텍스트를 재구성해야 한다. 그런데 모국어 일반 구사력이 우수한 번역사도 사회계층어를 능숙하게 구사하지 못하는 경우가 많다. 통번역사는 전문 용어 뿐만 아니라 텍스트의 전문 표현이나 숙어적 표현까지도 꼼꼼하게 검토해야 한다.

3. 번역의 위해 사용하는 정보의 신뢰도를 확보하기 위해서 시작단계 자료를 이용하여 지식 습득을 시작한다. 그 다음 중간단계 자료(이 두 단계 자료는 신뢰도가 그리 높지 않아도 무관하다)를 이용한다. 정보는 반드시 최종단계 자료를 이용하여 확인하도록 한다.

4. 온라인을 이용한 지식 습득은 편리하고 매우 강력한 수단이다. 그러나 정보의 신뢰도라는 측면에서 온라인에서 습득한 정보를 통번역의 과정에서 사용할 지 여부는 주의를 요한다.

5. 전문가 집단은 막강한 정보 출처이다. 전문가와 협력관계를 구축하면 번역의 품질은 물론이고 생산성 그리고 수익까지도 향상할 수 있다.

6. 통역의 과정에서 지식 습득은 회의 사전, 회의 직전, 그리고 회의가 진행되는 동안에도 이루어진다. 회의를 위한 관련 용어의 준비는 특히 유용하다.

7. 통번역사가 개인적으로 만든 용어 정리는 매우 유용하고 시판되고 있는 사전이나 용어집보다 훨씬 가치가 있는 경우가 많다.

부록

1. 용어지식 습득에 관한 수업 케이스 스터디

다음은 몬트리올 대학의 전문번역가 대상 워크숍에서 실시했던 한 실험에 대한 간략한 보고서이다. 이 실험은 제6장에서 설명했듯이 학생들이 용어 정리만을 이용하여 관련 지식을 습득했을 경우의 한계를 인식하도록 하는데 그 목적이 있다. 본 실험은 몬트리올 대학에서 경제통상번역을 가르치는 당세트(J. Dancette)교수와 공동으로 진행했다.

1. 아래의 텍스트는 캐나다에서 발행하는 한 일간신문의 경제면에서 발췌한 내용이다. 이 기사를 학생들에게 나누어 주고 번역을 하는 과정에서 문제가 될 소지가 있는 용어의 목록을 작성하도록 지시했다(본 기사는 영어에서 불어로 번역했다).

원천텍스트: People's unit – Globe and Mail – Report on Business (1991)

Zale's debt-reduction program includes asset, sales, inventory reductions, store disposals, contracting out some internal operations, and possibly a company is talking with six or seven interested parties, but no announcements are expected until next year. However, barring a spectacular Christmas season or a major equity infusion, analysts say Chapter 11 is becoming an ever more likely scenario.

"Zale is in a precarious position. It's going to take quite an effort to pull it out," said George Hartman, an analyst with BBN James Cape Inc. in Toronto, adding that he thinks this will be the last Christmas season for Zale in its present form.

Peoples acquired its Zale stake for $650-million in a leveraged buyout five years ago with the help of junk bond wizard Michael Milken, with Swarovski International Holding AG of Switzerland picking up the other half. Shortly after, Houston based Gordon Jewelry Corp. was added for $315-million.

Today, the bonds used to finance the acquisitions are trading at a deep discount; and last week Moody Investors Service Inc. placed about $950-million in long-term debt on Zale, Gordon and Zale Credit Corp, on rating alert.

어려움을 초래할 것으로 예상되는 용어를 정리한 후 전체 학생들이 작성한 목록을 취합하여 아래의 목록으로 작성했다. 이 중 일부는 용어라기보다는 숙어 등의 표현이다.

1. People's unit	6. equity infusion	11 junk bond wizard
2. debt reduction	7. Chapter 11	12. Holding
3. asset	8. pull it out	13. picking up the other half
4. stpre disposals	9. stake	14. deep discount
5. contracting out	10. leveraged buyout	15. placed.. in long term debt
		16. rating alert

용어 자체에 대한 평가를 하는 것이 본 실험의 목적이 아니므로 학생들에게는 목록의 용어나 표현에 대해서 어떠한 언급도 하지 않았다. 그러나 시간적 여유가 있었다면 (본 실험은 4회에 걸쳐 진행된 세미나의 일부로 실시했다.) 다음과 같이 간단하게 평가를 해서 학생들이 경험할 수 있는 문제의 종류에 대해 인식을 높이면 더 많은 도움이 된다고 생각한다(제4장의 이해, 제5장의 지식 습득을 위한 요구사항 참고).

- 16개 중 14개 용어가 단어가 아니라 2 - 3개의 단어로 이루어진 표현이다.
- 이 목록에 기록된 16개의 용어에 사용된 총 35개의 단어 중 어떤 단어도 특별한 단어가 아니다. 몇 개의 단어를 함께 사용하고 특수한 맥락에서 사용한 점이 이들 용어를 "전문 용어"처럼 보이도록 만들었다.
- pull it out 이라는 표현은 전문용어가 아니라 일반적으로 사용하는 숙어적 표현이다. 이 표현을 목록에 적은 학생은 영어 언어지식이 부족한 경우라고 평가된다.
- 이 목록은 한 개의 고유명사와 한 개의 준 고유명사(파산법 제11장)를 포함하고 있다. 첫 번째 고유명사는 학생들이 고유명사로 인식하지 않았을 수 있다. 고유명사라고 간주했다면 어려움이 될 수 있는 "용어" 목록에 넣지 않았을 것이다. 두 번째 용어의 경우는 확인할 시간은 없었으나 고유명사로 인식하지 않았거나 아니면 학생 스스로 재표현 단계에서 어려움을 겪을 어휘라고 예측해서 목록에 넣었을 수 있다.

2. 당세트교수가 약 20개 정도의 용어 및 문서자료를 찾아 볼 수 있는 출처를 적은 목록을 학생들에게 배포했다. 소개한 목록에는 이중언어사전, 금융 및 경제 용어에 대한 단일 언어 용어집, 월가에 대해 설명하는 영어 책자, 불어로 작성된 동일한 기사 등이 있다. 이러한 정보 출처는 당세트교수가 개인적으로 가지고 있는 자료로 번역을 하면서 자주 참고하는 자료이다.

각 학생에게 자료를 하나씩 나누어 주었다. 각자에게 주어진 자료만을 이용해서 각 용어에 대해서 찾아보고, 찾아 본 결과를 기반으로 자료에 대한 평가를 다음과 같이 부탁했다.

- 용어를 자료에서 찾을 수 있었나 (정보 유효범위 평가)
- 자료에는 용어에 대해 어떤 불어 "등가" 표현이 존재하나
- 텍스트를 번역할 경우, 해당 용어를 도착언어로 어떻게 표현할 생각인가

주어진 자료에 대해서 답을 완료한 후에는 또 다른 자료를 주고 같은 방식으로 평가를 하도록 부탁했다. 학생들이 이 실험에 참여하는데 약 1시간의 시간이 소요되었다.

교실에 가져온 다양한 정보 자료 중, 워크샵 동안 16가지를 사용했다. 사용한 자료는 아래와 같다.

- 금융, 경영, 경제 그리고 법률 이중언어 사전 6권
- 일반 사전
- 영어로 된 전문용어 사전 5권. 금융, 은행, 경영, 재무 및 투자와 관련된 용어
- 영어로 된 월가에 대한 책 1권
- 불어로 된 금융 이론서 1권
- 동일한 내용의 불어 신문기사 2건

3. 실험을 통해 다음과 같은 결론을 내릴 수 있었다.

• 목록에 있던 자료출처 중 정보 유효범위 항목에서 가장 높은 점수를 받은 자료는 16개의 문제 용어 중 10개 포함, 그 다음 9개, 6개를 포함하는 자료였다. 다시 말해서 사용한 자료 중 목록에 있던 용어를 모두 찾을 수 있었던 자료는 50%도 되지 않는다.

• 가장 높은 정보 유효범위 점수를 받은 자료는 경제용어 이중언어사전(Le Robert et Collins du management, 1992)이었으며 2위 및 3위의 정보 유효범위 점수를 받은 자료는 영어로 된 단일 언어 용어사전이었다.

• 두 번째로 높은 정보 유효범위 점수를 받은 사전은 불과 수록 어휘가 3천개 밖에 안 되는 1985년에 출간된 사전이었다. 3위의 자료는 약 6천개 단어가 수록된 1987년에 출간된 사전이었다.

• 불어 자료 중 가장 많은 수의 '등가' 표현을 수록하고 있는 자료는 이중언어 문서였고 총 8개의 등가 표현을 포함하고 있었다. 이 외에도 3개의 다른 이중언어 자료에서 3개의 등가 표현을 찾을 수 있었고 이들 중 하나는 일반사전이었다. 자료 중 하나에서는 1개의 등가 표현을 찾았고 나머지에서는 전혀 찾지 못했다.

• 사전에서 적절한 '등가' 표현이라고 나와 있는 용어의 경우에도 대부분 몇 가지 짝을 이루는 표현이 함께 기록되어 있었고 충분한 설명은 없었다. 따라서 선택 가능한 용어 중 어떤 표현이 정확한 등가인지 구별하기가 어려웠다.

• 시간적인 제약으로 인해 결과를 충분히 심도 있게 분석하지는 못했지만 실험을 통해서 다음의 3가지 결론을 내릴 수 있었다.

- 이중언어 사전이 정보 유효범위가 가장 높은 자료는 아니며 가장 신뢰할 수 있고 정확한 정보를 제공한다고도 말할 수 없다.

- 사전의 크기와 정보 유효범위가 항상 비례하지 않는다.

- 사전의 출간년도와 정보 유효범위가 항상 비례하지 않는다.

실험의 상황적 변수를 엄격하게 통제하여 실시하지 않았기 때문에 실험 결과의 과학적 가치는 없고 한 차례의 케이스 스터디 결과일 뿐이다. 그러나 필자의 생각에는 학생들이 수업 중에 실시한 이 실험은 교사가 강조하는 여러 가지 주장이 더욱 설득력 있게 들리게 하는 효과를 가져왔다고 생각한다. 따라서 본 실험의 실질적인 가치는 교육적 수단이라는 측면이고 6장에서 강조한 지식 습득을 위한 정보 출처의 중요성에 대해 실제로 보여줄 만큼 만족스럽거나 예상했던 모든 결과는 얻지 못했다. 자료 출처에 대한 보다 과학적인 조사를 위해서는 본 실험을 다양하게 수정하고 변수를 통제할 수 있는 환경을 만들어서 실시할 필요가 있다.

2. 주제지식 습득을 위한 웹 검색

3.2.3절에서 설명했듯이 웹은 주제지식 습득을 위해 놀라우리만큼 사용이 편리하다. 이로 인해 많은 학생들이 엄밀하게 확인을 하지 않은 상태에서 문제에 대한 좋은 해결책으로 보이는 방법을 채택하는 우를 범하기 쉽다. 재생에너지에 대한 위키피디아의 글을 학생들에게 주고 불어로 번역하도록 지시한 적이 있다. 이 글에서는 브라질은 "세계에서 가장 큰 규모의 재생에너지 프로그램을 운영하고 있으며 사탕수수에서 에타놀 연료를 추출하고 있다고" 설명했다. 한 학생이 이 문장을 <Le Brésil a mis en place l'un des plus importants programmes d'incitation aux énergies renouvelables du monde...>(one of the largest programmes of incentives in favour of renewable energies)라고 번역을 했다. 이 학생이 이렇게 번역을 한 이유는 웹사이트에서 2007년 World Wind Energy Award에 대해 언급하면서 브라질정보에서 성공적으로 대체에너지원 개발과 실행에 인센티브를 주는 PROINFA를 개발한 공을 기리기 위함이라는 글을 읽었기 때문이라고 한다. 실제로 본 텍스트에서 언급하고 있는 프로그램이 바로 이 프로그램이었다. 그러나 어떤 이유에서인지 저자는 인센티브에 대한 언급을 회피하는 느낌이었다. 사실에 대해 좀 더 명료하게 언급을 추가한 결과 학생은 문장의 초점을 약간 변경했다(아주 약간의 변화이지만 반드시 필요하지는 않았다).

재생에너지에 대한 동일한 텍스트에서 영문의 텍스트는 다음과 같이 기록하고 있다. "The Earth-Atmosphere system is in equilibrilum such that heat radiation into space is equal to incoming solar radiation." 한 학생은 배경지식을 습득하

기 위한 노력을 해서 과학 자료에서 이 평형이 정확하다는 사실을 파악했고 자신이 번역에 "la chaleur émise de la Terre vers l'espace compense exactement le rayonnement solaire qu'elle recoit"라고 번역했다. 문제는 정보는 정확한 사실이었으나 저자는 이 점을 강조하고자 의도하지 않았다. 따라서 번역에서의 추가 부분은 텍스트에서 강조하고자 하는 정보를 변경시키는 결과를 초래했다. 이는 송신자 충실성의 원칙에도 부합하지 않는다. 또 다른 학생은 지구에서 반사되는 에너지는 주로 적외선이라는 사실을 발견하고 이 점을 자신의 번역에 포함시켰다. 역시 이로 인해 텍스트를 이해하는데 필요하지 않을 뿐더러 저자가 선택하지도 않은 정보가 추가되었다.

동일한 위키피디아 텍스트에서는 "The World's largest geothermal power installation," the Geysers, "with a rated capacity of 750 MW"라고 언급하고 있다. 한 학생은 "rated capacity"를 "capacité évaluée á 750 MW"라고 번역했다. 이렇게 번역한 이유는 웹문서 두 곳에서 발전소에 대해 이야기 하면서 "capacité évaluée á 23 MW" 그리고 "capacité acuelle évaluuée á 7000 MW"라는 언급을 보았기 때문이라고 한다. 이 문장에서 숫자는 평가된 발전능력을 언급하고 있다. 맥락이 매우 유사하게 보이지만 전달하고자 하는 의미는 다르다.

주제지식의 습득과 관련해서 조언을 한다면, 유사해 보이고 그럴 듯해 보이더라도 전혀 다른 의미를 표현한 문장일 수 있고 따라서 엄밀하고 꼼꼼하게 찾아보고 확인할 필요가 있다.

7장

통역의 수행능력 분할모델

1. 들어가기

통역사들이 갖고 있는 동시통역에 대한 보편적인 인식은 동시통역은 근본적으로 "매우 어려운 작업"이라는 생각인데 시간이 흘러도 이 생각은 크게 변하지 않는다. 이러한 생각은 처음 동시통역을 배우면서 시작된다. 아마도 교육을 받는 과정에서 학생들의 도착어 통역을 듣고 교사가 지속적으로 잘못된 부분을 지적하고 더 향상되도록 독려하다보니 학생들이 중압감을 느끼기 때문이라고 생각한다. 그러나 졸업 이후, 수년 간 통역 경험이 쌓인 후에도 마찬가지다. 대부분의 통역사는 동시통역은 출발어의 정보를 누락 없이 높은 수준의 도착어로 전달하기 위해서 집중적인 노력이 요구되고 많은 경우 최선의 노력에도 불구하고 만족스러운 수준까지 목표를 달성하기 힘들다고 생각한다.

그런데 좀 더 살펴보면 통역과정에서의 어려움은 발화속도가 빠르거나 정보 밀도가 높고 고도로 전문적인 내용의 연설인 경우에만 발생하지는 않는다. 아주 명료하고 적절한 속도로 발화하여 특별히 까다롭지 않은 연설의 경우에도 문제는 발생한다. 뿐만 아니라 학생들의 통역에서만 의미상의 오류나 누락이 발생하지 않고 경험이 많은 전문통역사의 경우에도 동일하게 문제가 나타난다. 질(Gile, 1989 4장)에서는 실험을 통해서 이러한 현상이 나타나는 원인을 밝히고자 경험이 많은 전문통역사에게 약 70초 길이의 연설을 통역하도록 부탁했다. 그 결과, 전문적인 내용이 전혀 없고 발화 속도도 천천히 전달된 연설을 통역한 명망 높고 유능한 전문통역사의 도착어 통역에서도 10곳 이상의 잘못되었거나 너무나 확연한 실수가 발생했다. 필자가 멀티센터에서 진행했던 연구에 참여한 전문통역사와 학생들(10명 남짓) 통역에서도 동일한 현상이 나타났다. 이 실험에서는 전문통역사와 학생 피험자 집단이 동일한 녹음된 연설을 듣고 각각 통역을 했다. 몇 가지 사례를 들자면 전문통역사의 영불 통역에서 다음과 같은 오류가 발생했다.

"내 잘못이 아니야"를 "내 잘못이야(c'est ma faute)"로 통역
"베트남 정부"를 "정부들(les governements)"로 전달한 통역사 그리고 "중국정부("le gouvernement chinois")로 전달한 통역사
"저 사람들이 날 얼마나 멍청하다고 생각할까"를 "당신 생각에 저 사람들이 멍청하단 말이지("vous pensez qu'ils sont idiots")로 통역

통역사들의 영어 언어능력 수준을 평가해 보건데(통역사 모두는 영어가 A언어 또는 B언어였다) 이들이 출발어 발화를 이해하지 못해서 오류가 발생했을 가능성은 희박하다. 또한 본 실험에 자원했던 10명의 전문통역사의 통역에서 각각 다른 부분에서 오류가 발생했다는 점을 보면 오류의 원인이 녹음의 문제 같은 기술적인 문제라고도 말하기 힘들다. 만약 녹음 상태가 문제였다면 대부분 동일한 시점에서 오류가 발생했을 것이다. 셋째, 동일한 연설문을 두 차례 반복해서 통역하도록 부탁했는데 두 명의 통역사가 처음에는 정확하게 통역을 했던 부분에서 두 번

째 통역을 했을 때는 오류가 발생했다. 매우 흥미로운 결과이다. 왜 처음 통역을 할 때 잘 넘겼던 부분에서 두 번째 통역을 하면서 오류가 발생했는가? 특히, 연설문의 내용을 이미 들었고 어느 정도 생각할 시간도 있었는데 두 번째에 오류가 발생한 원인은 무엇인가? 한 가지 가능한 설명은 피로감 때문일 수 있다. 그러나 연설문 자체가 11분도 안 되는 짧은 분량이었고 피험자들은 모두 두 번째 통역을 시작하기 전에 몇 분간 휴식을 취할 시간이 주어졌었다. 전문통역사가 실제 국제회의장에서 동시통역을 할 때는 약 30분에 한 번씩 교대를 하며 통역을 한다. 그렇다면 피로 역시 본 현상에 대한 그다지 설득력 있는 설명은 아니다 (질 1999a 논문에서는 이 실험에 대해 상세하게 논의하고 있다. 또한 본 장 9절에서는 재차 본 실험의 사례를 들면서 "외줄타기 가설(Tightrope Hypothesis)" 개념에 대해 설명했다).

문제가 될 만한 어려움이 전혀 없는 부분에서 전문통역사들이 오류를 범하는 현상이 발생한 자체가 흥미로웠고 왜 이와 같은 현상이 나타나는지 분석해야 겠다는 생각을 했다. 왜 통역은 본질적으로 어려운 작업인지 학생들이 이해할 수 있도록 돕고 자신이 무능력해서가 아니라 통역의 과정이 수반하는 어쩔 수 없는 특성임을 받아들이도록 할 필요가 있다고 생각했다. 또한, 통역 오류로 이어지는 메커니즘에 대한 통찰을 통해서 학생들이 느끼는 어려움을 해소할 수 있는 아이디어나 방법을 제시해야겠다고 생각했다.

이에, 필자는 동시통역에 대한 수행능력 분할모델(Effort Model)을 개발했는데 이는 언어 조합의 특성 때문에 발생하는 동시통역 과정에서의 어려움에 대한 연구를 하는 과정에서 착안한 모델이다(질, 1983b). 필자는 이 모델을 지속적으로 발전시킴과 동시에 좀 더 심도 있게 분석하고자 노력했다. 본 장은 최근까지 논의된 수행능력 분할모델에 기반을 두고 있으며 필자가 실시하는 통역교육의 중추가 되는 부분이다. 또한, 많은 통역 교사들이 본 모델의 개념을 교육과정에 도입하고 있을 뿐 아니라 연구자들이 지난 25년이 넘는 시간동안 연구의 기반으로 활용하고 있다. 동시통역, 순차통역 그리고 시역에서의 수행능력 분할모델을 각각의 통역 과정에 대한 설명을 제공하기 위한 목적으로 간단하게 소개했다. 기존 문헌에서는 인지심리학의 입장에서 보기 위한 목적으로 논의가 이루어지고 있으므로 인지심리학 주요 모델과 이론과는 어떻게 유사하고 또 어떤 점이 다른지 몇 가지 설명을 추가했다.

2. 자동화, 정보처리 역량 그리고 통역을 위한 수행능력

2.1 자동 및 반자동 작업

수행능력 분할모델은 필자가 통번역 과정에 대한 관찰의 결과 갖게 된 다음의 두 가지 생각에서 비롯되었다.

- 통역은 일종의 "정신적 에너지"를 사용하는 작업이며 이러한 에너지의 공급은 한정되어 있다.
- 통역의 과정에서 통역사가 사용가능한 정신적 에너지를 모두 사용하고 때로는 그 이상이 필요한 때도 있다. 이 경우 통역 능력이 저하된다.

통역사의 통역 능력 저하와 과부하 사이의 관계에 대해서는 이미 문헌에서 언급한 바 있다. 핀터(Pinter, 1969)를 비롯하여 몇몇 학자들이 특히 동시통역과정에서의 단기 기억에 대해 지적한 바 있다(후쿠이와 아사노(Fukuii and Asano), 1961, 카데와 카르텔리에리(Kade and Cartellieri), 1971, 르데레르(Lederer), 1978, 모저(Moser), 1978, 빌스(Wilss), 1978). 그 후 인지심리학 분야의 많은 후속 연구에서 주의력과 "자동" 및 "반자동" 작업이라는 개념에 대한 매우 유용한 연구가 발표된 바 있는데 이를 기반으로 필자의 통역 실무경험에서 비롯된 직감, 이론적 연구 그리고 실험을 통해 얻은 결과 간의 연관성을 검증할 수 있었다.

1940년대 말, 커뮤니케이션 전문 공학자였던 클라우드 섀넌(Claude Shannon, 1948)은 정보를 전달하는 모든 채널은 전송 능력이 한정되어 있으며 이 한계를 초과하여 정보를 전송하는 경우에는 정보의 누락이 발생한다고 설명했다. 전기를 이용한 커뮤니케이션 회선에 대한 연구에서 제기된 이 주장을 인지심리학자들은 인간의 사고 과정에 적용하고자 시도했다(브로드벤트(Broadbent), 1958, 모레이(Moray), 1967, 카너먼(Kahneman), 1973, 노먼(Norman), 1976). 이들 연구에 따르면 사람의 머릿속에서 이루어지는 작업 중 일부는(반자동 작업) 주의력 또는 정보처리를 위한 수행능력을 필요로 하며 반면에 어떤 작업은(자동 작업) 필요하지 않다고 한다. 반자동 작업은 한정적인 수행능력을 이용하여 이루어지는데, 특정한 작업을 수행하기 위해 사용가능한 수행능력이 충분하지 않을 경우 해당 작업의 능률이 떨어진다는 설명이다.

자동 그리고 반자동 작업의 분류가 쉽지 않은 경우가 있는데 그 이유는 반자동 작업을 위해 요구되는 처리능력이 작업마다 차이가 있고 또 충분히 반복하여 숙달한 후에는 자동 작업으로 전환되기 때문이다(아이젠크와 키안느(Eysenck & Keane), 1990). 인지처리 작업의 점차적인 자동화는 통역능력의 습득과도 밀접한 관계가 있는데 이 점에 대해서는 다음 장에서 자세히 논의하도록 하겠다.

이들 개념과 이론을 인지심리학 연구에서 발견할 수 있어서 큰 힘이 되었다. 만약 통역 과정의 작업이 반자동 작업이라면 요구되는 수행능력 대비 사용가능한 수행능력의 한계가 존재한다는 주장에 기반을 둔 통역 모델을 구축해 볼 여지가 있다고 생각했다. 그리고 이 모델을 이용하여 통역의 과정에서 나타나고 관찰되는 다양한 현상에 대한 설득력 있는 설명이 가능하다고 생각했다.

인지심리학에서 반자동 작업이란 자동화가 이루어지지 않는 모든 작업을 의미한다. 반자동 작업의 예로는 짧은 자극을 감지하거나, 익숙하지 않거나 익숙하기는 하지만 전송상태가 양호하지 않은 자극을 감지하고, 추후를 위해 정보를 기억에 저장하고, 자극에 대해 반자동적인 반응을 하고, 움직임의 정확성을 통제하고 인지체계의 기호를 조작하는 등이 있다. 자동 작업은 전송이 양호한 상태에서 익숙한 자극을 받았을 때 자동적으로 이에 대해서 반응하고 어떠한 조절 없이 운동신경이 자율적으로 반응하는 작업이다(리샤르(Richard), 1980: 149-150). 작업을 이렇게 두 종류로 분류하는 것은 현실의 과도한 단순화이다. 길거나 짧은 자극을 구분하거나 익숙하거나 익숙하지 않은 자극을 명쾌하게 구분하는 일 자체가 쉽지 않은 일이기 때문이다. 그럼에도 불구하고 본 장의 다음 절에서 보여주고 있듯이 통역의 과정을 구성하는 작업은 명백히 반자동 작업에 속한다.

2.2 통역을 위한 수행능력

동시통역사 그리고 교육자로서 일을 하는 과정에서 깨달은 경험에 기반 하여 통역의 과정을 통역사나 학생들에게 친숙한 개념적 요소로 분석해 보고자 했다. 바로 청취 및 분석 요소, 발화 생성 요소 그리고 단기 기억 요소이다. 필자가 이들 요소를 "수행능력"이라고 명명한 이유는 이러한 작업을 처리하는데 수행능력이 필요하기 때문이고 의사결정 및 인지자원을 필요로 하는 의도적인 행동이기 때문이다.

2.2.1 청취와 분석을 위한 수행능력(The Listening and Analysis Effort)

본 장에서는 청취와 분석을 위한 수행능력(또는 줄여서 "청취 능력")을 전적으로 이해를 목적으로 하는 작업으로 설명한다. 음파에 실려서 통역사의 귀에 전달되는 출발어 발화를 무의식적으로 분석하는 작업을 시작으로 단어를 인식하고 최종적으로 발화의 "의미"에 대한 결정을 내리기까지의 작업을 포함한다. 수화 통역의 경우에는 통역사가 수어를 구어로 전달하기까지의 과정을 의미하며 관찰과 분석을 위한 수행능력이라고 부른다.

아직까지는 출발어 발화의 의미를 어느 정도까지 분석했을 때 통역이 가능한지에 대해서 정확하게 규명된 바가 없다. 제4장에서 전문분야 연설 또는 텍스트의 통역과 번역에 대해서 언급하면서 제안한 기준은 적어도 문장 기저의 논리를 파악하는 수준까지 이해가 이루어졌을 때 통역을 시작할 수 있다고 말한다. 음차역 가능한 고유명사가 아닌 경우라면 대부분 통역사들은 아주 보수적으로 기준을 잡더라도 출발어 발화에서 적어도 단어 몇 개정도는 인식한 다음부터 통역을 시작 할 수 있다는 의미이다. 이 기준으로만 보아도 청취와 분석은 반자동 작업이다. 이는 통역사의 귀로 전달되는 소리와 연사가 발화하는 음소, 단어 또는 일련의 단어들 사이에는 어떠한 일대일 대응관계도 존재하지 않는다는 점에 대한 근거이기도 하나(같은 맥락에서 수화를 보고 이해하는 과정에서 시각적으로 보이는 수신호의 경우도 동일하다. 이에 대해서는 수화전문가인 갈라우데트 대학(Gallaudet University)의 캐롤 패트리에(Carol Patrie)와 로버트 존슨(Robert E. Johnson)교수와의 개인적인 교신을 통해서 확인했다). 또한 단어를 발음하는 방식에는 상당한 가변성이 존재한다. 개인별 차이 뿐 아니라 동일한 한 사람이 같은 발화 단락을 반복해서 발음했을 때도 매번 차이가 있다.

초음파 상에서 단어를 식별하기 어려운 이유가 바로 이 점 때문이다. 기베르(Guilbert, 1979)에 따르면 음성학 전문가나 어휘, 구문 규칙 전문가 역시 초음파에 나타난 음소 단위만을 보고는 약 75% 정도의 정확도로 밖에 읽지 못했다. 따라서 어휘나 구문에 대한 정보도 별로 없고 인간의 뇌와 비교했을 때 상대가 될 수 없을 정도로 세상 지식이 뒤지는 기계가 단어와 단어 사이에 휴지도 없이 연속적으로 이어서 발화되는 자연언어를(또는 단어 사이에 휴지가 있는 경우라도) 100퍼센트의 신뢰도로 인식하지 못한다고 해도 그리 놀랄 일은 아니다. 개개인 화자의 목소리를 들으면서 "학습의 과정"을 거친 기계의 경우에도 음성 인식의 한계는 여전하다.

단어를 인식하기 위해서는 입력되는 소리의 음향적 특성을 분석하여 식별할 수 있어야 하고 청자의 장기기억 속에 있는(또는 음성인식 소프트웨어의 경우는 컴퓨터의 하드디스크 메모리에 저장된) 소리의 패턴과 비교하여 유사하거나 동일한 패턴을 찾아야 한다. 청자는 문장이 구성될 수 있는 가능한 경우의 수와 맥락, 상황 등에 대한 매우 복잡한 지식을 갖고 있어야 함은 물론이고 일련의 소리의 조합이 특정 단어와 일치하는지 분석해서 판단을 내려야 한다(예로 회르만(Hörmann), 1972, 클라크와 클라크(Clark & Clark), 1977, 코스테르만(Costermans), 1980, 누아제(Noizet), 1980, 마테이와 뢰퍼(Matthei & Roeper), 1985, 그린(Greene), 1986). 통역이 이루어지는 상황에서 음성 인식은 반자동 작업이라는 점을 다시 한 번 확인 가능한 부분이다.

실제로, 통역의 과정에서 이해한다는 말은 음성을 인식하는 수준을 훨씬 넘어서는 작업임을 통역사는 알고 있다. 원문 연설의 내용에 대한 일종의 의미적 표상이 이루어지고 이에 대한 타당성 분석(제4, 5, 6장 참고) 그리고 약간의 예측도 있다. 체르노프(Chernov, 1973)는 한 실험에서 학생들에게 통역을 하도록 부탁하고 특정한 방향으로 논리를 펼치는 주장을 하다가 마지막 순간에 예상하지 못한 결론을 내렸다. 이 실험에서 대부분의 학생들은 뜻밖의 결론이 내려진 의미가 아닌 처음에 이끌어 나가고 있던 논리에 합당한 결론을 내리는 방향으로 통역을 했다. 이 결과가 검증하는 바는 실험에 참여했던 학생들이 단어만을 청취하지 않았고 단어를 통해 전달하는 의미를 계속적으로 추론을 하고 통역을 하는 동안에도 논리적인 예측을 하고 있었다는 점이다. 거버

(Gerver, 1976), 랑베르(Lambert, 1988) 및 여러 학자들은 다양한 조건에서 기억과 인식을 비교하는 연구를 실시했는데 이 실험에서도 통역사는 각각의 단어를 인식하는 차원을 초월하는 이해의 수준을 유지하고 있다는 결과를 얻었다.

통역의 과정에서 이해는 단순히 단어를 인식하는 차원을 넘어선다는 점을 검증하기 위해 반드시 까다롭고 세밀한 연구가 필요하지는 않다. 실제 통역이 이루어지는 현장을 관찰하면서 몇 문장 정도의 통역을 듣기만 해도 근거를 충분히 발견할 수 있다. 예를 들어 아래의 동일한 영어 출발어 발화를 5명의 전문통역사에게 불어로 통역하도록 부탁했다. 이 자료는 실제 회의에서의 연설을 녹음하여 실험실에서 듣고 통역한 자료이다(질, 1999b).

영어 원문 (연사의 발화):
"I was hoping to encourage the oil people to give a little bit back to the countries that they take the oil from."

동일한 발화에 대한 불어 통역:
Je voulais encourager les pétroliers à rendre un peu de leur butin aux pays où ils vont le prélever (통역사 A)

Je pensais pouvoir encourager les compagnies pétrolieres à restituer un peu des profits aux paus qu'ils exploitent (통역사 B)

J'espérais que les compagnies pétrolières rendraient quelque chose à ceux dont ils prennent le pétrole (통역사 C)

Je voulais encourager les pétroliers entre guillemets à rendre un petit peu de ce quils ponctionnent aux pays qui ont du pétrole (통역사 D)

... pour en quelque sorte sensibiliser les gens du secteur pétrolier afin qu'ils rendent un petit peu de ce qu'ils gagnent aux pays où ils prennent le pétrole (통역사 E)

위의 예문에서 알 수 있듯이 "oil people"를 "pétroliers" "compagnies pétrolières" "gens qui font de la recherche pétrolière" 그리고 "gens du secteur pétrolier" 등으로 통역했다. 어떤 통역도 단어 대 단어로 치환하지 않았다. 특히 compagnies pétrolières는 "정유회사"를 의미하는데 영어의 단어를 그대로 직역하지 않고 의미를 해석했음을 보여준다. 나머지 문장도 검토해보면 통역사 A는 "butin"(loot)라는 표현을 사용했고 통역사 B는 "les profits"라고 표현했다. "sensibiliser"(raise the awareness)라는 표현은 통역사가 이 상황이 경제학적인 맥락에서 무엇을 의미하고 연사가 주장하는 도의적 책임이 어떤 것인지를 이해하고 있음을 보여준다. 이러한 배경적 맥락은 원문의 언어 정보를 이해하는 것만으로는 얻을 수 없는 지식이다. 국제회의장에서 통역을 하는 상황에서 "해석"에 기반을 둔 이해가 이루어지고 있음을 보여주는 사례는 빈번하며 이 점에 대해서는 여러 학자들이 이미 언급한 바 있다. 특히 프랑스 ESIT 통역대학원의 셀레스코비치와 르데레르(Seleskovitch & Ledere)가 그 대표적인 학자들이다. 관찰을 통해서 인간 통역사나 번역사와 언어 분석에만 의존할 수밖에 없는 기계통역 또는 번역 프로그램이 얼마나 큰 차이가 있는지를 다시 한 번 확인이 가능하다. 기계통역 프로그램이 실패할 수밖에 없는 이유는 기계는 언어적 기호를 세상지식에 연계시킬 수 있는 능력이 없다는데 기인한다. 이렇게 세상지식에 연계시켜서 해석을 하지 않는다면 언어의 중의성이나 모호성을 해결할 방법이 없고 연사의 언어적 실수에서 비롯되는 문제, 발화 내용의 오류, 표준 언어나 논리에서 벗어난 표현 등을 통역할 수 없다.

실제로 보면, 화자가 발화를 하는 실제 대상인 회의 참석자들보다도 통역사가 이해를 하기 위해 더 열심히 노력하고 있음을 알 수 있다(제8장과 9장 참고).

- 통역을 하면서 통역사는 연사의 말 한 마디, 한 마디에 집중해야 하는 반면, 참석자는 관심이 있는 정보만을 선택하여 청취한다.
- 통역사의 주제와 관련한 언어 외적 지식과 전문용어와 관련된 언어지식은 회의참석자가 보유하고 있는 지식에 비하면 훨씬 협소하다.

따라서 통역의 과정에서 이해는 반자동 작업이라는 점을 확인할 수 있다. 이는 정보처리 역량의 안배라는 측면에서도 매우 중요한 의미를 가진다. 이에 대해서는 본 장의 뒷부분에서 자세히 설명하도록 하겠다.

2.2.2 발화를 위한 수행능력(The Production Effort)

여기서 발화란 통역사에 의해 표현되는 부분을 일컫는다. 동시통역에서는 메시지를 통역사의 머릿속에 표상화한 후 발화를 계획하고 실제로 발화한 후 스스로를 모니터하고 필요한 경우에는 수정까지 하는 일련의 작업 과정으로 정의한다.

발화를 이해하는 과정과 마찬가지로 재구성하는 과정도 수고스러움 없이 자연스럽게 이루어진다는 인상을 주는 이유는 표층적으로만 보기 때문이다. 마테이와 뢰퍼(Matthei & Roeper, 1985: 114)는 다음과 같이 설명했다.

거의 모든 사람이 말을 잘못 시작할 때가 있고, 때때로 "어", "음" 등의 표현을 추가하고, 문법적인 실수를 한다는 점은 발화의 과정이 화자의 언어체계에 상당히 많은 부담을 주고 있음을 시사한다.

홈즈(Holmes, 1988: 324)는 "연사가 자신의 의도를 표현하면서 아무 어려움 없이 실수도 하지 않고 발화하는 경우는 거의 드물다"라고 설명했다. 클라크와 클라크(Clark & Clark, 1977: 226)에서도 "발화는 문제 해결의 과정"이라고 정의했는데 여기서 문제는 발화자가 적합한 단어를 떠올리지 못해 주저하거나 문장을 이어가면서 순간적이지만 멈칫거림을 통해서 드러난다(매클레이와 오스구드(Maclay & Osgood), 1959). 반면, 연사가 적절한 표현을 찾으면서 시간을 지체하기도 하고 문장을 이어가면서 휴지가 길어지는 모습은 문제를 해결해 나가는 과정이다. 그러므로 연사와 청중이 발화 과정에서의 어려움에 대해 인식할 수 있게 하는 첫 번째 증상은 주저함이다. 주저함은 실제 발화 속도를 결정짓는 주요 요소이다. 다시 말해서, 기계적인 방법으로 측정한 발화 음절수가 아니라 단위 시간당 실제 전달되는 단어의 수를 결정한다(골드만-아이슬러(Goldman-Eisler), 1958, 클라크와 클라크(Clark & Clark), 1977, 코스테르만(Costermans), 1980).

발화의 어려움으로 인해 여러 가지 흥미로운 현상을 목격하기도 한다. 그 중 한 가지는 연사가 "많이 쓰는 문장, 진부한 표현, 상투적 문구 등을 이용하여 표현을 하려는 경향이 있고 실제로 그렇게 하고 있다는 점이다"(골드만-아이슬러, 1958: 67-68). 체리(Cherry, 1978: 67)에서도 "사람들은 언어사용에 있어서도 습관을 따르기 때문에 논리적으로 주장을 펼치기보다는 상투적인 표현이나 격언, 표어 등을 인용하려는 경향"을 보인다고 설명했다. 골드만-아이슬러의 연구에서는 "유창한 연설은 그 언어를 사용하는 공동체 사람들이 습관적으로 사용해서 거의 자동반사적으로 사용이 가능한 표현을 많이 포함하고 있는 연설"이라고 설명하면서 "의미전달을 위한 수단으로 이러한 표현을 이용하지만 그 과정에서 의미가 변질"된다고 지적했다(1958:67-68).

이렇듯 관찰해 보면 통역의 과정에서 발화가 왜 어려운지 이유를 알 수 있다. 통역사가 본인 자신의 생각을 표현하는 상황이라면 자유롭게 표현을 선택하고 표현과정에서 어려움이 있는 경우 정보나 생각을 자유롭게 재배치하거나 새롭게 편성하고 때로는 일부 생각을 생략하거나 변경하여 어려움을 극복하면 된다. 그러나 통역의 상황에서는 연사가 선택한 정보의 제공 순서와 논리를 따라가야 한다는 제약을 받는다. 뿐만 아니라 문장이 끝날 때까지 기다렸다가 통역을 시작하면 단기기억에 부하가 걸릴 수 있으므로 문장이 채 끝나기도 전에 통역을 시작한다(본 장의 후반에서 기억에 대한 논의 참고). 추가적으로, 언어마다 "숙어 표현이나 어휘의 연어 방식"에 차이가 있기 때문에 통역사가 재표현을 하는 작업은 적어도 표현을 선택하는 측면에 있어서는 연사의 경우보다 더 까다롭고 힘든 과정이다(제9장의 발화에 대한 논의 참고).

다른 한 편으로는 연사가 어휘나 구문을 결정한다는 점이 통역사에게 도움을 주기도 한다. 연사가 선택한 표현과 유사하거나 "등가"인 표현이 도착어에 존재하는 경우 통역사는 그대로 표현하면 되고, 아니더라도 통역사는 출발어 표현을 기반으로 머릿속에 가지고 있는 가능한 대안 중에서 적절한 표현을 찾고 문장구조를 이어가기 때문에 재표현을 위한 노력과 시간을 단축할 수 있다. 실제로 통역사는 이렇게 의식적으로나 무의식적으로 연사의 선택에 올라타서 가며 도움을 받고 있기 때문에 스스로의 언변에만 의존해서 발화하는 때보다 훨씬 신속하게 발화할 수 있다는 장점이 있다.

그러나 위험부담도 있다. 통역사가 출발어의 어휘나 문장 구조를 그대로 유지하면서 도착어로 표현을 찾으려면 재구성의 과정에서 자칫 어려움에 빠질 위험이 있다.

- 도착어로 재표현할 때, 통역사가 출발어의 문장구조나 어휘를 따라가는 습관은 매우 위험하다. 어느 순간, 출발어와 도착어 사이의 구문적, 문법적 차이로

인해 난관에 봉착하고 더 이상 나아가지 못할 수 있기 때문이다.

예를 들어, 통역 수업시간에 학생들이 다음의 영어 문장을 불어로 통역하면서 영문의 문장 구조와 연사가 선택한 어휘를 동일하게 따라가려고 했다.

"This movement was shown by our team as consisting of three parts..."

이 문장을 통역하면서 학생들은 다음과 같이 시작하였다. "Ce mouvement a été montré par notre équipe ... " 이 지점에 와서 학생들은 자연스럽고 문법적인 문장을 이어나가는 데 무리가 있다는 점을 인식했다. 불어에서는 동사 "montrer"의 수동형을 사용하면서 "구성되는"이라는 절로 연결할 수 없기 때문이다. 보다 자연스러운 불어 표현을 위해서는 "team"을 다음과 같이 도착어 문장의 서두에 오도록 해야 한다.

Notre équipe a montré que ce mouvement se compose de trois parties...
("Our team showed that this movement consists of three parts")

- 둘째, 통역사가 출발어의 문장구조와 어휘를 그대로 따라갈 경우, 문장의 중간에서 어려움에 봉착하는 위험 외에도 제2의 연사로서 자신의 언어적 역량을 발휘할 수 있는 기회를 포기하게 된다. 연사가 표현하는 출발어의 언어적 형태에 근거해서가 아니라 전달하는 의미에 기반을 두고 재표현을 한다면 통역사는 자신의 표현력을 훨씬 폭넓게 사용할 수 있다.

- 셋째, 코드변환 방식의 언어적 치환은 두 통역언어 사이의 언어간섭을 초래하는 위험을 수반한다. 결과적으로 문법적인 오류나 발음, 포자미(faux amis: 잘못된 대응어 쌍으로 단어의 형태는 동일하여 대응 짝 같아 보이나 실제로는 전혀 다른 외연적 내연적 의미를 가지는 단어)와 같은 심각한 문제부터 미묘한 언어간섭에 이르기까지 꼼꼼히 따져 보면 통역사의 표현이 자연스럽지 못하고 모호해지거나 듣기 어색해 질 수 있다.
- 넷째, 언어에 치중함으로 통역사는 입력되는 발화의 의미보다는 표층적인 형태에 집중할 위험이 커진다. 결국 통역사가 의미가설-검증의 과정을 덜 거치게 되기 때문에 오류를 범할 가능성이 높다(제5장 참고).

이 모든 이유에서 통역사가 도착어로 재표현할 때 출발어의 단어가 아니라 의미에 근거하여 표현하라는 원칙을 가능한 따라야 한다고 교사들은 강조한다(제9장의 언어적 등가(TE)의 역할에 대한 논의 참고).

통역 과정에 존재하는 다양한 제약으로 인해서 통역사가 일반적인 언어사용 습관에서 벗어나는 표현을 하는 경우가 있는데 이로 인해 도착어 동의 표현이 어색해지곤 한다. 파리 ESIT 통역대학원에서 필자는 통역의 과정을 관찰한 한 실험을 실시하여 불어가 모국어인 학생연사 5명의 언어사용 습관을 분석한 바 있다. 세 가지 실험 상황에서 연사가 자연스러운 언어의 표현방식에서 벗어난 발화를 하는 경우를 분석했고 이를 단어 100개 당 어색한 표현의 빈도로 측정했다. 세 가지 상황은 발표, 순차통역 그리고 동시통역의 상황이다. 세 경우 모두 도착어는 연사들의 모국어인 불어였다. 실험 결과에 따르면 자연스러운 모국어에서 벗어난 표현은 발표를 할 때보다 순차통역의 경우 더 빈도가 높았고 순차통역보다는 동시통역의 경우 그 빈도가 높았다(질, 1987). 여기서 주목할 점은 표현에서의 문제는 출발어와 도착어 간의 언어간섭이 원인인 경우는 없었다는 점이다. 적어도 직접적으로나 가시적인 연관성은 없어 보였다. 본 실험의 결과를 통역의 품질 평가 결과와 비교하여 체계적인 분석은 하지 않았다. 그러나 다른 실험에서 얻은 순차통역과 동시통역 내용을 전사해서 분석한 결과를 보면 전문통역사의 경우 자연스러운 언어사용습관에서 벗어나는 표현을 하는 빈도가 학생들이 경우보다 훨씬 낮다는 결론을 내릴 수 있었다(바치가루페(2006)에서는 또 다른 연구 결과를 제시하고 있다). 통역의 과정에서 받는 제약은 동시통역의 경우가 순차통역의 경우보다 훨씬 강한 것으로 나타났는데 이는 통역방식의 차이에 따라 정보처리능력 조절 그리고 시간에 대한 제약이 다르기 때문이다. 이 두 가지는 상호 연관성이 있음을 보여주는 근거이다.

한 가지 더 주목할 점은 이미 2.1 이해를 위한 수행능력을 설명하면서 언급을 한 점이지만 통역사들은 자신의 전문분야가 아닌 주제, 특히 잘 알지 못하는 주제에 대해서도 통역해야 하는 경우가 많다. 따라서 주제 분야의 언어에 익숙하지 않기 때문에 전문용어 뿐 아니라 자주 사용하는 표현이나 스타일이 자연스럽지 못한 경우가 많다. 모든 측면을 고려할 때, 통역의 과정에서 발화 역시 반자동 작업이다.

2.3.2 기억을 위한 수행능력(The Memory Effort)

통역을 하는 동안, 단기기억 활동(최고 몇 초간의 기억)은 지속적으로 이루어진다. 이는 연사의 발화를 들은 순간부터 통역사가 통역을 하기까지 아주 짧지만 분명 시차가 존재하기 때문이다. 통역사는 음소를 기억에 저장하다가 하나의 단어 또는 의미로 합쳐서 분석을 한다. 한 가지 예를 들자면, 잘 알지 못하는 외국 이름을 말할 때는 "덴마크 할 때 D"처럼 정확하게 풀어서 말해주는 경우가 있다. 이렇게 계속 청취하면서 철자 하나하나의 소리가 모아져서 하나의 단어로 인식하기까지 청자는 덴마크라는 단어를 기억에 저장하고 있어야 한다.

단기기억을 사용하는 또 다른 이유는 발화를 하기까지 준비시간이 필요하기 때문이다. 통역사는 준비를 하면서 아이디어 또는 정보를 발화하기 위한 계획을 세우는 동안 단어의 의미를 기억에 저장하고 있다.

또 다른 경우는 연사 또는 연설의 특성 때문이다. 연설문 자체가 모호한 경우 즉, 논지가 분명하지 않거나 정보밀도가 높고 특이한 구조로 표현이 된 경우, 또는 연사의 억양이 독특할 때, 통역사는 곧바로 통역을 하기보다는 의미 단락을 조금 더 길게 청취하기를 원한다(동시통역의 경우) 아니면 노트테이킹을 해 둔 후 다시 확인한다(순차통역의 경우). 이렇듯 좀 더 시간을 두고 전체 문맥을 분석하면 이해나 표현의 어려움을 수월하게 처리할 수 있다.

통역하는 언어의 특징으로 인해 단기기억이 필요할 때도 있다. 표현 순서가 반대인 언어가 그 경우이다. 데이터 프로세싱 관련 회의에서 언급한 "시스템 및 어플리케이션 전략" 이라는 문구가 있다. 이를 불어로 번역할 경우 "stratégie en matière de systèmes et d'applications"이 옳다. 이를 통역하는 경우에는 불어의 표현 방식으로 인해서 통역사는 영어의 "strategy"를 청취하고 "stratégie en matière de"를 발화하는 동안 "시스템" 그리고 "어플리케이션"의 음소 또는 의미를 단기기억에 저장해 두고 있어야 한다.

단기기억을 요구하는 작업은 반자동 작업의 범주에 속하는데 의도적으로 정보를 저장하고 있다가 추후 사용하는 노력을 포함하기 때문이다(리샤르, 1980 참고). 더구나 단기기억에 저장해야 하는 정보는 각 연설문마다 또는 동일한 연설문의 경우도 문맥에 따라 수시로 변하고 저장되는 정보의 양이나 시간 역시 시시때때로 바뀐다. 따라서 동일한 작업을 반복함으로 인해 정보를 처리하는 과정이 자동화 될 가능성은 희박하다.

3. 작업 기억(Working memory)

제1장과 본서의 다른 장에서 설명하고 있듯이 통번역의 기본적인 개념과 모델을 교육하기 위해서는 그 내용이 단순해야 했고 또 학생들이 매일매일 통역을 연습하면서 적용할 수 없는 요소는 피하고자 했다. 그러나 시간이 지나면서 인지심리학에서 주로 관심을 갖는 작업기억에 대한 내용이 통역 과정을 분석한 여러 문헌에서 빠지지 않고 논의되었다. 작업기억은 본 장의 뒤에서 설명하고 있는 수행능력분할모델을 이해하는데 매우 중요한 핵심요소이며 또한 언어와 관련한 어려움을 분석하는데도 기여한다(제9장 참고). 따라서 여기서 작업기억에 대해 간단하게 언급하고자 한다.

심리학자들은 전통적으로 장기기억과(우리가 일반적으로 부르는 "기억"을 일컫는다) 단기기억을 구분하는데, 단기기억은 아주 짧은 시간동안 정보를 유지하고 처리할 수 있는 능력을 의미한다. 세 번째 종류의 기억은 감각기억이라고 하며 이 세 기억 사이의 상호 교류에 대해서는 제9장에서 설명하겠다. 지난 수십 년 동안 많은 인지심리학자들이 단기기억에 대해 관심을 기울이며 연구하고 있다. 단기기억은 인지의 핵심이 되는 부분이며 최근에는 "작업기억"이라고도 부른다(차이가 있다면 단기기억은 좀 더 일반적인 개념이라면 작업기억은 구체적으로 매우 한정된 용량의 초단기 기억을 의미한다). 1974년 베들리와 힛치(Beddeley and Hitch)는 작업기억에 대한 모델을 구축하고 그 구성 요소와 작업에 대해 설명했다. 작업기억에는 "중앙 처리장치"라는 인지 기제가 있어서 이 모델의 다른 부분의 작업을 통제한다. 다른 부분이란 "음성 루프"라는 음성의 형태에 대한 정보를 저장해 두는 장치, 그리고 "시공간적 스케치 패드"라는 공간 또는 시각적 정보를 코드화 하는 요소가 포함된다. 베들리와 힛치의 모델에 대해서는 대부분 인지심리학 개론서에서 소개하고 있다(예를 들어 아이젠크와 켄느(Eysenck and Keane) 1990). 작업기억에 관한 후속 연구는 자연스럽게 인지적 작용에 대해 설명하고 그 능력을 측정할 수 있는 방법에 대한 관심으로 이어졌고 추가적인 모델이 개발되면서 인지 작용을 구성하는 새로운 요소에 대한 설명이나 특히 전문 어휘에 대한 작업기억(캐플란과 웰터스(Caplan & Walters) 1998), 작업기억의 과정, 작업기억과 장기기억의 관계 등에 대한 연구가 활발히 이루어지고 있다. 미야키와 샤(Miyake and Shah, 1999)에 따르면 작업 기억의 개념, 구성 요소 그리고 과정에 대한 다양한 이론이 발표되면서 인지심리학 분야에서 작업기억에 대한 논의가 활발하게 이루어지고 있다고 한다(최근의 논의에 대해서는 티마로바(Timarova, 2008) 참고). 일부 학자들은 작업 기억을 독립적인 개체로 보는 시각에 대해 회의를 나타내고도 있는데 다음에 열거한 사항에 대해서는 학계에서 의견의 일치를 이루고 있다.

1. 작업기억은 인지 활동을 위한 일련의 작업관련 정보의 제어, 조절 그리고 실시간 유지에 개입되는 메커니즘 또는 과정이다. 주로 장기기억으로부터 "활성화"된 기억에 대해서만 작용한다.
2. 작업기억은 정보처리 역량을 필요로 한다.
3. 작업기억의 저장 가능한 정보양은 매우 적다.

제9장에서 더 자세히 설명하고 있지만 작업기억은 언어의 이해 그리고 발화과정에서 필수적인 부분이다. 작업기억은 기억을 위한 수행능력의 한 부분이며 개념적으로도 유사하다. 그러나 본서에서는 기억을 위한 수행능력을 기억 그리고 기억 활동을 주관하는 통역의 한 과정으로 학생들 그리고 전문 통역사가 직감적으로 인식하는 것으로 설명하고 있다. 이는 인지심리학에서 설명하는 개념과는 다르다. 독자들은 따라서 원한다면 기억을 위한 수행능력을 작업기억과 동일한 개념으로 이해해도 무관하다. 그러나 13절에서 설명하고 있는 이유로 인해 필자

는 통역의 메커니즘에 대해서 설명할 때는 단기기억이나 기억을 위한 수행능력으로 언급하는 것을 선호하고 작업기억이라는 용어는 좀 더 전문적인 설명을 할 때만 사용하도록 하겠다.

4. 동시통역의 수행능력 분할모델

4.1 모델 개요

앞에서 정의한 바에 따라, 동시통역(SI)은 세 가지의 수행능력을 필요로 하는 작업으로 모델화할 수 있다. 즉, 청취와 분석을 위한 수행능력 L, 단기 기억을 위한 수행능력 M, 발화를 위한 수행능력 P 그리고 앞의 세 가지 요구되는 수행능력을 조율하는 수행능력 C이다(아이젠크와 켄느 1990).

(1) SI = L+P+M+C

동시통역 = 청취+발화+기억+ 조율

(이 방정식에서 "=" 기호는 "-으로 구성된"이라고 해석한다. 일반적인 수학 방정식에서의 의미인 동등함으로 이해해서는 안 된다. 또한 "+" 기호는 일반적인 의미의 "합"을 의미하며 산수에서의 "더하기"를 의미하지 않는다.)

과도한 단순화일 수 있으나(아래 참고) 본 모델은 동시통역을 연속적으로 이어지는 발화 단락을 처리하기 위한 작업을 수행하는 과정으로 묘사하고 있다. 다시 말해 각 단락을 청취하고(L) 기억에 잠시 동안 저장해(M) 두었다가 도착어로 발화(P)하는 일련의 작업 수행 과정이다.

4.2 모델의 단순화

모델에 대한 분석에 들어가기에 앞서서 본 모델은 두 가지 중요한 단순화를 포함하고 있음을 밝히고자 한다.

4.2.1 순차적 단선성(sequential linearity)

청취, 발화 그리고 기억을 위한 수행능력은 하나의 번역 단위나 "발화 단위"(또는 "덩어리"라고 심리언어학 문헌에서는 표현함)를 순차적으로 처리하는 과정이라고 생각하면 이해하기 쉽다. 이때 "발화 단위"는 몇 개의 단어에서 구나 절 또는 문장에 이르기까지 길이가 다르고(번역 과정에서의 번역 단위에 대해서는 제5장에서 설명하고 있다) 연사가 발화한 순서대로만 청취가 가능하다. 만약 출발어 연설이 A, B, C, D, E, F의 순서로 구성되어 있다면 A 단락을 발화하는데 집중하면서 B 단락은 분석을 완료한 후 단기 기억에 유지하면서 재표현을 준비하고 이어지는 C 단락은 청취하면서 분석하는 순서로 진행된다. 예측을 해서 발화를 할 수 있는 단락이 아니라면 항상 출발어 단락을 먼저 이해한(L 수행능력) 이후에야 도착어텍스트로 발화가(P 수행능력) 가능하고 일련의 작업은 순차적으로 진행된다.

현실은 훨씬 더 복잡하다. 출발어와 도착어 사이의 구문구조의 차이가 존재하는 경우는 도착어 발화의 정보 순서를 바꾸어야 한다. 이 외에도 다른 요인으로 인해서도 유사한 결과를 초래할 수 있다. 예를 들어, 연사가 발화한 문장의 첫 단어를 분명하게 듣지 못했을 경우 통역사는 해당 의미단위를 정확하게 이해할 때까지 단어를 기억에 저장해 두고 있어야 한다. 결과적으로 발화를 할 수 있을 때까지 한 개 이상의 의미 단위를 단기기억에 저장하고 있어야 할 뿐 아니라 어떤 의미 단위를 먼저 발화해야 하는지도 고민하게 된다. 마지막으로 연설의 이해과정에서는 앞에서도 언급했듯이 언어적 그리고 의미의 예측이 자주 이루어진다. 그래서 통역사는 때때로 연사가 아직 발화하지 않은 말이나 아니면 적어도 끝까지 발화하지 않은 아이디어 또는 정보를 연사보다 먼저 도착어로 발화하고 있음을 인식할 때가 있다.

그럼에도 불구하고 동시통역을 순차적으로 이루어지는 과정으로 단순화하여 설명한 이유는 여기서 설명하고 있는 통역을 위한 전략 그리고 기법 등을 설명하는데 도움이 되기 때문이다. 이 점에 대해서는 제8장에서 논의하였다.

4.2.2 가산성(Additivity)

4.1절에서 언급하였듯이 방정식 (1)의 "+" 기호는 넓은 의미에서 가산성을 의미하는 기호로 인식해야하며 일반적인 수학 기호라고 생각해서는 안 된다. 동시통역은 연사의 발화를 이해하고 발화하는데 작업기억을 안배하는 등(제9장 3절 참고) 여러 가지 작업을 동시다발적으로 처리해야 하는 측면이 있어서 매 순간 각 작업을 수행하는데 요구되는 인지적 부하를 정확하게 가늠하기는 어렵다. 특히, 각 작업을 위해 요구되는 정보처리 역량은 그때그때 필요 작업에 의해 결정되기도 하지만 각 작업 간의 상호작용에 의해서도 영향을 받을 수 있다. 이러한 영향 중 한 가지는 교류가 이루어지는 통역언어 사이에서 발생하는 간섭으로 언어간섭을 피하려는 노력만도 상당한 집중력이 요구된다. 실제로 출발어와 도착어 사이 어느 정도의 언어 간섭은 현장에서 불가피한 현상이므로(예로 아론소 바치가루페(Alonso Bacigalupe) 2006 참고) 통역사는 언어간섭의 위험성에 대해 인식하고 최대한 억지하도록 훈련 받는다. 가령 출발어 연설에 사용된 문장 구조나 단어와 유사한 도착어 표현을 가능한 피하도록 훈련한다.

수행능력 분할모델에서 설명하는 인지적 부하의 가산성은 한 가지 작업을 위해(예를 들어 청취를 위한 수행능력) 소요되는 정보처리 역량보다는 두 가지의 작업을 동시에 처리해야 할 때 소요되는 역량이 가산된다는 설명이고 두 가지 작업을 동시적으로 처리할 때보다는 세 가지 작업을 처리할 때의 인지 부하가 훨씬 크다는 설명이다.

5. 동시통역 과정에서 정보처리 역량과 관련한 어려움

5.1 작업을 위한 요구 사항

통역의 과정을 보면 각 시점마다 두, 세 가지 수행능력을 사용하고 있다. 한 시점에는 통역사가 사전에 계획한 바에 따라 발화를 하고 이때 연사는 잠깐 휴지를 갖고 있을 수 있다. 그래도 한 가지 수행능력은 사용되고 있다. 또 다른 경우는 통역사가 연사의 발화를 청취하면서 정보를 기억장치에 유지하고 있다. 이때 발화를 하거나 표현을 위한 준비는 아직 하지 않고 있는 상태이다. 그래도 역시 두 가지 수행능력을 사용하고 있다. 마지막으로 적어도 어느 정도의 시간동안은 통역사는 청취와 발화를 동시적으로 하고 있다는 충분한 연구 결과가 있다(거버(Gerver), 1975, 첸코바(Cenkova), 1988). 그리고 이런 때는 세 가지 수행능력을 모두 사용하는 시점이다. 동시통역의 과정에서 작업을 위한 요구사항은 다음과 같이 방정식으로 표현할 수 있다.

(2) TR = LR + MR + PR + CR

LR 청취를 위한 요구 능력

MR 기억을 위한 요구 능력

PR 표현을 위한 요구 능력

CR 조율을 위한 요구 능력

위의 방정식에서 등호는 일반적인 산수에서의 의미로 해석할 수 있다. 그러나 더하기 기호는 더 넓은 의미의 가산성을 의미한다.

통역이 원활하게 이루어지기 위해서는 다음의 다섯 가지 조건을 충족해야 한다.

(3) TR ≤ TA
TA 총 사용가능한 처리능력
(요구되는 총 처리능력이 사용가능한 처리 능력보다 많아서는 안 된다.)
(4) LR ≤ LA
LA 청취(L)를 위해 사용가능한 처리능력
(5) MR ≤ MA
MA 기억(M)을 위해 사용가능한 처리능력
(6) PR ≤ PA
PA 표현(P)을 위해 사용가능한 처리능력
(7) CR ≤ CA
CA 조율(C)을 위해 사용가능한 처리능력

위의 4) - 7)에서 알 수 있듯이 각 작업을 위해 사용가능한 수행능력은 작업을 완료하는데 요구되는 양보다 많아야 한다.

3)에서 7)까지 정의한 요구되는 수행능력과 사용가능한 수행능력 사이의 불균형에서 비롯되는 문제는 심각하다. 첫 번째 3)의 조건은 총 사용 가능한 능력에 관한 설명이다. 이 조건이 충족되지 않을 경우, 정보처리 역량이 포화상태에 이르게 된다. 예를 들어 연사의 발화가 매우 빠르고 정보의 밀도가 높아서, 시간 단위 당 처리해야 하는 정보의 양이 증가할 때 이에 대응하여 요구되는 정보처리 역량은 통역사가 사용가능한 능력을 초과할 수 있다. 4)에서 7)의 조건은 사용가능한 수행

능력이 요구되는 양보다 많아도 충족되지 않는 경우다. 예로, 통역사가 A 발화단위의 표현을 너무나 완벽하고 멋있게 전달하려고 과도하게 집중하느라 다음에 이어지는 B의 발화내용을 청취하기 위해 사용가능한 능력까지 고갈시킨 나머지 B 발화를 듣지 못하는 경우가 있다. 이때 통역사가 표현이 다소 다듬어지지 않았더라도 정확한 의미전달에 만족했더라면 다음 내용의 청취를 위해 필요한 처리능력은 충분했을 것이다. 다시 말해서 이 경우 문제의 원인은 정보의 포화에 기인하지 않고 사용가능한 처리능력을 적절하게 안배하지 못한데 있다. 그러나 궁극적으로 4)에서 7)의 작업에 투입해야 할 처리능력의 부족이라는 결과로 이어졌다.

일부 학생들이 위와 같이 통역의 상황을 수학 방정식으로 나타내는 것에 대해서 거부감을 표출하는 경우가 간혹 있다. 그렇다보니 이해를 돕기 위해서 필자는 은유를 이용하여 설명하기도 한다. 통역의 상황은 'SI'라는 기업에서 인력관리를 하는 방식이라고 보고 각각 'A', 'M', 'P' 회사와 서비스 계약을 체결한 상태이다. 'SI'사는 계약에 따라 각 회사 현장에 직원을 파견하여 필요한 서비스를 공급하고 있다. 세 곳의 회사 'A', 'M', 'P'는 각 회사마다 프로젝트를 추진하고 있으며 이때 필요로 하는 인력의 수는 다르다. 이를 위해서는 첫째, ((3)의 상황) 'SI'사는 세 곳 고객사의 각각 현장에서의 수요를 충족할 수 있을 만큼 충분한 인력을 확보하고 있어야 한다. 둘째 ((4), (6)의 상황), 어느 시점에서도 'SI'사는 각각 'A', 'M', 'P' 사에서의 수요를 충족할 수 있는 수의 인력을 공급할 수 있어야 한다. 만약 'SI'가 보유하고 있는 총 인력은 충분하지만 인력이 필요한 고객사에 필요한 수의 인력을 공급하지 못한다면 해당 고객사의 업무에는 차질을 불러올 수 있다. 마지막으로 'SI' 내에는 'C'라는 팀이 있어서 모든 인력 공급 업무를 총괄하고 있다. 즉, 고객으로부터 인력공급 요청을 받고 각각 'A', 'M', 'P'사에 보낼 수 있는 인력은 어느 정도인지 평가를 하고 필요한 조치를 취하는 업무를 맡고 있다. 모든 작업이 순조롭게 진행되기 위해서는 'C'팀 내에도 충분한 인력을 확보하고 있어야 한다.

5.2 문제 촉발 원인

들어가기에서 설명했듯이 본 모델의 목적은 통역사가 겪는 어려움의 원인을 설명하기 위함이다. 특히, 모델을 이용해서 통역사들 사이에서 모두가 인식하고 있는 고질적인 문제이고 연구에서도 빈번히 언급하는 문제이지만 여태까지는 하나의 개념적 틀 내에서 분석하지 못했었던 어려움의 원인을 분석해 보고자 함이다(통역과정에서의 이러한 문제의 촉발 원인으로 이름, 숫자, 나열, 빠른 발화 속도, 강하고 특이한 외국어 발음 또는 지역 방언, 연설문 논리의 애매함, 음질 상태의 문제 등을 포함한다). 수행능력 분할모델의 틀 안에서 보면, 문제 촉발 원인은 필요한 정보처리 역량의 증가와 연관이 있다. 사용가능한 정보처리 역량을 초과하거나 집중력 조절에 문제가 발생하거나 특정한 성향의 연설 단락으로 인해 순간적으로 집중력이 흐트러졌을 때 발생하는 것으로 설명하고 있다. 이러한 문제 촉발 원인과 통역사의 대응전략에 대해서는 제8장에서 논의하였다.

5.3 실패의 수순(Failure Sequences)

통역과정에서의 어려움이 항상 실제 문제로 이어지지는 않는다. 가령, 문장 중간이 아니라 끝에 길고 까다로운 명칭을 언급했는데 다음 문장과의 사이에 휴지가 있는 경우가 있다. 이 경우 이어지는 연사 발화단위의 청취와 분석을 위해 요구되는 수행능력은 없고 통역사는 기억과 재표현을 위한 수행능력에 전적으로 집중할 수 있다. 만약 명칭을 발화한 직후 연사가 휴지 없이 곧바로 다음 발화를 이어갔다면 통역사는 사용가능한 능력을 이미 소진한 상태이기 때문에 문제가 발생했을 가능성이 크다.

청중은 통역 품질의 저하를 인식하지 못할 때도 있다. 통역사의 정보처리 역량이 한계에 도달해서 발생하는 문제는 도착어 발화가 담고 있는 정보 양의 감소로 나타날 때가 많다(의미 오류, 누락 등). 아니면 전송의 문제로 나타나기도 한다(언어적 표현, 음성, 억양의 어색함). 제2장에서 설명했듯이 내용이 왜곡되었을 때도 항상 눈치 채거나 감지하기는 쉽지 않다(청중이 통역사의 오류 그리고 누락에 대해 민감하지 않다는 실험 결과는 질 1995 참고). 전송의 문제 역시 순간적으로 현격한 격차가 느껴질 정도의 문제가 아니라면 특정 구문에서 표현의 질이 떨어졌다고 감지하기는 쉽지 않다.

더구나 아래에서 설명하고 있듯이, 통역의 품질이 저하되었을 경우 그 원인을 구체적으로 규명하기는 쉽지 않다. 특히, 통역의 품질이 저하되는 시점이 반드시 어려움이 발생한 시점과 일치하지 않고 시간이 좀 더 경과된 후에 전혀 문제가 될 이유가 없는 부분에서 표면화하는 경우도 있다. 따라서 어떠한 원인에 의해서 문제가 발생하여 결과적으로 표출되는지 그 발생점에서 결과까지 혹은 그 반대 수순을 정확하게 규명하기는 힘들다. 물론 어떤 어려움은 그 발생 수순에 대해서 통역사 스스로도 분명하게 인식하고 설명이 가능한 경우도 있다. 이론적인 모델을 이용하면 실제 현장에서 경험하는 현상에 대해 합리적으로 설명을 하고 전략과 기법을 마련하고 통역의 품질을 향상시키는 데 기여할 수 있다(제8장).

먼저 문제가 발생하는 가장 단순한 이유는 순간적으로 청취 및 분석을 하는데 필요한 집중력이 떨어진 경우이다. 이 경우 통역사가 발화내용을 듣지 못해서 숫자나 고유명사 등을 포착하지 못하고 결과적으로 도착어로 표현해야 할 내용을 전달하지 못하는 상황이 초래된다. 또 다른 통역 실패의 원인은 출발어의 구문이 예상 외로 어려운 경우이다.

전혀 예상하지 못했기 때문에(외국어 단어, 맥락에서 예상하지 못했던 이름, 사용하던 어역과 상이한 표현 등) 통역사는 입력되는 정보를 청취, 분석할 만큼 정보처리 역량을 충분히 할애하지 못해 청취하고 이해하는 작업을 성공적으로 수행하지 못하는 결과로 이어진다. 이는 통역사가 도착어로 정보를 전달하지 못하는 문제로 이어진다.

통역과정에서는 한 가지 작업을 위해 사용가능한 수행능력이 부족한 상황이 길게는 몇 초까지 이어져서 일련의 어려움을 초래하는 경우도 있다. 가령, 앞에 설명을 했듯이, 통역사가 표현을 우아하고 멋있게 하려다보니 재표현을 위해 정보처리 역량을 과도하게 집중해서 청취와 분석을 위해 사용가능한 역량이 부족해지는 경우가 있다. 결과적으로 다음에 이어지는 발화단위를 듣지 못해서 통역을 하지 못하게 된다. 또 다른 경우는 통역사가 기억을 위해 과도하게 집중을 한 경우이다. 예를 들어 "Association internationale des villes francopones de congrès"과 같이 긴 명칭을 영어로 통역하는 경우이다. 이 명칭을 "International Association of Francophone Conference Cities"로 통역하기 위해서는 정보의 순서를 재배치해야 한다. 이때 기억을 위해 과도한 시간과 처리능력을 사용하다보면 통역사는 이어지는 발화를 청취할 여력이 거의 없거나 아예 듣지 못하는 경우도 발생한다. 같은 맥락에서 매킨토시(Mackintosh, 1983)가 릴레이 통역을 관찰한 연구에 따르면, 숫자(문제가 될 소지가 많은 정보라고 메짜(Mezza, 2000)에서도 언급)를 제대로 통역한 직후, 다음에 이어지는 발화내용을 놓치는 빈도가 상당히 높았다는 점은 흥미로운 사실이다. 유사한 현상이 다른 문제 촉발요인을 통역한 바로 다음에 이어서 나타난 점에 대해서도 최근 연구가 이루어진 바 있다(9절 참고).

다음은 생각해 볼 수 있는 또 다른 두 가지 상황이다.

- 연사가 꽤 길고 어려운 명칭을 발화한 경우, 통역사는 명칭을 청취하는 데 집

중하기 위해 이전의 의미단위를 표현하기를 잠깐 멈추거나 아니면 표현하는 속도가 느려진다. 그 다음 절차로 통역사는 청취한 내용을 가능한 신속하게 재표현해서 "기억"을 유지해야하는 부담을 덜고 정보의 포화상태를 피하고자 한다. 문제는 이 과정을 무난하게 넘긴 시점에는 통역사의 기억에서 이미 이전 의미단위에 대한 정보가 사라져 버린 상태라는 점이다.

- 연사가 모국어가 아닌 언어로 연설을 하는 경우 그 발음을 청취하고 분석하는 데 통역사는 더 많은 주의력을 기울여야 해서 재표현의 과정을 지체시키게 된다. 이는 결과적으로 기억에 대한 부담을 증가시켜서 기억의 과부하로 인한 정보의 유실이 발생할 수 있다. 아니면, 기억에 대한 부담을 증가시키지 않고 대신 통역사가 연사의 발화속도를 따라가기 위해 더 빨리 발화하려고 해서 재표현이 힘들어질 가능성도 있다. 결국 표현의 품질을 저하시키거나 청취 및 분석을 위해 사용가능한 정보처리 역량을 감소시킴으로 이어지는 의미단위의 정보가 누락될 가능성이 증가한다.

이 외에도 정보의 누락 원인이 될 수 있는 다양한 실패의 수순을 생각해 볼 수 있다. 특히 일반적인 상황이었다면 해당 단락을 이해하거나 통역을 하는데 아무 어려움이 없었을 내용인데 연이어 바로 정보처리를 해야 함으로 어려움이 발생하는 것이다. 다시 말해서 통역사가 해당 작업을 위해 사용가능한 수행능력이 충분하지 않은 시점이어서 성공적으로 작업을 완료하지 못한 경우이다.

5.4 예측

예측의 중요성에 대해서는 이미 통역사들이 충분히 강조하고 있지만(모저(Moser), 1978, 데쟁 르 페알, 1981, 카르텔리어리(Cartellier), 1983 참고) 수행능력 분할모델에 입각하여 동시통역의 과정을 분석해보면 그 중요성을 확실하게 인식할 수 있다. 두 가지 종류의 예측을 생각해 볼 수 있다. 첫째는 언어적 예측이며 둘째는 언어 외적 예측이다.

5.4.1 언어적 예측

언어를 이해하는 과정은 확률적인 개연성이 높다는 주장이 널리 받아들여지고 있다. 모든 언어에서 한 단어에 이어 다른 단어가 배치되는 연어관계는 우연이나 무작위에 의해서 결정되지 않고 확률적인 차이가 존재한다. 예를 들어 영어에서는 관사에 이어서 명사나 형용사가 배치될 확률은 상당히 높지만 또 다른 관사나 동사가 이어질 확률은 낮다. 그러니까 문법에 따른 규칙 외에도 한 언어에 존재하는 연어 관계나 빈도 높은 표현 등은 모두 한 단어가 다른 단어로 연결될 확률이 확연하게 높은 관계인 경우라는 점을 알 수 있다. 이러한 규칙에 대한 지식은 무의식적인 경우라 할지라도 통역사가 느끼는 불확실성을 줄이고 정보를 처리하는데 필요한 수행능력을 줄여준다. 소위 '언어적 예측'은 언어를 받아들이는 과정과 불가분한 과정이며 인간의 언어인식 과정에서 핵심적인 부분을 차지한다(리쇼도(Richaudeau), 1973: 21). 특히, 언어 독해에 관한 연구에 따르면, 피험자는 이러한 전이 확률(transitional probabilities)에 기초하여 단어를 인식한다는 점을 알 수 있다(회르만(Hörmann) 1972: 97-101). 전이 확률이 높고 정확할수록 다른 조건이 동일하다는 전제 하 통역사는 해당 문구를 더 빠르게 이해하고, 발화를 이해하기 위해 필요한 수행능력도 감소한다. 통역사 개인의 언어 능력이 뛰어나다는 말은 어휘, 문장 구조를 알고 인식할 수 있는 능력 외에도 전이 확률에 대해서 잘 알고 있고 이를 언어를 이해하는 과정에 적용할 수 있음을 의미한다. 일상적인 상황에서는 청취 및 분석을 위해 전적으로 또는 상당 부분 정보처리 역량을 집중하기 때문에 통역사의 전이확률 숙달 정도를 평가하기 어렵다. 그러나 동시통역의 상황에서와 같이 통역사가 청취 및 분석을 위한 수행능력과 다른 두 가지 수행능력 간에 집중력을 분산할 필요가 있는 경우에는 전이 확률을 얼마나 잘 인식하고 있는지가 절대적으로 중요하다.

통역의 과정에서 예측의 중요성은 특히 일어의 경우에 잘 나타난다. 일어 발화는 대부분 예측 가능한 어미로 끝맺음을 해서 문장의 어느 시점 이후부터는 실질적으로 정보 전달은 거의 없을 정도이다. 회의에서 사용한 일어 연설문을 분석한 질(1992a)의 연구에서는 이렇듯 예측 가능한 문장이 상당히 빈도가 높고 대부분 문장이 길어서 6 음절 이상 또는 1초 이상 동안 이어지는 경우가 많다고 설명했다. 동일 연구에서 질은 예측 가능한 문장이 어떤 영향을 미치는지에 대한 이론적 분석을 제시하면서 출발어가 일어인 경우 통역사들은 이 같은 문장 구조로 정보처리 측면에서 상당한 운신의 여유를 얻을 수 있다고 설명했다. 현재까지 방법론적인 어려움으로 인해 이러한 가정에 대해 직접적으로 검증이 이루어진 연구는 없다. 따라서 앞에서 설명했듯이 통역사의 발화에서 발견하는 어떤 현상이 통역 과정에서의 한 가지 원인에 기인한다고 단언하기는 어렵다. 하지만 현대의 뇌 이미지 영상 촬영 기술은 새로운 방법을 열어 줄 것으로 기대하고 있다. 실시간으로 피질의 활동 파라미터를 측정하는 기술이 개발됨에 따라 공간 및 시간에 대한 높은 해상도의 촬영이 가능해져서 통역사가 예측가능한 문미를 식별했을 때 뇌에서 어떤 변화가 나타나는지 분석도 가능하다.

5.4.2 언어 외적 예측

앞에서 설명한 "언어적 예측"이라고 부르는 부분 외에도 회의상황에 대한 지식, 주제 지식, 연사에 대한 지식 그리고 연설에 대한 깊이 있는 이해는 연설에서 전달하는 정보와 생각에 대한 예측을 가능하게 한다. "예측"이란 연사가 다음에 무엇을 말할 것인가에 대해서 정확하게 알 수 있는 지식이라기보다는 연사가 특정한 상황, 맥락에서 어떻게 반응하거나 발화를 할 가능성에 대해 예상할 수 있는 능력을 의미한다.

예를 들어 만약 한 주제에 대해서 논쟁이 이루어지는 상황이라면 연사는 그 전 연사가 발언한 의견에 대한 반응으로서 그의 발화를 이어간다. 이는 다음과 같이 시작할 수 있다. "아닙니다. 의장님. 저는 그렇게 생각하지 않습니다." 이때 통역사는 연사가 앞으로 반대 의견을 제시할 것이라는 점을 예측 가능하다. 한 UN 기구에서 토론이 이루어지는 상황에서 위원회의 대표를 선출하는 안건에 대해 아프리카 대표인 연사가 다음과 같이 말했다. "의장님, 유럽, 아시아 그리고 태평양뿐만 아니라 미국의 대표도 위원회에 참석하고 있습니다. 그러나...." 이 맥락에서 통역사는 연사가 다음에 할 말이 아프리카로부터 참여하는 대표가 없다는 맥락의 내용이 되리라고 예측했다. 때로는 연사가 스크린에 보이는 도표에 대해 설명을 하는 경우가 있다. 이때 화면의 도표를 함께 보고 있는 통역사는 연사가 언급하는 부분이 어디인지 정확하게 알 수 있고 따라서 그가 이어서 어떤 말을 할 것인지 어느 정도는 정확성을 가지고 예측이 가능하다.

"언어적 예측"과 "언어 외적 예측"을 구분하여 설명한 이유는 통번역교육을 위한 편의상의 목적에서이고 통역의 과정에서 "언어" 그리고 "언어 외적" 지식이 실질적으로 영향을 미칠 수 있는 부분이 차이가 있기 때문이다(제4장). 그러나 분석의 방법에 따라서 이 두 부류의 예측이 근본적으로 차이가 있는지에 대해 이견이 있을 수 있다.

기본적으로 예측이 가능해질수록 불확실성은 줄어들고 이로 인해 정보처리 요구량이 줄어들 것을 기대 가능하다. 언어외적 지식 그리고 회의에 대한 철저한 준비가 매우 중요한 이유도 바로 이 때문이다(제6장 참조). 회의에 대해 알기 위해서는 사전 준비회의에 참석하여 설명을 듣거나 다양한 자료를 검토하는 준비가 중요하다. 특히, 연사의 이름, 의견, 예상되는 용어, 언급할 가능성이 높은 용어 등을 익히고 회의에 들어가면 통역사의 예측가능성을 상당히 향상 시킬 수 있어서 청취 및 분석을 위해 사용해야 하는 수행능력을 대폭 줄일 수 있고 때로는 발화를 위한 수행능력도 감소한다. 결과적으로 사용 가능한 수행능력을 다른 작업에 할애할 수 있어서 정보의 포화로 인해 문제가 발생하는 위험이 줄어든다.

6. 순차통역의 수행능력 분할모델

수행능력 분할모델은 동시통역의 과정을 설명하기 위해 개발한 모델이었다. 그 후, 동일한 원칙에 기반을 두고 순차통역에 대한 수행능력 분할모델을 개발했다. 본 절에서는 AIIC 회원들이 소위 말하는 "진정한 순차통역"에 대해 다루고자 한다. 즉, 연사가 중단하지 않고 최소 여러 개의 문장을 이어서 발화한 바를 듣고 통역하는 순차통역을 의미하며 체계적인 노트테이킹이 필요 없는 한 문장씩 통역하는 순차는 해당되지 않는다.

순차 통역은 2 단계로 이루어진다. 이해의 단계(또는 청취와 노트테이킹의 단계) 그리고 발화의 단계(또는 재구성의 단계)이다.

제1 단계: 청취 및 노트테이킹

(8) Interpreting = L + N + M + C

통역 = 청취 + 노트테이킹 + 단기 기억 + 조율

L 청취 및 분석

N 노트테이킹

M 단기기억 작업

C 조율

제1 단계에서 청취(L)는 동시통역 과정에서의 청취 및 분석 작업과 동일하며 기억(M) 역시 동시통역 과정에서의 기억을 위한 수행능력과 유사하다. 동시통역의 경우는, 연사의 발화를 청취한 순간부터 이를 통역사가 재표현하거나 의도적으로 생략, 아니면 기억에서 정보가 소실되기까지의 시간적 경과와 관련이 있다. 순차통역의 경우, 기억이란 연사의 발화를 청취한 시점부터 이를 노트테이킹한 시점까지를 의미한다. 아니면 청취를 한 이후 정보 처리를 하여(장기)기억에 저장하기까지를 의미한다. 순차통역의 경우도 1 단계에서 발화를 위한 수행능력이 필요한 부분이 있는데 바로 노트테이킹을 위해 할애되는 부분이다. 그러나 동시통역에서와 같이 도착어의 체계적인 발화를 위해 요구되는 수행능력과는 다르다. 이 차이가 미치는 영향에 대해서는 아래에서 좀 더 자세히 설명하도록 하겠다.

제2 단계: 도착어로 재표현

(9) Interpreting = Rem + Read + P

통역 =	기억 되살리기 + 읽기 + 표현
Rem	기억
Read	노트테이킹 읽기
P	재표현

제2 단계에서 기억 되살리기(Remembering)란 원문의 연속적인 부분들을 장기기억해서 되살리기 위해 머리 속에서 이루어지는 일련의 작업을 의미한다. 따라서 단기기억(M)에 저장하기 위한 노력과는 차이가 있다. 순차통역의 2 단계는 장기 기억을 활용하고 노트읽기 과정(Read)이 포함된다는 점에서 제1 단계보다 훨씬 복잡한 과정 같아 보인다. 그러나 노트테이킹을 적절하게 한 경우라면 기억 되살리기(Rem) 과정을 촉진하기 때문에 실제로 기억을 위한 수행능력 요구량을 상당히 줄일 수 있다. 통역사 중에는 연사의 발화를 기억하는데 시각적 기억이 도움

이 된다고 말하는 사람도 있다. 실제로 노트테이킹을 하면서 간단하지만 배치방식을 정해놓고 작성하면 기억을 자극하는데 기여한다는 연구 결과가 있다(로잔(Rozan), 1956). 노트테이킹을 한 레이아웃 자체가 시각적인 기억으로 저장되어 연설의 논리적 구조를 되살리는데 도움이 된다고 설명한다. 또한, 순차통역의 과정에서 1 단계는 연사에 의해서 속도가 정해지지만 2 단계에서는 통역사가 자신에게 가장 편안한 속도로 세 가지 작업에 집중력을 안배할 수 있는 장점이 있다. 당연히 2 단계에서는 조율을 위한 부담도 줄어든다.

재구성의 단계에서는 이해의 단계나 동시통역의 과정과는 달리, 통역사가 다양한 작업을 위해 수행능력을 분산할 필요가 없고 정보처리를 위한 인지적 부담도 없다. 통역언어 지식을 충분히 갖춘 전문통역사의 경우라면 시간적 제약 하에서 여러 가지 작업을 수행해야 하므로 인지능력이 한계에 도달하여 발생하는 어려움은 경험하지 않는다. 따라서 정보처리 능력이라는 측면에서 본다면, 1 단계만이 통역사의 처리능력에 어려움을 초래할 수 있다. 순차통역의 과정에서 작업을 위해 필요한 요구 소건은 아래 (10)에서 (14)의 등식과 같이 성리하고 있다. 이는 동시통역에 대해 설명하면서 5.1절에서 언급한 (3)에서 (7) 등식의 불균형과도 유사하다. 순차통역의 경우는 불균형이 이해의 단계에서는 영향을 미칠 수 있으나 2 단계에서는 큰 영향을 미치지 않는다.

동시통역 모델에서와 같이, 작업을 수행하기 위한 다음의 조건이 충족되어야 순차통역이 원활하게 이루어질 수 있다.

(10) $LR + NR + MR \leq TA$

(11) $LR \leq LA$

(12) $NR \leq NA$

(13) $MR \leq MA$

(14) $CR \leq CA$

(10)의 등식이 참이 아닌 경우, 포화상태가 발생할 수 있다. (11), (12), (13) 또는 (14)의 등식이 참이 아닌 경우, 사용가능한 인지능력의 총량이 요구되는 총량보다 크더라도 통역 과정에서 문제가 발생할 가능성을 완전히 배제하지는 못한다.

순차통역, 정보처리 역량과 노트테이킹

동시통역과 순차통역 간의 가장 큰 차이는 순차통역의 경우 발화의 이해와 재구성이 순차적으로 이루어진다는 점이다. 이로 인해 통역사가 도착어로 표현하는 과정에서 느끼는 부담이나 출발어와 도착어 간의 구문적 차이로 발생하는 단기기억 증가로 인한 어려움은 상당히 감소한다. 통역사는 연사의 발화를 들으면서 정보를 노트테이킹 할 수 있는 반면 동시통역은 정보를 단기기억에 유지하면서 자연스럽고 이해하기 쉬운 도착어 문장으로 재표현 할 수 있을 때까지 기다렸다가 표현을 한다. 순차통역의 제2 단계에서도 동시통역 상황에서보다 훨씬 더 많은 노력과 시간을 도착어 표현을 위해 할애할 수 있다. 이런 이유로 인해 통역사 중에는 순차통역 방식으로 일을 하는 경우에 한해서 동시통역의 경우와는 달리 자신의 모국어가 아닌 B언어로 통역하는 일을 수락하는 경우가 있다.

순차통역의 제1 단계의 경우는 연사에 의해서 속도가 결정되기는 하지만 동시통역의 상황에서와 같이 시간적 제약이 심하지는 않다. 먼저 노트테이킹을 끝낸 후 발화를 하므로 시간적으로는 재구성 단계보다 여유가 있다. 노트테이킹은 언어의 수용가능성 즉, 어휘, 문장구조, 스타일 등등의 규칙을 준수할 필요가 없다. 아래에서 설명 하겠지만, 통역사가 노트테이킹을 할 때는 상당히 자유롭게 기록한다. 청취와 분석을 위해 요구되는 수행능력이 많은 경우, 노트테이킹 양을 줄임으로 사용가능한 능력을 다른 작업을 위해 할애할 수 있다. 동시통역의 경우, 표현의 속도를 늦추면 연사와의 격차가 생기고 이는 기억 부담을 가중시킬 뿐 아니라 결과적으로 표현에 요구되는 수행능력의 증가를 초래한다. 순차통역의 경우, 노트테이킹 하는 정보의 양을 줄인다고 해서 반드시 기억해야 하는 정보의 양이 증가하거나 차후 도착어로 표현하는 과정에서의 부담이 가중되지는 않는다. 다음은 연사의 발화와 전문 통역사가 노트테이킹한 기록이다(질 2001 실험에서 인용).

출발어 발화

... because every child has the same needs, and the right to a basic education, the right to feed, the right to shelter, and the right to basic health and every child needs a friend...

순차 통역 노트테이킹

all same	
rights	ed.
	shelter
	health
need friend	

여기서 볼 수 있듯이, 통역사는 "because", "every child", "needs" 그리고 "basic"과 같은 단어와 기능어는 기록하지 않았다. 그럼에도 불구하고 통역은 전체 문장을 충실하게 잘 전달했다. 위에서 언급했듯이 순차통역의 과정에서 통역사는 상당한 재량을 가지고 노트테이킹을 하고 있다는 점을 보여준다. 노트테이킹이란 연사가 말하는 바를 그대로 받아 적는 것이 아니라 통역사의 기억을 상기시키기 위한 목적으로 기록하는 표시일 뿐이다.

순차통역의 첫 단계에서 문제가 발생하는 원인은 동시통역의 경우와 유사하다. 두 방식의 가장 큰 차이는 노트테이킹을 하는 수작업 과정에서 비롯한다. 좀 더 구체적으로 설명하면 노트테이킹은 발화보다 시간이 더 길게 소요되기 때문에 연사의 발화를 따라가는데 격차가 벌어질 수밖에 없고 이는 기억해야 할 정보 양이 증가하는 결과로 이어진다. 동시에 통역사가 청취와 분석을 위해 할애할 수 있는 인지능력은 감소한다. 예를 들어 동시통역의 과정에서 통역사가 한 개의 이름을 기억하는 것은 큰 어려움이 아니다. 그러나 순차통역에서는 그 이름을 듣고 받아 적어야 하는데 이름이 길기까지 하다면 어려움으로 작용할 수 밖에 없다.

물론, 노트테이킹을 위한 시간은 동시통역에서 재표현의 과정보다 시간이 덜 소요된다고 주장하는 학자도 있다. 특히, 노트테이킹을 할 때는 단어 한 개, 약어, 기호 또는 그림으로 기록을 하므로 시간이 많이 필요하지 않은 반면, 동시통역으로 재표현을 할 때는 완전한 문장으로 표현해야한다. 앞에서 강조했듯이 노트테이킹은 정보의 일부만을 기록하고 나머지는 장기 기억에 저장한다. 이는 대부분의 노트테이킹 결과물을 보면 잘 나타나 있다. 어떤 정보를 기록하던지 제한된 시간 내에 신속하게 해야 하므로 통역사가 바로바로 신속하게 가져다 쓸 수 있는 기호나 약자가 없으면 문제가 발생할 수 있다. 그리고 여러 편의 실험적 연구 결과에서 보여주듯이(5.3절 참고) 한 시점에서 발화가 지연되면 바로 그 순간이 아니라 한참 후의 시점에서 통역에 문제가 발생할 수 있다.

정보처리 역량의 사용과 관련해서도 노트테이킹은 절대적으로 중요한 역할을 한다. 이 점은 로잔(1956)에서 마티섹(Matyssek, 1989) 그리고 좀 더 최근에 이르기까지 노트테이킹과 관련하여 이루어진 방대한 양의 연구 문헌만 보더라도 알 수 있다(안드레스(Andres) 2000, Gile 2001, 담(Dam) 2004a, b, 알브르 미카사(Albl-Mikasa) 2006, CIRIN Bulletin에 게재 된 중국 석사학위 연구 논문(www.cirinandgile.com) 참고). 노트테이킹과 관련한 한 최근 실험에서 밝혀진 바에 따르면 노트테이킹의 원리와 기술에 대해서 정확하게 교육을 받지 못한 경우 고유명사(고유명사를 기준으로 분석했다. Gile 1984b 참고)를 놓치는 빈도가 매우 높은 것으로 나타났고 심지어는 노트테이킹을 하지 않고 통역을 하는 경우보다도 더 누락이 빈번하다는 결과가 나타났다(이 실험에 대한 자세한 설명은 12절 참고).

통역학자 그리고 실무 통번역자 사이에서는 노트테이킹을 할 경우 얼마나 기록해야 하는지, 출발어 또는 도착어 중 어떤 언어로 기록해야 하는지, 기호를 사용하면 도움이 되는지 등에 대해서 의견이 분분하다. 한편, 노트테이킹이야말로 인지능력 분야의 연구를 접목시킬 수 있는 유력한 주제이나 아직까지 관련 연구가 미흡한 실정이다. 가장 기본적으로 생각해볼 수 있는 연구주제는 노트테이킹을 이용했을 때 어떻게 정보처리를 위해 요구되는 수행능력과 시간적 소요는 줄이면서 기억을 촉진시키는 효과를 얻을 수 있는가에 대한 연구이다.

이 주제에 대해 좀 더 생각해 본다면, 기호나 약자의 사용이 당연히 효과적인 노트테이킹 방법이라고 생각한다. 물론 통역사는 노트테이킹에서 사용하는 기호를 완전히 숙달하고 있어야 한다. 기호 자체가 익숙하지 않은 경우에는 통역사는 기호를 생각해내기 위해서 또는 적어 놓은 기호를 해독하기 위해서 추가적으로 집중력을 사용하게 된다. 청취를 하면서 필요할 때 기호를 만들어 사용하기보다는 사전에 일련의 기호를 만들어서 학습하도록 하는 방식이 비난을 받을 때도 있었지만 어쩌면 나름의 이점이 있다.

도착어 아니면 출발어 중 어떤 언어로 노트테이킹을 하는 것이 더 좋은지에 대한 논의도 같은 맥락에서 생각해 볼 수 있다. 일부 통역교사는 도착어로 노트테이킹 하는 편을 권하는데 이해 단계에서 분석을 촉진할 뿐 아니라 재표현 단계에서 정보를 변환해야하는 필요를 줄이기 때문이다. 반면에 반대하는 주장도 있다.

• 청취를 하면서 도착어 “등가”를 생각하기 위해서는 더 많은 인지 역량을 사용

해야 한다.

- 노트테이킹은 청취 단계에서 이루어지는데 인지 역량에 대한 수요가 많은 단계이다. 통역사가 도착어로 노트테이킹을 하는 등 다양한 작업을 위해 집중력을 사용하면 정보처리 능력이 포화상태에 도달하는 위험이 증가한다.
- 출발어로 기록한 노트테이킹을 재구성단계에서 '전환'하는데 소요되는 추가적인 시간과 노력을 따져 봤을 때 도착어로 노트테이킹을 해도 통역의 질이 떨어질 위험은 별로 없다. 재구성단계는 통역사에 의해 속도가 결정되기 때문에 정보처리 역량이 포화상태가 될 위험이 적다.

합리적인 대안은 인지적 부담이 크지 않은 경우는 도착어로 노트테이킹을 하고 아니면 인지용량의 포화상태를 피하기 위해서는 출발어로 노트테이킹 하는 방법이다. 한 실험연구를 통해서 담(Dam 2004 a, b)에서 밝힌 바로는 학생들은 통역의 과정이 힘들면 출발어 또는 도착어와 상관없이 자신의 A언어로 노트테이킹을 한다고 한다. 그러나 이러한 데이터는 학생의 경우를 분석한 사례로 일반화하는 데는 무리가 있다. 확실한 점은 실제 통역 자료를 이용한 검증이 이루어지기 전까지는 어떤 주장이 더 효과적이라고 말하기가 어렵다. 그러나 통역 교사의 의견은 노트테이킹을 통해 시간과 정보처리 노력을 줄일 수 있는 방향이 바람직하다는데 의견이 모아지고 있다.

7. 시역을 위한 수행능력

시역 또는 문장구역은 회의통역에서보다는 동시통역이나 순차통역의 경우에 더 빈번히 이용된다(수어통역에서는 매우 일반적인 통역방식이라고 필자와 개인적으로 의사소통을 하면서 캐롤 파트리에가 말했다). 시역이란 출발어 텍스트를 "눈으로 읽으면서" 도착어로 소리 내어 표현하는 작업이다. 회의 참석자들에게 연사가 텍스트를 제공하고 통역사로 하여금 그 자리에서 실시간으로 통역하기를 원할 때 시역을 한다. 아니면 준비된 텍스트를 연사가 읽고 이를 통역사가 통역하는 경우도 있다. 시역은 다음과 같이 구성된다.

(15) 시역 = 읽기 수행능력 + 기억 수행능력 + 재표현 수행능력 + 조율

시역의 경우, 동시통역의 과정에서 청취 및 분석을 위한 수행능력이 읽기를 위한 수행능력으로 대체되는 반면, 발화를 위한 수행능력은 지속적으로 필요하다. 단기기억을 위한 수행능력은 동시통역이나 순차통역을 하는 경우와 같이 연설의 단락을 인식하고 이해하는 과정에서 필요하지만 단어나 구, 절을 기억하고 있다가 도착어로 표현하기까지 유지하는 일은 더 이상 어려움이 아니다. 시역의 상황에서는 텍스트를 문서로 제공하기 때문에 정보를 계속 확인할 수 있다.

따라서 시역의 과정에서는 동시통역이나 순차통역과 비교했을 때 단기기억을 위한 부담은 감소한다고 볼 수 있을(이는 인지과학자들이 구어를 청취할 때보다 읽기를 할 때 단기기억의 요구량이 적다고 간주하는 이유와 동일하다. 마이클 외(Machael et al., 2001: 240) 참고) 뿐만 아니라 시역은 출발어 연사가 아니라 통역사 스스로에 의해 속도 조절이 가능하다. 따라서 시역과 같은 의사소통의 방식은 오히려 통역의 경우보다 인지 부담이 적다고 쉽게 생각한다.

반면에, 읽기를 위한 노력을 기울이는 과정에서 통역사는 연사의 억양, 주저함, 휴지 등 음성적 힌트에 대한 접근이 불가한 상태라서 순차나 동시통역과는 달리 텍스트를 눈으로 읽으면서 "의미 단위"를 끊어서 전달해야 한다. 텍스트를 읽으면서도 통역사는 의미를 이해하는데 전적으로 집중할 수 없고 도착어로 어떻게 발화할 것인지를 생각하면서 가능한 도착어 발화를 자연스럽게 전달하는데 주의를 기울여야 한

다. 이 작업은 양 언어의 언어적 구조가 유사한 경우나 출발언어 자체가 의미의 단위를 끊기 쉽게 작성되어 있는 경우 다시 말해서 문장 자체가 단순하거나 짧은 경우에는 그리 어렵지 않다. 그러나 문장이 길고 관계절을 가지거나 구가 붙어 있는 경우는 시역을 할 때 훨씬 더 뒤에까지 읽은 후에야 표현을 시작할 수 있다. 통역을 할 때 표현을 시작하기 까지 대기하며 발화를 듣는 것보다 더 길어질 수 있어서 시간과 노력이 많이 소요된다. 특히 독어, 일어를 불어, 영어 또는 다른 서양 언어로 통역을 하는 경우 거의 항상 이와 같은 어려움을 수반한다. 유사한 어려움은 순차 통역, 동시통역을 하는 경우에도 발생할 수 있지만 위에서 언급했듯이 시역은 연사의 음성을 들으면서 의미도출을 위한 도움을 받을 수 없기 때문에 어려움이 배가 된다.

통역사가 통역 시작 직전에 텍스트를 받은 경우, 신속하게 텍스트를 읽어 내려가면서 의미단위가 끝나는 곳에 사선을 그어 놓던지 표시를 해 둔다면 어려움을 다소 줄일 수 있다. 실제로 많은 통역사들이 통역을 시작하기 전에 먼저 이런 작업을 한다. 이 외에도 출발어의 용어를 도착어로 적어 놓는 준비도 도움이 된다. 시역을 하면서 정보의 재배치가 필요한 문장의 경우 단어 위쪽에 재배치할 순서를 다음과 같이 숫자로 적어 두어도 도움이 된다.

2 4 3 1
Interamerican Tropical Tuna Commission

이를 불어로 통역하면 다음과 같이 표현할 수 있다.

Commission (1) interaméricaine(2) de thon(3) tropical(4)

사전에 준비할 수 있는 여유가 있는 경우에는 시역을 위한 수행능력 요구량을 상당히 줄일 수 있다.

또 한 가지 시역을 위한 훈련은 교육 초기에 특히 중요한 의미가 있다. 통역 특히 순차통역의 경우, 출발어 연사의 발화는 통역사의 기억에서 쉽게 사라진다. 구어의 소멸성으로 인해서 통역사는 출발어의 단어나 언어 구조의 간섭에서 벗어나 발화된 내용의 의미에 기반을 두고 도착어로 표현이 가능하다. 시역의 경우는 단어와 문장 구조가 통역사의 눈 앞 그대로 남아있다(물론 한 번에 적은 분량의 텍스트만을 볼 수 있기도 하다). 이 때문에 통역언어 간 언어간섭이 발생할 위험이 높아지고 오히려 통역의 경우보다 더욱 언어간섭을 차단하기 위한 집중적인 노력이 요구된다. 이런 이유에서 시역은 다양한 장점이 있음에도 불구하고 처음으로 통역을 배우는 학생들에게는 무척 어려운 훈련이다.

8. 원고가 있는 동시통역

원고가 있는 동시통역은 특히 국제회의의 연설을 통역하는 경우 빈번하게 이루어지는 통역 방식인데 연사는 준비해 온 텍스트를 읽고 통역사는 사전에 주어진 원고를 보면서 동시통역을 하는 경우이다.

원고가 있는 동시통역은 다음과 같은 수행능력으로 이루어진다.

(16) 원고가 있는 동시통역 = 읽기 수행능력 + 청취 수행능력 + 기억 수행능력 +발화 수행능력 + 조율 수행능력

원고가 있는 동시통역은 동시통역과 시역이 합쳐진 형태의 의사소통 방식이라고 설명할 수 있는데 아래와 같은 특징을 갖는다.

긍정적인 측면은 다음과 같다.

- 연사가 음성의 변화를 통해 전달하는 의미를 들을 수 있다. 준비된 연설문을 읽을 때는 휴지나 억양이 즉흥적으로 발화를 계획하고 준비하여 실시간으로 연설을 하는 경우와는 차이가 있을 수 있지만 여전히 통역사의 이해에 도움이 된다(데쟁 르 페알, 1978 참고).
- 모든 정보를 시각적으로도 접근가능하기 때문에 기억의 문제나 음향 시스템의 문제로 인한 어려움, 특이한 발음 그리고 청취 및 분석을 위해 사용가능한 수행능력이 부족해서 야기되는 통역의 실패 가능성도 줄어든다. 다시 말해서 읽기를 위한 수행능력과 청취를 위한 수행능력은 대부분의 경우 상호 보완적이나 아래에 설명했듯이 때로는 한정된 정보처리 역량을 사용하기 위해 경쟁하기도 한다.

부정적인 측면은 다음과 같다.

- 준비된 텍스트를 읽을 때는 즉흥적인 연설에 비해서 정보의 밀도가 높고 문어적인 특성이 나타난다. 이러한 특성으로 인해서 내용을 분석하기 위해 통역사는 더 많은 정보처리를 수행해야 한다(할리데이, 1985, 브라운과 율(Brown & Yule), 1983).
- 언어 간섭의 여지가 높다. 시역의 사례에서 설명했다.
- 음성적으로 입력되는 정보에 추가하여 문어로 된 정보를 시각적으로 처리해야 하는 이중적인 어려움이 있다. 이와 연관된 두 가지 위험은 다음과 같다.

a. 텍스트를 통해서 모든 정보를 볼 수 있기 때문에 통역사는 연사의 발화 속도가 빨라 연사와 격차가 벌어지고 있는 상황에서도 모든 내용을 빠짐없이 그대로 전달하려고 노력한다. 이 상황이 지속될 경우, 통역사는 연사에 비해 상당히 뒤처지게 되고 중요한 연설 단락을 누락시키는 결과를 초래할 수 있다.

b. 연사가 항상 텍스트를 충실하게 따라가지는 않는다. 때로는 코멘

트를 추가하거나 부분적으로 수정 또는 생략하기도 한다. 통역사가 텍스트에만 집중하는 경우 변경된 부분을 인식하지 못할 위험이 있다.

결론적으로 수업시간에 시도해 보았을 때 원고가 있는 동시통역은 고도로 어려운 작업이라고 말할 수 있다. 그러나 음향이나 기타 발화 상황에서의 제약으로 인해 동시통역이 어려운 상황이거나 때로는 불가능한 상황에서도 원고가 있으므로 통역을 가능하게 해준다.

교사들은 학생들이 원고보다는 연사의 연설을 청취하는데 우선순위를 두고 통역을 하도록 훈련해야 한다고 주장한다. 그러나 학생은 일반적으로 연사의 발화를 청취하기보다는 주어진 원고에 집중하려는 유혹이 있다. 정보 내용은 인쇄된 "활자"로 남아있으나 단어 소리는 곧 사라지고 때로는 기억도 함께 사라지기 때문에 원고에 의존하는 방법이 더 안전하게 보일 수 있다. 원고가 있는 동시통역을 잘 하기 위해서는 청취와 읽기에 가능한 인지 역량을 안배하는 것이 핵심이다.

9. 외줄타기 가설(The Tightrope Hypothesis)

통역과정에서의 어려움에 대해 설명할 때 수행능력 분할모델이 갖는 설득력은 "외줄타기 가설"을 함께 설명했을 때 더 명확하게 이해할 수 있다. 이 가설에서는 통역사는 일을 하는 동안 대부분 자신의 인지 능력의 한계에 근접하게 즉, 인지 역량의 과부하 상태에서 일을 한다고 설명한다. 마치 외줄타기를 할 때와 같은 팽팽한 긴장의 상황이 이어지는 원인은 총 수행능력 요구량이 사용가능한 양을 능가했거나 개별 작업을 위한 수행능력 요구량이 갑자가 증가했을 수도 있고 인지 역량을 최적화하여 안배하는데 실패했기 때문일 수도 있다. 외줄타기 가설이 없다면 통역의 실패는 통역사의 사용가능한 정보처리 역량이 모든 요구량을 충족하기에 충분하지 못하기 때문이거나 통역사의 언어 지식 또는 언어 외적 지식의 부족에서 비롯된 결과라고 생각하지 인지 역량의 수요와 공급을 조절하는 과정에서 이어지는 고질적인 긴장감 때문이라고는 생각하지 않는다.

외줄타기 가설을 증명할 만한 근거는 주로 통역사의 개인적인 경험담이지만 방대한 사례가 존재한다. 통역 이론서를 집필한 많은 저자들은 통번역사가 통역 실패를 경험하는 대부분의 경우는 관련 지식이 부족했기 때문이 아니라 연사의 발화가 과도하게 “빠르거나” “정보 밀도가 높았기” 때문이라고 보고하고 있다. 다시 말해서 충분히 빠르게 정보를 처리할 수 있을 만큼 역량이 충분하지 않았기 때문이라는 의미이다. 여러 문헌에서 연구 결과를 통해서 명시적으로 또는 암묵적으로 가정하기는 통역사는 자신의 사용가능한 능력의 한계에 매우 근접한 상태에서 일을 하고 있다는 점이다. 물론 이들 연구에서는 외줄타기 가설을 구체적으로 거론하고 있지는 않다.

좀 더 “과학적”인 근거를 제시한 실험 연구가 있다. 질(1999a)에서는 10명의 전문 통역사들에게 동일한 텍스트의 동시통역을 연속해서 두 번 통역하도록 지시했는데 처음 통역을 하면서 발생했던 다양한 오류와 누락된 정보가 두 번째 통역에서는 사라졌지만 처음에 정확했던 부분에서 두 번째 통역을 하면서 오류가 발생한 부분이 있었다. 통역이 실시된 상황이 두 번 모두 동일했다는 점이나 두 번째 통역을 할 때는 통역사가 처음보다 내용이 친숙한 상태였다는 점을 생각하면 왜 새로운 오류나 누락이 발생했는지 이유를 수행능력의 한계 외의 다른 어떤 이유로도 설명하기 어렵다. 오류가 발생하는 원인이 집중력 안배의 어려움 때문이라고 말하기는 힘들다. 이 실험은 마티시아(Matysiak, 2001)에서 재현했는데 동일한 결과를 얻었다. 또 다른 근거로는 동일한 텍스트를 가지고 각각 동시통역과 순차통역을 실시한 후 외줄타기 가설에 기반을 두고 동시통역 대비 순차통역의 구체적인 어려움에 대해 고찰한 연구(질 2001)가 있다. 이 연구에서도 가설의 주장과 일관된 오류와 누락이 발생했다. 이 외에도 간접적인 근거를 제시한 여러 연구도 있다. 그 중 문제 촉발의 원인이 되는 요소는 해당 단락이 아니라 뒤이어 오는 단락을 통역하는데 영향을 미치고 있음을 밝힌 연구가 있다(마짜(Mazza, 2000), 프코바(Pukova, 2006), 카타노(Cattano, 2004)의 각 연구에서는 숫자, 이름 그리고 숙어적 표현을 기반으로 측정했다).

아직까지는 외줄타기 가설의 오류를 증명하는 시도는 없었다. 또한 실험을 통해 검증가능한 근거만으로는 정보처리 역량의 한계가 통역사의 수행능력의 어느 부분에 어떻게 영향을 미치는지 규명하기는 불가능하다. 그럼에도 불구하고 현재까지의 근거와 다른 통역학연구자 그리고 문헌에서 이 가설에 대한 반론이 없다는 점을 고려할 때 이 가설의 타당성을 어느 정도는 인정하고 있다고 본다. 이런 맥락에서 본 가설에 대해서 통역교육의 과정이나 실제로 전문통역사들이 통역을 하는 상황에서 전략이나 방법을 논의할 때 반드시 고려해야 할 필요가 있다.

10. 수행능력 분할모델과 번역

통역사들이 동시통역을 할 때와 순차통역을 할 때 중 어느 때 사용가능한 능력이 소진되기 쉬운가? 평균적으로 어떤 수행능력이 가장 많이 요구되며 어떤 상황에서 가장 많은 처리능력을 필요로 하는가? 동시통역이나 순차통역을 할 때, 인지 역량의 한계로 인해 빈번히 발생하는 오류는 무엇인가? 아직까지 통역의 과정에서 요구되는 수행능력에 대한 정량적인 분석이 가능할 정도로 연구가 이루어지지 않았기 때문에 이 모든 질문에 대해 확신 있게 대답하기는 힘들다.

정량적인 연구가 이루어지지는 않았으나 참이라고 받아들일 수 있는 한 가지 가설은 번역의 경우가 통역보다는 수행능력 요구량이 훨씬 적다는 점이다. 수행능력 분할모델의 측면에서 그리고 번역과 통역을 비교하기 위한 목적에서 본다면, 번역은 다음과 같은 방정식이 성립된다.

(17) 번역 = 읽기 수행능력 + 쓰기 수행능력

그 이유는 번역의 경우에는 여러 가지 작업에 동시적으로 수행능력을 분할할 필요가 없고 텍스트 읽기, 분석, 글로 표현하기 등에 각각 순차적으로 모든 사용 가능한 인지 역량을 할당할 수 있기 때문이다. 추가적으로, 다른 장에서도 이미 언급했듯이, 일반적인 번역 상황에서는 통역의 상황과는 달리 번역사는 편안하게 출발어 텍스트를 여러 번 읽을 여유가 있고 도착어로의 재표현도 여러 차례 다듬는 과정을 반복할 때가 많다.

통역과 번역의 유사점 그리고 차이점에 대해 논의할 때 매우 중요한 부분임에도 불구하고 쉽게 간과하는 측면이 있다. 연구자들은 구어와 문어의 언어적 차이에 중점을 두면서 구어나 문어 한 가지에 숙달되었다고 다른 한 가지에 숙달되었다고 말할 수 없다고 주장한다. 또한 통역사가 번역사보다 더 빨라야 한다고 주장한다. 이 두 가지 주장에 대해서는 앞에서 언급한 정보처리의 신속함이라는 측면에서 그리고 9장에서 구어와 문어의 숙달이라는 측면에서 충분히 분석하고 고려해 보아야 한다고 생각한다.

번역사가 일상의 상황에서 매우 능숙하게 구어를 구사할 수 있는 경우라도, 통역을 위한 훈련 없이는 동시통역의 과정에서 요구되는 동시성 그리고 핵심 작업을 수행하기 위해 인지역량을 안배해야 하는 상황에 대처하기 힘들다. 이 때문에 번역사가 두 개의 언어를 이해하고 말하는 능력이 통역사와 동일하게 능숙한 경우이고 통역과 번역의 기본 원칙과 방법에 대해 충분히 숙지하고 있는 경우임에도 동시통역은 하기 어렵다(제9장 참고). 하지만 번역사도 특히 자신들이 잘 아는 분야에 대한 순차통역은 가능할 수 있다. 동시통역에서처럼 청취와 발화를 동시적으로 할 필요가 없고 순차통역은 발화를 하는데 엄청난 시간적 압박도 없다. 주제에 대해 친숙하기 때문에 연설의 상당 부분이 예측 가능하고 노트테이킹을 할 필요도 거의 없어서 정보처리에 대한 과부하가 없기 때문이다.

마지막으로, 각각의 수행능력 자체도 잘 유지해야 하지만 수행능력의 안배(각 수행능력을 할당하고 조절하는 능력)가 통역사에게는 특히 중요하다. 이는 상당한 훈련이 필요한 과정이다(핀터(Pinter), 1969). 인지심리학분야에서 이루어진 전문능력에 대한 연구에 따르면 통역사의 조율관리 능력은 수년에 걸쳐서 지속적으로 향상한다고 설명한다. 아마도 이 부분이 번역사가 주제에 대해 친숙하고 관련 용어를 충분히 숙달하고 있는 경우라도 구체적인 훈련과정을 밟지 않고 통역을 하려고 하는 경우 큰 어려움에 직면하는 유력한 이유다.

앞에 언급한 점을 고려해 볼 때 통역사와 번역사의 차이라고 말할 수 있는 부분은 성격의 차이나 전문가로서의 신념이나 "문화"의 차이는 아니다. 그보다는 제5장 4절에서 이미 언급한 사항에 추가하여 구어를 실시간으로 표현하고 이해, 분석하는 훈련 그리고 집중력 관리 훈련이 번역사는 필요하지 않다는 차이이고 통역사는 자연스러운 도착어 번역을 위한 수정보완 훈련이 필요하지 않다는 차이라고 하겠다.

11. 정보처리 역량과 예비통역사

현재까지는 예비통역사의 총 사용가능한 정보처리역량이 통역을 시작한 시점부터 시간이 경과함에 따라 어떻게 변화하는지에 대해서 전혀 검증된 바가 없다. 이에 대해서 캐롤(Caroll, 1978: 226)은 다음과 같이 주장하고 있다.

> 통역사마다 보유하고 있는 제반 정보 양의 개인 차이가 있을 뿐 아니라 정보를 저장하고 다시 꺼내오고 조절하는 속도와 그 능숙함에 있어서도 차이가 존재한다.

저스트와 카펜터(Just & Carpenter, 1992) 역시 작업기억 능력에 있어서 개인차가 크다는 점을 강조했다. 여기서 중요한 질문은 이러한 능력을 적절한 훈련이나 다른 어떤 노력을 통해서 개발 가능한가이다(또한 개발은 어느 정도까지 가능한가?) 지난 수십 년 동안 몇몇 실험 연구에서는 통역사의 기억 폭을 측정함으로 작업기억 능력과(예로 파딜라 외(Padilla et al., 1995), 바요 외(Bajo et al., 2001) 통역의 과정에서 특정 작업을 수행할 수 있는 능력을 측정하고자 했다(리우(Liu), 2001). 연구 결과, 경륜 있는 전문 통역사와 학생들 사이에는 작업기억 능력의 차이가 존재하는 것으로 나타났다. 그러나 이러한 측정은 작업기억의 한 측면만을 측정한 것이지 전체 "정보처리 능력"을 측정하지는 못한다. 다른 많은 연구에서도 처음 통역을 공부하는 학생들의 통역 능력과 예비 통역사 그리고 전문통역사의 통역 능력을 비교하고자 시도했다. 그러나 여기서 나타난 차이는 작업기억 능력의 차이에서 비롯된 것이기보다는 다른 능력 즉, 지식이 향상 되었거나 표현이나 이해를 위한 언어 활용 능력이 높아진 결과일 수 있다(제9장).

이런 점에서 기본적인 인지역량인 "자질"이 과연 통역 훈련이나 기타 노력을 통해서 개발 가능한 것인지는 판단을 내리기 힘들다. 여기서 "역량"이라고 함은 통역사의 기억 저장 능력 또는 통역사의 인지적 자원을 활용한 정보처리의 효율성을 의미한다. 확실한 점은 시간이 경과하면서 학생들은 사용가능한 인지 역량을 더욱 효율적으로 안배하는데 능숙해 진다(조율을 위한 수행능력 C). 그리고 청취분석을 위한 수행능력과 발화를 위한 수행능력의 요구량이 감소하는데 이는 언어 및 언어 외적 지식이 향상되고 주제분야의 관련 어휘 및 언어 구조에 대한 언어지식이 향상되기 때문이라고 판단할 수 있다(제9장). 실제로 대부분의 경우 어떤 능력의 향상이 통역 능력의 향상에 기여한 것인지 구분은 불가능하다. 간혹 확실하게 알 수 있는 경우도 있다. 예를 들어 학생들에게 B 언어로 통역을 하는 경우에는 가능한 쉬운 단어로 구성된 단순한 문장을 사용하라고 지시한다. 그 목적은 가장 가용성이 높은 어휘단위를 우선적으로 사용하고 복잡한 발화 계획을 세우고 실행에 옮기는 노력으로 인해 추가적으로 인지부담이 증가하지 않도록 하여 도착어로 발화를 하는데 요구되는 노력을 최소화하기 위해서이다. 독어를 불어로 동시통역할 때 독어의 문장을 짧은 의미단위로 나누도록 하거나(일그(Ilg), 1978: 88) 연사의 발화속도가 빠른 경우 뒤쳐지지 않고 연사의 발화에 매우 가깝게 따라가도록 조언을 하는 경우(이를 EVS(Ear-Voice Span) 또는 청성시차라고 부른다) 등은 모두 정보처리 능력 향상을 위한 전략이다.

통역대학원에서는 몇 가지 인지역량 관리전략에 대해 강의를 한다. 처음에는 집중력을 분산시키는 연습을 위해 발화를 청취하면서 숫자 뒤로 세기를 하기도 하고 동시통역을 교육하기에 앞서서 섀도윙을 하는 훈련이 도움이 된다고 일부 교사들은 주장한다(예를 들어 모저 1978, 랑베르(Lambert) 1989, 1992, 와타나베(Watanabe) 1991). 일부 교사들은 섀도윙 연습은 비효율적이고 분석을 유도하기보다는 단순 따라하기 습관을 잘못 들일 수 있다는 이유로 반대한다(티에리(Tiery, 1989), 세레스코비치와 르데레르(Seleskovitch & Lederer, 1989)). 현재로서는 이 두 가지 견해 중 어느 하나가 옳다는 실험결과나 증거는 없다(그러나 통역연습을 통한 훈련과 개별 능력 훈련의 효과를 비교한 매우 흥미로운 연구가 있다. 드 그룻(de Groot, 2000)). 그러나 대부분의 통역교사들이 통역교육을 하는 과정 중 섀도윙 훈련을 짧게라도 포함하고 있으며, 상당수의 교사들은 섀도윙 연습은 학생들에게 동시통역에 들어갈 수 있도록 준비하는 과정으로서 매우 유용하다고 생각하고 있다. 이 점에 대해서는 랑베르(1992)도 동의하고 있다. 일본에서도 대다수의 통역교사들이 그 의견에 동의한다(Kuotari Tsuyakurironkenkyu 창간호, 질(1992b) 서평 참조).

이러한 개별 능력을 훈련하는 방식을 사용하는지의 여부와는 상관없이 학생들은 수업시간에 이루어지는 또는 스터디 그룹에서의 연습과정에서 가장 많이 향상을 이루는 것으로 보인다. 그러나 얼마나 많은 부분의 향상이 인지 역량의 향상에서 기인하고 어느 정도가 언어 및 언어 외적 지식의 향상 또는 언어지식 가용성의 향상에 기인하는지(제9장) 또는 인지 역량의 관리조율 능력이 나아진 결과인지 구분하기는 어렵다.

12. 수업을 위한 제안

이 책의 다른 장과 비교할 때, 제7장은 상당 부분 개념과 이론에 대한 논의를 위해 할애하고 있다. 정보처리 역량 그리고 수행능력 분할모델의 개념은 학생들에게 가장 중요한 개념적 체계를 제공하고 있다고 생각한다. 그래서 학생들이 통역과정에서 경험하는 많은 어려움을 극복할 수 있도록 도와주고 교사들이 제안하는 다양한 통역의 전략과 기술의 교육, 예를 들어 회의 준비, B언어로의 통역을 위한 지침, 순차통역시 노트테이킹 및 언어숙달 훈련 등에 대해 심도 있게 이해할 수 있도록 기여한다(제9장).

정보처리 역량이라는 개념을 강의의 초반에 예를 들어 통번역의 품질 그리고 충실성의 개념에 이어서 소개하기를 제안한다(제2, 3장). 중요한 점은 학생들이 통역의 위해 청취를 하는 노력이 일상생활의 상황에서 청취를 할 때보다 높은 집중력을 필요로 한다는 점을 보여주는 데 있다.

이 점을 학생들에게 구현해 보여 줄 수 있는 좋은 방법은 짧지만 정보 밀도가 높은 연설을 한 후 학생들에게 청취한 내용을 동일한 언어로 반복해서 표현하라고 지시하는 방식이 있다. 대부분의 경우 누락된 정보가 반드시 있다. 이때 나머지 학생들에게 어떤 정보가 누락되었는지 질문한다. 누락된 정보를 언급할 때마다 전체 학생들에게 그 정보를 정확하게 청취했는지 듣지 못한 학생은 없는지 질문을 한다. 일반적으로 학생들은 정보를 듣지 못했다고 반응을 하는 경우가 많은데 이때 교사는 학생들에게 정보는 정확하게 청취했으나 단지 학생들이 집중해서 청취하지 않았기 때문에 듣지 못했다고 느끼는 것이라는 점을 분명하게 인식 시키도록 한다.

이 짧은 연습을 시작으로 학생들에게 구어로 전달되는 연설을 이해하는 과정에 대해서 그 원리를 설명한다. 특히, 학생들에게 일반적인 청취의 상황에서는 청중이 꾸준하게 집중해서 청취를 하지 않기 때문에 정보의 손실이 있을 수 있다는 점을 강조한다. 그 다음 교사는 발화 과정에서 인지 역량의 역할에 대해 설명을 하고 왜 어떤 통역사는 도착어 표현을 선택할 때 주저하는지, 재구성의 단계에서 문장 구조를 정하기 위해 의사 결정을 내려야 하는 이유 등에 대해서도 설명한다.

설명을 듣고 난 학생들은 처음 통역을 연습하면서 어려움을 느낀 원인에 대해 더욱 확실하게 이해하는 경우가 많다(질, 1987). 만약, 학생들이 이미 노트테이킹을 하면서 순차통역을 하는 연습을 시작한 시점이라면 교사는 순차통역에서의 수행능력 분할모델에 대해서 설명을 하고 다음의 실험을 함께 실시하면 통역의 과정에 대한 학생들의 인식을 고취시킬 수 있을 것이다(이 실험에 대해서는 본 장의 5절에서 이미 설명했다).

학생들을 두 집단으로 나누어서 순차통역 훈련을 실시하는데, 이때 한 집단은 노트테이킹을 하도록 지시하고 다른 집단은 노트테이킹을 하지 않되 필요한 경우 숫자, 이름, 전문 용어만 기록하도록 지시한다. 몇 가지 이름과 고유명사가 포함된 연설을 한 후, 학생 한 명에게 통역을 하도록 지시한다. 이름 등 고유명사를 언급할 때 마다 학생에게 그 이름을 청취하는데 어려움이 있었는지 질문을 한다. 훈련이 종료된 후, 이름을 정확하게 청취한 횟수를 집단 별로 비교한다.

본 실험을 수업시간에 여러 차례 재현한 결과, 평균적으로 노트테이킹을 하지 않은 학생 집단의 경우가 이름을 정확하게 청취한 횟수가 높게 나타났다. 그 이유는 노트테이킹을 위해서도 어느 정도 인지 역량이 필요하기 때문에 청취를 위해 사용가능한 능력을 노트테이킹에 할애함으로 나타난 결과이다. 이러한 설명의 과정이 끝나면 전체 모델을 소개하기에 좋은 시점이다.

수행능력 분할모델에 대해 설명을 한 이후부터는, 언제든지 어려움을 분석하고 통역을 위한 전략, 기법을 제시할 때마다 재차 언급하면서 설명한다.

13. 수행능력 분할모델 그리고 인지심리학

지난 수년 동안 필자는 수행능력 분할모델과 인지심리학의 최근 이론의 양립가능성을 모색하기 위해 노력했고 인지심리학이야말로 필자가 생각하기에는 통번역과 가장 밀접한 관련이 있는 학문분야이며 통번역이라는 현상은 일반적인 해석 및 인지의 범주에 속한다고 생각한다. 비공식적인 자리에서 심리학자들도 필자에게 수행능력 분할모델의 원칙이 현재 인지심리학 분야의 이론과 맥을 같이 한다는 생각을 전해 준 바 있다. 이들 중 일부 동시통역에 관심이 있는 학자는 인지심리학 분야의 이론을 비판하듯이 편견 없이 이 모델을 언급하고 논의의 대상으로 삼기도 한다. 학자들이 관심을 갖는 이유는 이 모델이 인지심리학 측면에서 갖는 가치 때문이기보다는 통번역공동체에서 잘 알려져 있는 모델이기 때문이라고 생각한다. 따라서 본 절에서는 보다 분명하게 통번역의 모델과 인지심리학의 모델과 이론의 구조와 개념적 차이에 대해 언급하고자 한다.

가장 중요한 점은 수행능력 분할모델은 교육을 목적으로 개발한 모델이지 연구를 위한 모델이 아니라는 점이다. 다시 말해 통역과정에서의 어려움이라고 널리 인식되는 고질적인 어려움의 원인이 무엇인지 설명하고 이러한 어려움을 극복하기 위한 방법에 대해 학생들에게 조언하기 위한 목적으로 개발된 모델이다. 결코 이론을 개발하기 위한 목적에서 현장에서의 현상을 관찰하고 설명하는 것은 아니다. 물론 새로운 이론은 좀 더 현실을 정확하게 설명하고 예측이 가능하도록 할 수 있고 또 다른 이론에 의해 언제라도 교체 발전될 수 있다고 생각한다. 수행능력 분할모델은 또한 전체적인 시각으로 통역의 과정을 관찰한 모델이다. 각 수행능력을 규명하거나 수행능력 간의 관계를 규명하고 체계적으로 시험하기 위한 어떤 시도도 없다. 아이젠크와 키안느(Eysenck & Keane, 1990:116)는 주의력을 중요 능력의 하나로 다음과 같이 설명한 바 있다(이는 일반 이론이며 통역에 국한하여 언급한 내용이 아니다).

> "주의력을 가장 핵심적인 능력으로 설명하는 이론에 대해 반론을 제기하는 주된 이유는 이론이 현상에 대한 우리의 이해를 돕는데 기여하지 못하기 때문이다. 가령, 두 가지 작업을 동시에 수행하는 과정에서 간섭이 발생하는 원인에 대해 "설명"하면서 사용가능한 핵심 역량의 한도를 초과했기 때문이라고 말하기는 쉽다. 그러나 그러한 설명만으로는 일어나고 있는 현상에 대한 심도 있는 후속 연구나 탐구를 촉진하는 데 한계가 있다."

이러한 반론은 핵심적인 과학연구의 탐구 본질을 대변하고 있다고 생각하며 인지심리학자들이 수행능력 분할모델에 대한 연구에 대해서도 충분히 제기할 수 있는 말이다. 즉, 이 모델은 설명을 위한 정보의 틀이라는 측면에서는 적합하고 실제로 모델을 개발한 이유가 통역사를 위한 교육 환경에서 사용하기 위한 목적이기도 하지만 "통역의 현상에 대한 추가적인 심층연구를 이끌어내는데 기여하지 못하고 있다"는 지적은 인정한다.

수행능력 분할모델은 이론으로서 검증이 되지 않았다는 일부 저자들의 지적에 대한 해명 역시 이와 완전히 무관하지 않다. 그러나 "검증" 또는 "증명"을 필요로 하는 이론은 필자의 생각에는 이론을 통한 새로운 주장이 이루어졌을 때라고 생각한다. 수행능력 분할모델은 기본적으로 개념적 기반이지 페퍼식 증명을 통한 검증이 필요한 이론이 아니다(다시 말해서 무엇인가 약점을 노출시키기 위한 목적으로 검증이 가능하도록 구축함으로 대안적 이론이 개발될 수 있도록 촉구하는 이론이 아니다). 따라서 검증이 필요한 부분은 모델의 기반이 되는 개념 그리고 원리가 인지심리학 분야에서의 최근 이론이나 연구결과와 일관성이 있는가와 관련된 부분이다. 이런 맥락에서 다음과 같이 정리할 수 있다.

1. 언어의 이해 그리고 발화를 포함하여 인간이 수행하는 모든 인지 작업은 한정된 용량의 인지 능력을 이용하여 이루어진다. 이 주장은 카너먼(Kahneman, 1973)의 집중력에 대한 정보처리 능력이론이 발표된 이래로 인지심리학 그리고 심리언어학에서 핵심을 이루는 이론으로 인지심리학 교재의 어디에서든지 확인이 가능하다. 이에 대해서 카플란과 워터스(Caplan & Waters, 1982:2)에서는 "한정된 용량의 작업기억이라는("정보처리 역량"과 등가인 개념임) 개념을 도입하여 사람들이 인지 작업을 수행하는 과정을 설명한 주장은 인지심리학에서 널리 받아들여지고 있다"라고 강조했다. 단기기억에 정보를 유지하기 위해서는 정보처리 능력이 필요하다는 생각은 또한 현재 인지심리학에서의 이론과도 일맥상통한다. 또한 집중력의 안배는 적어도 부분적으로나마 의도적인 행동이며 여러 개의 인지 작업을 동시다발적으로 수행하기 위해 집중력을 적절하게 조

율하는 일도 정보처리 역량을 필요로 한다(고퍼(Gopher, 1992), 뉴맨 외(Newman et al., 2007)).

2. 인지 심리학자들이 더욱 까다로운 문제로 우려하는 부분은 '기억을 위한 수행능력'의 정의이다. 만약 이 용어를 작업기억(WM)과 동일한 의미로 정의한다면 청취를 위한 수행능력 그리고 발화를 위한 수행능력을 구성하는 주요 요소로 작업기억을 포함하고 있으므로 동시통역 역시 청취를 위한 수행능력, 발화를 위한 수행능력, 조율을 위한 수행능력으로 나누는 것이 더욱 합리적이라고 주장할 수 있다. 물론, 선택한 작업기억 모델에 따라 차이는 있을 수 있다. 또한 일반적으로 통역 상황에서의 작업기억 요구량은 일반적인 언어 이해와 표현의 상황에서의 요구량보다 높다는 점도 인식할 필요가 있다.

본 장에서 그리고 이 책의 다른 장에서도 여러 차례 언급했듯이 수행능력 분할모델과 본서에서 소개하는 다른 모델은 기본적으로 교육을 목적으로 개발한 모델이며 무엇보다도 학생통역사들이 쉽게 이해할 수 있도록 개발했다. 통역사와 학생들은 통역을 하는 동안, 일부 정보는 저장해서 보유하고 있을 필요가 있고 다시 기억에서 되살려야 할 때도 있음을 인식하고 있다. 어떤 정보의 저장과 재생 작업은 무의식적으로 이루어지지만(청취 그리고 발화를 위한 수행능력을 사용하는 과정에서 이루어진다) 의식적이고 의도적으로 수행해야 하는 경우도 있다는 점을 인지하고 있다. 즉, 어떤 정보를 즉각적으로 도착어로 표현하고, 어떤 정보를 노트테이킹해서 기억할지 또 어떤 정보를 조금 더 청취를 하면서 전략적으로 기억하고 있다가 정확한 이해가 이루어지면 재표현을 할지를 의식하면서 결정한다. 고로, 수행능력 분할모델에서 소개하는 '기억을 위한 수행기억'은 학생들이 의식적으로 수행하는 부분이며 개념적으로 뿐 아니라 실제 어휘의 선택 과정에서도 공감하는 부분이다. 인지심리학에서 개발한 구체적인 작업기억 모델을 이용하여 수업을 하는 것은 필자의 생각에는 비생산적이다. 특히, 학생들의 필요를 고려할 때(단기기억 작업이 정보처리 능력을 소진한다는 점을 이해하고 한정된 능력의 체제에 의존하고 있다는 점을 이해하는 수준이 적절하다) 그리고 인지심리학의 모델은 매우 빠르게 변화하는 경향이 있다는 점을 고려할 때 과도하다고 생각한다.

그럼에도 불구하고 작업기억의 한정된 저장 용량과 정보처리 요구량은 심리학자들이 언어의 이해와 발화에 있어서 지대한 영향을 미치는 것으로 강조하고 있으며 기억을 위한 수행능력에서 절대적으로 중요한 역할을 수행한다.

3. 수행능력 분할모델에서 설명하고 있는 한정된 인지 역량을 사용하기 위해 경쟁한다는 이론은 하나의 중앙 정보처리자원을 공유하고 있다는 이론과 일맥상통하는 면이 있다. 반면, 각각의 수행능력을 처리하기 위한 정보처리 역량이 존재해서 상호 어떠한 간섭도 없이 이 능력을 사용가능하다는 이론과는 차이가 있다. 한정된 작업기억(또는 구어 작업기억)을 여러 작업을 위해 안배하고 있다는 이론은(캐플란 외(Caplan et al.), 1998) 모든 작업은 중앙의 인지용량을 나눠 사용하고 있다는 설명과 어느 정도 일치하는 면이 있으나 이 점에 대해서는 수행능력분할 모델에서 구체적인 설명을 제공하지 않는다.

4. 마지막으로 본 장의 앞에서 설명했듯이 외줄타기 가설(Tightrope Hypothesis)을 확증하는 다양한 사례가 있지만 임상심리학에서 명시하고 있는 실험적 연구의 기준을 준수한 정밀한 실험을 통한 검증이 이루어진 이론은 아니다. 다만, 우연하게도 저스트와 카펜터

(Just & Carpenter, 1992)의 연구에서 주장하는 "능동화 총량(total amount activation)"이라는 개념과 유사함을 보인다.

통역학연구의 모델을 개발한 저자로서 이러한 모델에 대한 언급을 하는 연구가 심리학분야에서 발표되고 있다는 점은 매우 고무적이다(예를 들어 슈레브와 디아몬드(Shreve & Diamond, 1997), 드 그룻(de Groot, 2000), 바요 외(Bajo et al., 2001), 크리스토플스(Christoffels 2004), 드 그룻와 크리스토플스(de Groot & Christoffels, 2007), 루이즈 외(Ruiz et al., 2007)). 이들 저자의 연구 중 일부에서는 수행능력 분할모델에서 사용한 개념을 심리학에서의 대응 개념과 비교하여 설명이 가능하다는 점을 보여주었다. 예를 들어 배들리와 힛치(Baddeley & Hitch)의 작업기억 모델은 기억 수행능력으로, 조율을 위한 수행능력은 중앙정보처리장치(CPU)로 표현하고 있으며 수행능력 분할모델에서 포함하고 있지 않은 전제도 간접적으로 허용하고 있다.

14. 주요 내용

1. 동시통역은 세 가지 수행능력 즉, 청취와 분석을 위한 수행능력, 표현을 위한 수행능력, 그리고 단기 기억을 위한 수행능력을 필요로 하는 작업이며 각각의 수행능력은 한정된 정보처리 역량을 사용한다.

2. 통역의 과정에서 문제가 발생하는 원인은 사용가능한 총 수행능력이 작업을 위해 필요한 요구량보다 부족하기 때문이다(포화 상태). 또한 각 수행능력을 위해 사용가능한 정보처리 역량이 요구량을 충족하지 못하기 때문이다. 이러한 문제는 빈번하게 발생하

는데 통역사가 자신의 사용가능한 수행능력의 한계에 매우 근접한 상태에서 일을 하기 때문이다(외줄타기 가설).

3. 순차통역은 청취의 단계 그리고 재구성의 단계로 이루어진다. 정보처리 요구량의 관점에서 볼 때, 청취의 단계가 중요하다.

4. 순차통역의 과정에서 정보처리 요구량이 높은 요소 중 하나는 노트테이킹이다. 노트테이킹의 적절한 활용은 통역의 실패를 방지하기 위한 주요한 방법이다. 노트테이킹 체계는 여러 가지가 있지만 통역사의 개인적인 스타일로 만들거나 통역사 나름의 노트테이킹 방식을 개발하는 것이 좋은 방법이다. 기억해야 할 점은 노트테이킹은 최소한의 시간과 정보처리 역량만이 필요하도록 해야 청취를 위한 수행능력의 안배가 효율적으로 이루어질 수 있다.

5. 시역 또는 원고가 있는 동시통역의 경우, 단기기억 요구량으로 인한 부담은 줄어든다. 그러나 즉흥적으로 이루어지는 연설과 비교했을 때 원고가 있는 연설은 정보 밀도가 높은 경향이 있고 언어간섭의 위험도 증가한다. 따라서 원고가 있는 동시통역의 경우는 눈앞의 원고보다는 연사의 발화를 직접 청취하는데 우선순위를 두도록 해야 한다.

6. 통역과 번역을 위해 필요한 기술의 가장 큰 차이점은 정보처리 역량에 가해지는 제약에서 비롯한다.

8장

통역 과정에서의 대응 전략

1. 들어가기

통역사가 철저하게 준비하고 다양한 분야에서 경력을 쌓았음에도 불구하고 제반 지식의 격차로 인해 출발어 용어나 문장을 이해하지 못하거나 도착어로 전환할 표현을 찾지 못해 당황스러울 때가 있다. 더 본질적으로는 지식이 부족한 상황이 아니더라도 제7장에서 설명했듯이 정보처리 요구량의 증가로 인해 외줄타기 가설(Tightrope situation)의 상황이 발생하고 여러 가지 오류, 누락 또는 최선이라고 말하기 어려운 통역 결과로 이어지기도 한다. 통역사가 사용할 수 있는 인지역량이 포화상태에 도달했거나 개별 작업을 처리하기 위한 수행능력이 충분하지 못한 결과라고 본다. 이 같은 현상은 너무나 빈번하게 발생하기 때문에 통역 과정에서 불가피한 일부로 생각한다. 통역을 지속적인 "위기관리"의 과정이라고 묘사한 통역사도 있는데 통역사가 매일매일 맞부딪혀야 하는 일상적인 경험이라고 생각한다면 매우 적절한 표현이다. 또한 일반 대중에게는 거의 알려져 있지 않은 통역의 한 단면이라고도 하겠다.

통역 과정에서의 어려움은 이해 그리고 재구성 단계 모두에 영향을 미치는데 주로 실패의 수순(faliure sequences)이라는 현상으로 표출된다. 이 부분에 대해서는 앞의 제7장에서 설명했다. 일단 통역사들이 이해 또는 재구성 단계에서의 문제를 인식하면 일련의 간단한 "대응기법"을 사용하여 그 영향을 최소화하기 위해 노력한다.

대응기법은 통역에 적용 가능한 매우 실질적인 기술이다. 통역교육의 핵심적인 부분은 연습을 통한 훈련인데 그러니까 대부분의 통번역 훈련 프로그램은 시행착오와 이를 교정하는 방식으로 진행된다. 학생들이 통역을 연습하는 과정에서 시행착오를 범하면 교사가 이를 교정하는 방식이여서 어쩔 수 없이 처방적인 경향이 있다. 즉, 교사들이 각 대응기법이 의사소통에 미칠 수 있는 영향에 대해 언급하고 왜 다른 기법보다 선호하는지를 설명한다.

본 장에서는 먼저 인지역량의 포화상태가 발생할 여지가 많은 상황과 여건들에 대해 살펴보고자 한다. 그리고 교사들이 적용 가능한 일련의 대응기법을 소개하고 통역의 과정에서 전략이라는 측면에 대해 생각해 보고자 한다(물론 여기서 제안하는 대응기법은 결코 모든 상황에 적용되는 포괄적인 해결방안은 아니니다. 다른 저자들은 또 다른 일련의 전략을 언급하고 있다). 또한 각 대응 전략의 장점과 단점을 알아 볼 수 있는 개념적 기준이 무엇인지 설명하고 통역사들이 각 전략이 갖고 있는 장점에도 불구하고 어떤 전략을 다른 전략에 비해 더 빈번하게 의존하는 이유가 무엇인지 설명하고자 한다.

2. 통역 과정에서의 어려움은 언제 발생하나?

2. 1 정보처리역량의 포화와 통역 실패

2.1.1 고질적 어려움

여기서 "고질적"이라는 단어를 의도적으로 사용한 이유는 통역사의 정보처리 능력과 서술적 지식(언어 외적 지식, 어휘 그리고 문법 관련 지식 등)이 충분하지 않아서 여러 가지 작업을 한꺼번에 성공적으로 처리하기 힘든 상황을 설명하기 위해서이다. 이러한 어려움은 특정 개인 한 사람이 발휘할 수 있는 정보처리역량이 어느 정도인지를 반영하는 한편, 아직까지 필요한 정보처리능력(절차적 지식)을 충분히 습득하지 못한 학생 또는 초보통역사들의 잠재력을 가늠해 볼 수 있는 측면이기도 하다. 통역사가 경험하는 고질적인 어려움에는 언어 지식 외에도 신속하게 정보처리 능력을 분산하여 할당하고 전환하는 능력(리우(Liu) 2001), 적절한 대응 전략을 사용하는 능력 등 다양한 지식을 포함한다(본 장의 후반부에 설명). 이러한 능력은 교사의 훈련 그리고 가르침을 통해 시간이 경과하면서 향상하는 것으로 알려져 있다. 또한 학생 스스로도 통역연습의 과정을 통해 숙달하고 자동화를 이룰 수 있는데(데 그룻(de Groot) 2000) 숙달의 정도가 향상되면서 작업 수행을 위한 정보처리 요구량은 감소한다. 이 과정에서 교사는 학생들이 가장 효율적으로 향상을 이루도록 지도한다.

2.1.2 간헐적 어려움

"간헐적"이라는 표현을 사용한 이유는 이제 막 통역을 배우기 시작한 학생들의 정보처리 역량이 포화상태에 도달하는 특수한 상황에 대해 설명하기 위해서이다. 이러한 어려움은 개별 통역사의 정보처리역량에 따른 특수한 상황으로 앞에서 언급한 항시적인 어려움과는 차이가 있다.

인지적 포화상태가 발생하는 간헐적인 어려움은 객관적인 요인으로 가령 출발어 연설의 언어적, 의미론적 그리고 외형적 특성과(문제 유발 요인) 관련이 있을 수 있고 특정한 의사소통 환경(강한 스트레스, 소음, 구체적인 배경 지식의 부족)과 관련이 있는 경우도 있다. 혹은 주관적인 어려움으로서 통역사가 순간적으로 집중력을 잃었거나 정보처리 능력을 조정하는데 문제가 발생한 경우도 있다.

2.2 인지적 어려움 유발 요소

2.2.1 정보처리 요구량의 증가로 인한 문제

a. *출발어 연설의 정보 밀도*가 높아지면 단위 시간당 더 많은 정보를 처리해야 하기 때문에 정보처리 요구량 역시 증가한다. 통역사의 발화나 노트테이킹 속도는 연사에 의해 결정되기 때문에 청취 분석을 위한 수행능력 뿐 아니라 발화를 위한 수행능력(동시통역사는 재표현 그리고 순차통역에서는 노트테이킹을 위한 수행능력)에도 영향을 미친다. 연설의 정보 밀도가 높아서 발생하는 어려움은 통역과정에서 가장 빈번히 나타나는 어려움이다.

연설의 정보 밀도는 다음의 요인과 관련이 있다.

- 출발어 연설의 발화 속도. 어떤 연사는 매우 빠른 속도로 연설을 하지만 전달하는 정보의 양은 적은 경우가 있다. 이 경우, 연설의 정보 밀도는 낮다.
- 정보 밀도. 발화 속도는 느리나 연설 또는 특정한 단락의 정보 밀도가 높은 경

우가 있다. 특히, 나열의 경우 정보 밀도가 높을 수밖에 없는 이유는 정보 요소가 연속해서 입력되면서 문법어나 다른 어휘, 정보 밀도가 낮은 어휘가 사이사이에 없기 때문이다. 사전에 원고를 준비해 온 연설문을 연사가 낭독하는 경우에도 일반적으로 주저함, 머뭇거림 등 즉흥적으로 이루어지거나 정보 밀도가 낮은 연설에서 많이 나타나는 특성이 없다. 따라서 일반적으로 준비된 연설은 즉흥적으로 이루어지는 연설보다는 정보 밀도가 높다(할리데이(Halliday) 1985, 데쟁 르 페알(Dejean Le Feal), 1978).

b. *외부 요인.* 이어폰을 통해 전달되는 음질의 저하, 소음, 또는 다른 음향 간섭은 통역사의 청취 및 분석을 위한 수행능력 즉, 정보처리 요구량을 증가시킨다(통역사의 헤드셋을 통해 들리는 백색 소음의 영향에 대한 거버(Gerver, 1974b) 연구 참고). 강한 액센트, 문법적 오류, 어휘의 사용 등도 청취 및 분석을 위한 수행능력 요구량을 증가시킨다. 특이한 언어 스타일이나 논리적인 스타일 역시 마찬가지다.

c. 여러 개의 단어로 이루어진 *익숙하지 못한 고유명사*는 통역사가 도착어로 잘 알고 있는 용어가 아니라면 기억을 위한 정보처리 요구량을 증가시킨다. 예를 들어 영어 명칭 "International Association of Conference Interpreters"는 불어로는 Association internationale des interpretes de conference.라고 불린다. 만약 통역사가 불어 명칭을 알지 못하는 상황이었다면 영어 명칭을 통역하기 위해 먼저 명칭을(작업)기억에 저장해 두고 있으면서 머릿속에서 검토하고 두 번째 단어를 먼저 번역해야 한다는 점을 주목하면서 그 다음 첫 단어를 번역해야 한다는 점도 생각한다. 영문의 "of"는 불어의 "de"로 전환하고 다시 명칭을 4-5회 확인하고 네 번째 단어 외에도 불어에서는 다섯 번째 단어가 추가되어야 한다는 점을 생각한다. 이러한 생각을 하면서 계속(작업)기억에는 전체

명칭을 기억하고 있는다. 이러한 명칭은 통역이 어렵다는 점을 질 1984b(아래 참고)에서도 실험을 통해 설명하고 있다.

d. 3절에서 설명했듯이 출발어와 도착어가 구문적으로 매우 차이가 있는 경우 통역사는 상당한 양의 정보를 저장하고 있다가 도착어로 표현해야 하기 때문에 단기기억을 위한 정보처리 요구량이 증가하고 이로 인해 *포화상태*가 발생할 수 있다. 이 같은 사례는 독어-영어간 통역을 할 때(빌스(Wilss, 1978), 쿠르츠(Kurz, 1983) 참고), 중국어-영어 또는 불어 통역을 할 때(다우란트(Dawrant, 1996), 리(Li, 2001) 참고) 빈번하게 발생하는 어려움이다. 여기에서는 두 가지 사례만 소개하지만 이 외에도 다양한 사례가 있다.

e. 일반적으로 출발어 연설이 *예측가능성*이 낮은 경우 어려움으로 작용할 수 있다. 이는 언어적 또는 문화적 특성이나 연사의 논리에 오류가 있기 때문이라기보다는 연사의 스타일에 의한 어려움이나 그 영향은 유사하다(4절 참고).

2.2.2 입력 신호의 취약성으로 야기된 어려움

어떤 연설의 단락은 정보처리 요구량은 그다지 높지 않으나 일시적으로 인지 역량의 부족을 경험할 가능성이 높은 경우가 있다. 그 이유는 짧게 중복요소가 없는 정보가 연속으로 제공되거나 자음, 모음 그리고 음절이 거의 동일하게 들리기 때문인데 숫자 또는 약어를 비롯한 짧은 명칭 등이 그런 경우이다. 이런 때는 아주 짧은 순간의 주의력 분산만으로도 정보를 놓치는 결과를 가져온다. 약 15명의 전문 통역사를 대상으로 실시한 한 실험에서 8개의 명칭이 포함된 녹음내용을 통역해 달라고 의뢰했다. "짐 조셉"과 같이(질 1984b) 아주 단순한 이름임에도 정확하게 통역한 비율이 상당히 낮았다. 이러한 어려움이 제7장 5절에서 언급한 두 번째 종류의 어려움이다. 이러한 종류의 어려움은 통역사의 인지 용량이 포화상태에 도달해서라기보다는 정보처리 역량을 각 필요한 수행능력에 적절하게 안배하지 못한 결과이다.

3. 언어 특성과 관련한 어려움

일부 학자는 통역언어를 충분히 숙달한 경우에는 통역은 언어의 차이를 초월하는 작업이라고 말한다(셀레스코비치, 1975). 일부 학자는 통역사는 통역을 하면서 실제로 언어의 차이를 느끼는 경우는 흔하지 않으며 "명료하게 전달된 생각은 이해 또는 재표현의 어려움을 초래하지 않기 때문"이라고 설명한다(셀레스코비치 1977). 다르게 생각하는 저자도 있는데 특히 독어와 불어 간의 통역(일그(Ilg, 1978, 레 니(Le Ny, 1978))이나 일어와 영어간의 통역(후쿠이와 아사노(Fukuii & Asano, 1961), 쿠니히로, 니시야마, 카나야마(Kunihiro, Nishiyama, & Kanayama, 1969)과 같은 언어 조합을 구체적으로 언급하는 학자들의 생각은 다르다. 통역은 언어 특성에 따라 영향을 받는다는 점을 부인하는 학자들 중 자신의 주장에 대해서 일관성을 유지하지 않는 경우가 있다. 예로 셀레스코비치는 순차통역을 하면서 노트테이킹을 할 때 도착어의 언어구조에 자연스럽게 하도록 강조한다. 이는 최소한 어느 정도는 언어 특성을 인정하는 발언이라고 생각한다(셀레스코스치 1981: 40).

3.1 언어 특성의 차이에 따른 이해의 차이

통역이 언어 특성에 따라 영향을 받지 않는다고 생각하는 학자들은 언어 이해는 일반적인 언어사용의 상황에서나 통역의 상황에서나 다르지 않고 모든 언어의 이해는 다르지 않다고 말한다(르데레르 1981, 셀레스코비치 1981). 통역의 상황에서나 일상의 상황에서나 언어 이해를 가능하게 하는 기저의 기본 원리는 동일하다. 그러나 일반적인 언어 이해의 상황에서는 영향을 미치지 않을 미미한 차이일지라도 고도의 인지적 부담을 감내하면서 작업을 해야 하는 통역의 상황에서 통역사는 아주 작은 언어 특성의 차이에도 예민하고 쉽게 영향을 받을 수 있다.

작업기억 용량이 차이가 있는 대학생 독자를 대상으로 읽기 능력의 차이를 측정한 실험에서 저스트와 카펜터는 독해해야 하는 텍스트가 쉬운 경우에는 아주 미미하고 무시할 수 있을 정도의 차이만을 발견했다. 그러나 독해 텍스트가 어려운 경우에는 차이가 크게 벌어졌다. 이 두 연구자는 작업을 위해 필요한 정보처리 역량이 통역사가 공급 가능한 정보처리 역량을 초과할 때에만 능력의 한계가 작업 능력에 영향을 미칠 수 있다고 설명한다(저스트와 카펜터(Just & Carpenter, 1992:124). 제7장 외줄타기 가설을 설명하면서 언급했듯이 통역의 상황이 바로 그렇다.

3.1.1 어휘의 인지에 있어서의 차이

의미어 즉 주로 명사, 동사, 형용사 또는 부사이며 언어에서 이들 어휘는 정보를 제공하는 중요한 기능을 한다. 어휘의 길이나 음성적 차이의 측면에서 보면 언어마다 이들 어휘가 차지하는 비율은 통계적으로 차이가 있을 수 있다. 그리고 전반적으로 의미론적으로나 음성론적으로 중복적일 수 있고 순간적인 집중력의 흐트러짐으로도 큰 영향을 받을 수 있는 어휘이다.

일본어의 간고(한자로 쓰는 문어)는 대부분의 유럽언어에서 의미어 보다 훨씬 더 취약한 어휘이다. 왜냐하면 짧으면서도 음성적 경우의 수는 많지 않기 때문이다(총 50개의 음소가 있다). 뿐만 아니라 동음이의어인 경우가 상당히 많다(일어 어휘의 상당히 많은 어휘가 음이 동일하다). 질의 한 연구에 따르면(1986a) 일어에서 간고는 언어 이해의 어려움을 초래하는 경우가 있다는 주장을 뒷받침하는 근거가 있고 이러한 어려움은 영어, 불어, 독어 또는 스페인어에서는 그 빈도가 훨씬 낮다고 한다(이토-베르게롯(Ito-Bergerot), 2006:227).

3.1.2 문법에 의한 중복성

문법에 의한 중복성은 언어의 정보 밀도를 감소시키는 효과 뿐 아니라 처음에 놓친 정보를 이차, 삼차 또는 사차까지 제공하는 역할을 한다.

예를 들어 "five dogs"에서 끝의 "s"는 한 마리 이상의 강아지가 있다는 정보를 다시 한 번 제공한다. 또한 "La nouvelle directrice"에서는 지금 언급하는 단장이 여성임을 알려주는 정보가 세 차례 언급된다. "la"라는 여성형 관사와 "nouvelle"의 접미사 "-elle"(남성은 "nouveau"를 사용함) 그리고 "directrice"의 "-itrice"이지 "directeur"이 아닌 점이다.

문법에 의한 정보의 중복적인 제공은 한 언어에서 다른 언어보다 빈번한 경우가 많다. 중국어와 일어는 대부분의 유럽어에 비해 이러한 정보가 훨씬 적다. 핀란드어, 독어, 그리스어, 스라브어 등과 같은 언어는 격 변화가 매우 복잡하게 발달되어 있어서 담고 있는 정보가 많다. 반면, 이러한 변화규칙이 거의 사라진 언어(영어, 불어, 스페인어, 이태리어, 스웨덴어 등은)도 있다.

3.1.3 구문 구조

언어심리학자들 사이에서 공통적으로 갖고 있는 견해는 어떤 구문 구조는 이해에 도움이 되고 어떤 구문 구조는 청취자가 예측할 수 있는 능력을 감소시키거나 정보처리 요구량을 증가시켜서 이해를 어렵게 한다는 점이다. 특히 단기기억과 관련해서 이 견해가 널리 퍼져있다(예로 리샤드(Richaudeau), 1973, 1981, 맥도날드(McDonald), 1997). 내장형 구조는 특히 청자에게 더 큰 부담을 준다("The man whose dog was chewing the bone that I had dropped a minute ago was reading a newspaper in German"). 특히, 일어나 독어와 같은 언어는 결정을 짓는 요소가 단어 또는 여러 개의 단어 앞에 오는 내장형 문장이 상당히 흔하다. 이러한 문장 구조는 통역 상황과 같이 인지적 부담이 큰 상황에서는 이해를 더욱 어렵게 만든다. 이러한 구조의 문장를 이해하는 과정은 내장형 문장구조가 거의 없는 언어를 이해하는 과정과는 질적으로 차이가 크다. 이 문제는 매우 복잡하고 필자는 아직까지 어떤 연구에서도 이 문제를 비교언어학적 측면에서 다룬 사례를 본 적이 없다. 그러나 이 차이가 통역의 과정에서는 의미 있는 영향을 미칠 수 있다는 가능성을 완전히 배재하기는 힘들다.

3.1.4 사회언어학적 측면

각 연사의 개인적인 스타일 외에도 문화적인 요소에 의해서 - 그 정도의 차이는 존재하지만 - 각 언어에서 정보가 표현되는 방식이 결정된다. 이런 측면에서 불어의 카르테 스타일 방언과 독어의 격을 차린 정중한 스타일 또는 미국 영어의 자유로운 스타일에 대해서 통역사들이 간혹 이야기를 나누곤 한다. 일어의 사회언어학적 특성이라고 알려진 부분은 실제 현장에서의 현상으로 더욱 여실히 드러난다. 일본인들이 상호 커뮤니케이션할 때 나타나는 몇 가지 관련 원칙에 대해서는 널리 알려져 있고 이미 여러 연구에서도 주목된 바 있다(예로 콘돈과 사이토(Condon & Saito), 1974, 미즈타니(Mizutani), 1981 참고). 그리고 하라(Hara, 1988)와 콘도(Kondo, 1988) 회의통역사 두 명의 분석도 있다. 연구에서 언급한 바에는 책임을 꺼리거나 개인의 의견을 분명하게 밝히기 주저하는 표현이 있다. 일본인들은 "객관적" 정보에 대해서 명료하게 발언을 하지 않는 경향을 보인다. 그리고 상호 표현을 하지 않고도 공유하는 정보에 대해 매우 중요하게 생각한다. 이러한 점은 문장의 생략, 말의 끝을 흐린 문장, 언어적으로 중의적인 문장 구조 등을 통해서 주로 전달된다. 일어에서 어휘의 사용은 매우 유동적이다(질 1984a 참고). 이러한 일어의 특성은 이해에 어려움을 초래할 수 있고 불어, 영어, 독어 등의 언어보다 훨씬 그 빈도가 높으리라 생각한다. 물론 이에 대해서는 정량적인 비교가 아직까지는 이루어진 바 없다(이토-베르게룻 2006, 콘도 2008 참고).

마지막으로 언어 특성으로 나타나는 특별히 흥미로운 부분은 예측이 가능한 문미이다. 이에 대해서 제7장 5.4.1절에서 설명한 바 있듯이 문장의 끝 부분을 통역할 때 정보처리를 위한 부담을 줄여주고 이 외에도 다음 문장의 첫 부분을 통역할 때도 부담을 덜어주는 효과가 있다(질 2008). 어느 언어에서나 의미적인 측면이 있기 때문에 문미를 예측하는 일은 가능하다. 그러나 적어도 국제회의 연설에 나타나는 언어적 예측이라는 측면에서 볼 때는 독어보다는 일어에서 더욱 빈번하고 영어나 불어보다는 독어에서 더 빈번하다(질 1992a).

3.2 발화 단계에서의 언어 특성에 따른 차이

발화 단계에서의 언어 특성에 따른 차이가 이해 단계에서의 차이보다 더 확연하다. 발화는 개별 통역사가 자신에게 가장 사용이 용이한 언어적 "도구"(기본적으로 어휘단위나 문법적 구조)를 취하는 선택에 의해 결정된다. 이해의 단계에서처럼 연사가 결정하는 언어적 요소의 선택과는 크게 상관이 없다. 연사의 어휘 그리고 문법적 구조의 선택은 아마도 통역사로 하여금 도착어에서 대응 표현과 구조를 찾는 첫 단서가 된다고 할 수 있으므로 어느 정도는 통역사의 표현에 영향을 미친다고 말할 수 있다.

연사에 의해 결정되는 요소 외에도 어휘를 선택하고 문법적인 선택을 하는 과정은 가능한 선택의 폭이 다르고 언어 규칙의 유연성이 차이가 있기 때문에 어떤 언어는 다른 언어에 비해 더 어렵다. 어떤 언어는 선택 가능한 어휘의 폭이 넓은데 비해 매우 제한적인 언어도 있다. 어휘의 용례도 매우 다양한 경우와 한정적인 경우가 있고 연어의 결속력, 출발언어 문장이 예상치 못한 방향으로 전개되어 다른 대안을 찾아야만 할 때 문장 구조를 우회할 수 있는 여지 등이 이에 속한다. 많은 통역사는 영어가 불어보다 융통성이 있는 언어이고 일어가 영어보다 융통성이 있어서 문장의 어미를 우회할 수 있는 여지가 끝까지 있다고 한다. 그러나 아직까지 이와 같은 차이가 실질적으로 통역의 과정에서 영향을 미치고 있음을 검증한 연구를 보지 못했다. 그럼에도 불구하고 이러한 언어의 차이가 의미가 있다는 점을 배제하기 어렵다. 문법적 일치에 따라서 작업기억에 가해지는 정보처리 부담이 달라지고, 문장의 다양한 품사 사이의 상호의존성으로 인해 문장을 구성하는 과정에서 연사가 문법적인 정보(예를 들어 성별, 단, 복수, 또는 동사의 시제 등)를 더 길게 또는 더 짧게 저장해야 하는 경우도 있다.

또 다른 언어 특성으로는 출발어와 도착어 사이의 어휘, 구문 그리고 일반적인 용어의 유사성 또는 차이점을 들 수 있다. 출발어 어휘와 도착어 어휘 간의 단위, 음운 또는 의미론적 유사성은 적절한 도착어 단어를 장기 기억에서 다시 꺼내오는 작업을 촉진시킬 수 있다. 언어간섭에 대해 확인하는 과정이 필요하더라도 그렇다(제9장). 구문적 유사성은 출발어 연설을 예측하거나 샤도윙을 할 때 위험 부담을 줄일 수 있다는 점을 의미한다. 샤도윙을 할 경우에는 언어간섭의 위험이 높은데 발화속도가 매우 빠르거나 정보의 밀도가 높은 연설의 경우에는 샤도윙이 최고의 차선책이 될 수 있다. 정보의 비상응성에 대해서는 제3장에서 설명했듯이 무엇보다도 언어/문화생성 정보라는 측면에서 문제가 발생할 수 있다. 왜냐하면 이 경우는 출발어와 도착어의 차이로 인해 통역사가 아래와 같은 결정을 내려야 하는 상황에 놓이기 때문이다.

- 출발어 연설에서는 제공하지 않는 정보가 도착어를 표현할 때 필요한 경우가 있다. 이때는 의미 있고 충실하고 수용가능한 도착어 발화를 표현할 수 있는 차선책을 찾아야 한다(예로 영어에서 자신의 남자 형제를 부를 때 형인지 동생인지를 구분하지 않는데 이를 일어로 표현하려면 어떻게 해야 하나?).
- 출발어 정보 중 일부를 누락시켜도 괜찮은지 결정하기 위해 시간과 정보처리 능력을 할애하도록 한다. 아니면 정보를 누락했을 시 감수해야 하는 위험부담을 고려해 보고 최대한 정보에 기반을 둔 옳은 결정을 내리기 위해 노력한다(예로 Mr/Mrs/Ms 나 s/he 와 같이 성별을 구분할 수 있는 호칭을 표현해야 하는 경우인데 언급된 정보만으로는 여성인지 남성인지 구분이 안 되는 경우가 있다).

구문 그리고 정보의 유사성과 관련한 또 다른 주의점은 두 언어에서 정보를 표현하는 순서와 관련이 있다. 만약, 정보를 표현하는 순서가 다른 경우에는 도착어로 표현할 때까지 정보를 기억하고 있어야 하기 때문에 단기기억을 위한 수행능력 요구량이 증가한다(2.2.1절 참고). 통역의 과정에서 이와 같은 요소가 인지적 부담에 어떤 변화를 초래하는지는 아직까지 연구를 통해서 통계적으로 증명이 된 바 없다. 그러나 이와 같은 부분이 존재하고 또 중요한 영향을 미칠 가능성이 있다는 점을 배재해서는 안 된다.

3.3 문화 특성에 따른 어려움

언어적 요소 그리고 언어/문화적 요소를(예를 들어 LCII의 차이) 넘어서서 언어를 사용하는 공동체 간의 문화적 차이는 실제 통역사들이 작업을 하는데 큰 어려움의 원인이 될 수 있다. 한 가지 예는 일본 통역학 연구문헌에서 많이 인용되는 점인데 일본 연사들은 의도적으로 모호한 표현을 사용하는 특징이 있다(이토-베르게롯 2006, 콘도 2008 참고). 문화적으로 일본 연사들은 명료하게 답하기를 주저하고 특히 약속을 한다거나 다른 사람의 생각 또는 요청을 거부하는 발언은 분명하게 표현하기를 꺼린다. 어떤 문화에서는 이런 태도가 문제가 되지 않고 좋게 평가하기도 하지만 또 다른 문화에서는 그렇게 받아들이지 않는다. 통역 서비스를 이용하는 청중의 경우에는 통역사가 "명료하게" 표현해주기를 기대한다. 이와 같은 어려움에 직면했을 때 선택을 내려 결정을 하는 일은 정보처리 요구량을 증가시키고 인지역량의 과부하를 초래할 수 있는 위험도 있다.

이와 같은 문화적 특성으로 인한 어려움은 회의의 종류에 따라서 상당히 차이가 있을 수 있다. 전형적으로 전문분야 회의 특히, 과학기술분야 회의에서 발화하는 연사의 경우는 문화가 거의 유사해서 연사의 국적과 상관없이 문화적 특성이 큰 영향을 주지 않을 수 있다. 그러나 비즈니스 또는 정치적인 협상에서는 엄청나게 큰 의미를 갖는 중요한 부분이다.

3.4 교육에 대한 시사점

언어 특성이 통역에 미칠 수 있는 영향에 대해서 실험을 통해서 입증 된 바는 없지만 이 가설을 지지하는 주장은 매우 강하다. 특히 동시통역의 과정에서 출발어와 도착어 사이의 구문적 차이로 인한 어려움에 대해서는 많은 사람들이 강력하게 공감한다. 통역 실무자들 그리고 교사들은 언어 특성에 따른 어려움은 당연한 것으로 간주했었다. 이에 대항해 소수이기는 하나 강력한 반대 의견도 있었지만 언어 특성에 대한 연구는 70년 대 초부터 80년대 중반까지 문헌에서 지배적인 위치를 차지했다.

언어 특성을 부인하는 연구가 발표되면서 통역 교사들은 언어적 차이에 대한 관심에서 탈피하여 다시 집중력, 분석, 기억 그리고 의사소통 상황에서의 다양한 변수에 대해 관심을 기울이기 시작했다. 따라서 반대의견이 긍정적인 영향을 미친 부분도 있다고 본다. 그러나 필자는 일그(1980)에서 설명하고 있듯이 이들 반대 의견이 과도해서 통역에서 정당히 존중되어야 할 언어적 측면의 중요성을 부인하는 수준까지 갔다고 생각한다.

이 문제는 순수하게 학문적인 논쟁은 아니다. 통역교육의 관점에서도 언어 특성을 과소평가하는 경우 부적절한 전략으로까지 이어질 가능성이 있다. 예를 들어 학생들의 통역언어 조합 중 한 언어에 적합하게 훈련을 한 경우 습득한 스킬을 다른 언어에도 동일하게 적용할 수 있다고 전제한다. 경험에 의하면 기본적인 훈련에 대해서는 이 방식이 가능하다. 단일 언어 교육과정에서도 순차통역의 기본 메커니즘은 학습할 수 있다. 그러니까 한 언어에서 동일한 언어로 통역하는 훈련방식이다(펠트베그(Feldweg) 1980, 1989, 질 1983a). 문제는 이렇듯 기본적인 메커니즘을 교육하는 것만으로 학생들이 자신들의 통역언어 조합으로도 능숙하게 통역할 수 있도록 교육이 가능한가의 문제이다. 여러 국가의 통역 교사와 이야기를 나눈 결과, 대부분의 교사는 기본 메커니즘을 언어 특성 별로 정교하게 확립하면 더욱 효과적으로 교육을 할 수 있다는 의견을 제시했다. 초보통역사들은 통역의 어려움을 실제로 경험하고 난 이후, 다른 언어조합으로 훈련을 받은 경우에는 언어적 어려움으로 인해 대부분 퇴보하는 경우가 많았다. 대표적인 사례로 칼라 드쟁르 페알의 논문이 있다. 이 연구자는 회의통역사로 수십 년 동안 독어, 불어, 영어 통역 업무를 당당했고 그 후 스웨덴어를 추가해서 스웨덴어로도 일을 시작했다. 이때 그녀는 자신이 많은 부분에 있어서 초보자로 다시 돌아가서 일을 하는 느낌이었다고 고백했다(드쟁 르 페알(Dejan

Le Feal), 2002). 새로운 언어 특성으로 인해 통역사는 새로운 어려움을 극복할 뿐 아니라 현 상태를 재점검하는 계기회로 최대한으로 활용하는 경험도 할 수 있다. 물론, 새로운 언어 특성 전략을 다시 학습해야 하고 언어 간섭을 차단할 전략도 터득해야 한다.

득과 실의 측면에서 고려해 본다면 언어특성에 따른 훈련은 상당한 득이 있는 반면 아주 적은 실만 있다. 득이라 함은 교육을 실행하는데 있어서 더욱 정교하게 할 수 있는 가능성이 있고 실무 경험을 초기 교육단계에서부터 쌓을 수 있다는 장점도 있다. 방법론적 원칙을 적용하는 수준을 넘어서서 언어 특성 교육은 학생들에게 그들의 어휘력을 더욱 확장할 수 있는 기회를 제공하고 전문통역사로서 일할 때 빈번하게 사용할 언어의 어휘와 규칙들의 가용성을 높여 준다는 장점이 있다(언어 지식의 가용성에 대해서는 제9장에서 상세하게 설명하고 있다). 예상 가능한 실은 목표를 상실해서 학생들이 방법론적 현안보다는 언어적인 측면에만 집중하게 할 위험이 있다는 점이다. 만약 순차통역 기반이 탄탄한 상태에서 동시 훈련이 이루어진다면 이런 위험은 줄어든다. 순차통역은 과도하게 언어적 측면에 집착하는데서 벗어나 자연스럽게 올바른 통역 방법을 습득할 수 있게 도와주기 때문이다. 통역 교육의 과정에서 순차통역을 먼저 교육하는 방법이 바람직하다고 주장하는 근거가 바로 이 이유이다.

언어 관련 그리고 문화관련 어려움에 대해 두 가지를 추가적으로 언급하고자 한다. 먼저, 본 절에서 언급한 예는 전문통역사들이 현장에서 일을 하면서 느꼈던 어려움이라는 점이다. 본 절에서 이런 어려움에 대해 언급하는 이유는 통역사들 사이에서 이에 대해 논의가 있었기 때문이다. 그러나 이 사례가 전부는 아니다. 둘째, 이러한 어려움의 영향에 대해 언급하면서 본서에서는 "가능"하다는 표현을 사용했다. 그 이유는 실제 통역과정에서 어려움이 어느 정도로 심각하게 영향을 미치는지에 대한 충분한 실험연구가 부재하기 때문이다. 뿐만 아니라 전반적인 연설의 구조 그리고 전달(아래 참고)방식과 같은 다른 요소가 그 영향의 심각성을 상당 부분 완화시킬 수도 있기 때문이다.

4. 연사

물론 언어 그리고 문화의 특성이 어려움을 초래하는 주요 원인인 경우가 많지만 이보다 더욱 결정적으로 어려움으로 작용하는 한 가지가 있다면 연사이다. 다시 말해서 특정 연사가 연설을 구성하고 전달하는 방식이다. 연설문을 교육을 위해 논리적으로 그리고 응집성 있는 방식으로 준비된 경우에는 이해하기 쉽다. 또한 연사의 목소리나 발음이 정확하다면 더욱 바람직하다. 자연스러운 운율 역시 도움이 된다. 연사가 비교적 천천히 발화하는 경우에도 청취 그리고 표현을 위한 인지적 부담을 감소시키므로 도움이 된다. 그러나 과도하게 느린 경우는 통역사가 정보를 단기기억에 오래 동안 잡아두고 있다가 도착어로 표현해야 하므로 오히려 인지역량의 포화상태를 초래할 수 있다. 어쩌면 발화 속도보다 더 큰 영향을 미칠 수 있는 요소는 문장 사이의 휴지의 길이라고 생각한다. 문장 사이의 휴지는 전 단락의 정보처리를 완료하기까지 인지 처리과정에 여유를 제공해서 다음 단락의 정보를 처리하는데 이전 단락의 해결하기 못한 부담이 이월되지 않도록 한다(질 2008). 이런 점에서 연사는 통역과정에서의 어려움 측면에서 큰 차이를 가져올 수 있는 중요한 변수이다.

전반적으로 볼 때, 통역사의 지식 기반, 기술, 다양한 언어적 요소, 문화적 요소, 환경적 요소(가령 참고문헌의 접근가능성 여부, 시청각 자료, 회의 중 정보의 중복적 제공, 음질, 등등) 및 전달과정에서의 요소들이 복합적으로 영향을 미쳐서 통역의 난이도를 결정한다. 이러한 요소들의 상호작용이 너무나 복잡하기 때문에 연설이 구체적으로 한 통역사에게 어느 정도 어려울지 예측하기는 힘들다. 물론 제7장에서 언급한 구체적인 어려움 등은 예측이 가능하다.

5. 동시통역 과정에서의 대응방안

본 장의 전반부에서 언급한 어려움 중 대부분은 반복적으로 발생한다. 따라서 시간이 경과하면서 통역사는 이러한 어려움에 대처하는 방법을 터득한다. 문헌연구 그리고 다른 여러 국가에서 온 회의통역사들과의 토론을 통해서 그리고 세계 여러 곳의 교육기관에서의 통역 수업을 참여하면서 느낀 점은 이러한 어려움은 어떤 언어에서나 경험하는 함께 공유하는 어려움이라는 사실이다(언어특성에 따른 대응방안은 여기서는 언급하지 않고자 한다). 본 장의 후반부에서는 따라서 가장 빈번하게 사용하는 "대응방안"에 대해 제안하고 논의하고자 한다. 통번역학 연구문헌에서는 실시간으로 이루어지는 통번역사의 선택과 행동을 주로 "전략"이라고 부르는데 필자는 좀 더 구체적인 목적을 위한 계획된 행동을 표현하는 용어로서만 이 용어는 사용했으면 하는 생각이다. 그래서 통역의 과정에서 실시간으로 이루어지는 선택 그리고 결정을 "대응방안"이라는 표현하고자 한다. 또한 다른 통번역학 문헌에서와는 달리 필자가 사용하는 "대응방안" 그리고 "전략"이라는 표현은 문제를 예방하거나 해결하기 위해 의도적으로 취하는 결정 그리고 행동을 언급하는 것으로 한정한다. 즉흥적으로 또는 무의식적으로 이루어지는 반응은 여기서 제외된다.

5.1 이해를 위한 방안

다음은 시간적 제약이나 정보처리 요구량 증가로 인하여 이해의 어려움이 발생하거나 그럴 위험이 있다고 예측되는 경우 주로 사용하는 방안이다.

a. 대응 지연

단어 또는 문장과 관련하여 이해에 어려움이 발생할 경우 통역사는 즉각적으로 아래에 소개한 대응방안 중 하나를 선택해서 대응할 수 있다. 그러나 잠시(약 몇 초의 시간동안) 대응을 하지 않고 지연하는 방법도 있다. 출발언어 연설로부터 입력되는 정보를 최대한 얻으면서 생각할 시간을 갖는다. 잠시 시간이 흐른 다음에는 전체 이해의 어려움이 해소되는 경우가 있다. 만약 그렇지 않다면 다른 대응방안을 선택한다. 제7장에서 설명했듯이 입력되는 정보를 작업기억에 잡아두는 시간부터 도착어로 발화하기까지 약간의 시차는 불가피하다. 여기서 소개하는 대응 지연이라는 방안은 어려움이 있다고 간주되는 부분에서 의도적인 결정을 내려서 시차를 늘리는 방법이다.

대응 지연은 단기기억에 정보를 유지해 두어야 한다. 따라서 제7장에서 언급한 실패 수순에서처럼 연설의 단락을 아예 놓치게 되는 위험도 따른다.

b. 맥락에 의존하여 단락을 재구성

통역사가 전문 용어, 이름, 숫자, 또는 연설의 특정 부분을 정확하게 듣지 못했거나 이해하지 못했을 경우에는 언어 지식, 주제지식 그리고 배경상황(언어 외적 지식)에 대한 지식을 활용하여 머릿속에서 의미를 재구성해 볼 수 있다.

이와 같은 의미구축 과정은 일상적인 대화의 이해 과정에서도 이루어지는 핵심 부분이다. 단지, 일반적인 대화 상황에서와는 달리 잠재의식이 아닌 의식적이고 의도적인 노력으로 행하면 대응방안이라고 정의한다.

성공적으로 맥락을 재구성한 경우에는 정보의 전체적인 파악이 가능해진다. 그러나 정보를 모두 취합할 때까지 기다리는 시간이 있다 보니 상당한 시간과 수행능력이 요구된다. 앞에 소개한 대응 지연 방안과 마찬가지로 정보의 포화상태라는 매우 높은 위험부담을 감수해야 하고 개인에 따라 문제가 발생할 수 있다.

c. 부스 동료의 도움 이용하기

동시통역의 경우, 부스 안에는 적어도 두 명의 통역사가 있어야 한다는 원칙이 있다. 한 명은 능동적인(현재 도착어로 통역) 반면에 다른 한 명은 수동적(발화는 하지 않지만 청취)이다. 듣기에만 전념할 수 있는 수동적 통역사는 세 가지 작업에 동시적으로 역량을 분할해야 하는 능동적 통역사와 비교했을 때 어려운 연설 부분을 이해할 가능성이 높다. 발화의 측면에서 보면, 수동적 통역사는 시간과 노력을 할애해서 용어를 찾아보거나 다른 문서를 참고한 후 찾은 정보를 능동적 통역사에게 적어 줄 수 있다. 이처럼 부스 안에서 수동적 통역사의 존재는 능동적 통역사에게 큰 힘이 된다.

현재 통역을 하고 있는 능동적 통역사는 눈짓 혹은 머리의 움직임만으로 파트너 통역사에게 도움을 요청할 수 있다. 호흡이 잘 맞는 팀은 통역사가 발화 과정에서 약간 머뭇거리는 것만으로도 문제가 있음을 알아차린다. 또한 어려움을 예측해서 도움의 요청이 없어도 이름, 숫자, 전문용어 등을 적어줄 수 있다.

용어사용과 관련된 어려움의 경우에는 일반적으로 부스 동료가 대응 도착어 표현을 적어서 알려주고 통역의 과정에서 사용할 수 있도록 한다. 간단한 단어, 이름, 숫자 등을 잘못 들어서 발생한 어려움의 경우는 청취하고 있던 통역사가 출발어로 해당 단어를 적어 줄 수 있다. 하지만 아이디어를 놓친 경우는 효과적으로 설명해주기 어렵다. 왜냐하면 발화를 하는 통역사는 긴 설명을 읽을 만큼 시간적 여유가 없기 때문이다.

이 대응방안은 시간이나 수행능력을 많이 필요로 하지 않는다는 점에서 매우 유리하다. 또한 두 사람의 지식과 지혜를 모으면서 특히 한 명은 청취와 다른 작업을 위해 주의력을 분산하고 있지 않아도 되는 상황이므로 한 명의 능력에만 의존하는 때보다 필요한 정보를 찾을 수 있는 가능성을 높인다.

하지만 이 전략이 성공하기 위해서는 청취하는 수동적 통역사는 부스 안에 물리적으로 앉아 있는 것만이 아니라 능동적으로 동료를 도와주고 지원하는 노력을 기울이는 자세여야 한다. 이러한 상황이 항상 가능하지는 않다.

- 통역은 고도의 노력을 요하는 작업이기 때문에 통역사는 휴식의 필요성을 강하게 느낀다. 통역 언어 당 두 명이 한 조를 이루어 일을 하는 상황에서 피로가 누적되면 통역사는 자신이 맡은 시간동안 통역을 하고 나면 곧바로 부스를 나갔다가 다시 일할 차례가 돌아오면 들어오거나 부스 안에 머물러 있더라도 완선히 휴식하기 위해 선혀 통역에 관여하지 않으려고 한다.
- 연사가 준비된 연설문을 읽는 경우가 있는데 주로 발표 직전에서야 통역사들에게 연설문을 배포하는 경우가 많다. 이렇게 전달 받은 발표 자료를 두 사람이 각각 나누어서 자신이 맡은 부분을 책임지고 성공적으로 처리해야 한다. 이 경우 통역사는 자신의 자료를 읽거나 통역하는데 집중하느라 옆의 파트너에게 도움을 줄 여력이 없다.
- 심리적이거나 사회학적인 이유로 인해서 예를 들어 통역사가 자신의 약점에 대해 민감하게 생각하거나 이로 인한 좌절감이 심하면 자신이 일하는 동안 동료가 부스에 함께 앉아 있으면서 통역을 듣는 것을 부담스러워하고 원하지 않는 경우가 있다.

교사는 통역사들이 서로 협력했을 때 통역의 과정에서 실질적으로 얼마나 큰 도움이 되는지 강조하고 고객에게 더 나은 서비스를 제공해야 한다는 직업윤리 측면에서도 상호 협력하는 관계가 얼마나 중요한지 강조할 필요가 있다.

큼직한 크기로 읽기 쉽게 정보를 적어 주는 일을 포함해서 통역사 사이에서 협력할 수 있는 실질적인 방법에 대해서도 반복해서 강조해야 한다.

d. 부스 내 자료 참고

부스 안에 도움을 줄 파트너가 없는 경우, 통역사는 눈앞에 놓여 있는 자료에서 해결책을 찾아야 한다.

이 대응방안의 효용성은 차이가 있을 수 있다. 사전에서 특정 용어를 찾는 일은 시간과 수행능력을 요구한다. 반면에 회의 전에 읽고 체크한 서류 안의 중요 단어를 찾는 일은 쉽고 빠르게 할 수 있다. 이러한 이유에서 회의 전에 참고할 자료를 잘 정리해서 준비하는 과정 못지않게 부스 안에서 쉽게 찾아 볼 수 있도록 관리하는 일에 주의해야 한다. 빠른 참조를 위해 형광펜 혹은 다른 수단을 이용하여 중요한 이름이나 개념이 눈에 띄도록 표시하는 등 유용한 팁을 학생들에게 알려주면 도움이 된다. 또한 전문용어와 이름들을 미리 종이에 적어 두거나 통역사가 보기 쉬운 위치에 놓아두는 것도 신속하게 이용가능한 방법이다. 특히 자료를 부스 앞에 분류해서 놓아 정보를 찾는 속도를 최대한 줄이도록 해야 하며 번호나 제목, 언어 별로 꾸러미를 만들어 재빠르게 식별이 가능하도록 해둔다.

지난 10년 정도의 시간을 보면 부스 내에서 가볍고 휴대가 편리한 노트북컴퓨터 등의 사용이 크게 증가했다. 이러한 기기는 문서자료를 찾는 방법보다 좋은 대안이다. 가벼우면서도 많은 자료를 담을 수 있기 때문에 여러 권의 사전, 백과사전 그리고 기타 참고 자료와 문서를 하나로 해결이 가능하다. 더불어 무선 연결이 수월해지면서 회의장에서도 인터넷의 사용이 가능하고 이제는 인터넷에서도 쉽게 자료를 찾아 볼 수 있다. 인터넷에서 자료를 찾는 일은 인터넷의 검색 창에 검색어를 입력하기만 하면 가능하고 아니면 찾고자 하는 용어와 참고가 될 기타 단어 몇 개만 입력해도 가능하다. 이 방식은 수 십장에 달하는 문서를 찾는 일보다 시간과 노력을 훨씬 단축시킬 수 있다. 단점이라면 부스 내에서 한 두 장의 사전에 제공된 문서 외의 자료를 찾아보고 참고하는 행동은 여전히 시간과 주의력을 필요로 하는 행동이다. 따라서 통역을 하지 않는 시간동안에만 하는 것이 바람직하다.

5.2 예방 대책

다음에 소개하는 대응방안은 통역사들이 시간 혹은 수행능력의 제약으로 인해 문제가 발생할 가능성이 있거나 발생이 유력하다고 판단되는 경우에 사용한다. 핵심은 수행능력의 포화상태 또는 결핍으로 인한 위험을 최대한 줄이는 데 있다(제7장 참고).

a. 노트하기

숫자나 이름 등 통역사가 판단하기에 기억하기 어렵거나 구문적인 차이로 인해 즉시 재표현이 어려운 요소가 있는 경우에는 노트해 두어야 한다. 노트를 하면 필기한 내용은 안전하게 기억할 수 있지만 기록을 하는데 많은 시간과 수행능력을 소요하여 필기하기 이전 혹은 이후에 전달되는 정보를 놓칠 가능성이 높다(이 점이 3절에서 언급한 언어간섭 현상이다). 따라서 통역을 하고 있는 동료를 위해 파트너가 정보를 필기해 주면 위험을 상당히 줄일 수 있다.

일어 동시통역사들에게서 발견한 흥미로운 점이 있다. 일어 통역사는 숫자와 이름만을 적는 것이 아니라 다른 통역사들이 잘 적지 않는 정보까지 모두 필기했다(이는 주로 통역을 하고 있는 통역사를 위해 파트너가 필기하는 경우였다). 설명을 들어 보니 일본어와 주로 서양언어 사이에는 구문상의 차이가 크기 때문에 문장의 특정 부분을 이해하기 위해서는 많이 기다려야 하는데 이는 단기기억의 과포화 상태로 이어질 수 있다고 한다. 결과적으로 노트를 많이 해서 정보를 놓칠 위험을 줄일 수 있다는 설명이었다. 이와 같은 예방책이 과연 현명한지에 대해서 의문을 제기하고 싶다. 결국 노트테이킹은 시간이 더 오래 걸리기 때문에 연사와의 격차가 벌어지고 당연히 작업기억에 대한 부담이 커질 수 있다. 그러나 단점보다는 장점이 더 많다고 하기도 한다(통역을 하는 능동적 통역사는 동료가 적어주는 노트를 참고하지 않으면 그만이기 때문이다). 이에 대해서는 정량적인 연구를 통해 구체적인 득실을 따져볼 필요가 있다.

b. 청성시차 (Ear-Voice Span, EVS) 늘리거나 줄이기

이해한 내용을 도착어로 발화하기까지의 시간차를 의미하는 EVS에 변화를 줌으로 통역사는 각 작업에 분할하는 수행능력을 어느 정도 조절할 수 있다. EVS를 줄이면 단기 기억해야 할 정보의 양은 줄지만 예측을 하지 않고 문장을 짧게 듣고 처리하기 때문에 잘못 이해할 수 있는 위험을 감수해야 한다. 또한 도착어 문장을 자연스럽게 마무리하기 힘든 상황에 봉착할 수도 있다. EVS를 늘리면 연사의 발화를 정확하게 이해할 수는 있지만 단기 기억이 과포화 상태에 빠질 수 있다.

교사가 학생들에게 특정 상황에서는 EVS를 늘리거나 줄이라고 조언을 할 때도 있지만 EVS에 대한 명확한 기준이나 준수해야 하는 규칙이 존재하지는 않는다. 필자가 보기에는 EVS의 조절은 경험으로 학습되는 감각이다. 동시통역 훈련 초기에 학습되는 가장 중요한 부분이라고 생각한다. 이 외에도 도착어 용어의 수용가능성이나(제9장 참고) 통역언어 사이의 등가어의 자동적 활성화(제9장 참고) 등도 훈련을 통해 향상을 이룰 수 있는 부분이다.

c. 의미단위 나누기 및 단기기억

출발어와 도착어 간에 구문적인 차이가 크거나, 출발어에 종속절이 많은 경우, 아니면 단순히 문장 구조가 복잡한 경우에도 통역사가 기억해야할 양이 증가한다. 이때 통역사는 일반적인 경우보다 더 빨리 그러니까 연사가 전달하려는 전체 발화의미를 파악하기 이전에 도착어로 재표현을 시작할 수 있다. 문장을 중립적인 표현으로 시작하거나 어떤 한 방향으로 치우치지 않는 표현을 선택하는 전략이다(일그 1978, 종(Zhong, 1984), 세튼(Setton, 1999) 참고). 다음의 출발어 문장의 의미단위 예를 보자.

Because of the complex character of equation (2) as shown above, compounded by the difficulty of finding a unique solution to equations (3) and (4) which correspond to a steady state system ...

통역사는 위의 문장에 대한 도착어 표현을 아래와 같이 의미단위를 나누어서 표현할 수 있다.

위의 공식(2)는 복잡하다.
공식 (3)와 (4)는 확고한 체계를 보여준다.
이들을 위한 독특한 해결책을 찾기 힘들다

이 문장을 통역한 통역사는 의미단위 간의 인과 관계를 염두에 두어 '따라서..'로 문장을 시작했다.

의미단위를 나누는 전략은 기억해야 하는 정보가 빨리 빠져나갈 수 있도록 함으로 단기기억 부담을 줄여준다. 반면에 하나의 문장이 아니라 문법적으로 문제가 없는 여러 개의 짧은 문장으로 의미단위를 연결시키기 위해서는 재표현 단계에서 정보처리를 위한 수행능력이 더 많이 요구된다. 이런 점을 고려할 때 문장에 따라 조언할 수 있는 의미단위 전략은 다르다.

d. 나열의 순서 바꾸기

나열은 정보 밀도가 높아 단기기억에 큰 부담을 주는 부분이다. 나열에 대처하기 위해 자주 쓰이는 방안으로는 마지막에 열거된 정보를 먼저 발화해서 그 정보를 기억해야 하는 부담을 빨리 없애고 다음 요소로 넘어가는 방법이 있다. 필자가 알기로는 아직까지 어떠한 연구에서도 왜 이 방법이 기억에 대한 부담을 덜 수 있는지 증명하지 못했다. 한 가지 가능한 설명은 나열의 마지막 요소를 먼저 표현하면 이 정보가 분석의 과정을 거쳐 의미체계로 완전히 통합되기 이전에 표현을 하는 방식이므로 정보처리를 위한 노력을 줄일 수 있다는 주장이다. 이 전략은 이름과 같이 소리를 그대로 따라서 음역하거나 쉽게 코드 전환할 수 있는 용어를 통역할 때 가장 효과적이다. 만약 그대로 음역하거나 단순치환방식으로 대응어를 표현하는 경우가 아니고 정보처리를 위한 노력이 필요한 경우라면 그리 효과적인 방법이 아니다.

5.3 재구성 방안

다음에 소개하는 방안은 재구성 단계에서 주로 사용한다. 처음의 세 가지 방안은 5.1 이해의 단계에서 소개한 방법과 동일하다.

a. 대응 지연

대응 지연은 이해의 단계에서도 동일하게 사용하는 전략이다. 핵심 개념은 지연 시간동안 의식적 또는 무의식적으로 놓친 단어나 문장의 부분을 채워가려고 노력해야 한다는 점이다. 이해 단계에서와 마찬가지로 대응을 지연하는 방안은 단기기억의 과부하를 초래할 수 있고 더 나아가서는 재구성의 단계에서 정보를 한꺼번에 쏟아내듯 표현하기 때문에 정보처리를 위한 수행능력 요구량이 증가할 수 있다.

b. 부스동료의 도움 이용하기

5.1의 설명에서 알 수 있듯이, 통역 파트너가 제공하는 도움은 발화된 내용에 대한 설명보다는 대응표현을 적어주는 정도의 단편적인 도움이다. 통역이라는 상황이 수반하는 시간 제약을 고려할 때 적정한 수준이다.

c. 부스 내 자료 참조하기

재구성의 단계에서도 부스에서 언제든지 자료를 참고할 수 있다. 특히 전문용어나 사전 등을 참고하는 경우가 많은데 위험부담을 항상 수반한다. 자료를 참고하는 과정은 시간을 소요할 뿐 아니라 정보처리 용량도 필요하다.

d. 상의어나 일반적인 표현으로 교체하기

통역사가 연설의 일부분을 이해하지 못했거나 도착어로 표현하기 어려운 부분이 있으면 이에 대처할 수 있는 한 가지 방안은 한 개의 단어인 경우는 상의어로 대체하고 구 또는 문장 정도로 긴 의미단위의 경우에는 좀 더 일반적인 표현으로 대체해서 표현하는 방식이다. 예를 들어 'la strptokinase'는 '효소'로, '스테판 웨지워스씨'는 '연사'로, 'deux cent trente trios millions'는 '약 2.3억'으로, 'DEC, IBM, Hewlett Parkard et Texas Instrumets'를 '일련의 컴퓨터업체' 등으로 대체해서 표현 가능하다.

이 방안은 시간은 거의 소요되지 않지만 도착어로 전달되는 정보에는 어느 정도 누락이 발생한다. 하지만 회의참석자들에게 반드시 전달되어야 할 정보가 누락되거나 할 정도로 심각하지는 않다. 연설의 다른 문장에서 누락된 부분을 재차 전달할 수 있고 때로는 참석자들이 이미 공유하는 지식인 경우도 있다.

e. 설명하기 혹은 바꾸어 표현하기

통역사가 개념은 이해하지만 도착어의 등가표현을 기억하지 못하는 경우가 있는데 이런 때는 내용을 설명하면 된다. 예를 들어 한 회의에서 데이터를 처리하는 개념인 "tableur"(스프레드시트)를 "행과 열의 경계를 짓고 계산을 할 수 있도록 만들어진 프로그램"으로 통역한 적이 있다.

이 방안은 정보 전달의 측면에서는 효율적일 수 있지만 두 가지 단점이 있다. 하나는 많은 시간과 처리능력을 요구한다는 점이고 두 번째는 통역사가 도착어의 정확한 표현을 모른다는 사실을 참석자들이 눈치 챌 수 있다는 점이다. 이로 인해 통역사에 대한 신뢰가 떨어지면 연설의 전달 효과에도 영향을 미칠 수 있다.

f. 출발언어 발화에서 들은 그대로 음역하기

통역사가 알지 못하거나 인식하지 못하는 이름 혹은 전문용어를 듣고 소리를 들은 그대로 음역하는 방법이다. 이 방법은 복잡한 정보처리를 요하는 "지적인" 방법은 결코 아니지만 효율적이다. 때로는 음역한 이름이나 용어에 대한 지식을 갖고 있는 참석자가 있을 수 있는데 통역사의 발화를 정확한 발음으로 이해하고 음역을 했다는 사실조차도 알지 못하는 경우도 있다. 반면에 동일하게 음역을 한 경우라도 정보를 왜곡하거나 누락시킨 것으로 간주해서 통역사에 대한 신뢰가 떨어지기도 한다.

g. 즉흥적인 자국화

도착어의 대응표현을 모르는 경우 통역사가 출발어 용어를 형태나 음운적으로 도착어에 적합하게 수정하여 자국화 하는 전략이다. 예를 들어 어느 회의에서 "télédétection"(원격 감지)을 영어로 "tele-detection"로 표현한 경우가 있다. 이와 유사하게 프린터 같은 장치를 원활하게 작동시키는 소프트웨어 프로그램이나 프로피 디스크를 작동시켜주는 물리적인 장치를 일컫는 컴퓨터 용어인 "driver"를 불어로는 "driver"(발음은 "dreevair")로 자국화한 방안이 있다.

이 방안은 출발어와 도착어의 어휘가 형태적으로 유사한 경우는 효과적인 방법이다. 예를 들어 영어와 불어에서 사용하는 의학용어나 특정 전문분야에 주로 해당하는 경우로 정보통신 분야처럼 출발어의 용어를 도착어에서 주로 차용해서 사용하고 있는 경우는 효과적이다. 정보통신 분야에서는 영어의 전문 용어를 대부분의 언어에서 그대로 차용해서 사용한다.

위의 두 경우를 보면 도착어에 이미 존재하는 개념에 대해서 발음을 "새롭게"자국화한 전략이다. 이 전략이 쉽게 받아들여지는 이유는 전문가들이 일상에서 전문용어를 사용할 때 이미 이런 방식으로 자국화하여 사용하고 있어서(위에서 불어에 적합하게 "driver"라고 사용한 경우가 이에 속한다) 자연스럽게 도입이 가능하기 때분이다. 그러나 불어의 능가 표현으로 pilote라는 용어가 존재한다. 이 용어는 다른 은유를 사용하고 있다. 일어나 히브리어 등 일부 언어의 경우에는 외국어에서 어휘의 일부를 차용하는 경우(히브리어의 경우에는 숙어도 차용)가 빈번하다. 특히 영어의 용어를 차용하는 경우가 빈번한데 따라서 통역사가 자국화했을 때 청중이 거부감 없이 받아들인다.

즉흥적인 자국화 전략은 일상에서도 많은 도움이 된다. 대표가 출발어로 준비된 문서를 낭독하는 경우가 있다. 이런 경우에는 출발어의 단어를 읽을 때 발음과 도착어의 발음이 유사하다보니 청중이 '자국화'한 용어의 존재를 금방 포착하게 된다.

h. 코드변환(Transcoding)

코드변환 또는 트랜스코딩은 출발어의 개념 혹은 표현을 단어 대 단어로 그대로 치환하여 표현하는 방안이다. 예를 들어 회계분야에서 영어의 "maturity date(만기일)"를 등가인 불어표현 "date d'échéance"로 표현하지 않고 영어 표현방식을 그대로 코드변환해서 "date de maturite"로 통역하는 방법이다.

코드변환은 위에서 설명한 자국화의 경우처럼 특정 상황에서 효율적이다. 또한 코드변환하여 사용하던 용어가 도착어 용어로 그대로 자리 잡는 경우도 많다. 실제로 다양한 분야에서 전문가들이 코드변환 방식으로 사용하기 시작한 용어가 보편화되기도 하는데 이는 음역하여 사용하던 차용어가 시간이 지나면서 그대로 사용되는 경우와 유사하다. 코드변환 방식으로 사용되던 단어가 도착어로 자리 잡지 않았더라도 어휘의 형태가 유사한 측면이 있기 때문에 회의 참석자들이 정보를 이해하는데는 도움이 된다. 예를 들어 치의학에서 영어 어휘인 "mandibular block"(마취약의 한 종류)의 정확한 대응표현이 "tronculaire" 임에도 불구하고 "bloc mandibulaire"로 통역한다. 청중은 정확한 불어 대응어와 아무런 유사점이 없었음에도 불구하고 "bloc mandibulaire"를 이해하는데 문제가 없었다고 말했다.

i. 형태에 기반한 통역

코드변환에 대해서 반드시 언급하고 인식을 상기시킬 필요가 있는 부분이 있다. 제5장에서 번역에 대해서 설명하고 있는 이유로 인해서 국제회의통역사 사이에서도 최상의 품질의 서비스를 제공하기 위해서는 형태가 아닌 의미에 기반하여 통역해야한다는 의견의 일치가 존재한다. 직접적인 언어적 대응어를 찾는 대신 의미를 분석하는 방법이 연사의 의도를 정확하게 언어 간섭 없이 도착어로 이해하기 쉽게 전달하는데 도움이 된다. 가장 바람직하게는 코드전환은 구체적인 용어나 표현으로 인해서 문제가 발생했을 때만 매우 한정적인 대안으로 사용해야 한다. 그러나 통역사가 상당히 피곤한 상태이고 연사의 발화속도가 빠른 경우 어족이 가까운 언어 사이에서 통역을 하는 경우에는 문헌에서 말하는 '형태에 기반을 둔 통역'을 하는 방식을 선호하는 경향이 나타날 수 있다(담(Dam 2001). 이때는 특히 출발어 단어나 문장 구조를 따라가면서 도착어로 통역하는 경우가 많다. 이러한 통역 방법은 정보의 손실 특히 숙어적 표현이 누락되는 경우가 빈번하게 발생하고 명료성이 상당히 떨어진다. 그러나 일부 통역사는 이 방법이 때로는 의미에 기반을 둔 통역보다 정보의 누락을 줄일 수 있다고 주장한다. 박사학위 논문에서 알로소 마치가루페(2006)는 형태에 기반을 둔 통역은 흔히 문헌을 통해서 알려져 있는 것보다 훨씬 더 빈번하게 이루어지고 있다고 주장한다.

j. 청중에게 통역 상의 오류 알리기

정보의 중요한 부분을 놓쳤다고 생각하는 경우, 통역사가 이에 대해 청중에게 알리기로 결정을 내릴 수 있다. 이런 경우에는 제2의 연사로서 표현하던 방식을 벗어나서 예컨대 "통역사가 이름을 잘 듣지 못했는데 이 저자는..." 식으로 표현을 하거나 "통역사가 마지막 말을 정확하게 듣지 못해서 죄송합니다"라고 말할 수 있다. 통역사의 행동에 대해서 청중이 즉각적으로는 조치를 취하지는 않지만 회의 도중이나 휴식 시간에 필요한 경우 정보를 다시 알려 달라고 요청하기도 한다.

물론, 통역사가 이 방법을 자주 사용하지는 않는다. 너무 많은 시간과 수행능력을 집중해야 해서 다음에 이어지는 연설 부분의 통역에까지 지장을 줄 수 있고 회의 참석자들의 관심을 통역사가 경험하는 어려움으로 돌리게 만들기 때문이다. 이는 결과적으로 두 가지 측면에서 문제가 있다. 첫째, 청중들은 통역사의 문제에 관심이 없고 오직 연설에만 관심이 있다는 점이다. 둘째, 청중의 관심을 통역사에게 돌리어 통역사가 신뢰를 잃는 것으로 끝나지 않고 결국 연사가 전달하는 메시지의 영향력까지 약화시킨다는 점이다.

결론적으로 만약에 통역사가 중요 부분을 놓쳤을 때에는 이를 얼버무리기보다는 청중들에게 정확하게 알려야할 의무가 있다고 판단한다. 하지만 만약에 놓친 부분이 중요하지 않거나 청중들에게 알리는 결정이 득이 되기보다는 해가 더 클 경우에는 다른 방법을 선택하는 편이 바람직하다.

k. 청중들에게 관련 자료 일러주기

전문 회의에서 대부분의 정보는 연사의 발화를 통해서 전달되지만 유인물과 슬라이드, 오버헤드 프로젝터의 화면을 통해서도 전해진다. 어떤 이유에서건 통역사가 정보를 정확하게 전달하는데 어려움이 있었다면 참석자들에게 "통계수치/이름/등식 등을 유인물 혹은 화면을 통해" 참고하라고 알려주는 방법도 있다.

이는 매우 편리한 방법인 동시에 시간이나 정보처리 용량 측면에서 해가 되는 점은 적다.

l. 정보 누락시키기

통역사가 인식하지 못하는 사이에 정보가 누락되는 경우가 있다. 연사의 발화를 청취하고 분석하는데 사용가능한 수행능력을 모두 소진해서 이어지는 정보를 듣지 못했기 때문인 경우가 있고 아니면 발화하기 전에 통역사의 단기기억에서 이미 정보가 사라져 버리는 경우도 있다. 그러나 여기서 제안하는 정보 누락은 통역사가 의도적으로 특정 정보를 도착언어로 재표현 하지 않고 생략하는 경우이다. 통역사가 이와 같은 결정을 내리는 이유는 전달되는 정보 중 중요성이 그리 높지 않은 정보가 있는 반면 반드시 통역해야 하는 매우 중요한 정보가 있기 때문이다. 중요성이 높은 정보의 전달에 통역사의 모든 집중력을 할애해야 하는데 중요도가 떨어지는 정보를 전달하려고 하다가 정보처리 능력이 포화상태에 도달해서 정작 중요한 정보를 전달하지 못하는 상태가 발생할 수 있다고 판단했기 때문이다. TV 인터뷰를 통역하는 경우와 같이 실시간 전달이 중요한 경우가 바로 이와 같은 경우이다. 중요한 부분을 적시에 전달하기 위해 중요성이 떨어지는 마지막 부분을 누락시키는 방법이 차선의 대안일 수 있다. 특히 통역사가 연사와의 간격이 벌어지고 있어서 통역의 마지막 부분과 연사의 다음 이어지는 발화가 겹쳐지는 정도까지 지연이 된 경우에 사용 가능한 방법이다.

또 다른 경우로는 너무나 부적절한 표현이나 내용임으로 통역사가 생각하기에 전달이 되었을 경우 연사에게 심각한 해가 가해질 것이라고 판단되는 경우 또는 회의를 통해 달성하고자 하는 목적에 크게 반하는 결과를 초래할 것이라고 판단되는 겨우 통역사가 선택적으로 정보를 생략할 수 있다. 이런 경우에는 정보를 누락하지 않고 완화하여 표현하는 방법도 한 가지 가능한 대안이다.

강조하건대 청중의 입장에서는 생략되는 모든 정보가 사라지는 것은 아니다. 노착어 연설의 다른 곳에서 다시 표현할 수 있고 아니면 청중과 이미 공유하는 정보이므로 누락시킨 것일 수 있기 때문이다. 그렇다 하더라도 정보의 누락은 결코 가볍게 결정할 수 있는 사항이 아니다. 청중에게 누락사항에 대해서 알리 않고 중요한 정보를 의도적으로 생략하는 일은 통역사의 직업윤리에도 어긋나는 일이다. 일부 통역사는 (그리고 의뢰인은) 이 방법의 타당성에 대해 반론을 제기하기도 하고 통역사가 어떤 정보가 중요하고 그렇지 않은지 판단을 내릴 수 있는 능력이 있는지 의문을 제기하기도 한다. 그러나 인지적 포화상태에 도달해서 통역을 계속 이어갈 수 있는 유일한 방법이 그리고 참석자들의 이해에 부합하는 방법이 선택을 내려야 하는 상황인 경우는 실제현장에서 생각보다 빈번하게 발생한다. 특히 대부분의 정계 유명인사가 연사이면서 TV에서 생중계되는 연설을 통역하는 경우는 연사가 준비해온 연설을 읽을 때가 많고 문장의 정보 밀도가 높아서 불가피한 선택을 할 때가 있다.

통역사가 연설의 내용이 문화적으로 그리고 사회적인 관계를 고려할 때 적절하지 못하기 때문에 누락시키기로 결정을 내리면 이로 인한 윤리적 문제는 큰 파장을 몰고 올 수 있다. 통역사가 이러한 문지기 역할을 할 권리가 있는가? 법정 통역의 경우에는 정보의 누락은 명백하게 통역사의 직업윤리를 위배하는 행동이며 이에 대한 규범을 정확하게 준수해야 한다. 문화적인 배경이 다른 사람들 간 개인적으로 또는 일로 인해 만났을 경우에는 회의의 결과로 인한 외교적인 이해관계나 대인 관계에서의 득실에 영향을 미칠 수 있으므로 통역사가 선택한 결정을 방어하기가 덜 힘들 것이다. 많은 통역사들이 심각한 외교적 마찰을 피하기 위해 때때로 정보를 누락시키거나 부적절한 코멘트나 유머를 완곡하게 표현한 경험이 있음을 인정할 것이다(이러한 사례에 대해서는 매갈해이스(Magalhaes, 2007), 토리카이(Torikai, 2009) 참고).

m. 병렬적 통역하기(Parallel reformulation)

작업 환경에 심각한 문제가 있어서 청취, 이해 그리고 재표현을 할 수 없을 정도로 열악한 상황이지만 계속해서 발화를 이어갈 필요가 있다고 판단을 내린 경우 통역사는 불가피하게 출발어의 연설에서 완전히 벗어나지는 않지만 결코 출발어의 충실한 전달이라고 할 수 없는 방식으로 통역을 하는 경우가 있다.

이 전략은 극단적인 선택으로 매우 세심한 주의를 요하고 예외적인 경우에만 사용해야 한다. 필자의 생각으로는 이 전략을 다른 통역 전략과 동시에 가르쳐서는 안 된다. 통역교육의 가장 마지막까지 남겨 두었다가 사례와 함께 소개하도록 하며 직업윤리에 대해 충분한 숙고 후에 결정하도록 해야 한다.

n. 마이크 끄기

이 전략 또한 극단적인 방법이다. 1960년대와 70년대 초, 일부 순수주의자들이 근무 환경이 열악하거나 통역사들이 자신의 일을 제대로 할 수 없는 상황임을 알리고 회의 주최 측이 통역사들을 위해 자료를 제공하거나 지원을 하도록 압박하기 위한 수단으로 실행할 것을 주장한 전략이다. 그러나 이러한 전략을 교육하는 교육기관은 더 이상 존재하지 않는다. 또한 현장에서도 의뢰인이 받아들이지 않는 방법이므로 거의 사용하지 않는 대안이다. 마이크 끄기를 시도할 수 있는 유일한 상황은 근무 환경이 너무나도 열악해서 통역사가 생각하기에 더 이상 일을 할 수 없다고 판단이 되는 경우뿐이다. 다시 말해 통역사가 일을 하는 상황이 일을 안 하는 상황보다 더 나쁘다고 판단되는 경우에만 이 전략을 시도해야 한다. 또한 이러한 극단적인 선택을 하는 타당한 근거가 있다고 판단하는 경우에 선택해야 한다. 그렇지 않다면 계속 통역을 이어가면서 최선을 다하고 그 다음에 참석자들에게 상황이 너무나 열악해서 통역의 질이 떨어질 수 있다는 점에 대해 충분한 경각심을 심어주어야 한다.

6. 동시통역을 위한 대응방안 선택 규칙

위에서 설명한 전략을 통역사가 임의로 판단해서 선택하는 것이 아니라 의식적 또는 무의식적으로 대응방안을 선택하는 규칙이 존재한다(여기서 규칙이라는 표현은 일상적인 의미에서의 규정을 의미하지 않고 통역사의 행동에서 나타나는 전반적인 경향을 일컫는다). 이 중 두 가지는 송신자에 대한 충실성 원칙(제3장 참고)을 준수하는 과정에서 파생된 규칙이다.

규칙 1. 정보를 최대한으로 충실하게 재표현한다. (규범 1)

일반적으로 통역사는 연사의 메시지를 모두 빠짐없이 도착어로 통역해야 할 의무가 있다고 생각한다(여기서 메시지는 연사가 전달하고자 의도한 정보이며 이차적인 정보는 포함하지 않는다. 제2장 3장 참고). 이에 따라 정보를 최대한 충실하게 전달하기 위한 전략 즉, 맥락을 고려한 재표현하기, 동료 통역사의 도움 받기, 자료 참고하기 등을 우선적으로 취하고 상위어로 표현하는 전략과 같이 정보의 누락이 발생할 수 있는 위험을 감수하는 방법은 피하도록 한다. 같은 맥락에서, 상위어로 대체하는 전략을 정보 생략 전략보다는 선호한다. 앞에서 언급했듯이 도착어의 특정 단락에서 정보가 누락되었다고 청중에게 그 정보의 전달이 불가능하다는 의미는 아니다. 그러므로 정보를 이미 공유하고 있는지 아니면 다른 연설 혹은 스크린 상의 이미지에서 정보가 중복적으로 표현이 되었는지 판단하는 일은 통역사의 책임이다. 또한 정보의 전달이 항상 의사소통의 주요 목적이 아닐 수 있다는 점을 잊지 말아야 한다. 예를 들어 TV 쇼의 경우가 그렇다(아래 참고).

규칙 2: 정보 전달을 제약하는 영향을 최소화 한다.

제7장의 수행능력 분할모델을 통해서 설명했듯이, 통역은 시간적 제약 하에서 이루어지는 작업이므로 연설의 한 단락의 정보처리를 하는 과정은 이어지는 단락의 정보처리를 할 수 있는 수행능력에 영향을 주기 마련이다. 이런 이유로, 한 단락의 정보를 최대한으로 충실하게 재표현하기 위한 노력은 다음 단락의 정보를 처리하는 데에 부정적인 영향을 미칠 수 있다. 두 번째 규칙은 수행능력이 한정되어 있음을 인식하고 한 단락의 정보에만 집중하는 수준을 넘어서는 방향으로 전략을 선택해야 한다는 주장이다. 다시 말해서 통역사는 최대한으로 충실하게 정보를 재표현할 수 있도록 노력하면서 다음 단락을 통역하는데 미치는 영향은 최소화할 수 있는 전략을 택해야 한다. 이런 관점에서 생

각한다면, 통역사는 시간이 덜 들고 수행능력 요구량도 적은 전략을 선호해서 누락, 자국화, 근사치로 반복하기 등의 전략을 설명하기, 바꾸어 말하기 그리고 청중에게 문제에 대해 알리기 등 전략보다 선호한다고 생각할 수 있다.

규칙 1 또는 규칙 2 중 어떤 규칙이 우선해야 하는지는 해당 단락의 중요성을 고려하여 결정할 사항이다. A단락이 이어지는 B나 C 단락보다 더 중요하다고 판단된다면 다음 단락의 전달에 영향을 미칠 수 있음에도 불구하고 A단락에 대해서 규칙 1을 우선적으로 적용해야 옳다. 이 결정은 2장에서 설명한 통역사는 의사소통의 달성을 위해 노력하고 모든 의사소통 참여자들의 이해를 고려해야 한다는 주장과도 일관된 결정이다. 그러니까 재표현하는 정보에는 일종의 우선순위가 존재해야 한다. 그러나 여기서도 역시 통역사가 이러한 우선순위를 결정할 권한이 있는지에 대한 의문을 제기할 수 있다. 통역의 상황에서는 이러한 결정을 내려야 하는 경우가 빈번하게 발생한다.

규칙 3: 연설의 의사소통 효과가 최대한 전달되도록 한다. (규범 2)

통역을 포함하여 모든 의사소통의 행위는 목적이 존재한다(한 가지 이상의 목적이 있을 수 있다 제2장 참고). 통역사는 충실성의 원칙을 준수하면서 이러한 목적을 달성하기 위해 노력한다. 회의통역에서 전문적인 내용의 연설을 통역하는 경우에는 의사소통의 효과를 최대한으로 전달되도록 하는 노력이 정보를 최대한으로 전달하려는 노력만큼이나 중요하다. TV에서 인터뷰 내용을 통역하는 경우에는 의사소통의 효과는 정보 내용보다는 분위기, 대화의 자연스러운 흐름 그리고 통역의 실시간 전달 등에 의해서도 좌우된다(방송 통역의 경우 통역사는 연사와의 간격이 너무 떨어져서 청중이나 대담자가 기다리게 해서는 안 된다). 흥미로운 점은 동시통역의 지연이 없는 전달은 일반 회의상황에서도 청중들이 중요한 품질의 기준으로 평가하고 있는 부분이다. 이에 대해서는 모저(Moser

1997)의 연구에서 논의하고 있다. 이는 전략을 결정하는데 있어서 정보의 전달은 다소 희생하더라도 시간을 단축할 수 있는 전략이 우선순위가 높아져야 한다는 점을 의미한다.

제2장에서 설명했듯이, 연설의 효과는 전달하는 정보 내용뿐만 아니라, 그 정보를 전달하는 전달자(형태)에 의해서도 좌우된다. 따라서 통역의 효과는 출발어에 대한 충실성이나 전달력과 같은 기술적인 측면은 물론이고 통역사에 대한 신뢰도에 의해서도 상당한 영향을 받는다. 이 점 때문에 통역사는 특정 전략을 다른 전략에 비해 선호하거나 피하는 경우도 있다. 예를 들어, 만약에 특정 이름을 정확하게 듣지 못했거나 그 명칭을 잘못 발음했을 경우 외교적인 문제로 비화할 수도 있다고 생각한다면, 통역사는 들은 것과 비슷하게 음역하는 전략은 피할 것이다. 같은 맥락에서 회의 참석자에게 어려움에 대해 알리는 전략 또한 신뢰를 떨어뜨리는 결과를 초래하고 연사가 전달하려는 의미의 효과를 약화시킬 수 있으므로 피하는 편을 택할 것이다. 특히, 통역 상황에서의 어려움은 항상 비일비재하다보니 통역사의 신뢰를 실추시키고 오히려 인해 정보가 누락되는 것보다 더 악영향을 미칠 소지가 있다. 이 경우에는 회의참석자들에게 알리지 않는 전략을 선호할 것이다. 적절한 전략임이 분명한 상황에서도 통역사는 이 전략을 피하려는 유혹이 클 것이다. 특히, 동시통역 방식에서는 청중이 통역의 충실성을 확인하지 못하며 대부분의 경우 정보가 누락되어도 전혀 알지 못하기 때문에 더더욱 청중에게 알리는 전략은 피하려고 할 가능성이 높다. 결국 어떤 전략을 선택할지의 결정권은 통역사의 도덕성에 달려 있다(규칙 5 참고).

규칙 4: 최소 노력의 법칙

네 번째 규칙은 통역 전략으로서 중요하기도 하지만 전반적으로 인간 행동의 모든 측면에 영향을 미치는 기준이고(지프(Zipf), 1949) 특히 언어 사용의 측면에 미치는 영향이 크다(밀러(Miller), 1962). 이 기준은 기준 2의 적용을 더욱 강화하고 뒷받침하는 기준인데 최소한의 시간과 처리 능력을 요하는 전략을 취하는 측면은 유사하나 기준 2와는 취지가 다르고 처리 능력을 이용할 수 있을 때에도 불구하고 적은 노력을 요하는 전략을 선호한다는 측면이 차이가 있다. 통역사에게 요구되는 노력의 강도를 생각할 때, 이 전략은 통역사들이 완전히 지치지 않도록 보호하기에 적합한 전략이고 중, 장기적인 측면에서는 바람직한 기준이다. 그러나 동시통역의 경우에는 통역사들이 부스에서 번갈아가면서 일하고 휴식을 취하기 때문에 일하는 동안까지 정신적 에너지를 비축하는 전략을 사용하지 않아도 된다. 이 기준은 따라서 별로 달갑지 않은 기존이고 정보의 누락을 초래한다는 점에서 환영 받지 못하는 침입자로서 평가되기도 한다.

규칙 5: 자기 방어

통역사가 자신이 통역하는 연사의 말을 이해하거나 재표현한 부분에 대해서 스스로 만족하지 못하는 경우가 많다. 스스로 생각하기에 그리 닥월하시 못한 통역에 대해서 청중이 어떻게 반응하고 평가할지 생각하면 스스로의 취약점이나 문제를 부각시키지 않는 전략을 선호하는 마음은 당연하다. 예를 들어, 회의참석자들에게 어려움에 대해 알리는 전략은 피하는 경향이 있고 이는 연설의 효과를 최대화하려는 규칙 3과 같은 타당한 목적에서가 아니라 규칙 1, 3을 위반하면서까지 스스로를 보호하려는 행동 같아 보일 수 있다. 실제로 통역사가 스스로를 보호하려는 단 하나의 목적을 위해서 전략을 선택하지는 않지만 오랜 시간이 흐르는 과정에서 일부 통역사에게서는 자기보호 경향을 발견하기도 한다.

반드시 알아야 할 점은 통역사는 이러한 규칙을 의식하지 않으면서 준수하고 있다는 점이다. 따라서 규칙을 얼마나 철저하게 준수하는지는 개인적이거나 전문가로서의 이유에 따라 달라진다.

- 직업 윤리, 개인적 도덕성. 양심적인 통역사라면 최대한으로 충실하게 통역을 하려고 노력하고 전략의 선택에 있어서 규칙 1과 2를 우선적으로 적용하고 각 단락의 중요성을 고려하여 재표현할 것이다. 덜 양심적인 통역사는 최소한의 노력의 법칙과 자기 방어 법칙을 가장 우선적으로 고려할 것이다.
- 근무 환경. 장시간 일을 하면서 지원이 부족하고 회의실과 화면의 가시성이 떨어지며 회의참석자들이 발표에 대한 관심이 부족한 등 열악한 근무환경에서 일을 하다보면 최소 노력의 법칙에 점점 많은 비중을 두면서 규칙 1과 2가 소홀해 질 수 있다. 이런 부분에 대한 회의 조직위원회의 관심을 유도할 필요가 있다(질, 1991b 참고). 그러나 이 전략의 적절성에 대해서는 논란이 있다. 이 부분에 대해 사람들의 관심을 끌면 통역사공동체의 직업 윤리에 대해 의심의 눈초리를 받을 수 있다.

7. 순차통역, 시역 그리고 원고가 있는 동시통역을 위한 대응방안

앞서 언급한 대부분의 대응방안은 기본적으로 순차 통역에서도 동일하게 적용할 수 있다. 그러나 몇 가지 차이가 존재한다.

- 순차 통역에서 대응 지연 전략은 정보를 좀 더 청취하기 위해 기다리거나 아니면 나중에 채울 수 있도록 노트테이킹에 빈 칸을 남겨 두는 방법 두 가지 모두를 의미한다. 표현의 단계에 통역사는 통역하면서 기억하지 못하거나 적어도 노트테이킹을 하지 않은 내용에 기반을 두고 도착어로 통역을 한다는 의미이다. 그 와중에 나중에라도 누락된 정보를 전달하기 위해 노력한다.
- 대부분의 경우, 순차통역은 한명의 통역사가 혼자서 일을 하기 때문에 파트너 통역사가 옆에서 대기하는 경우는 없다. 동료의 도움을 기대하는 일 역시 불가능하다.

- 순차통역은 연사와 통역사가 동시에 발화를 하지 않으며 통역사가 연사에게 자신이 놓친 내용에 대해 질문을 할 수도 있다(통역사가 연사에게 질문을 할 수 없는 경우도 있다). 대부분의 경우 청중에게 어려움에 대해 알리는 전략은 적절한 방법이 아니다. 연사에게 한 번 정도 내용에 대해 질문을 하는 것은 괜찮지만 여러 차례 반복적으로 질문을 하면 통역사의 신뢰도가 떨어질 수 있다. 또한 통역이 지연되고 문제가 있게 보이면 전달하는 정보의 효과도 감소시키는 결과를 초래할 수 있다
- 순차통역에서는 연설을 듣는 즉시 통역하지 않기 때문에 기억에 대한 부담을 줄이기 위해 나열 순서를 바꾸는 전략(5.2 d)은 재표현 단계에서는 효과가 적다. 그러나 노트테이킹을 기록할 때는 적용 가능하다. 청취를 하면서 노트테이킹을 할 때는 손으로 적는 시간이 청취 후 곧바로 전달하는 것보다 시간이 길게 소요되기 때문에 단기기억에 대한 부담이 증가할 수 있다. 때문에 동시통역의 경우보다도 더 심각한 영향을 줄 수 있으므로 이 방법은 유용하다.
- 순차통역의 경우, 의미단위를 나누는 대응방안은 재표현 단계에서 적용가능하다. 이해 단계에서 통역사가 논리의 흐름을 놓치거나 노트테이킹한 내용의 논리적 연계성을 기억하기 어렵다면 먼저 기록한 내용을 보이는 순서대로 통역하다보면 그 과정에서 논리의 흐름을 다시 파악하는 경우가 있다. 아니면 통역을 듣고 청중이 스스로 논리적 연계성을 찾아가도록 하는 방법도 있다.
- 마지막으로 7장에서 언급했듯이 수행능력의 안배가 어려워지면, 통역사는 노트테이킹을 멈추고 기억에만 의존하여 통역을 하는 편이 바람직하다. 이 대응방안은 순차 통역에서만 적용 가능하다.
- 순차통역에 적용 가능한 또 다른 대응방안은 노트테이킹 기술이 있다. 노트테이킹은 통역을 위한 실용기술로 교사가 교육하고 있으나 본서에서 설명하는 "대응 전략" 중 하나에는 포함되지 않는다. 노트테이킹 기술로는 시간을 줄이기 위해 약자 또는 기호를 사용하는 방법이나 출발어의 휴지를 이용하여 노트테이킹한 내용을 다시 읽어 보는 방법, 연설의 처음과 끝을 좀 더 자세히 노트테이킹 하는 방법 등이 있다. 로잔(Rozan, 1956)의 노트테이킹에 관한 저

서 외에도 이 주제에 대한 다양한 저서가 출간되었다. 카데(Kade, 1963), 한데르손(Handerson, 1976), 일그(Ilg, 1988), 알리오니(Allioni, 1989), 가르조네 외(Garzone, Santulli & Damiani, 1990), 모나첼리(Monacelli, 1999) 등의 있다. 최근 들어서는 연구 보고서, 논문 그리고 박사학위 논문도 발표된 바 있고 이 외에도 다양한 주제에 대한 연구를 온라인 사이트인 www.cirinandgile,com의 CIRIN Bulletin에서 검색이 가능하다.

문장구역 또는 시역(sight translation)을 하는 과정에서도 주의력을 분산해야 하는데서 야기되는 문제점이 몇가지 있다. 대부분 문제는 출발어 텍스트를 이해하는데 있어서의 어려움, 적절한 도착어 용어를 찾는 어려움, 출발어와 도착어 간의 언어간섭을 차단하기 위해 수행능력을 할애해야 하는 어려움 등 이 발생한다. 따라서 앞에 언급한 바 있는 몇가지 전략은(예를 들어 동료통역사의 도움을 받는 일, 청중에게 자료 출처를 참고하도록 일러주는 일, 노트하는 일, EVS를 바꾸는 일, 병렬텍스트로 재표현하는 일, 마이크를 끄는 일). 순차통역의 경우 통역사의 근무 환경이 열악해서 통역을 하기가 거의 불가능한 상황도 존재하는데 문장구역의 경우는 그런 상황은 극히 드물고 문장구역을 이용해서 아무 정보도 분석해 내지 못하는 경우는 극히 드물다.

원고를 보며 동시통역을 하는 경우, 제7장에서 언급했듯이 통역사가 출발어 텍스트를 눈앞에 두고 볼 수 있다는 사실은 긍정적인 측면과 부정적인 측면이 모두 나타나는 양면성을 갖는다. 적용 가능한 전략으로는 통역사가 상황에 따라 텍스트 또는 연설 둘 중 하나에 더 집중하는 방법으로 주의력을 조절하는 방법이 있다. 텍스트를 보며 동시통역을 하는 경우에는 기본적으로 텍스트보다는 연사의 발화에 더 중점을 두는 편이 다음의 이유에서 바람직하다고 생각한다.

8. 연사의 실수에 대한 대응방안

연사가 실수를 한 경우, 통역사는 다음의 세 가지 방식으로 대처할 수 있다.

- 실수를 그대로 통역한다
- 실수를 정정한 후 도착어로 올바르게 표현한다
- 청중의 관심을 연사의 실수에 집중 시킨다

실수를 그대로 통역하는 방법은 최소 노력의 법칙은 잘 준수하지만 연설의 효과를 약화시킨다는 단점이 있다. 실수를 정정하는 전략은 정보를 최대한 충실하게 전달한다는 기준에 잘 부합하는데 여기에는 세 가지 위험이 따른다. 첫째, 연사가 옳았고 통역사가 틀렸다는 인상을 줄 수 있다. 둘째, 출발어로 연설을 듣던 청중이 연사의 실수를 지적하며 통역사는 그 실수를 왜 임의로 정정했는지에 대한 해명을 요구할 수 있다. 셋째, 통역사가 연사의 실수를 수정하는 전략을 청중이 반대할 수 있다(코프친스키(Kopczynski), 1994 참고). 특히 법정에서 사법통역을 하는 상황에서는 통역사가 연사의 오류를 수정하는 개입은 문제의 소지가 있다고 생각한다(모리스(Morris), 1989 참고). 청중에게 연사의 실수를 알리는 것은 자기 보호의 규칙을 준수하는 행동이지만 연설 효과를 약화시킬 수 있으며 특히 연사에 대한 신뢰도를 떨어뜨릴 수 있다는 점을 명심해야 한다.

9. 번역에서의 대응방안

앞서 언급했던 통역 대응방안 중 여러 방법을 그대로, 또는 조금 변형하여 번역의 과정에도 적용 가능하다. 특히 맥락을 고려하여 도착어로 표현하기, 상위어 또는 하위어로 교체하여 표현하기, 번역상의 어려움을 독자에게 알리기(주로 주석이라는 수단을 이용한다), 설명하기 또는 바꾸어 표현하기, 텍스트 논리를 단순화하기, 자국화, 코드변환 등 다양한 전략을 이용했을 때 통역과 번역은 유사한 결과를 얻을 수 있다.

근본적 차이점은 대부분 통역에서의 대응방안은 수행능력의 한계 그리고 시간적 제약으로 인해 지속적으로 야기되는 어려움을 극복하기 위한 방법이고 1초 또는 그보다 더 짧은 시간내에 대응하기 위한 방법이라면, 번역에서의 방안은 훨씬 더 오랜 시간(급한 번역물의 경우 몇 분, 혹은 몇 시간, 며 칠, 몇 주, 또는 어떤 경우에는 몇 달) 이 주어진 상태에서 필요한 정보를 습득하지 못해 발생하는 어려움을 극복하기 위한 방안이다. 어려움에 대한 대응은 통역의 경우는 위기관리 능력과 관련이 있으며 통역사들이 현장에서 더욱 인정을 받으면서 일하기 위해 꼭 습득해야 하는 기술이다. 그러나 번역의 경우에는 대응에 가급적이면 의존하지 않는 편이 좋다고 생각한다. 따라서 고급 수준의 번역사를 교육할 때에는 대응 전략에 대한 교육은 강의 일정의 마지막으로 미뤄두도록 한다. 번역사들이 최소 노력의 법칙에 쉽게 의존 하는 유혹을 예방하기 위해서이다.

10. 교육을 위한 제안

대응방안은 통역 능력의 주요 부분이며 이를 교육하기 위한 이론적 체계는 필요하지 않다. 물론 이론적 개념과 모델은 학생들에게 정보처리 용략이 부족할 때의 영향이나 포화상태에 도달했을 때 발생할 수 있는 현 시점 또는 추후의 영향에 대해 정확하게 인식할 수 있도록 기여한다. 이에 대해서는 제7장에서 설명하고 있다. 이러한 이론을 실제 연습의 과정에 도입을 하고 각 전략의 장점과 단점에 대해 꼼꼼하고 구체적인 분석을 실시하여 학생들이 대응 방법에 대해 정확하게 인식하도록 할 필요가 있다고 필자는 생각한다. 그래야만 특정 대응 방법을 취하는 타당한 이유가 있으며 혹시라도 연사나 회의참석자 또는 충실성의 원칙을 무시해서는 아니라는 점을 주지시킬 수 있다.

과정 지향적 교육을 하는 경우에는(1장 참고), 학생들이 실전 연습을 하는 동안에 자신이 선택한 대응 방법을 택한 이유를 설명하도록 반드시 확인해야 한다. 그런데 교수들은 번역의 과정에 대해 설명하는 것뿐 아니라 각 내응 방법에 대한 윤리적 우선순위를 정립하고 싶어 한다. 이 경우, "잘못된" 규칙을 따르는 방법(최소 노력의 규칙, 자기 보호의 규칙)을 비판하지 않을 수 없다.

마지막으로, 대응 방법과 규칙을 학생들에게 소개할 때, 교수는 대응방법의 선택은 의사결정을 의미하며 개인적인 선택과 이에 수반되는 위험을 감수하겠다는 결정이라는 점을 강조해야 한다(제2장 참고). 또한 이 결정으로 통역사에게는 의사소통의 적극적인 참여자로서 책임의식 또한 따른다는 점을 강조해야 한다. 이런 관점에서 볼 때, 제5장에서 번역의 순차적 모델을 설명하면서 언급한 바와 같이 통역사의 일의 상당부분이 번역사의 일과 유사하다.

11. 주요내용

1. 철저한 준비와 훈련에도 불구하고 통역사는 이해 그리고 재구성의 단계에서 어려움을 경험할 수 있다.

2. 대응방안을 사용하는 주요 목적은 통역과정에서의 어려움으로 인한 손실을 예방하거나 제한하는데 있다.

3. 대응방안의 선택은 다음을 고려하여 이루어진다.
   - 청중에게 최대한으로 충실하게 정보를 전달해야한다.
   - 연설의 단락과 그 이어지는 단락을 전달하는 데 간섭을 최소화해야 한다.
   - 연설의 의사소통 효과를 최대화 하는 선택이어야 한다.

4. 통역의 상황에는 두 가지 상호 영향을 주는 현상이 영향을 미치고 있다.
   - 최소 노력의 법칙
   - 자기 방어

   두 가지 모두 피해야 한다.

9장

국제회의통역을 위한 언어 숙달과 그 영향

1. 들어가기

국제회의통역사협회(International Association of Conference Interpreters, AIIC)에서는 통역언어를 세 가지로 분류하고 있다(AIIC 1982:10).

- A언어는 통역사가 모국어 수준으로 구사할 수 있는 언어이다. 국제회의통역 교육과정 입학시험에서는 고등교육 이상의 교육을 받은 모국어 구사자가 구사하는 수준의 언어 능력을 요구한다. B언어와 C언어에 대해서도 기준은 동일하다.
- B언어는 언어에 대한 능동적 그리고 수동적 언어지식이 모국어 유사 수준인 언어이며 통역사가 능동언어로 사용가능한 언어이다. 이 말은 적어도 순차통역을 할 때는 도착어로 통역을 허용하는 언어라는 의미이다.
- C언어는 수동언어이다. 이론적으로는 C언어 역시 모국어 수준으로 이해를 할 수 있는 언어이나 통역사는 C언어를 도착어로 통역하지 않는다.

이론적인 정의는 명료하나 실제 현장에서 통역언어의 분류기준은 그리 명료하지 못하다. 문제는 과연 통역사가 구사하는 언어를 A언어로 분류할 수 있는지 B언어라고 해야 하는지 결정을 내리기가 무척 까다롭다는데 기인한다. A언어와 B언어 사이의 경계선상이라고 할 수 있는 경우가 상당히 많은데 특히 모국어인 A언어가 두 개인 2중언어구사자도 많다(과연 진정한 의미의 2중언어구사자인가? 라고 티에리(Thiery, 1975)에서는 의문을 제기한다). 통역사 중 특정 지역의 토착어를(아프리카 지역의 언어 등) 모국어로 습득했지만 좀 더 성장 한 이후에 습득한 다른 언어를 A언어로 사용하는 경우가 있고, 오랜 시간동안 본인의 B언어 국가에서 생활한 통역사도 있다. 또 다른 문제는 A언어와 B언어를 정의하는 개념의 타당성이다. 일부 통역사는 B언어라도 충분히 숙달해서 능동언어로서 사용가능한 수준이면 A언어 사용자와 차별하지 않아야 한다고 주장한다. 또 다른 이들은 동시통역에서만 도착어로 사용하지 않는 경우이면 B언어도 능동언어를 분류하는 기준에 부합하므로 "순차통역을 위한 능동언어" 또는 "동시통역을 위한 능동언어" 등과 같은 새로운 분류기준이 필요하다고도 주장한다(라이너트(Reinert) 1976, 카이저(Keiser) 1978).

회의통역을 교육하는 입장에서 볼 때, 통역언어를 분류하는 기준과 관련한 두 가지 문제는 학생들이 통역언어를 충분히 숙달하지 못한 점 그리고 언어 방향성이다(통역사가 B 또는 C언어에서 A언어로 통역 할 것인가 아니면 A언어에서 B언어로 통역 하는가?).

번역의 경우 언어분류의 기준은 통역과 거의 유사하고 몇 가지 점에서 차이가 존재한다.

- 번역은 수동언어 언어능력이 충분하지 못한 경우라도 실시간으로 이루어지는 통역의 상황에서처럼 치명적이거나 심각하지 않다. 통역사는 그 자리에서 즉각적으로 모든 문제에 대처할 수 있어야 하는 반면에 번역사는 추가적인 조사

를 하거나 동료 또는 모국어 구사자로부터 도움을 구할 수 있는 시간적 여유가 있기 때문이다(제7장 및 8장 참고).

- 동일한 이유에서 언어 특성이나 언어 조합의 특성으로 인한 정보처리의 과부하가(제7장 참고) 통역의 경우에는 심각한 어려움을 초래할 수 있고 구체적인 전략과 대응방안이 필요한 반면, 번역에서는 시간을 더 길게 소요할 뿐 심각한 상황을 초래하지 않는다.
- 반면에 앞에서 이미 강조했듯이 문법, 문체, 문장력 등의 측면에서는 번역사에게 요구되는 능동언어 수준이 상당히 높다. 통역사는 구어로 전달하기 때문에 문체가 어색하거나 때로는 비문법적인 문장을 구사하더라도 청취자가 인식하지 못하는 경우가 있다. 또한 인식을 한다고 하더라도 심각한 오류라고 생각하지 않는다.

본 장에서는 따라서 통역에 중점을 두고 언어숙달과 관련된 어려움에 대해 알아보도록 하겠다. 그러나 여기서 논의하는 모든 개념과 모델은 번역에도 동일하게 적용 가능하며 참고를 위해 몇 가지 번역사례도 포함했다.

2. 예비통역사의 통역언어 숙달 수준

이론적으로 서구에 위치한 대다수의 주요 통번역교육기관에서는 학생들이 교육과정에 입학할 당시 이미 자신의 통역언어에 대한 완벽한 언어능력을 갖추고 있어야 한다는데 의견의 일치를 이루고 있다(특히, CUITI, the International Permanent Conference of University Institutes of Translators and Interpreters)의 회원인 교육기관에서는 이 점을 강조한다). 따라서 교육기관에서 실시하는 언어능력 강화를 위한 교육은 회의관련 용어 또는 전문용어 및 표현의 습득과 관련된 부분에 제한해서 이루어져야 한다고 주장한다(통역교육에서의 언어훈련에 관해서는 카이저(1970), 닐스키(Nilski, 1967), 게레프(Geleff, 1971), 르데레르(Lederer, 1975), 그라비에(Gravier, 1978), 셀레스코비치(Seleskovitch, 1981) 참고).

제도권 교육기관에서의 기본 입장은 확고하다. 서구에 위치한 주요 통번역교육기관에서는(물론 전 세계적으로 입장이 동일하지는 않고 특히 중국이나 일본에서는 이견이 있다) 통번역교육기관과 언어교육을 위한 기관은 엄격하게 차이가 있음을 주장한다. 그러나 입학시험을 보는 시점에 학생들의 언어능력이 기본적인 요구수준을 충족하지 못하는 경우가 많을 뿐아니라 능동언어는 차치하고 수동언어 지식도 부족한 경우가 많다(캐럴(Carroll) 1978:12). 심지어는 최종 졸업시험을 통과하지 못한 학생들 다수는 전문지식이나 분석능력의 부족이 아니라 통역언어 구사력이 충분하지 못해서 시험에 실패하는 경우가 꽤 많다(카이저 1978: 13, 18). 이런 점으로 인해 실제 회의장에서의 상황은 적어도 언어적인 측면에서는 이론상의 요건이 충족된 이상적인 상황과는 사뭇 다르다. 유럽을 비롯하여 여러 나라에 위치한 통번역 교육과정은 언어전공 학과의 일부로서 존재하는 경우가 많고 실질적으로는 아직까지 언어 능력 강화가 교과과정의 한 부분을 구성하고 있는 상태에서 통번역교육을 시작한다. 마지막으로 많은 통역사, 번역사, 교육기관 그리고 전문통번역사 단체에서 A언어로의 통역만을 허용해야 한다고 주장하고 있지만 B언어로 일을 하는 경우가 빈번하고 통역사의 B언어 숙달은 AIIC에서 정한 규정에 훨씬 못 미치는 수준인 경우도 많다(6절 참고).

번역을 배우는 학생에게서도 유사한 상황을 관찰할 수 있다(들리즐(Delisle, 1980), 해리스(Harris, 1981), 레이니(Rainey, 1988), 제르마르(Gérmar, 1990), 랭(Lang, 1992), 스넬-혼비(Snell-Hornby, 1992), 비아히오(Viaggia, 1992) 참고). 통역과 비교했을 때, 번역은 번역사의 모국어가 아닌 언어로의 번역이 더욱 만연해 있다. 또한 전문 번역사의 A언어와 B언어 능력의 편차는 번역결과물에 나타난 숙어 표현, 스타일 심지어 언어적 적합성 등 모든 측면에서 현격하게 차이가 나타난다.

일부 회의통역 교사는 이 같은 현실을 받아들이기를 거부하면서 통역언어 능력이 A, B, 또는 C언어 규정을 충족하지 못하는 학생들에 대해서는 입학을 거부해야 한다고 주장한다. 이 주장은 문제가 있다. 첫째, 요구되는 수준의 언어능력을 충족했는지 검증하는 작업이 무척 어렵다. 언어능력이 부족한 부분은 인지적 긴장감이 한계에 달하는 통역과 같은 상황에서 드러나는데 이제 막 교육을 시작한 학생들의 경우는 통역 상황에서 언어 능력을 확인하기 힘들기 때문이다. 둘째, 일 년에서 이 년 정도 이어지는 교육기간동안 집중적인 노력의 결과 학생들의 언어 능력이 일취월장하는 경우를 빈번하게 본다. 입학 당시에는 언어 능력이 부족했지만 재능 있는 학생들은 졸업시험을 치르는 시점에 임박해서는 요구되는 언어 수준을 충족하고도 남을 만큼 향상하는 경우도 많다. 마지막으로 일부 교육기관에서는 경제적인 압박이 심하고 특정 언어조합에 대한 시장에서의 수요가 워낙 강하다보니 학생들이 규정을 충족하지 못한 경우라도 입학을 허락하는 쪽으로 의견이 기울 때도 있다. 결과적으로 통역언어 능력이 수준에 못 미치는 학생임에도 불구하고 입학을 허락받아 교육을 받는 경우인데 이런 학생은 학업에 실패할 확률이 매우 높고 교육기관에서 끝까지 교육을 이수하더라도 결국에는 부족함으로 인해 학교에서 받은 졸업장, 학위 또는 전문 자격증의 신뢰도를 떨어뜨리는 사태를 초래할 가능성이 있다.

해결책은 두 가지이다. 첫째는 이미 여러 학교에서 도입한 방법으로 언어숙달을 위한 강의를 개설하는 방안이다. 둘째는 학생들로 하여금 스스로 언어능력을 향상시킬 수 있도록 자신들이 부족한 언어권의 국가에서 시간을 보내도록 독려하는 방법이다(학생들이 교육기관에서 일 년 정도 교육을 받은 후에도 B언어 또는 C언어가 약한 경우에는 2학년으로 진급하기 전에 약 일 년 정도의 시간을 해당 언어권 국가에서 지내며 언어숙달을 하도록 권고하고 있다). 또한 읽기, 라디오 청취, 텔레비전 시청 또는 언어능력 강화를 위한 구체적인 훈련을 하도록 권한다. ESIT의 데쟁 르 페알(Dejean Le Feal)교수가 1976년 발표한 한 홍미로운 논문에서는 학생들에게 다음과 같이 언어능력 향상을 위해 훈련하도록 제안한다.

- 통으로 읽기. 텍스트를 한 문장씩 끊어서 읽은 후, 보지 않으면서 각 문장을 반복해서 말해보는 연습이다.
- 통으로 청취. 원어민이 외국어로 발화하는 문장을 들은 후, 따라서 반복하면서 문장의 구문 구조를 익히는 연습이다.
- 주의 깊게 청취. 해당언어가 모국어인 사람이 외국어로서 언어를 사용하는 사람의 실수를 교정 해주는 내용을 꼼꼼하게 듣고 숙지한다.
- 때로는 정보를 전달하는 의미어가 아닌 기능어에 주의를 기울이면서 그 용례를 익히는 연습.
- 문장의 구조와 숙어적 표현을 외우는 연습.
- "셔틀 훈련." 한 언어로 들은 의미를 다른 언어의 적절한 대응어로 표현해 보는 연습이다.

많은 통역교사들은 강의를 하면서 전적으로 또는 부분적으로 나마 언어능력 강화를 목적으로 하는 훈련을 포함시키고 있다. 제네바대학 통번역대학원(E.T.I.)의 제라르 일그(Gerard Ilg) 교수는 "전문 용어"시간을 이용하여 학생들이 구어 표현력을 강화하고 더욱 순발력 있게 사용할 수 있도록 훈련하고 있다. 일그 교수가 제시하는 훈련은 다음과 같다(일그, 1978, 1980).

- 어구변형 연습(Paraphrasing). 가장 많이 행해지는 훈련 중 하나이다(모저(Moser), 1978, 르데레르, 1981b).
- 치환 연습(Permutation). 구문적 변화를 연습하는 훈련으로 수동표현을 능동표현으로 바꾸거나 능동표현을 수동표현으로 바꾸고, 어순 도치, 품사 변화

등을 실행하고 이중 부정의 추가 또는 삭제 등을 한다.

- 요약과 확장 연습(Summary and expansion)
- 유의어, 하의어, 상의어 떠올리기

대부분의 교사는 예비통역사 학생들에게 통역 결과물에 대해서 코멘트를 하거나 더 나은 표현을 제안하는 방식으로 간접적으로도 언어 훈련을 실시한다. 물론, 최고의 전문교육기관에서 졸업 할 시점이 임박해서도 통역언어 능력이 통역사로 활동하기 부족하다면 이런 학생들을 애당초 입학시키는 결정이 합리적이었는지 의문을 제기할 수 있다. 그러나 언어적으로 취약한 부분은 극복이 가능하고 실제로 성공적으로 극복한 사례를 감안한다면 무엇보다도 교육과정에서 언어능력을 향상시킬 수 있는 보다 효율적인 전략을 개발하는 노력이 중요하다. 다음의 중력모델(Gravitational Model)을 언어숙달을 위한 전략개발 수단으로 소개한다.

3. 언어 지식의 가용성(Language availability)

모델을 소개하기에 앞서, 이해 그리고 표현을 위한 언어 가용성이라는 개념을 다시 한 번 확인하고 넘어가고자 한다. 일반인은 물론이고 통번역사 지망 학생들도 언어를 안다는 개념을 이분법적으로 생각하는 경향이 있다. 즉, 언어 지식으로서 문법, 구문, 철자 등을 알거나 아니면 모른다고 판단한다. 이러한 이분법적인 견해는 통역을 위한 언어 숙달 요구사항 특히 동시통역을 수행하기 위한 언어 숙달의 수준이란 무엇인가를 통찰하기에는 너무 제한적인 시각이다. 통역에서 요구되는 '언어 지식'의 핵심을 이루는 부분은 언어 지식의 가용성 또는 사용 용이성이다. 즉, 숙어와 전문 용어를 포함하는 어휘를 비롯하여 문법, 문체, 화용 그리고 기타 언어 규칙에 관한 지식을 적시적소에 용이하게 활용할 수 있는 능력을 의미한다. 뒤에서 설명하겠지만 결국 언어 지식의 가용성이 떨어진다는 의미는 그 상황의 목적이나 취지가 무엇인가와는 관계없이 언어 지식이 부족한 경우와 유사한 결과를 가져온다.

본 절에서는 관련된 현상에 대해 간단한 개념, 모델 그리고 은유를 이용하여 설명하고자 한다. 여기서 소개하는 내용은 필자가 평소 직감적으로 느끼던 바를 기초하여 착안했으나 후에 인지심리학 및 심리언어학에서의 이론적 연구를 통해 더욱 확고하게 발전시켰다.

3.1 발화를 위한 언어 가용성

언어의 발화는 일반적으로 연사 또는 저자가 의사소통을 하고자 하는 정보 또는 다른 종류의 메시지가 있을 때 시작된다(제2장 참고). 먼저 발화를 위한 계획을 세우는데 장기기억으로부터 구문, 구조 그리고 단어를 선택한 후, 발화, 타이핑, 수기 또는 수화로 계획한 바를 실행한다. 일반적으로 언어 가용성은 계획단계에서부터 영향을 미친다. 그러니까 발화를 준비하면서 장기 기억에 저장되어 있는 적절한 어휘, 구문 구조 또는 규칙을 꺼내어 어떻게 문장을 시작하고 이어가고 또 완료할 것인지를 결정하는 일련의 과정에 언어 가용성이 영향을 미치고 소요되는 정보처리 능력과 시간의 차이가 발생한다(제7장). 발화를 위한 언어 가용성이 떨어지는 경우는 일상에서도 쉽게 접하는데 특정 단어가 떠오르지 않아서 주저하는 모습이나 문장을 시작한 이후에 어떻게 이어 갈지 아니면 끝낼 지 고민하는 모습이다. 재구성의 단계에서 언어 가용성이 떨어지는 현상은 주저함, 휴지 또는 "음" 또는 "어" 등의 소리를 내면서 지체하는 현상으로 나타난다.

일상에서 발화를 위한 가용성이 떨어지는 현상은 주로 휴지 또는 주저함으로 표출되는데 발화 속도가 과도하게 느려지면 청취하기 불편한 상황도 발생한다. 또한 표현의 정확성이 떨어지는 현상으로 나타나기도 하는데 연사가 생각을 표현하기 위한 적합한 단어를 찾지 못해서 일단 떠오르는 단어를 사용하는 경우인데 결국 메시지를 정확하게 전달하지 못하는 결과를 초래한다. 이 외에도 언어 가용성이 낮을 때 나타나는 현상으로는 잘못된 시작(false starts) 그리고 문법적인 오류나 기타 오류 등이 있다.

문어 텍스트의 경우는 발화를 위한 언어가용성이 낮아지면 텍스트를 작성하는 속도가 느려지는 현상으로 그 영향이 나타난다. 그러나 문어는 가용성이 상당히 떨어졌을 때에야 그 영향이 실질적인 결과로 표출된다. 기계적으로 손글씨를 쓰는 행위나 타이핑을 하는 행위는 발화를 위한 인지과정보다 훨씬 더 느리게 영향을 받기 때문이고 실질적으로는 1초의 몇 분지 일 정도의 시차는 감지할 수 있을 만큼 그렇게 현격하게 느껴지지 않는다. 번역을 하거나 기고를 위한 글을 작성하는 일과 같이 신중함을 요하는 작업은 수정과 감수 과정이 중요하기 때문에 이 작업에 상당한 시간을 할애하는 경향이 있다. 이 때문에 언어 가용성이 낮아서 적절한 어휘를 찾거나 문장 구조를 성하는데 시간이 지체되어도 일상의 과정이라고 간주하는 경우가 있어서 더 더욱 감지하기 어렵다(컴퓨터의 타자 속도를 측정하거나 트랜스로그와 같은 전문 소프트웨어를 이용해서 휴지를 측정하고 언어 가용성을 모니터링 하는 방법에 대해 논의한 야콥슨(Jacobsen), 1999)의 연구가 있다). 또한 언어 가용성이 떨어졌을 때는 오류나 부정확한 표현으로 나타나기도 하는데 주로 자기 감수를 하면서 수정이 이루어지는 때가 많다.

3.2 이해를 위한 언어 가용성

언어를 이해하는 과정은 세 단계로 모델화 한다. 첫째, 음성 또는 시각적 신호를(문서인 경우나 수화의 경우) 감각기관인 눈 또는 귀에서 인지

한다(점자를 읽는 경우에는 손끝의 감각으로 인지한다). 이렇게 인지한 신호는 "감각기억" 또는 "감각저장"에서 몇 초정도의 아주 짧은 시간 유지되다 "작업기억"으로 보내지는데(제7장 참고) 작업기억에 저장된 내용을 분석해서 의미로 이해한다. 세 번째 단계에서는 이해한 의미에 대해 즉각적으로 반응하거나(물리적인 대응도 포함) 장기기억으로 보내 저장한다.

이때 감각을 이용한 인지의 과정은 자동적으로 이루어지지만 작업기억에서의 과정은 그렇지 않다. 제7장에서 설명했듯이 모든 반자동 작업은 정보처리 역량을 사용하고 더 중요한 점은 시간도 소요된다. 가령, 음성신호 또는 영상신호를 처리해서 의미를 도출하는 작업은 인지한 신호와 장기기억에 저장되어 있는 단어 또는 표현의 특성을 비교하는 과정을 거친다. 문맥에서 가능한 여러 가지 의미 중에서 신호와 일치하는 하나를 결정하기 위함이다. 심리언어학에서 실시한 많은 실험을 통해서 입증이 됐듯이(심리언어학 분야 교재에서 이에 대한 설명과 사례를 많이 찾아 볼 수 있다) 이러한 작업은 시간이 소요된다. 능숙한 언어를 사용하여 일상 대화를 하는 경우에는 정보처리 과정이 매우 빠르게 진행되어 입력되는 각 단어에 대해 1초 미만의 시간이 소요된다(사람들이 텍스트를 읽고 이해하는 속도는 평균 분당 약 120단어 이다). 따라서 일반인이 보기에는 이해의 과정이 거의 순식간에 이루어진다는 인상을 준다. 그러나 일상적인 대화를 하면서도 어떤 경우에는 청자가 하나의 단어를 이해하기 위해 오랜 시간을 지체할 때가 있다. 그 이유는 친숙하지 않거나 일반적이지 않은 특수한 방식으로 발음이 되었거나 문맥에서 벗어나서 예기치 않게 사용되었기 때문이다(이때 시간의 지연은 기저에서 분석의 과정이 진행되고 있음을 보여주는 현상이다). 이해의 과정에서 시간이 과도하게 지연되면 음성신호를 인지한 시점부터 이해에 도달하기까지 시간의 지연을 자각하기도 한다.

심리언어학에서는 이중과제 실험을(dual task experiments) 실시하여 피험자에게 문장을 읽거나 청취하면서 동시에 다른 작업을 수행하도록 지시했다. 실험 결과, 피험자가 정보처리 역량을 다른 작업을 위해 사용하고 있는 경우에는 언어를 이해하는 속도가 느려진다는 사실을 확인했다(뉴만 외(Newman et al.), 2007, 저스트(Just et al.), 2008 참고). 통역의 과정이 이와 유사하다. 제7장에서 설명하고 있듯이 동시통역 방식은 출발어 발화의 이해와 도착어 표현이 동시에 이루어진다. 순차통역 방식의 경우는 출발어 발화의 이해와 노트테이킹 작업이 동시적으로 이루어진다. 이 상황에서 이해를 위해 소요되는 정보처리 시간은 다시 말해서 "이해를 위한 언어 가용성(comprehension availability)"은 통역사가 자신의 통역언어를 얼마나 숙달하고 있는지를 가늠해 볼 수 있는 매우 연관성이 높은 척도이다.

말하기는 유창하지만 읽기를 위한 언어 가용성이 낮은 모국어 사용자의 경우는 텍스트를 읽고 이해하는데 많은 정보처리 능력을 할애한다. 특히, 구문 구조가 복잡한 문장이나 알지 못하는 어려운 단어 또는 표현이 포함되어 있는 문장이 연속으로 이어질 때, 모호성 해소에 필요한 문맥상의 정보가 멀리 있는 문장을 읽을 때, 이해하는데 소요되는 시간이 길어지는 현상은 텍스트를 이해하기 위해 인지능력을 많이 할애하고 있음을 보여주는 현상이라고 설명한다(마이클 외(Michael et al.), 2001, 프랏 외(Prat et al.), 2007 참고). 이는 단락에 대한 정보처리를 완료하기까지 수행기억에 많은 정보를 유지하고 있어야하기 때문에 나타나는 결과이다.

구어의 경우, 이해를 위한 언어 가용성이 낮으면 더욱 심각한 결과를 초래할 수 있다. 이에 대해서는 다음의 간단한 상황시나리오를 이용해서 설명이 가능하다.

구어로 전달되는 발화를 발화단위 S1, S2, S3, S4, S5, 등으로 이루어져있다고 가정해 보자. 일반적인 상황에서는 발화를 청취하면 정보를 저장하고 처리할 수 있는 양이 한정되 있는 수행기억에서(제7장 참고) 음성 신호를 각각 분석하여 약간의 시차만을 두고 의미로 전환한다. 때로는 시차 없이 실시간으로 전환도 가능하다(청자가 다음에 올 발화를 예측 가능한 경우에 나타나는 현상이다). 그러나 이해를 위한 언어가용성이 낮은 경우에는 정보처리 속도가 느려지면서 의미로 전환하기까지의 시차가 점점 더 벌어진다. 결과적으로 작업기업에 저장할 수 있는 최대 저장 용량의 한도를 초과하고 연사가 S3 발화를 할 때쯤이면 작업기억은 포화상태에 도달한다. 이렇게 되면 S3을 발화하는 음성신호를 아예 듣지 못하거나 아니면 S3 발화는 청취했지만 이전에 들었던 S1 또는 S2에 대한 이해는 완전하게 이루지 못해서 정보가 누락되는 상황을 초래할 수 있다. 즉, 이전에 청취한 음성 신호는 충분히 정보처리가 되어 의미로 도출되지 못한 상태이며 해당 발화에 대해서도 이해가 이루어지지 못하는 상태이다(그림 9.1 참고). 다시 말해서 발화를 위한 언어 가용성이 떨어지는 경우 발화의 생성이 느려지는 영향을 미치지만 이해를 위한 언어 가용성이 낮은 경우는 이해가 아예 이루어지지 못하는 결과로 이어질 수 있다. 본 장의 뒤에서 설명하겠지만 통역의 과정에서 이와 같은 현상은 파급효과가 크다.

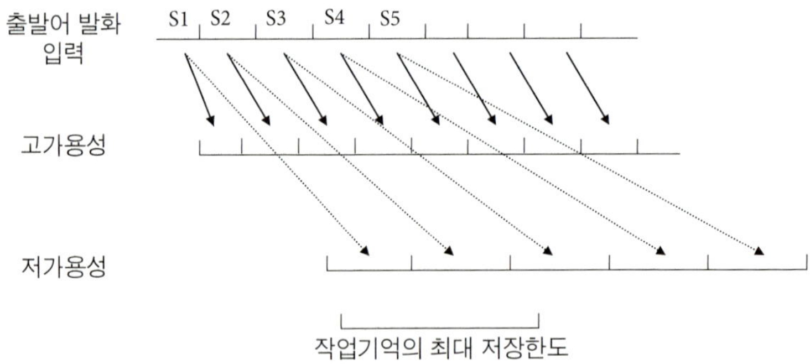

그림 9.1 언어 가용성의 저하가 이해에 미치는 영향

이 시나리오를 보면, 이해를 위한 언어 가용성이 높은 청자의 경우는 작업기억에 저장하고 처리할 수 있는 정보의 양이 최대 4개 단락인 반면에 언어 가용성이 낮은 청자는 2개 단락정도만 정보 처리가 가능하고 작업기억은 포화상태에 도달한다. 그 이후로는 이해가 이루어지지 않는다.

4. 언어 가용성에 대한 중력 모델

앞의 절에서는 일상적인 의사소통 상황에서 구어의 이해나 표현을 위해서 그리고 그보다는 약하지만 문어의 이해와 표현을 위해서도 언어 가용성이 중요하다는 점을 확인했다. 통역의 과정에서는 한정된 정보처리 역량을 여러 가지 수행능력을 위해 분산해서 사용해야하므로 각 작업을 수행하는데 사용가능한 정보처리 역량이 줄어든다. 이를 보완하기 위해서는 언어 가용성이 높아야 하는데 그렇지 못한 경우에는 정보처리 역량이 포화상태에 이르는 강력한 원인으로 작용하여 통역이 실패로 이어질 가능성이 높다(제7장 참고). 이에 학생들이나 전문 통번역사 모두에게 언어가용성을 극대화하기 위한 노력이 매우 중요하다. 다음에서 소개하는 언어 가용성에 대한 중력 모델(Gravitational Model of language availability)은 학생들에게 언어 가용성의 개념과 그 영향을 설명하기 위한 목적으로 개발했다.

4.1 언어의 구성요소

편의를 위해서 자연언어는 다음과 같은 구성요소로 이루어져 있다고 가정하자.

어휘 단위(Lexical Units). '단어'를 의미하며 전문용어는 물론이고 숙어적 표현도 포함한다. 여기에서는 어휘의 정의를 좀 더 확대해서 빈도 높게 사용되는 정형화된 표현도 포함하기로 한다. 예를 들어 "의장님,

감사합니다," "점심 식사를 위해 휴회 하겠습니다", "회의를 잠시 휴회하도록 하겠습니다," "경청해 주셔서 감사합니다," "결의안을 채택하도록 하겠습니다" 등 빈번히 사용하는 회의관련 표현이나 이 외에도 인간 활동의 다른 전문화된 영역에서 빈도 높게 사용하는 표현까지 어휘 단위에 포함하기로 한다. 사람들이 머릿속에 저장하고 있는 어휘는(즉, 한 사람이 장기기억에 보유하고 있는 어휘의 수) 개인마다 편차가 크다. 일정 수준의 교육을 받은 사람이 보유한 어휘는 수만 개에서 수십만 개까지 차이가 있는데(애치슨(Aitchison), 1987: 5 - 8) 교육 배경, 직업 영역 그리고 관심사 등이 모두 다르다는 점을 고려한다면 이는 별로 놀라운 일은 아니다. 이들이 보유한 언어 또는 사회계층어 중에서 극히 적은 일부분의 어휘만을 일상적으로 사용하는데 많이 잡아도 수천 개 정도이고 이를 제외한 훨씬 많은 어휘는 거의 사용하지 않는다. 얼마나 다양한 어휘를 사용하는지는 개인의 성격 그리고 직업 환경 등에 따라 차이가 있다(4.7절 참고).

일반 언어(*비 전문어*)*의 사용규칙*. 이는 어휘를 조합하는 방식을 주관하는 규칙으로 해당 문화에서 언어적으로 올바르고 사회적으로 수용가능한 문장을 구어나 문어 또는 수화로 표현하기 위해서 사용하는 규칙이다. 문법, 스타일 규정, 화용 규칙, 사회적 관습 등이 포함된다.

특수목적언어(*LSP, Languages for Special Purposes*) *사용규칙*. 전문용어를 다수 포함하고 있는 점 외에도 LSP는 어법도 일반 언어의 사용규칙과 차이가 있다. 특히, 스타일이나 빈도 높게 등장하는 문법 등이 일반어와 차이가 있는데 대표적인 사례가 법률언어이다. 법률언어는 현대 일반 언어의 규칙에서는 더 이상 올바른 용례로 받아들여지지 않는 문법 규칙도 여전히 사용한다.

어휘 단위와 언어의 규칙을 총체적으로 언어 구성요소(Language Constituents 또는 LC)라고 부르겠다. 그리고 한 개인이 알고 있는 모든 종류의 LC는 개인의 LC 시스템 또는 LC 체계라고 하겠다.

4.2 언어 지식의 가용성에 대한 중력 모델 구조

연사는 자신이 사용하는 각 언어에 대해서 LC 시스템을 구축하고 있으며(본 장에서 '연사'는 연사, 수어 사용자, 청자, 독자 그리고 저자를 총 망라하는 광의의 개념으로 사용하겠다) 이 시스템은 각각 가용성의 수준이 차이나는 LC를 포함한다. 거의 즉흥적으로 아무 노력이 없이도 장기 기억에서 끌어내어 사용 가능한 어휘부터 '알고 있다'고 생각하지만 사용하려는 순간에는 혀끝에서 가물가물 떠오르지 않는 어휘(또는 언어 사용 규칙)까지 얼마나 수월하게 사용 가능한지 차이가 있다.

중력 모델은 한 개인이 특정 시점에 특정 상황과 관련하여 보유한 구어, 수화 또는 문어 언어 지식을 도식화한 모델로 개인이 보유하고 있는 LC의 상대적인 가용성을 나타낸다. 이 모델은 사람들 머릿속의 복잡한 언어 구조를 과학자 보어(Bohr)가 원자 구조를 설명하는데 사용한 모델과 같이 단순화시켜 묘사했다(그림 9.2 참고).

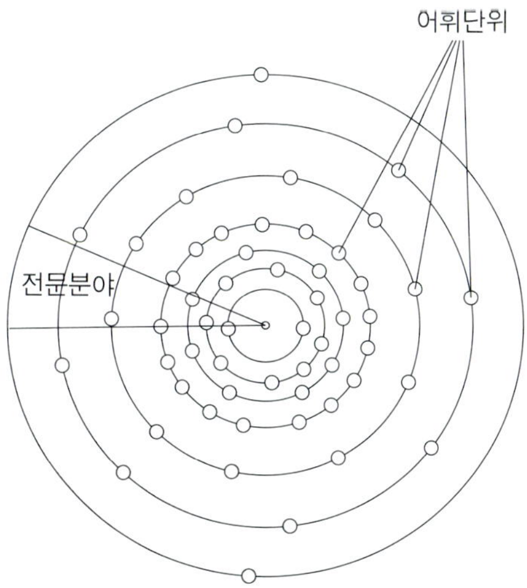

그림 9.2 언어지식 가용성에 대한 중력 모델

모델에서 LC는 작은 원으로 표시되어 있고 여러 개의 작은 원이 핵을 중심으로 궤도를 돌고 있다. 각 궤도에서 핵까지의 거리는 언어지식의 가용성을 상징한다. 궤도가 핵에 근접할수록 신속하게 활용이 가능하다.

LC만으로도 어느 시점에든지 한 사람이 보유한 언어 지식에 대해 다음의 네 가지 영역의 언어 가용성을 확인할 수 있다. 바로 구어나 수화 이해를 위한 언어 가용성, 구어나 수화 발화를 위한 언어 가용성, 문어 독해를 위한 언어 가용성 그리고 문어 쓰기를 위한 언어 가용성이다. 이들 네 가지 영역은 상호 연관되어 있지만 각 영역에서의 LC 언어 가용성이 모두 동일하지는 않다. 가령, 읽거나 쓰기를 주기적으로 하지 않는 사람의 경우는 독해나 쓰기를 위한 언어 가용성이 발화를 위한 언어 가용성보다 낮을 수 있다. 반면에 읽기는 지속적으로 하지만 발화를 많이 연습하지 못하는 언어학습자의 경우는 쓰기와 독해를 위한 언어 가용성이 발화와 문어 작성을 위한 가용성보다 높게 나타난다. 이와 관련하여 중국어와 일어 연사에 대한 흥미로운 이야기를 들은 바 있다. 이들 연사는 워드프로세서가 개발되면서 주로 전자기기를 사용해서 글을 쓰는데 이들이 사용하는 키보드로 음성 부호를 입력하면 한자로 전환해준다. 연사들은 워드로 작업하기 시작한 이후에도 한자는 지속적으로 접하기 때문에 관련 분야 LC에 대한 독해를 위한 언어 가용성은 높은 상태를 유지하는 반면 손글씨를 쓰기 위한 언어 가용성이 현격히 떨어졌다는 점을 느낄 때가 많다고 고백했다.

이 점을 고려할 때, 특정 연사가 사용하는 언어에 대한 언어 가용성을 정확하게 묘사하기 위해서는 하나가 아니라 네 개의 중력 모델이 필요하다. 그러나 편의상 그리고 이 네 가지 영역의 언어 가용성이 기본적으로 유사한 원리와 역동성을 갖는다는 점을 고려하여 본서에서는 하나의 통합된 중력모델로 도식화하여 언어 가용성을 시각적으로 묘사했다.

중력모델의 또 다른 특성은 이 모델은 특정 시점에 특정 상황이나 맥락에서 한 화자가 가지고 있는 LC의 언어 가용성을 보여주고 있다는 점이다. 따라서 상황이 변화하면 LC 시스템의 언어 가용성 역시 변화할 가능성이 높다. 예를 들어 휴가를 가서 스키를 타며 휴식하고 있을 때보다는 의학 관련 회의에서 연사나 참석자들의 의학용어 가용성이 높게 나타난다. 스키를 타는 동안은 '눈', '스키 리프트', '스로프' 등 스포츠 관련 용어에 대한 가용성이 더 높을 가능성이 크다. 상황에 따라서 연사의 언어체계에서 해당 영역이 '준비된' 상태 즉, 더욱 사용이 용이한 상태를 유지한다고 이 모델은 가정하는데 그 이유는 스키장이라는 상황으로 인해 관련된 장기기억에 저장되어 있는 LC를 연상하기 쉬운 환경이 조성되고 또 LC를 직접 사용하거나 주변 사람들이 사용하는 것을 들음으로 인해 자극이 증가하기 때문이다(4.3절 참고). 이렇듯 상황과 맥락이 변화하면 LC의 언어 가용성 역시 변화할 수 있다. 이런 점에서 일부 사람들은 지속적으로 변화하는 언어 시스템의 일시적인 상태만을 보여주는 이 모델이 갖는 효용성이 무엇인가 의문을 제기 하기도 한다.

반대 의견에 대한 답은 두 가지 있다. 첫째, 한 사람의 LC 시스템에서 빈도 높게 사용하는 영역은 언어 가용성이라는 측면에서 거의 변화가 없이 항상 안정적인 높은 수준을 유지하고 있다. 둘째, 상황과 맥락 외에도 언어 가용성은 상당 부분 역동성의 규칙에 의해 변화하는데 이러한 역동성의 규칙이 미치는 영향은 모든 LC 시스템에 대해서 동일하다.

마지막으로, 중력모델에서 LC는 분야(sectors) 별로 나뉘어져 있다. 여기서 분야라 함은 화자의 언어 시스템을 구성하는 하위 영역이며 특수목적언어(LSPs)나 사회계층, 성, 연령에 의해 나뉜 사회계층어 등이 각각 분야를 구성한다. 물론 모든 분야에서 공동으로 사용하는 일반 어휘가 다수 있다. 그리고 전문 분야에서만 공유하는 어휘도 있다(예를 들어 과학 기술 분야는 기타 학문분야와 다수의 전문용어 그리고 표현을 공유한다). 재차 설명하지만 이 모델은 통번역교육을 위해 개발했기 때문에 편의를 위해 분야는 명확하게 분리되는 별도의 전문 영역으로 정의하고 설명했다. 그러나 이는 과도한 단순화이고 편의를 위해 이렇게 개발했다는 점을 기억하기 바란다.

4.3 중력모델의 역동성

LC 가용성의 중요한 특징은 역동성이다. 상황에 따라서 가용성이 증가하거나 떨어지기도 하고 변화의 속도도 다르다. 중력 모델에서는 언어 가용성이 증가하는 경우는 관련 LC가 원의 중심으로 이동하는 구심력의 영향을 받고(궤도의 바깥쪽에서 원의 중심으로 이동) 언어 가용성이 떨어지는 경우는 원의 바깥으로 밀려나는 원심력의 영향을 받는(원의 중심에서 궤도 밖으로 이동) 역동성으로 나타난다.

이러한 역동성은 상당히 빠르게 변화한다. 예를 들어 특정 LC의 음성신호를 인지하여 의사소통의 상황에서 이해했거나 구어나 텍스트에서 사용한 이후에는 이전의 수준과는 상관없이 최소 수 초 동안 그 LC의 언어 가용성이 매우 높아진다. 다른 요소의 가용성 변화는 상대적으로 훨씬 더디고 느리게 나타나서 연사가 인식하기까지 몇 달에서 몇 년까지의 시간이 소요될 때도 있다. 언어심리학자들은 언어 사용이 용이하도록 '준비'하는 현상에 대해서 집중적인 관심을 가지고 있으나(아이젠크와 키안느(Eysenck & Keane), 1990: 183-184) 필자는 아직까지 일반성인 언어사용자의 장기적인 언어 가용성 변화를 측정할 수 있는 기준에 대한 연구는 보지 못했다(툴빙 외(Tulving et al.), 1982)에서 한 개 단어에 대한 일주일 동안의 언어 가용성 변화를 연구한 사례가 있다). 따라서 아래의 규칙은 현장에서의 관찰이나 필자의 자아 성찰 그리고 통번역사와의 논의에 기반을 두고 정리한 내용이다. 이 규칙에 대해서는 통번역 문헌에서 이미 여러 차례 인용이 된 바 있으며 언어학 논문에서도 인용했다. 그렇기 때문에 이 역동성의 내용이 현재 학계에서의 주장과 완전히 대립되지 않는다는 의미로 이해해도 될 듯하다. 그럼에도 불구하고 기본적으로 역동성에 대한 내용은 과학적으로 검증이 된 규칙은 아니므로 일종의 가정이라고 생각해야 옳다.

규칙 1: 원심력의 원칙

자극이 없는 경우에는 LC는 바깥쪽으로 밀려 중심으로부터 점점 멀어진다.

여기서 자극이란 연설 또는 글로서 능동적으로 사용하거나, 듣거나 읽음으로서 수동적으로 노출되는 것을 의미한다(수화의 경우는 시각적인 노출을 의미한다).

제1법칙은 단어를 사용하지 않을 경우 그 단어의 언어 가용성이 점차 떨어지고(능동영역에 위치하는 경우) 점점 수동적인 단어 지식으로만 존재하다가 점차적으로 수동적으로도 가용성이 떨어져서 결국에는 개인의 언어지식 체계에서 완전히 사라지는 현상을 설명한다. 정확한 정량 평가가 실시된 적은 없지만 이 과정은 상당히 더디게 진행해서 단어를 완전히 망각하기까지는 일반적으로 수개월 또는 수년의 시간이 걸린다.

규칙 2: 자극에 따른 구심력의 원칙

LC는 자주 자극할수록 중심 쪽으로 이동한다.

듣거나 읽을 때(수동적 자극) 또는 화자가 구어나 수화 또는 문어 텍스트로 발화를 하면(능동적 자극) LC의 수동적 및 능동적인 사용을 위한 언어 가용성이 높아진다. 이때 원심력에 의한 LC의 이동이 점차적으로 나타나는 것과는 대조적으로 구심력은 상당히 빠르게 나타난다. 적절한 자극이 있다면 새로이 습득한 단어를 불과 수분 만에 능동적으로 사용 가능하다.

매우 빠른 속도로 구심력이 작용한 이후 더디게 원의 외곽 쪽으로 밀려나는 현상은 주로 회의를 위한 용어 준비과정에서 경험한다. 회의 준비를 하면서 통역사는 불과 수 시간 또는 수분 만에 그들이 과거 전혀 접하지 못했던 전문용어를 습득하고 이들 용어의 발화와 이해를 위한 언어 가용성을 높인다. 통역사들은 이와 같이 습득한 단어를 회의가 진행되는 동안 유지하다가 회의가 끝난 후에는 불과 며칠 또는 몇 주 만에 잊어버리곤 한다. 그러나 경험에 의하면 이렇게 소멸된 어휘 중 대다수는 통역사의 LC 시스템에서 완전히 사라지지는 않는다. 한참 시간이 흐른 후에 다른 회의에서 다시 그 어휘를 접하면 통역사는 그 어휘를 바로 인식하기 때문이다.

규칙 3: 자극의 빈도와 구심력 효과

LC를 빈번하게 사용할수록 구심력 효과는 더 강하게 작용한다.

빈번히 사용하는 LC는 그렇지 않은 LC보다 언어 가용성이 높은 경향이 있다. 언어 자극의 빈도와 단어 인지 속도의 상관관계에 대해서는 이미 여러 연구를 통해서 검증이 된 바 있다. 그 연관성에 대해 다음과 같이 문헌에서 설명하고 있다.

- 빈번히 사용하는 어휘는 더 쉽게 인지하고 더 빨리 읽을 수 있다(밀러(Miller), 1956:272-273).
- 어휘의 사용빈도는 언어화 및 탈언어화에 큰 영향을 미친다(리선(Leeseon), 1975:116).
- 잘 사용하지 않는 어휘는 "인지하기 더 힘들다"(클라크와 클라크(Clark &

Clark), 1977:56 참조).

- 빈번히 사용하는 LC일수록 "해당 공동체 사람들과 개인의 머릿속에 더욱 뿌리 깊게 자리하고 있다" (마흐모우디안(Mahmoudian), 1982:189 참조).
- 한 언어에서 특정 어휘를 사용하는 빈도는 머릿속에서 그 어휘를 인식하는데 소요되는 시간에 영향을 미친다(마테이와 뤠퍼(Matthei & Roeper), 1985 참조)

이러한 어휘사용 빈도는 흔히 구어 이해와 기억을 예측할 수 있는 주요 척도라고 말한다(예를 들어 켈러 외(Keller et al.), 2001; 프라트 외(Prat et al.), 2007 참고).

- 어휘를 반복하는 빈도가 그 단어를 기억할 가능성에 대한 가장 강력한 예측인자이다(바이더만과 라바찌(Biderman & Ravazzi), 1984 참고).

그럼에도 불구하고 빈번히 자극을 주는 방법만이 구심력 원칙에 영향을 미치는 유일한 방법이라고 생각해서는 안 된다. 특히, 맥락을 고려하거나 인지 과정을 거치지 않고 반사적으로 반복하는 자극은 언어 가용성을 높이는 효율적인 방법이 아니다. 구심력 효과가 나타나기 위해서는 실제로 의사소통 상황에서 또는 텍스트를 읽는 상황에서와 같은 수준의 심층 분석이 이루어져야 한다.

규칙 4: 원심력 효과와 능동적 vs. 수동적 자극

LC를 능동적으로 자극했을 때 수동적으로 자극했을 때보다 더 강력하게 구심력이 작용한다.

발화를 하거나 글을 쓸 때 LC를 사용하는 능동적인 자극이 읽거나 청취, 이해 등의 수동적 자극보다 더욱 강하게 LC를 원의 중심으로 끌어들인다. 이 법칙은 외국어 학습을 위해 연습을 통한 직접적인 훈련 방법이 왜 타당한지 보여준다.

또한 능동적으로 자극을 주면 발화 그리고 이해를 위한 언어 가용성 두 가지 모두를 높이는 구심력 효과가 작용하는 반면, 수동적으로 자극을 주면 발화를 위한 언어 가용성보다는 이해를 위한 언어 가용성을 높이는 효과를 가져온다.

규칙 5: 동반효과와 간섭효과

특정 LC에 대해 구심력이 작용하면 연관 LC에 대해서도 구심력이 동반적으로 작용한다.

특정 어휘의 언어 가용성이 높아질 경우, 그 단어와 소리가 유사하거나 형태가 유사한 단어 또는 심리적으로 그 단어와 연관성을 갖는 단어들(습득과정 또는 감정적인 상황으로 인하여 연관성을 갖게 되는 단어)에 대해서도 역시 언어 가용성이 높아지는 경향이 있다. 이와 같은 현상에 대한 언어학 연구가 있다(코스테르만(Costermans), 1980 참조). 이를 동반효과라고 부르겠다.

이 규칙은 어휘의 습득 그리고 유지와 관련하여 중요한 의미를 갖는다. 처음 특정 단어를 습득하는 과정은 더디고 능동 및 수동 자극을 반복해야 하지만 이 단어와 밀접한 연관이 있는 다른 단어는(예를 들어 동일한 단어의 품사가 다른 형태, 또는 동일한 어근을 갖는 다른 단어) 훨씬 빠르게 습득한다. 또한 이 규칙에 따르면 한 단어를 사용하는 자극은 해당 단어에 대해 작용하는 원심력 작용을 지연시킬 뿐 아니라 그 단어와 연관이 있는 다른 단어들에 대해서도 역시 동일한 지연효과를 초래한다.

동반효과는 한 언어에만 국한되지 않는다는 점 역시 중요하다. 예를 들어 불어, 영어, 독어를 구사하는 화자의 경우, 불어의 어휘 "controleur"를 문맥에서 반복적으로 사용함으로 자극을 주었다면 영어의 "control"이나 "controller," 독어의 "Kontrolle"와 "kontrollieren"도 동일하게 자극이 되어 이들 어휘에 대한 언어 가용성이 높아지는 효과를 기대할 수 있다. 성인이 되어 외국어를 배울 때 어족이 가까운 언어를 더 쉽게 습득할 수 있는 이유 그리고 과학 기술 분야의 단어와 같이 동일한 어원을 가진 단어가 많을 때 매우 빠르게 학습할 수 있는 이유는 모두 동반효과 덕분이다. 이와는 대조적으로 어족이 가까운 언어는 빠르게 습득했지만 어족이 먼 다른 언어를 습득할 때는 수년 동안 무척 힘겨워하며 향상이 매우 더딘 학습자가 있는데 이 역시 동일한 이유 때문이다(Gile, 1988b에서 언급한 서양인이 일어를 배우는 경우에 대한 사례 참고).

동반효과의 단점은 언어간섭이다. 이에 대해서는 이미 여러 차례 언급한 바 있다. 통역사나 번역사는 언어간섭으로 인해 잘못된 의미 혹은 내연의 의미를 가진 단어를 사용할 때가 있고 발화시 잘못 발음을 한다거나 스펠링을 잘못 표기하는 경우도 발생한다. 심지어는 연설 또는 텍스트의 중간에 다른 언어의 단어를 가져다가 사용하는 오류를 범하기도 한다. 예를 들어 영어의 언어간섭으로 인해 불어 화자가 matriser 대신 controler를 사용한 경우가 있다(영어에서는 control이 가장 적합한 어휘이겠지만 불어에서 contoler는 "인증"의 의미에서의 "확인"으로 더 많이 사용한다). 제7장의 1절에서 설명한 실험에서 한 통역사는 "그 사람들은 네가 어리석거나 바보 같다고 생각한다"(1절의 세 번째 예)를 "ils peuvent penser que vous êtes stupide ou fou"(멍청하거나 미친)으로 통역했다. 이 실수는 "foolish"와 "fou" 간의 음성적 유사성이 원인이었을 가능성이 높은데 통역사가 효과적으로 모니터링을 하여 간섭효과를 차단하지 못한 결과이다.

통역과 번역 과정에서 나타나는 언어간섭 현상은 외국어 습득과정에서 볼 수 있는 사례와는 다르다. 회의통역사와 번역사는 숙련된 전문가로 자신의 통역언어 구사력이 매우 우수하다. 이들은 훈련을 통해서 언어간섭의 위험성에 대해서 잘 인식하고 있으며 지속적으로 언어 간섭을 차단하기 위해 노력한다(티에리(Thiery), 1975). 물론 때로는 언어간섭으로 인해 너무나 명백하고 어처구니없는 오류가 발생하기도 하지만 대부분 통번역 과정에서의 언어간섭은 미묘하며 인식하기 힘든 "침묵의 간섭(silent interference)"이라고 일컫는 현상으로 나타난다. 침묵의 간섭이란 어휘나 구문 상으로 인식할 정도로 어색하거나 의미상의 차이를 야기하지는 않지만 도착어의 표현에 심각한 영향을 주는 경우를 의미한다. 출발어의 언어 간섭을 받지 않으면서 정보처리를 하려는 노력이 증가하면서 통역사의 발화 속도가 늦어지는 현상으로 표출 되는 경우도 있다. 연사도 언어 간섭을 차단하려고 노력하는 때가 있는데 그 과정에서 사용하는 LC 선택의 폭이 좁아지는 경향도 나타난다. 침묵의 간섭은 그 현상이 현저하게 나타나지 않고 또 다른 원인에 의해서도 언어 간섭과 동일한 현상이 나타날 수 있다는 점에서 인식하기가 매우 까다롭다. 예를 들어 마이어(Meier, 1964, 회르만(Hörmann), 1972에서 재인용)에서는 스트레스를 받는 상황에서는 통역사의 어휘 사용이 매우 제한적으로 이루어진다고 설명했다.

마지막으로 전문통역사가 언어 간섭을 차단하기 위해 취하는 노력은 발화를 위해 사용하는 정보처리 역량을 증가시키고 궁극적으로 통역사들이 더욱 피로를 느끼거나 유사한 결과로 이어질 수 있다. 그러나 이러한 피로감은 언어 간섭이 원인이라고 직접적으로 연관 짓기가 애매하다(제7장 참조).

4.4 중력모델의 역동성에 대한 추가적인 고려사항

4.4.1 언어 가용성의 변화속도

어떤 LC의 가용성은 더 빠르게 저하하는 경우가 있다. 가령, 회의를 준비하는 과정에서 습득한 어휘나 해외여행을 하면서 배운 단어나 표현은 더 이상 사용하지 않는 경우가 많다. 반대로 더 오래 유지되는 경우도 있다. 화자의 환경이 LC에 대한 자극 빈도가 높기 때문일 수 있고 오랫동안 기억할 만큼 강한 인상을 준 감정적인 요인 때문일 수도 있다. LC의 가용성이 높게 지속되는 또 다른 이유는 더 오래 동안 더 자주 사용한 경험 때문이라고도 하는데 더 자주 사용했던 LC일수록 화자의 기억에 더 강하게 남아있어서 더 오래 유지된다는 설명이다.

4.4.2 능동 및 수동언어 가용성

LC의 가용성과 관련한 또 한 가지 흥미로운 측면은 발화 그리고 이해를 위한 언어 가용성의 관계이다.

본서 초판에서는 중력모델의 중앙에 '능동영역(active zone)'이 있었는데 발화를 위해 사용가능한 LC만이 이 영역 안쪽에 위치하고 원의 바깥쪽인 '수동영역'에는 이해를 위해서 사용가능한 LC가 위치했다. 이렇게 모델에서 영역을 분리한 그림은 실제 현상을 과도하게 단순화시킨 모습이다. 발화를 위한 가용성은 당연히 이해를 위한 가용성과 적어도 어느 정도는 연관이 있기 때문이다. 이렇게 두 영역을 분리했던 이유가 있었다. 오랜 시간동안 자극이 없는 경우 발화를 위해 사용가능했던 LC라도 점차 그 가용성이 감소해서 결국은 장기기억에서까지 잊혀지기도 하고 다른 텍스트나 연설에서 사용하는 것을 접했을 때 인식하는 정도로 망각된다는 점을 강조하려는 의도였다. 그런데 오랜 시간동안 학생들의 반응을 참고하고 관찰한 결과 이렇게 단순화한 구분은 오해의 소지가 있다는 생각이 들었고 그래서 개정판을 출간하면서 영역 구분을 삭제했다. 그럼에도 불구하고 학생들에게 특정 LC의 가용성이 높은 수준에서 낮은 수준으로 떨어지는 현상은 LC를 여전히 이해는 할 수 있어도 발화를 위한 가용성은 감소한 상태라는 점을 명확하게 설명할 필요가 있다고 생각했다. 또한 가용성을 유지하기 위해서는 언어 강화를 위한 지속적인 노력이 요구된다.

4,4,3 구어 및 문어의 언어 가용성

앞에서 설명했듯이 구어 및 문어의 가용성은 연결되어 있으나 상관관계가 항상 긴밀하지만은 않다.

구어와 문어의 가용성에는 명백한 차이가 있다고 보는 이유는 어떤 사람은 구어로 말하고 이해하는 능력은 탁월하지만 쓰기 능력이 떨어지는 경우가 있기 때문이다. 특히, 이런 현상은 발음과 문자 사이의 대응관계가 일관성 있고 규칙적인 언어를 사용할 때보다는 철자법이 까다로운 언어나 발음과 철자의 호응이 떨어지는 언어를 사용할 때 두드러진다. 좀 더 면밀히 분석을 해보면, 문어, 구어 그리고 수화를 이용한 이해 그리고 발화의 과정은 적어도 부분적으로는 생리학적으로 다른 경로를 이용하여 이루어질 수밖에 없고, 이 중 한 가지를 지속적으로 사용하더라도 다른 유형을 사용하는 것과는 거의 관계가 없다고 간주해야 하기 때문이다. 마이클 외(Michael et al., 2001)에서는 이 주제에 대한 일반적인 관점에서의 논의를 하고 있다. 구체적인 사례를 찾기 원하면 부시바이츠 외(Buchweits et al., 2009)의 연구를 참고하기 바란다. 이 연구에 따르면 인간의 뇌가 활성화하는 패턴을 관찰한 결과, 일어의 간지를 읽을 때와 히라가나를 읽을 때도 차이가 있다고 한다.

이렇게 차별화를 함으로 얻은 결론은 구어로 LC를 사용하면 문어의 독해와 쓰기 가용성보다는 구어의 이해와 발화 가용성을 높이는데 기여할 가능성이 높다는 점이다. 반면, 문어 LC의 사용은 청취와 발화 가용성보다는 읽기 그리고 쓰기 가용성을 향상 시키는데 기여할 여지가 많다. 다시 한 번 말하지만 여기서 언급한 규칙은 가정일 뿐이고 정량적 연구를 통해 측정하기는 힘들다.

5. 중력모델과 회의통역

5.1 통역사의 LC 시스템

좀 더 구체적으로 회의통역사의 경우를 살펴본다면, 통역사가 회의 상황에서 연사의 발화를 이해하고 재표현하기 위해서 반드시 갖추어야 할 조건은 자신의 언어 시스템에 가용성이 높은 어휘를 충분히 보유하고 있어야 한다는 점이다. 표준 일상어의 경우는 전문통역사라면 이 조건을 적어도 이론적으로는 충족하고 있다고 전제한다. 그러나 비표준어(지역 방언, 은어), 문학적 표현 또는 전문용어 등의 경우는 그리 쉽지 않을 수 있다. 전문용어는 회의에서 사용하는 언어의 상당 부분을 차지하는 매우 중요한 지식인데 양 자체가 상당해서 한 번에 습득하기 어렵다(과학기술, 문화, 스포츠 등 한 전문분야에서 사용하는 용어만 수십만 개에 달한다). 전문용어는 워낙 많기도 하지만 지속적으로 추가 보완되고 특히 과학기술 분야의 경우는 새로운 용어의 생성이 매우 빠르다(제6장 참고).

둘째, 통역은 고도의 시간 제약 하에서 이루어지기 때문에 가용성이 가장 높은 어휘만 사용가능하다. 자주 사용하지 않는 단어이거나 상당한 시간이 걸려서야 그 의미를 이해를 할 수 있고 발화가 가능한 단어는 통역의 과정에서는 사용이 불가하다(사실 이러한 단어를 처리하는데 소요되는 시간은 불과 몇 초에서 일 초도 채 되지 않지만 가용성이 높은 단어와 비교하면 여전히 처리시간이 더 길다). 가용성이 떨어지는 단어를 사용하면 소중한 인지 역량과 시간을 허비하게 되서 특히 동시통역의 경우에는 심각한 문제로까지 이어지기도 한다(제7장 참고).

시간적인 제약을 받으면서 작업하는 통역사는 보유하고 있는 어휘 전체를 활용하지 못하고 가용성이 가장 높은 일부 어휘만을 사용할 여지가 높다. 만약 통역사의 통역언어가 거주하는 국가 또는 지역에서 일상적으로 사용하는 언어가 아닌 경우이고 이 상황이 지속된다면 통역사의 언어 체계는 일반 화자와 비교했을 때 점점 더 양극화되는 현상이 나타날 가능성이 있다. 다시 말해서 가용성이 높은 LC는 점점 더 빈번히 사용하고 그렇지 않은 경우는 점점 덜 사용하게 될 가능성이 있다. 자신의 B언어 국가에 거주하는 통역사의 경우 시간이 흐르면서 A언어 활용능력이 현격히 퇴보할 가능성이 있다는 의미이기도 하다. 적어도 A언어 국가에서 거주하면서 일상의 환경에서 계속 언어 자극을 받고 LC의 가용성을 지속적으로 높게 유지하는 동료 통역사와 비교했을 때 LC의 특정 영역에 대해서는 양극화 현상이 심화될 여지가 있다.

특정 LC를 통역사가 회의 상황에서 얼마나 사용하는지 그 효용성은 어휘를 처음 습득하는 단계뿐 아니라 유지하는 단계에도 영향을 미친다. 이 점을 고려할 때 셀 수 없을 만큼 많은 수의 전문 용어가 존재하지만 국제회의에서 사용하는 언어에 대한 어떤 술어 연구나 서술적 연구가 거의 전무하다는 점을 개인적으로는 안타깝게 생각한다(구체적인 전문용어 그리고 회의 절차나 일반적인 형식에 대한 연구 외에는 존재하지 않으며 수요도 없다. 제랄드 일그 교수가 회의에서 사용하는 표현 그리고 고정 표현 등에 대한 술어 연구를 몇 가지 언어로 정리한 다언어 목록을 학생들에게 배포한 적은 있다). 일을 할 때는 B언어나 C언어로 인한 어려움은 전혀 느끼지 않는 전문통역사의 경우에도 간혹 책, 신문 또는 정기간행물을 읽을 때 현지인은 자주 사용하는 표현인데 본인에게는 생소한 어휘를 발견할 때가 있다. 반면에, 수년 동안 다양한 주제의 회의에서 일한 경험이 있는 통역사는 전문용어나 표현 등 전문분야 사회계층어에 대한 지식과 주제지식이 교육수준이 높은 일반인보다 훨씬 더 방대하고 깊이 있는 경우도 있다. 이러한 현상을 보면 "모국어 수준의 능숙함"이라고 통역사의 통역언어를 분류한 AIIC의 기준이 전적으로 옳은 정의는 아니라는 생각이 든다. 통역언어에 대해서 일반인들에게 정확하게 정보를 제공하기 위해서는 이 정의보다 더 적절한 정의를 찾기 힘들겠고 길고 장황한 설명이 오히려 이해에 방해가 될 수 있다는 점은 인정한다. 토론을 할 때는 "모국어 수준의 능숙도"라는 정의는 한 편으로는 상당히 높은 기준을 요구하는 수준이며 또 다른 한 편으로는 심하게 부족한 수준이기도 하다. 회의통역사가 아닌 일반인의 모국어 LC 시스템은 통역에는 전혀 도움이 되지 않지만 상당히 많은 LC를 포함하는 경우가 많다. 반면에 필요한 LC가 없거나 가용성이 떨어지는 경우도 있다.

5.2 통역사와 번역사의 다중언어 구사

수행능력 분할모델(Effort Model)과 외줄타기 가설(Tightrope Hypothesis)에서는 통역의 과정에서 정보처리 역량의 한계가 얼마나 치명적인 영향을 줄 수 있는지에 대해 강조하고 있다. 제7장에서 설명했듯이 통역, 특히 동시통역의 경우, 통역사는 모든 사용가능한 역량을 끌어다가 사용하고 있으므로 언어적인 어려움 등으로 단기기억에 과부하가 생기거나 일반적인 언어사용 환경에서는 아무런 영향이 없었을 의사소통의 어려움(어휘 또는 통사의 모호성, 복잡한 구문 구조, 난해한 논리, 연사의 말실수 등등)만으로도 통역사는 위태로운 상태에 놓일 수 있으므로 언어 가용성이 통역 작업의 성패가 걸린 매우 중요한 요소로 작용한다.

이러한 상황을 고려할 때, 통번역 교육과정에 입학하는 학생들의 언어 능력을 정확하게 측정하는 일이 왜 어려운지 가늠이 되리라 생각한다. 응시생들은 일차적으로 지필시험이나 면접을 거치는데 일반적인 주제의 짧은 연설에 대한 독해능력을 시험보거나 자기소개를 하고 짧은 단락의 글을 듣고 요약하는 등으로 평가를 받는다. 응시생 대부분이 집중력의 분산을 요구하지 않는 지필시험에서는 매우 높은 성취도를 나타낸다. 그러나 통역을 시작하면 다중처리를 위해 수행능력을 할당하면서 인지 역량에 과부하가 발생할 수 있다. 이때는 언어 가용성이 매우 중요한 역할을 한다(질(Gile), 1987). 문제는 그렇다고 통역을 배우지도 않은 응시생들을 대상으로 통역시험을 실시할 수 없다는 점이다. 다른 방법으로 예를 들어 이중작업(dual task) 시험이 있는데 이 방법은 이론적으로는 정확한 측정이 가능하지만 부자연스러운 측면이 있고 사전준비가 필요해서 많은 시간이 소요된다. 무엇보다도 이 평가는 응시생이 시험을 보는 그 시점의 상태나 능력을 평가하는 데는 좋은 도구이지만 향후 학생의 발전가능성을 평가하지는 못한다. 현 시점에는 입학생을 선발할 때 학생들의 언어 가용성에 대해서는 어느 정도의 불확실성을 감수하는 과감함이 최선의 대안이라고 하겠다.

4.3절에서 설명하고 있는 언어 가용성의 역동성 그리고 통번역사의 평생에 걸쳐서 LC를 보유하고 활용해야 한다는 점을 고려할 때, 통번역사의 다중언어능력에 대해서 다음과 같이 종합하여 정리할 수 있다.

능동언어와 수동언어

통역사와 번역사에게 요구되는 능동언어와 수동언어의 숙달 정도는 상당히 차이가 있다. 많은 번역사와 통역사가 보유한 C언어에 대한 수동언어지식은 훌륭하다. 방대한 양의 어휘 및 관용적 표현에 대한 언어 지식을 갖추고 있으나 다만 구사력은 그리 능숙하지 않다. 일반적으로 C언어도 오랜 시간에 걸쳐서 습득한 언어지식이다. 처음 외국어로서 C언어를 습득하기 시작한 시점에는 기본적인 4개 영역으로 말하기, 쓰기, 읽기 그리고 듣기에 집중하여 균등하게 능력이 향상될 수 있도록 학습한다. 그러나 대부분 독해 능력이 다른 3개 영역보다 빠르게 향상되는 경우가 많다. 오랜 시간에 걸쳐서 번역사와 통역사가 언어의 수동적 사용만을 지속하면 발화를 위한 가용성의 강화를 위한 자극이(규칙 4) 상대적으로 줄어들면서 이 부분에 원심력이 작용하게 된다. 결과적으로 이해를 위한 언어 가용성은 강화되는데 반해 발화 가용성은 점점 더 저하된다. 때로, 현직 통역사와 번역사가 자신의 통역언어조합에 C언어를 한 가지 더 추가하고 싶어 할 때가 있는데 이런 경우 아예 발화 가용성은 강화하기 위한 노력을 하지 않는 방법도 고려한다. 많은 언어교사들이 매우 신기해하는 통번역사의 독특한 상황을 보여주는 경우이다.

구어와 문어의 가용성

통역사는 기본적으로 구어인 연설을 청취하면서 일을 하지만 회의를 위한 사전 준비를 하거나 회의가 이루어지는 상황에서는 문서로 작성된 참고자료를 많이 검토하고 이용한다. 원고가 있는 동시통역을 하거나 스크린 화면에 올려놓은 자료를 볼 때도 그렇다. 그렇기 때문에 통역사는 업무 특성 상 구어뿐만 아니라 문어 가용성도 높아야 한다. 번역사는 문어로 작성된 텍스트만을 가지고 작업하기 때문에 청취 및 청해 가용성은 떨어진다. 심한 경우에는 번역사가 작업을 하는 수동언어임에도 불구하고 구어로 청취했을 때는 이해하는데 어려움을 겪는 경우도 있다(3.2절 참고).

언어간섭

통역사에게 필요한 가장 중요한 언어 능력 중 하나는 바로 언어의 "분리"이다. 다시 말해서 자신의 통역언어로 발화할 때 다른 언어의 간섭을 차단할 수 있는 능력을 의미한다. 통역교육과정에 지원하는 다수의 학생들은 스스로가 "2중언어구사자"라고 생각하지만 실제로는 모국어가 없는 alingua로 판명되는 경우가 있다. 일상에서 언어를 사용할 때 인식도 못하면서 두 개의 언어를 혼합하여 사용하는 등 AIIC에서 규정한 모국어라고 정의할 수 있는 언어 수준으로 구사하는 언어가 없다고 판정이 된 경우이다. Alingual로 간주되면 이들 응시생은 교육과정으로의 입학이 불가한데 교육기간 안에 해결하기에는 이 문제는 파장이 너무 크다고 보기 때문이다.

다른 2중언어구사자가 일상에서 언어를 분리해서 사용하며 통제하는 것과 같이 통역사와 번역사도 일을 하면서 언어간섭의 위험에 항상 직면한다. 특히 동시통역의 경우에는 두 통역언어의 언어지식을 수행기억에서 동시적으로 활성화하고 있어야하기 때문에 언어간섭으로 인한 어려움이 더욱 큰데다 인지 역량에 대한 부하도 많다. 번역사는 다양한 방법을 이용해서 도착어 번역에 언어간섭이라고 간주될만한 번역투가 없는지 체크를 한다. 예를 들어 온라인에서 신뢰할 만한 도착어 숙어 사전을 검색하거나 원어민과도 상의한다. 그러나 통역사는 그런 가능성이 차단되어 있어서 항상 언어간섭으로 인한 위험을 주의하고 긴장을 늦춰서는 안 되며 통역언어를 분리하려는 노력을 늦추지 말아야 한다(예를 들어 데장 르 페알, 1976; 티에리 1975, 1976 참고). 언어간섭의 위험을 차단할 수 있는 방법은 수동언어는 몇 가지를 사용하더라도 능동언어는 항상 한 개 언어만 사용하겠다는 의지를 가지고 노력하는 방법이다. 특히, 능동언어의 가용성으로 인한 언어간섭이 수동언어의 간섭보다 훨씬 강하기 때문에(데장 르 페알 1978) 노력이 필요하다. 이런 이유 때문에 시장에서의 상황이 허락하는 한 통역사는 반드시 자신의 A언어로만 통역을 해야 한다는 주장에 적극 찬성한다(아래 참고).

6. 통역과 번역의 방향

통번역 업계에서 해묵은 논쟁거리 중 하나는 통역 방향에 관한 문제이다(켈리(켈리 외(Kelly et al.) 2003, 고디즌과 하인데르달(Godijns & Hinderdahl), 2005). 통역사나 번역사가 반드시(아니면 가급적으로) 자신의 A언어로만 작업을 하도록 규정해야 하는가 아니면 B언어로도 작업하는 것이 바람직한가에 대한 논의는 여전해 이어지고 있다. 1980년대 서구 교육기관에서는 통역사는 모국어로 통역할 때 최상의 통역을 할 수 있다는 생각이 지배적이었다. 따라서 통역사의 모국어인 A언어로만 통역하도록 규범으로 정했다. 동유럽의 국가에서는 출발어 연설이 모국어로 전달될 때만이 통역사는 정확하고 심층적인 이해에 도달할 수 있다는 생각이 광범위하게 확산되어 있었다. 이로 인해 모국어인 A언어에서 B언어로 통역을 해야 한다는 주장이 대세를 이루었다(데니쎈코(Denissenko) 1989 참고). 그러나 다른 지역에서는 특히 아시아와 유럽국가 중 희소언어가 사용되는 국가에서는 양방향으로 일 할 수 있는 능력이 필수적이었다. 주요 언어인 영어, 서반어, 불어, 독어 등을 A언어로 구사하며 현지언어를 B 또는 C언어로 사용하는 언어조합을 갖고 도착어로 일 할 수 있는 통역사나 번역사의 수가 현실적으로 부족했기 때문이다. 최근에는 이러한 현실을 인정하고 받아들이고 있는 추세라서 전통적으로 B언어로의 통역을 반대했던 교육기관에서도 대세를 따르고 있다(도노반(Donovan) 2003 참고).

모국어 대 습득언어의 숙달 가능성에 대한 논쟁은 매우 뿌리 깊고 민감한 문제라서 LC의 가용성과 관련한 논의는 그 논쟁의 한 단면일 뿐이다. 그럼에도 불구하고 통역은 통역사의 인지 체계에 엄청난 부하를 가져온다는 점에서 언어의 가용성은 반드시 언급이 필요한 중요 주제이다. 결국 LC의 가용성이 떨어지면 필요한 언어 지식이 통역사의 A언어, B언어 또는 C언어 중 어떤 지식인가와는 무관하게 통역이 실패로 이어질 심각한 위험에 노출된다. 물론 발화 가용성은 통역사의 모국어를 사용할 때 가장 출중하고 따라서 B언어로 발화할 때보다 훨씬 더 다양하고 적절한 표현을 사용할 수 있을 것이라는 가정이 타당하다. 그러나 이전에 통역사가 특정 분야에서 지속적으로 상당 기간 몸담고 일한 경력이 있는 경우를 제외하고는 어떤 통역사도 LSP 전문용어를 "모국어" 수준으로 구사하기 힘들다. 그리고 LC의 가용성은 발화하는 통역언어가 모국어인지 모국어가 아닌지 와는 큰 상관이 없고 무엇보다도 자극의 빈도에 의해 많이 좌우된다. 외줄타기 가설에서도 말했듯이

(제7장), 통역사의 일반 언어 숙달 수준이 높은 경우에는 A언어로 아니면 B언어로 통역하는지를 구분하는 것보다 관련 LSP 전문용어가 얼마나 친숙한가가 더 중요하다.

번역의 경우는 언어 가용성이 번역능력을 좌우하는 절대적인 요소는 아니다. 그러나 편집능력, 특히 스타일 측면에서의 완성도는 중요하다. 이런 이유로 LSP 전문텍스트인 경우에도 번역사의 A언어를 도착어로 번역하도록 권한다. 반면에 만약 시장에서의 상황으로 인해 불가피하게 B언어로 번역 작업을 해야 하는 경우에는 출발언어를 번역사의 모국어인 A언어 또는 C언어 중 어느 언어라도 큰 무리는 없다. 통역의 경우는 전반적으로 B언어의 가용성이 A언어보다 떨어질 것이라고 전제하고 C언어는 그보다도 더 가용성이 떨어질 것이라고 간주한다. 이런 이유에서 C언어에서 B언어로 통역을 하는 경우에도 인지 역량이 포화상태에 도달할 위험성이 높으므로 피하는 편이 옳다.

7. 언어 가용성과 발화 전략

7.1 고-가용성 선호

인지 역량의 과부하에 대해 설명하면서 앞에서 언급했듯이 LC의 가용성은 통역에 지대한 영향을 미치는 요소이다. 따라서 가용성을 높이기 위한 전략과 방법론 모색이 반드시 필요하다. B언어로 통역을 하는 통역사라면 가능한 쉬운 어휘와 구문 구조를 사용하도록 조언하고 싶다. B언어의 LC는 A언어보다 전반적으로 가용성이 떨어질 수밖에 없으므로 쉬운 단어를 사용하고 단순한 구문 구조를 사용했을 때 발화를 위한 가용성이 높아지고 결과적으로 인지 역량이 포화상태에 도달하는 상황도 미연에 방지할 수 있다. 이 조언은 일반적인 발화를 통역할 때 적용이 가능한 제안이고 LSP 전문용어나 표현, 또 이미 일대일 등가어(Translinguistic Equivalence)가 존재하는 어휘나 구문에 대한 조언은 아니다. 또한 A언어로 통역하는 과정에서 통역사에게 요구되는 작업이 강도가 지속적으로 높은 상태에서도 적용이 가능하다.

중력모델과 같은 언어의 가용성에 대한 모델은 다양한 대상에 적용된다. 사실 거의 모든 종류의 장기기억에 저장되어 있는 정보이며 가용성을 유지하기 위해서 지속적인 자극이 필요한 정보에는 적용된다. 그 중에서도 순차통역을 위한 노트테이킹을 할 때 심볼이나 약어에 대한 정보도 적용 대상이다. 이들 정보는 지속적으로 사용을 하는 경우 가용성이 높아져서 발화와 이해를 위해서 즉각즉각 활용이 가능해진다. 그러나 오래 동안 사용을 하지 않아 가용성이 떨어지는 경우에는 순차통역을 위한 이해의 단계에서 정보를 꺼내오는 노력이 동시통역을 하면서 가용성이 떨어져 있는 어휘나 표현을 떠올리기 위해 노력하는 것과 유사한 결과를 초래할 수 있다.

7.2 언어간 일대일 등가어(Translinguistic Equivalence, TE)

언어의 가용성이라는 관점에서 중력모델이 일대일 등가어(TE)에 대해서는 어떻게 적용 가능한지 고려해 볼 수 있는 부분이다. 일대일 등가어는 두 언어 간 특정 LC 사이에 존재하는 "규칙적인 관계"로 정의한다. 기본적으로 두 언어 사이의 어휘 단위 또는 표현 사이에 존재한다.

언뜻 보기에는 TE에 대한 언급은 이 책의 첫 장부터 주장한 통번역은 의미에 기반을 두고 이루어져야 한다는 주장을 완전히 뒤집는 말처럼 들릴 수 있다. 제5장에서 번역에 대한 순차적 모델 그리고 제3장에서 충실성에 대해 설명하면서 언급했듯이 언어간섭을 차단하고 통번역사가 자신의 능동언어를 사용함으로 누릴 수 있는 가능한 모든 이점을 최대한 활용해서 재표현하기 위해서는 반드시 출발어텍스트를 분석하여 그 의미를 추출하는 과정이 필요하고 저자 그리고 의뢰인의 통번역을 의뢰하는 의도를 고려하여 재표현해야 한다고 설명했었다. 이 과정에서 가장 지양해야 하는 잘못으로 언어 대 언어 단순치환 방식의 재표현을 경계했었다. 그런데 TE의 개념은 이러한 분석의 과정이 불필요하다고 말하고 있다.

의미에 기반을 둔 통번역은 이 책에서 추구하는 기본적인 통번역을 위한 접근방법이 맞다. 다만, 인간의 발화는 상당 부분 이미 만들어진 고정 표현을 포함하고 있다(Goldman-Eisler 1958:67-68, Cherry 1978:79). 이러한 고정표현은 특히 전문분야의 국제회의와 같이 사회계층어를 많이 사용하는 상황에서 높은 빈도로 나타난다. 특히, 각 회의마다 특정 대상에 대해 고정적으로 사용하는 LSP 명칭과 표현이 있는 경우가 많다(물체, 행동, 생각, 감정, 목표, 기능, 인간 주체, 상황 등등). 통역의 과정은 정보처리 역량이 포화상태가 될 위험이 항상 존재하기 때문에 출발언어에서 연사가 특정 대상에 대해 언급하는 경우, 통역사는 분석의 과정을 거쳐서 다음의 세 가지 중 하나의 접급방법을 선택하면 된다. 첫째, 통역사 자신이 생각한 표현을 사용하여 재표현하거나, 둘째, "의미 도출"의 과정을 거쳐서 대응 LC의 도착어 표현을 통역사의 머릿속 어휘저장소에서 떠올려서 꺼내오는 방법이 있고, 아니면 셋째, 출발어와 도착어 사이의 직접적인 언어 대응 표현이 존재한다면 그 표현을 찾아서 사용한다. 인지 역량의 효율적인 사용 측면에서 본다면 첫 번째 접근은 바람직하지 못하다. 시간과 정보처리 역량의 사용 측면에서 효율이 떨어진다. 뿐만 아니라 통역을 청취하는 대상 청중이 일반적으로 사용하는 친숙한 사회계층어 표현에서 벗어나는 잘못된 대응 표현을 사용할 가능성도 간과하기 힘들다. 둘째는 언어적으로 수용가능하지만 많은 시간이 소요되고 정보처리 역량도 소진 시킨다. 세 번째 방안은 즉, 고정적인 일대일 대응표현으로의 치환방식은 시간과 정보처리 요구량을 최소화 할 수 있다. 그러니까 사용가능한 정보처리 역량을 일대일 대응표현이 존재하지 않거나 통역사가 대응 표현을 알지 못하는 또는 좀 더 적합한 표현을 찾고자 하는 표현을 통역하는데 안배할 수 있는 여지를 마련해 주는 장점이 있다. 필자가 관찰하고 또 자기 성찰을 한 바에 따르면 이론적으로 어떻든지 통역사는 거의 매일 일을 하면서 이와 같은 고정된 일대일 대응표현을 빈도 높게 사용하고 있으며 본인이 그렇게 재표현을 하고 있다는 점을 인식하지 못하는 경우도 많다.

의미에 기반을 둔 통번역을 해야 한다고 강력하게 주장하는 사람들도 일대일 언어짝의 사용이 가능하다고 인정한다(셀레스코비치(Seleskovitch 1976). 그리고 제랄스 일그 교수도 수업시간 그리고 그의 저서에서 이러한 일대일 대응표현은 언어 가용성이 높기 때문에 여력의 인지 역량을 다른 작업을 위해 할애하는 이점이 있다고 줄곧 설명했었다. 그러나 TE의 장점에 대해서 문헌에서 인정한 것은 불과 최근의 일이며 이에 대해서는 지난 10년 동안 몇 개의 통역모델을 통해서 소개된 바 있다(Mizuno 1997, Alonso Bacigalupe 2006, Ito-Bergerot 2006).

다른 LC의 발화 그리고 이해의 과정과 마찬가지로 TE 역시 가용성이 높아야만 통역에 유리하다. TE의 가용성이 낮은 경우 다른 방식을 이용해서 통역을 하는 편이 훨씬 효율적일 수 있고 언어간섭의 위험도 차단할 수 있다. 다른 LC의 경우와 동일하게 TE 역시 반복적으로 자극을 받아야 활성화되어 지속적으로 가용성을 유지할 수 있다. 데 그루트와 크리스토플스(De Groot & Christoffels 2006:198)에 따르면 "모든 번역 활동을 통해 두 개의 어휘 사이 대응관계가 성립된 경우는 번역사의 머리에 그 기억이 남는다. 두 어휘(또는 어휘 이상의 표현)의 관계가 성립이 되어 기억에 남는 횟수가 증가할수록 그 기억은 점점 더 강하게 저장된다."

일반적인 언어사용의 환경에서는 통역사가 동일한 주제 또는 동일한 청중을 대상으로 통역할 때 이와 같은 현상이 이루어진다. 교육환경에 적용한다면 TE와 같은 용어는 교재에 있는 연설문을 여러 차례 반복해서 연습하는 훈련을 통해서 습득이 가능하고 아니면 녹음된 다양한 연설문을 연습하는 방법도 가능하다. 이러한 반복 훈련은 통역교재를 제작해서 활용하는데 유용한 한 가지 방법이고 이미 중국에서는 매우 널리 활용되고 있다(8.2절 참고).

번역의 경우에는 분석을 기반으로 탈언어화된 의미를 재구성하는 방식과 비교했을 때 TE의 사용은 아무래도 덜 매력적으로 받아들여지고 있다. 특히, 번역의 경우에는 TE를 사용하더라도 사용가능한 인지 역량이 크게 증가하지 않으므로 크게 도움이 되지는 않는다. 더불어 도착어에 동일한 TE를 사용함으로 반복스럽게 느껴질 수 있으므로 스타일적으로도 구어 통역의 경우는 수용가능하지만 번역에서는 완성도가 떨어진다고 평가될 여지가 있다. 도착어 텍스트에서 반복적인 표현은 결국 감수를 거치면서 수정해야 하는 경우가 많기 때문에 TE 방식을 택함으로 절약한 시간이 오히려 번거로움을 추가하는 경우도 있다.

8. 중력모델과 언어 강화 훈련

8.1 필요성

2절에서 설명을 했듯이 현실은 이상과는 상당한 괴리가 존재하기 때문에 학생들이 통역언어를 완벽하게 구사하고 숙달되어 있으며 구체적인 통번역 테크닉만을 연마하면 되는 상황과는 거리가 있다. 교육기관에 입학하는 많은 학생들이 통역언어 능력을 요구되는 수준까지 강화하기 위해 무단한 노력을 기울이고 있고 특별히 전반적인 어휘량을 늘리고 수준 높은 어역을 구사하기 위해 노력한다. 이 외에도 학생들은 향후 통역사로서 일 하고자 하는 분야에서 빈도 높게 사용하는 LC의 이해 그리고 발화하기 위한 언어 가용성을 향상 시키기 위해서도 노력해야 한다. 학생들이 진출하고자 하는 시장에 따라(UN이나 EU 등과 같은 정부간 기구, 비정부기구, 민간 기업 중 보건, 통계, 경제, 금융 분야, 법, 보험, 식품, 농업, 전자통신, 위성, 의학 등등) 사용하게 될 LSP 전문용어와 LC 역시 차이가 있으므로 각 분야에 맞추어 학습해야 한다.

8.2 방법

4절에서 설명한 언어 가용성이 작용하는 역동성 규칙에 의거하여 언어 강화 훈련을 실시할 때 다음의 원칙을 참고할 것을 권한다.

1. 통역교육에 사용할 교재를(텍스트, 연설 실황자료, 연설 녹음) 선택할 때는 무엇보다도 숙달하고자 하는 LC가 차지하는 비중이 높은 자료가 바람직하다. 이러한 측면에서 보면 실제 회의를 녹화한 텍스트나 녹취록이 실제 상황과 가장 근접하기 때문에 좋은 자료이다. 반대로 시 등의 문학 텍스트는 좋은 자료가 아니다. 또한 형식에 얽매이지 않은 대화체의 담화 역시 좋은 자료가 아니다. 통역사로서 일을 하다보면 시나 은어를 포함하여 각양각색의 사회계층어를 통역할 기회가 있고 특히 방송 분야의 일을 하면 다양한 경험을 하는 기회가 있다. 그러므로 통역 일을 할 때 가장 많이 필요하리라 예상되는 분야의 어휘와 표현에 우선순위를 두고 학습하는 방법이 효과적이다.

   흥미로운 점은 서양과 아시아의 교육기관에서 가지고 있는 학습자료에 대한 태도가 상당히 다르다는 점이다. 서양의 교육기관에서는 학생이나 초청 연사가 즉흥적으로 아니면 반 즉흥적으로 연설을 하고 통역연습을 하면서 수업을 현장과 같이 재현하려는 경향이 있다. 이때 연사는 주로 간략히 메모해 온 내용을 보면서 즉흥적으로 발화를 하거나 문어 자료의 내용을 구어로 자연스럽게 전달하는 방식을 사용한다. 아시아 특히 중국의 교육기관에서는 주로 교재를 정해서 관련 어휘, 구문 구조, 표준 표현 그리고 연설문 예문 등을 집중적으로 연습한다(예시로는 Feng 2002, Lin 2004, Ahong 2007, Shuang & Qiu 2008, Komatsu 2005 참고). 서양의 교사들은 현장에서 즉흥으로 이루어지는 연설이고 시사적인 주제가 아니면 즉, "실제" 연설이 아니면 수업시간에 사용하기를 기피하는 경향이 있다(수화를 지도하는 교사의 경우는 이와 다르다. 예로 Patrie 2000a, b, 2001, 2004, 2005 참고). 그러나 강의 경험과 실제 전문통역사로서의 경험을 반영하여 교재를 제작한다면 업무와 관련성이 높은 LC를 집중적으로 훈련할 수 있고 연설문 형식의 텍스트에 적응하기 좋으므로 교재를 제작해서 사용하는 방법도 좋다. 교재를 사용하면 학생들은 교재의 내용에 집중할 수 있고 완전히 숙달을 한 이후에는 다음 단계로서 실제 즉흥적으로 이루어지는 연설 위주로 수업을 진행해도 된다. 이렇게 할 경우 두서없이 여러 가지 주제와 난이도의 연설문으로 통역연습을 하는 경우보다 효과적인 교육이 가능하다.

2. 가장 이상적인 텍스트는 가장 취약한 LC 즉, 중력모델 궤도의 가장 외곽에 위치한 LC에 대한 자극의 빈도가 높은 텍스트라고 할 수 있다. 핵으로부터 가장 먼 궤도 위의 LC 가용성을 가장 많이 향상시켜야 한다.

그런데 이러한 텍스트는 자연적인 어휘 분포 비율에 역행한다. 자연 언어에는 평균적으로 빈도 높게 사용되는 소수의 어휘가 텍스트 또는 연설문에서 가장 큰 비중을 차지하고 있다. 빈도가 낮은 어휘일수록 전체 텍스트에서 차지하는 비중은 현격하게 감소한다. 이와 같이 어휘의 사용 빈도와 어휘가 언어에서 사용되는 순위의 상관관계는 오래 전부터 연구를 통해 증명된바 있다(케딩(Kaeding), 1897, 마이어(Meier), 1964, 쏜다이크와 로르지(Thorndike & Lorge), 1944, 지프(Zipf), 1949 참조). 예를 들어 마이어가 독일 코퍼스를 분석한 바에 따르면 가장 빈번히 사용하는 단어 30개가 전체 사용되는 단어의 30%를 차지하며 가장 빈번히 사용하는 200개의 단어가 코퍼스의 약 50%를 구성한다. 반면에 나머지 21만 7천개에 달하는 단어는 전체 코퍼스의 불과 4%만을 차지하고 있다.

해당 언어권의 비교적 평이한 LC 즉, 비교적 언어 지식이 풍부하지 않다고 간주되는 사람도 알고 있을 수준의 LC는(대략 몇 천개), 사람들이 반복적으로 사용하지만, 사용빈도가 낮은 어휘는 거의 사용하지 않는다고 해석이 가능하다. 이 의미는 가장 빈번히 사용되는 단어야말로 대부분의 사용자에게 있어서 가장 가용성이 높은 어휘이며 동시에 가장 드물게 사용하는 어휘는 언어 자극의 횟수가 훨씬 떨어져서 점점 더 원의 핵에서부터 멀어지거나 심지어는 소멸되어 매번 사용할 때마다 새로이 학습을 해야 한다는 것이다.

언어학습에 있어서 효용성 체감의 법칙이 나타나는 전형적인 예이다. 그래서 외국어 교육 과정에서 몰입교육은 초기에 가장 기본적인 의사소통을 하는데 필요한 핵심 LC를 학습하는 데는 강력한 효과가 있지만 시간이 지날수록 어휘 구사능력이 향상되는 속도가 점차 느려져서 해당 언어의 다양한 어휘 구사력을 향상시키는 데는 큰 도움을 주지 못한다. 이는 몰입교육 환경은 구사력의 향상을 가져올 수 있는 다양한 LC를 접할 수 있는 빈도가 현격히 부족하기 때문이다.

언어숙달을 위한 자극이 최대한의 효과를 발휘하기 위해서는 언어능력 강화를 목적으로 작성된 소위 일컫는 "인공" 텍스트를 사용하는 방법이 가장 효과적이다. 인공 텍스트는 실제 텍스트와 달리 학습하고자 하는 단어를 적당한 거리를 두고 분포해 놓을 수 있어서 필요한 어휘에 대해 적절한 언어자극을 제공할 수 있다. 그런데 기초 수준의 외국어학습을 위한 인공 텍스트는 많이 존재하지만 통역사 지망 학생과 같이 수준이 높은 학습자를 위해 작성된 인공 텍스트는 찾기 힘들다. 회의관련 언어를 학습하기 위해서는 역시 아시아의 교육기관에서처럼 통역교재를 별도로 집필해서 사용하는 방법을 권장한다.

또한 자극 빈도를 늘리고 학습의 효율을 높이기 위해서는 학생들에게 연설문 샘플을 한번이 아닌 여러 차례 반복해서 연습하도록 제안한다. 그러나 교재에 있는 연설문만을 연습하는 방식은 결코 만족스러운 해결책이 아니다. 첫째, 교재는 내용이나 언어 측면에서 한정적일 수밖에 없기 때문이다. 그러나 현장에서는 이 두 가지 측면이 가장 빠르게 진화하는 부분이다. 둘째, 교재를 반복해서 사용하다보면 학생들이 "자동"으로 형태에 기반을 둔 치환 방식으로 통역을 하고 분석이나 의미에 기반을 두고 맥락을 존중한 재구성 방식을 도외시하는 잘못된 습관이 생길수 있기 때문이다. 그러므로 교재를 이용하여 몇 차례는 작성된 연설문을 집중적으로 훈련하고 난 이후(앞에서 언급했듯이 연설문은 온라인에서 검색하여 쉽게 구할 수 있다) 현장에서 이루어지는 연설을 청취하면서 직접 통역 연습을 하거나 실제 연설문의 녹음을 들으면서 통역연습을 하는 혼합방식이 가장 효과적이고 효율적인 교육방식이라고 생각한다. 참고로 돌러룹(Dollerup 1996)이 편집한 자료와 바이고리 야론 외(Baigorri Jalon et al. 2004)의 회의통역 자료 그리고 파트리의 Effective Interpreting Series 발행물을 검토하기 바란다. 이들 자료에 대해서는 이 책의 마지막에 있는 참고문헌에 소개하고 있다.

9. 교육을 위한 제안

언어 지식의 가용성은 통역언어 숙달을 가늠해 볼 수 있는 한 척도이나 학생들이 회의통역 교육과정에 입학을 고려할 때 이 점에 대해서 인식하지 못하는 경우가 많다. 또한 학생들은 가용성이 입학생들의 성공적인 학업 완수에 얼마나 중요한 역할을 하는지도 인식하지 못하는 경우가 많다. 그러나 언어 가용성이야말로 학생들이 교육과정에서 경험하는 어려움의 원인이 무엇이며 실패를 하는 이유가 무엇인지에 대한 설명을 제공한다. 또한 교육기간동안 가용성을 향상시키기 위한 능동적인 노력을 수행했을 때 졸업시험을 성공적으로 통과할 확률을 대폭 높일 수 있다. 이런 점을 고려할 때, 학생들이 자신의 통역언어를 숙달하기 위해 어떤 실질적인 노력을 해야 하는지 이끌어 줄 수 있다는 점에서 교육 초기부터 중력모델에 대한 인식을 고취시키는 노력이 바람직하다.

번역을 전공하거나 외국어 학습을 하는 젊은 학생들이 추후 회의통역 과정으로의 입학을 고민하고 있다면 이들에게도 조기부터 인식을 강화한다면 입학시험을 위해 준비하는데 도움이 될 것이다. 그 후, 가용성에 대한 좀 더 종합적인 논의는 교육과정에서 공부하면서 수행능력 분할모델에 대해(제7장) 소개하고 통역과정에서의 대응전략(제8장)에 대해 강의를 하면서 실시하는 방법도 있다.

중력모델과 그 역동성에 대해서는 강의를 통해서 소개하면 좋다. 이 모델은 시각적이라는 점이 장점이다. 모델의 역동성은 이 모델을 소개하는 가장 중요한 이유이다. 언어 지식의 가용성을 강화하고 유지해야 할 필요는 논란의 여지가 없다. 그러나 언어방향성에 대한 함의, 교재의 사용 그리고 TE 언어짝에 대해서는 교사가 확신이 없다면 반드시 소개할 필요는 없다.

10. 주요내용

1. 언어 지식은 개별 어휘 또는 언어 사용규칙에 대해 아는지 또는 모르는지를 양자택일하는 상황을 훨씬 넘어서는 복합적인 측면을 갖는다. 언어 지식에는 가용성 즉, 텍스트의 이해와 발화를 위해 필요한 관련 지식을 기억으로부터 찾아 끌어내오기까지 소요되는 시간과 노력의 정도가 포함한다.

2. 통역을 성공적으로 수행하기 위해서는 이해를 위한 가용성이 절대적으로 높아야 한다.

3. 발화를 위한 가용성이 순차통역을 수행하는데 중요하다면 동시통역을 수행하는 데는 절대적으로 중요하다.

4. 언어 지식 가용성은 정적인 개념이 아니다. 가용성은 반복적인 자극을 받으면 향상되고 LC의 사용이 감소하면 가용성도 저하한다. 따라서 통역사의 언어조합에 충분하지 않다고 간주되면 자극을 늘려서 가용성을 강화할 수 있다. 통역사는 직업 평생에 걸쳐서 본인의 통역언어를 유지관리하기 위해 반드시 노력해야 한다.

5. 구어의 가용성, 특히 연사의 발화에 대한 이해능력을 향상시키기 위해서는, 구어를 이용한 자극이 중요하다. 반면에 문어를 이용한 자극은 상대적으로 효과가 떨어진다.

6. 어떤 언어든지 가용성이 향상되면 특히 표현 능력이 향상되면 다른 언어의 언어간섭으로 인한 위험 또한 증가한다. 이런 이유에서 능동언어와 수동언어를 강화하기 위해서는 각각 분리해서 다른

방법을 이용하여 숙달하는 편이 바람직하다.

7. 일상 언어에서 사용빈도가 높은 어휘와 표현은 자주 접하기 때문에 유지를 위한 자극을 받는데 아무 어려움이 없다. 실질적인 어려움은 사용 빈도가 낮은 어휘와 표현의 가용성을 높이기 위해 어떻게 자극을 줄 수 있는가에 대한 방법의 모색이다. 이를 위해서는 학생들이 구체적으로 강화하고자 하는 회의 연설문과 관련이 많은 어휘와 표현이 빈도 높게 담겨있는 자료와 문맥을 찾아서 사용해야 한다.

8. 번역은 반드시 의미에 기반을 두고 이루어져야 한다는 원칙을 준수한다. 통역도 이 개념이 매우 중요하다. 후자의 경우에는 TE의 사용이 큰 도움이 되지만 항상 주의를 요한다.

10장

통번역 실무와 이론의 통합 (IDRC 프레임워크)

1. 통번역이론 교육을 위한 플렛폼 도입

제1장에서 설명했듯이 전문통번역 교육과정에서 이론교육을 실시하려는 목적은 일련의 개념 그리고 단순화된 모델을 이용한 교육의 효율성 추구이다. 교육기관에 따라서 매우 체계적으로 통번역 이론 교육을 실시하고 있는 기관도 있다. 현지 교육 규정에 의거하여 특히 대학원 과정에서는 이론교육을 필수적으로 이수해야 하는 기관도 있고, 전통적으로 이론교육을 중시하는 국가가 있는가 하면, 학과장 권한으로 교과과정에서 이론의 비중을 늘리기로 결정한 곳도 있다. 무엇보다도 학문으로서 통번역학을 교육하는 교육기관에서는 전문통번역 기술을 훈련하는 기관과 다르게 이론교육이 핵심적인 비중을 차지한다.

일반적으로 전공 학과에서 이론교육을 할 때는 몇 가지 접근방법 중 선택이 가능하다. 먼저 주제별 접근이 있다. 또 다른 방법은 역사적 흐름을 따라가면서 가장 초기의 이론이나 연구 결과부터 시작해서 점차적으로 어떻게 새로운 이론으로 대체되고 발전했는지 설명하는 방법이 있다. 아니면 먼데이(Munday, 2001)에서처럼 두 방법을 혼합하는 접근도 가능하다. 또 다른 방법은 현재 인정받는 가장 강력한 이론을 소개하는 것으로 시작해서 그 중요성이 감소하는 순서로 소개하는 방법이다. 모든 접근 방법이 나름대로 합리적이기는 하지만 통번역학에 도입한다면 문제의 소지가 있다. 특히, 번역 그리고 통역을 공부하는 학생들의 필요와 태도라는 측면을 고려할 때 문제가 있을 수 있다.

첫 번째 문제는 번역과 통역 활동의 다양성이라는 측면과 관련이 있고 기존의 통번역 이론의 다양성이라는 측면과도 관련이 있다. 통번역을 공부하는 대다수의 학생은 기술번역, 영상번역, 자막번역, 회의통역 또는 공공서비스 통역을 위한 통번역사로 현장에서 일하기 위해 교육을 받고 있고 일부는 청각장애인을 위한 수화통역사를 희망하고 있다. 따라서 이들 학생들의 실질적인 관심사는 각양각색이다. 처음에는 매일 훈련하면서 직면하는 통번역 과정에서의 어려움에 대해 언어학적으로 분석하고 해결책을 제시했을 때 관심을 나타낼 수 있다. 그러나 얼마 지나지 않아 이들 중 소수만이 자신들의 일과 문학 또는 철학적 이론이 갖는 관련성에 대해 관심을 가질 것이다. 공공분야 통역에 대해 사회언어학적으로 조명해 본다면 나름 유익한 점이 있겠지만 회의 통역사가 매일 체험하는 가장 급박한 어려움을 해결하는 방법으로는 인지 능력 향상을 위한 전략적 접근이 더 적합할 수 있다.

역사적 흐름을 따라서 통번역이론을 강의한다면 로빈슨(Robinson, 1997)에서 언급했듯이 당연히 고대 그리스와 로마의 이론에서 시작해서 중세 그리고 르네상스 시대로 이어갈 수 있고 아니면 베누티(Venuti, 2000)가 했듯이 1900년대 초기부터 시작할 수도 있다. 또는 1970년대 처음 통번역학이 독립된 학문영역으로서 자리 매김한 시점부터 시작해도 된다. 어디서 시작하더라도 중점은 역사적 문화적 철학적 종교적 또는 문학적 흐름에 두겠지만, 학생이나 통번역 실무자들이 매일매일 걱정하고 어려워하는 문제와는 상당히 거리가 있다고 느껴질 것이다.

앤드류 체스터만(Chesterman, 1997)은 번역학 역사를 '의미소(memes)'라는 문화의 기본 단위라는 개념을 이용하여 처음으로 분석을 시도했고 이 개념은 널리 확산되었다(다우킨스(Dawkins), 1976 참고). 스넬-혼비(Snell-Hornby, 2006)는 번역학을 '전환점(turns)'이라는 개념으로 분석했다. 두 학자 모두의 접근방법은 개념적이고 이런 점에서 통번역을 공부하는 학생들의 관심사와는 어쩔 수 없이 거리가 있다.

앞에서 언급한 이유로 인해 학생들이 통번역 이론에 대해 거부감을 갖는 경우가 있고 심한 경우에는 저항하기도 한다. 교수자 중에서도 이론교육에 대한 회의를 표출하는 사람이 있고 다수의 문헌에서 이 문제에 대해 언급하고 있다(예를 들어 로버츠(Roberts), 1988, 셔틀워스(Shuttleworth), 2001, 이(Lee), 2006). 현역 통번역사와 통번역사 지망 학생들은 추상적인 분석에 관심이 없을 수밖에 없는데 설상가상으로 분석에 사용하는 표현 자체가 까다롭고 개념을 이해하기 위해서도 상당한 노력을 요한다. 그렇다고 개념적 이론이 큰 도움이 되지도 않는다. 이러한 공허한 논쟁에 필자까지 추가적으로 합세할 의도는 없다(그러나 이론교육의 필요성을 지지하는 입장에서 몇 가지 문헌을 소개한다면 체스터만 2000, 이 2006, 르데레르(Lederer), 2008 등의 연구를 참고하기 바라고 본서의 제1장 6절에서 소개한 참고문헌도 도움이 되리라 생각한다).

그럼에도 불구하고 어떤 연유에서건 교과과정에 통번역이론을 포함시키기로 결정한다면 전문통번역사를 훈련하기 위한 실무교육 과정인 경우라도 학생들의 필요에 부합하는 이론교육이 이루어질 수 있도록 방법을 모색할 필요가 있다.

통번역 이론교육을 활성화하기 위한 한 가지 방법은 실제 통번역사들이 직면하는 어려움과 밀접한 연관이 있는 개념 위주로 이론을 소개하는 것이다. 실무와 접목 가능한 이론적 기반을 시작으로 점차적으로 주요 이론 그리고 학파에 대해 알아가는 과정을 진행하도록 한다. 그리고 각 이론에서 표방하는 입장과 그 구성요소를 정리하면 실제 어려움에 대처하는 방법에 따른 분류가 가능하다.

본 장에서는 이론 교육을 위한 프레임 중 IDRC를 소개하고자 한다. 그리고 이 이론적 체계를 수업시간에 어떻게 활용할 수 있는지 설명하고자 한다. 각 이론은 전체 이론적 틀의 적절함과 효용성을 보여주기 위한 목적으로 특징적인 부분에 대해서 간략하게만 소개했다. 하지만 이어지는 페이지에서 각 이론에 대한 참고문헌을 소개하고 있으므로 심층적인 설명과 논의는 문헌에서 쉽게 찾을 수 있다.

2. IDRC 프레임-해석, 의사 결정, 자원 그리고 한계

통번역사 그리고 학생들의 입장에서 보면, 통번역은 기본적으로 하나의 텍스트에 대해 행동을 취함으로 다른 텍스트의 생성으로 이어지도록 하는 작업이다. 이러한 행동은 무작위로 진공상태에서 이루어지지는 않는다. 일정한 방향(또는 베르미르(Vermeer)의 표현을 인용하면 스코포스)으로 다시 말해 특정한 목적을 추구하는 방향으로 이루어지며(이를 일반적으로 특정 맥락에서의 의사소통 목적이라 함) 특정한 자원을 활용하여 한정된 맥락 안에서 이루어진다.

2.1 통번역 과정에서의 제약 그리고 자원

통번역은 다양한 자원을 활용하여 이루어지지만 동시에 제약도 있다는 점을 학생들은 이해하고 받아들이고 있다. 통번역사가 활용하는 자원으로는 가장 일반적으로는 용어, 숙어적 표현, 문법, 도식, 음향, 시각적 기호 등을 포함하며 이를 이용해서 정보, 아이디어 그리고 의도를 통역언어로 표현한다. 또한 통번역사가 보유하고 있는 통역언어에 대한 지식 과 숙달 정도도 자원인데 통역사가 요구되는 언어지식을 모두 갖춘 경우는 드물다. 통번역사의 언어 외적 지식 그리고 통번역 노하우도 통번역사의 자원이다. 이러한 자원으로는 통번역 규범에 대한 지식, 순차통역을 위한 노트테이킹 기술과 같은 통번역 스킬, 기술번역에 사용하는 번역메모리, 통번역 전략이나 대응 전술, 지식 습득을 위한 방법 등도 포함된다. 통번역사의 자원에는 또한 사용가능한 시간, 문서 그리고 지식 습득을 위한 도구로서 관련 참고 자료, 사전, 용어정리, 인터넷 액세스가 포함되고 컴퓨터 및 필요 소프트웨어, 책상 및 의자, 작업 공간도 포함된다. 마지막으로 통번역사의 노하우로는 동료 그리고 의뢰인과의 사회적 관계가 포함되며 통번역사 중 누군가가 프로젝트를 관리하는 경우에는 프로젝트 관리 능력도 포함된다(구아덱(Gouadec) 2002).

통번역사가 경험하는 제약은 주로 사용가능한 자원이 한정되어 있을 때 발생한다. 통번역사가 보유하고 있는 통역언어의 언어 지식 그리고 언어 외적 지식의 한계 외에도 특히 전문주제 분야의 경우는 가장 큰 제약은 시간의 부족이다. 라가르데(Lagarde 2009)의 최근 연구에 따르면, 번역사에게 마감시간으로 인한 부담감은 번역과정에서의 전략 그리고 대응방안을 선택하는데 있어서 결정적인 영향을 미치는 것으로 나타났다. 통역의 경우에도 시간적 제약(몇 초정도)과 통역사가 출발언어 연설을 이해하고 의사 결정을 내리고 도착어로 재구성하는데 느끼는 부담감의 정도는 밀접한 상관관계가 있는 것으로 나타났다(제7장, 9장). 번역의 경우는 의뢰인이 요구하는 번역의 외형적 편집, 언어 스타일, 사용 용어 등과 도착어 환경 전반적으로 존재하는 언어 문화적 관습도 번역사가 느끼는 제약이다. 통역의 경우는 연사의 '스타일'과 같은 언어, 음성, 억양, 어조 그리고 기타 발화에 있어서 기준이 되는 조건 등도 매우 강한 제약이 될 수 있고, 사전준비를 위한 문서자료의 접근가능성이나 통역부스의 위치(순차통역의 경우에는 회의장에서의 좌석 배치, 수화통역의 경우에는 연사와 통역사 사이의 좌석 배치의 거리) 그리고 사용을 하는 경우에는 스크린의 크기와 위치를 비롯한 작업환경에 의해서도 상당한 제약을 느낀다고 한다. 공동체통역과 사법통역의 경우에는 통역사의 역할 그리고 태도에 대한 규범은 물론이고 중립적인 위치에서 공정하게 통역해야 한다는 기준과 통역사가 한 쪽의 입장을 취하면서 유리하게 통역할 것을 요구하는 고객 사이에서 느끼는 갈등도 제약의 원인이다. 이와 같은 규범은 제약으로 작용하는 경우도 많지만 동시에 통번역사가 어떻게 행동해야할지 결정하는데 방향을 제시한다는 점에서 도움도 된다. 따라서 제약인 동시에 도움이 된다.

2.2 통번역 과정에서의 해석과 의사 결정

통역사가 수행하는 또 다른 두 가지 특징적인 행동은 해석과 의사 결정으로 학생들은 이에 대해서도 정확하게 인식하고 있다.

2.1.1 해석

인간 통번역사는 일대일 치환 방식으로 텍스트를 번역하지 않는다. 텍스트를 분석하고 해석하는 과정이 필수적으로 수반된다. 출발어에 언어적인 오류가 있거나 논리적으로 허술한 경우에는 어쩔 수 없이 해석의 과정을 거쳐야 한다. 통번역사가 시각적 청각적 신호를 인지하여 의미 있는 어휘, 문장 그리고 연설로 전환하는 작업 자체가 해석의 과정을 수반한다(제7장, 9장).

2.1.2 의사 결정

통번역사가 작업을 하는 과정에서 의사 결정은 필수적인 부분이다. 통번역사는 도착어에서 사용할 어휘나 문법적인 구조를 선택하기 위해 결정을 내리고 텍스트 또는 텍스트의 한 부분에 담긴 여러 선택 가능한 의미 가운데 문맥을 고려하여 어떤 해석이 가장 적합한지도 결정을 내린다(제5장 번역 관련 내용 참고). 보다 근본적인 의식의 기저를 관찰해보면, 입력된 시각적 또는 청각적 신호가 어떤 어휘에 대한 물리적 표상으로 표현된 것인지에 대해서도 의사 결정을 하고 있다.

2.3 IDRC 프레임워크의 구조

IDRC의 관점에서 통번역 과정은 다음과 같이 그려질 수 있다(제5장 번역과정에 대한 순차적 모델에서 설명한 과정과는 대조적으로 이 구조는 하나하나의 번역단위의 처리과정에서가 아니라 보다 전체적인 차원에서 번역의 과정을 도식화했다).

2.4 IDRC 프레임워크의 특징

그림에서 알 수 있듯이 이 모델은 기술적이고 처방적인 요소는 포함하지 않는다. 그러니까 이 모델에는 특정 번역접근방식을 옹호하는 사람들이 반론을 제기할 만한 어떤 처방적 제언은 없다. IDRC 모델은 모든 통번역 이론이 공통적으로 포함하고 있는 부분으로 통번역사의 환경에 도움이 되는 자원과 제약이 동시에 존재한다는 점, 이 모델도 그렇듯이 해석 그리고 의사 결정은 통번역사가 일을 하는 과정에서 불가분의 한 부분이라는 점 등이 반영되어 있다. 그러나 각 이론마다 입장 차이가 나타나는 부분으로 구체적으로 어느 정도까지, 얼마나 그리고 얼마나 폭 넓게 해석 그리고 의사 결정과 관련된 행동이 이루어지고 있는지 등은 반영되어 있지 않다.

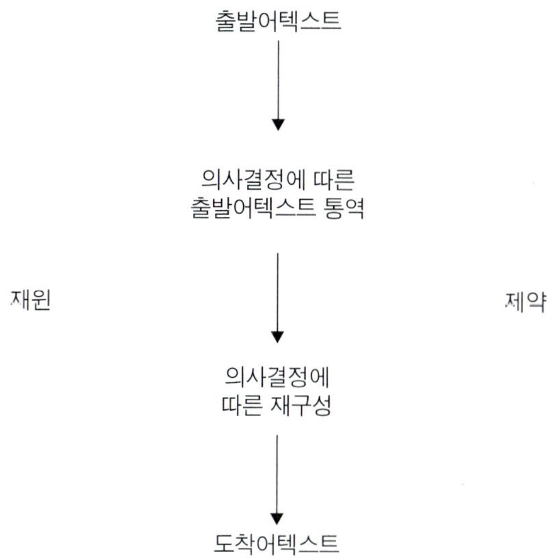

그림. 10.1 IDRC 모델: 해석-의사결정-자료-제약

IDRC 모델은 기계번역을 제외한 모든 종류의 통번역에 적용 가능하다. 기술번역, 법률번역에서부터 문학번역 그리고 회의통역에서 공공분야통역 그리고 미디어통역까지 어떤 종류의 통역이던지 총 망라하여 적용 가능하다.

IDRC 프레임의 또 다른 특성은 통번역의 "과정"을 도식화한 모델이지 통번역의 결과물이나 출발어와 도착어 텍스트 관계에 대한 모델이 아니라는 점이다. IDRC는 활동 중심적인 모델이다. 이 점이 학생들과 공감대를 형성할 수 있기를 기대하는데 결국 학생들이 교실에서 수행하는 활동이 통역과 번역이기 때문이다. 또한, 통번역에 대한 활동 중심적인 모델은 통번역사 개개인에게 주어지는 책임을 강조한다(독일의 기능주의 이론보다 더 그렇다). 통번역사는 해석을 하고 결정을 내려야 하는 주체이며 언어적 치환방식을 따르지 않기 때문이다. 이런 측면에서 이 모델은 교육적 번역 방식과는 상당히 거리가 있는 통번역에 대한 견해를 표방한다(제2장 참조).

3. 통번역 이론의 도입을 위한 프레임으로서 IDRC

IDRC는 독립적인 모델로서 가치를 갖기는 힘들다. 제1절에서 설명했듯이 이 모델은 학생들의 통번역 이론에 대한 접근을 돕기 위한 하나의 기반으로서 착안한 이론이다. 다음의 절에서는 이 모델이 어떻게 그 취지와 기능에 적합하게 활용될 수 있는지 설명하고자 한다.

3.1 IDRC를 활용한 통번역학 이론 검토

지난 30년의 시간동안 통번역학은 다양한 방향으로 꾸준히 발전을 거듭해 왔다. 통번역학의 발전은 문학 이론, 텍스트언어학을 포함한 언어학 이론(하팀과 메이슨(Hatim & Mason, 1997), 코퍼스언어학(메타(Meta) 43:4(1998), 연관성이론(거트 1991), 인지언어학, 철학(스테이너 1975/1992, 스톨즈 2000) 사회학적 그리고 문학적 이론(Diriker 2004, Pym et al. 2006) 등으로부터 영향을 받았다. 이 외에도 보다 포괄적인 설명을 원하면 무엇보다도 루트리지 통번역학 백과사전 개정판에서 자세히 찾아 볼 수 있다. 다양한 개념, 이론, 연구 방법론이 적힌 이 백과사전에서 언급하는 통번역학의 범위가 너무나 광범위해서 과연 독립적인 학문분야로서 인정할 수 있을지 일부 사람들은 의구심을 나타내는 정도이다. 더 중요한 점은 너무나 다양한 학문적 이론이 있어서 수많은 텍스트를 보는 관점에 일관성을 찾기 어렵다.

IDRC는 통번역을 공부하는 학생들에게 통번역 이론과 여러 학파를 소개하기 매우 유용한 프레임을 제공할 수 있다는 주장은 다음의 이유에서 그 근거를 찾을 수 있다.

- 첫째, 통번역학을 공부하는 학생들이 '자원', '제약', '해석', '의사 결정' 이라는 개념을 쉽게 공감할 수 있다.

- 둘째, 본 장의 후반에서 설명하겠지만 주류 통번역학 이론은 적어도 부분적으로는 자원, 제약, 해석 그리고 의사 결정에 대해서 어떻게 접근하고 있는가에 따라 특징지어 질 수 있다.
- 셋째, 통번역학의 주요 이론과 사상을 응집성 있는 한 흐름으로 통합하기 용이하다. 뿐만 아니라 통번역학의 주요 이론은 상당 부분 상호 보완적인 측면을 가지며 IDRC에서 각 이론이 자원, 제약, 해석, 그리고 의사 결정이라는 부분에 대한 나름의 인식 그리고 성찰을 통해 어떻게 기여하고 있는지 보여준다.

마지막 두 가지는 다음의 절에서 더 자세히 설명하고 있다.

3.2 IDRC 시각에서 바라본 통번역 이론

다음은 다양한 이론과 학파에 대해 학생들에게 소개하기 유용한 흐름을 보여준다.

3.2.1 통번역의 기능 그리고 스코포스 이론

통번역을 인간이 수행하는 행위로 바라보는 개념은 독일 기능주의 이론가들에 의해서 개발된 이론이며(홀츠-맨테리(Holz-Mäntärri), 1984의 표현에 의하면 '통번역사의 행위' 또는 "Translatorisches Handeln"이라고 표현했다) IDRC 플렛폼의 근간을 이루는 개념이기도 하다. 통번역을 행위로서 바라볼 때 가장 큰 관심은 통번역사의 행위에는 '방향'이 있으며 이 방향에 의해 통번역사가 취하는 선택에 영향을 주는가이다. 스코포스 이론 학자들(라이스와 베르미어 1984/1991, 노드 1997)에 따르면 통번역 텍스트의 기능은 원문 텍스트의 기능과는 다를 수 있으며(제2장 참조) 통번역사가 취하는 행위를 결정한다고 설명한다. 스코포스 이론은 따라서 통번역사의 의사결정에 영향을 미치는 유일한 요소로 텍스트의 목적이 무엇인가에 집중한다. 이 이론은 통번역 교육기관에서 가장 빈번하게 논의하는 두 가지 이론 중 하나이며 특히 독일에서 널리 받아들여지고 있다. 기본적으로 스코포스 이론은 통번역 결과물을 생성하는데 있어서 도착어 중심적인 통번역 전략이 왜 적합하며 그에 따른 결과는 무엇인지 설명하는 이론적 틀이다.

IDRC의 관점에서 보면, 스코포스 이론은 통번역의 과정 중 재구성의 단계에서 의사결정에 영향을 미치는 요소에 대해 분석하고 있다. 이외의 자원이나 제약 또는 이해 단계에서 이해의 역할 등에 대해서는 거의 언급이 없다.

3.2.2 지배적인 규범 그리고 투리의 이론

통번역 텍스트의 기능이 결정이 된 후에는 다른 모든 조건이 동일하다는 전제 하에서 통번역사는 가능한 이 기능을 수행할 수 있는 방식으로 행동한다. 투리(1995)에 따르면 통번역사가 어떻게 행동할 것인가는 상당 부분 도착어 사회에서 일반적으로 받아들여지는 규범에 의해 결정된다. 기본적으로 도착어 중심의 번역을 할 것인가 출발어 중심의 번역을 할 것인가부터 시작해서 통번역사는 개인적인 선택을 넘어서는 '사회적' 선택이라고 불릴 수 있는 선택을 한다. 투리의 이론은 1970년대에 문학번역이론의 맥락에서 언급한 이론이며 특히 다체제이론(polysystem theory) (이반-조하르(Even-Zohar), 1990)의 맥락에서 설명한다. 이 이론은 다양한 시대적 흐름에 따라 문화적 집단이 표방한 규범을 구분하여 정리한 매우 명망 있는 연구 패러다임으로 발전했다. 이러한 투리의 통찰력으로 인해 통번역학계에 혁신을 불러일으킨 점은 인정하나(통번역학 연구에서 투리의 "기술적 번역"접근이 매우 영향력이 있다) 통번역교육 분야에서는 아직 큰 반향을 불러오지 못하고 있다. 그럼에도 불구하고 기술적 번역이론을 간과할 수 없는 이유는 학생 그리고 후에는 현장에 진출한 전문통번역사가 작업을 할 때 도착어 사회에서 보편적으로 받아들여지는 규범을 준수하며 일을 하기 때문이다. 여기서 도착어 사회에서의 규범이라 함은 의뢰인 그리고 번역을 읽는 독자 또는 통역된 연설을 청취하는 청취자들에 의해 받아들여지는 보편적인 기준을 따라야 한다는 규범이다. 충실성 그리고 언어적 수용가능성 기준이 아마도 이러한 기준 중 가장 현격하게 드러나는 기준이라고 하겠다. 실제로 전문통번역사가 되기 훨씬 전부터 학생들은 교실에서도 수업의 규범을 따르도록 지시받는다. 이러한 규범은 교사에 의해 결정되며 "현장"에서의 규정과도 같으나 실제로 훗날 시장에서 접하게 되는 규범과는 반드시 일치하지 않을 수 있다는 측면을 인식하도록 하면 학생들이 번역을 배우는데 도움이 된다.

스코포스 이론과 마찬가지로 투리의 기술적 번역이론은 통번역사의 행동 중 의사결정 부분을 지배한다. 대부분의 경우 규범은 제약으로 작용하나 통번역사가 준수해야 할 기준을 제공한다는 측면에서 자원이기도 하다(2.1절 참고).

3.2.3 자국화 vs. 이국화 그리고 로렌스 베누티(Lawrence Venuti)

마지막으로, 통번역사가 취하는 행동과 관련하여 가장 큰 어려움 중 하나는 언어 그리고 문화마다 어휘, 언어적 구조 그리고 현실세계를 묘사하는 정보 체계가 다르다는 점에서 비롯된다. 다시 말해, 사람, 감정, 행동, 사고방식, 사회적 관계 그리고 물리적 위치 등을 묘사하는 체계가 차이가 있다는 점이다. 이로 인해 도착어 텍스트를 생성하는데 있어서 '원문' 텍스트와 유사한 자연스러움을 갖추었으나 출발어와 그 문화의 특성을 다소 누락시킬 것인가 아니면 원문의 형태는 출발어의 특성을 최대한 보존하나 독자들에게 이국적으로 들리도록 할 것인가 사이에서 선택해야 하는 어려움이다. 이는 통번역 이론가들과 비평가들 사이에서 수백 년이 넘는 시간동안 이어져온 해묵은 논쟁이다. 실제로 투리의 '초기 규범'이라는 용어는 '적합성'이라는 출발어 기준에 기반한 방식과 '수용가능성'이라는 도착어 중심의 기준 사이에서의 선택을 의미한다. 로렌스 베누티(1995)는 이 논쟁을 한 차원 끌어올려 실질적인 의사소통 측면을 넘어서 이념적인 개념으로 보고 있다. 베누티에게는 '자국화 전략'은(번역물이 '원문'처럼 자연스럽게 읽히는 방식) 어느 정도 출발어 텍스트가 만들어진 문화로부터 창출되는 '이국성(otherness)'을 무시하거나 지우려는 방식을 의미한다. 이와 반대의 선택인 '이국화'는 윤리적인 기준이라고 볼 수 있다(베르망(Berman). 1984 참고).

이념적인 접근을 취하고 있는 이 세 번째 학파 역시 통번역사가 내려야 하는 의사결정에 중점을 두며 자원 또는 제약에 대한 언급은 거의 하지 않고 있다. 이 이론은 비문학 텍스트의 통번역의 경우와는 관련성이 떨어진다.

3.2.4 인지능력과 해석이론

통번역 과정에서의 인지적 측면에 관심을 가진 초창기 통번역 이론가 중 한 사람이 파리 ESIT의 다니카 셀레스코비치(Danica Selesckovitch)이다. 회의통역사로 활동한 셀레스코비치는 통역과정에서 사고 메커니즘을 이해하고자 시도했고 이는 그 과정을 성찰하거나 현장에서의 관찰을 통해 이루어졌다. 이를 토대로 1975년 셀레스코비치는 자신의 박사학위 논문을 출간했다. 그녀가 ESIT의 다른 연구자들 특히 마리안느 르데레르(Marianne Lederer)와 함께 개발한 이론은(해석 이론 또는 '의미 이론'(theorie du sens)라고 불리고 있다) 기본적으로 통역사와 번역사는 자신의 언어 지식 그리고 언어 외적 지식을 활용하여 출발어 텍스트에서 '의미'를 끌어내는 과정을 거치며 이러한 과정의 결과로서 '의미도출' 단계에 도달한 통번역사는 언어적 형태는 사라지고 출발어 텍스트가 담고 있는 '의미'만을 기억하게 된다는 주장이다. 그 다음 세 번째 마지막 단계에서는 '의미'에 기반을 두고 도착어로 재표현하는 단계이다. 의미 이론은 1970년대 ESIT의 통번역 교육과정에서 핵심적인 부분을 차지했으며 전 세계 다른 지역으로까지 널리 확산되어 통번역사 교육을 위한 이론적 기틀로서 활용되었다(셀레스코비치 1977, 1981, 셀레스코비치와 르데레르 1989 참고). 해석이론의 영향력은 여전하며 특히 교육 환경에서 널리 활용되고 있으나 통역학 공동체에서 해석이론의 이론적 기반에 대한 비판이(질(Gile) 1990, 푀히하커(Pochhacker) 2004, 아론소 바치알로페(Alonso Bacigalupe) 2006) 존재하기도 하고 심지어는 ESIT 내에서도 일부 비판적인 견해가 있다(Ito-Bergerot 2006).

IDRC의 관점에서 볼 때, 해석이론은 출발어 텍스트의 인지적 해석이 통번역의 과정에서 핵심적인 부분이라는 주장이다. 해석이론은 따라서 자원, 특히 통역언어의 숙달 그리고 언어 외적 지식의 필요성에 대해 매우 포괄적인 시각으로 그 중요성을 언급하고 있으나 그 과정이 수반하는 제약에 대해서는 거의 언급이 없다.

3.2.5 인지능력 그리고 체르노프(Chernov)의 확률적 개연성 이론

프랑스의 ESIT학파들이 의미이론을 개발하고 있을 즈음, 구소련에서는 UN 통역사로 왕성한 활동을 한 바 있는 통역사인 겔리 체르노프(Gelly Chernov)가 자신의 동시통역에 대한 모델을 개발하고 있었다. 이 이론은 1980년대 그리고 90년대에 걸쳐서 동유럽에서 매우 영향력 있는 이론으로 자리 잡았다. 체르노프의 "확률적 개연성 이론(probabilistic prognosis theory)"(체르느프, 2004)은 동시통역사가 느끼는 인지적 부하가 매우 크며 연사가 발화할 내용을 예측(개연성)하여 정보처리 역량에 대한 과부하를 극복하는 전략적 대응이 통역을 가능하게 한다고 설명한다. 이러한 주장은 러시아 그리고 동 유럽에서 통역사의 모국어인 A언어에서 B언어로 통역을 선호하는 이유이기도 하다. 다시 말해서 새로이 습득한 외국어에서 자신의 모국어로 통역할 때보다는 자신의 모국어에서 다른 언어로 통역을 할 경우 확률적 개연성이나 문화적 패턴에 대한 지식이 많기 때문에 예측이 원활하게 이루어질 수 있다는 주장이다(제7장 5.4.1절 참고).

체르노프의 이론의 핵심은(인지적) 제약을 어떻게 극복할 것인가에 중점을 두고 있으며 통번역의 방향이나 그 외의 비 인지적 자료 그리고 다른 종류의 제약에 대해서는 거의 언급이 없다.

3.2.6 인지능력, 인지심리학, 관련성 이론 그리고 정보처리 이론

해석이론은 현장에서의 관찰 그리고 통역과정에 대한 성찰을 기반으로 국제회의통역사들이 개발했다면 인지심리학자인 헨리 바릭(Henri Barik)와 데이비드 거버(David Gerver) (Gerver 1976 참고)는 동시통역을 가능하게 하는 정보처리 과정에 대해 큰 관심을 가졌다. 이들은 정보처리 접근 이론에 기반하여 정보처리 작업을 다양한 상태의 모듈 사이에 이루어지는 일련의 병렬적 그리고 순차적 상호교류의 과정으로 보았다. 정보처리 이론에서는 출발어의 연설을 청취하는 순간부터 도착어 발화를 표현하는 순간까지 정보의 흐름이 지속적으로 이어지고 있음을 가정하고 다양한 종류의 기억 그리고 행동이 상호 교류를 하면서 나타나는 정보처리의 과정이 표출된다고 가정하고 있다(세튼(Setton), 2003). 인스브르크 대학의 통번역 교육과정 졸업자였던 바바라 모저(Barbara Moser)는 인지심리학자인 도미닉 마사로(Dominic Massaro)의 모델을 기반으로 하여 통역에서의 정보처리 과정에 대한 모델을 개발했는데(모저, 1978) 모저는 이러한 정보처리 접근을 도식화한 첫 통역사이다.

인지심리학의 개념은 오랫동안 주류 통역 이론에서 찾아보기 힘들었다. 그러다가 1990년대 중반부터 주목받기 시작했는데(푀히하커와 슐레진저(Pochhacker & Shlesinger), 2002; 푀히하커(Pochhacker), 2004) 정보처리 역량이라는 개념 그리고 작업기억, 정보처리 한계치 등의 개념은 지난 10년 정도의 시간동안 통역의 과정을 설명하는데 있어서 중심적인 부분을 차지하고 있다. 번역과정에 대한 연구에서는 그러나 크게 언급이 되지 않고 있다. 본서에서 소개하고 논의한 수행능력 분할모델 역시 정보처리 역량 그리고 한계라는 개념에 근간을 두고 만들어진 모델이다.

또한 1990년대에는 통번역학에서 다른 새로운 인지이론이 소개되었다. 거트(Gutt, 1991)의 저서가 출간된 이후, 번역학자들은 단 스퍼버와 디드르 윌슨(Dan Sperber & Deidre Wilson, 1986)에 의해 개발된 관련성 이론에 관심을 갖기 시작했다. 이 이론에서는 인간의 의사소통은 인지적 정보 처리를 하기 위한 비용과 이를 통해 얻을 수 있을 것으로 기대되는 효과 사이의 가장 최적의 균형을 이루려는 힘에 의해 강하게 영향을 받는다고 주장한다. 관련성 이론은 로빈 세튼(1999)의 통역에 대한 인지적 모델의 주요한 부분을 이루고 있다.

IDRC의 입장에서 평가하면 이와 같은 인지이론은 인지 자원 그리고 제약에 집중하고 있으나 통번역사의 행위의 방향 등에 대해서는 거의 언급이 없다.

인지심리학 이론은 번역학에서는 거의 언급이 없다. 아마도 가장 강력하게 영향을 미치고 있는 부분이 사고발화법(Think-Alound Protocal)에서 특정 번역 방식의 장, 단점을 분석하면서 논의되는 부분이라고 생각한다(Krings 1982/1986; Lorscher 1991; Englund-Dimitrova 2005).

3.2.7 번역의 보편소

통번역학자들은 번역사들이 부지불식간에 따르고 있는 "번역 보편소"의 존재를 받아들이고 있는 추세이다. 아마도 가장 널리 알려져 있는 '보편소'는 명시화 가설(Explicitation Hypothesis)로 처음 쇼사나 블룸-쿨카(Shoshana Blum-Kulka, 1986)가 언급했다. 이 가설에 따르면 번역은 출발어 텍스트와 비교할 때 더욱 명시화되어 있는 경향이 나타난다는 주장이다. 이 외에도 다른 보편소에 대해서도 현대 코퍼스 분석 방법을 이용한 연구가 이루어지고 있으나(Mauranen & Kujamaki 2004 참고) 현재까지는 이 분야 연구는 보편소를 발견하고 그 존재를 시험해보는 수준에 머물고 있어서 하나의 이론으로 확립되지는 못하고 있는 실정이다(반면에 아래에서는 이와 반대되는 의견에 대해서도 제시하고 있다). 번역 보편소는 통번역 작업을 어떻게 수행해야 하는지에 대한 규범 예를 들어 스코퍼스 관련 규범과도 연관이 있어서 독자는 일종의 제약으로 받아들일 수 있다. 또한 보편소는 심리적 메커니즘을 반영한다고 보는 견해도 있다. 예를 들어 블룸 쿨카의 경우에는 통번역사들이 출발어 텍스트를 분석하면서 그 표층적 형태를 넘어서는 수준까지 분석을 하므로 번역사가 자신이 이해한 출발어의 형태보다는 출발어 텍스트 내용을 중시하면서 도착어 표현을 좀 더 이해하기 쉬운 자연스러운 표현으로 전달하고자 하는 자연스러운 경향이 정보의 명시화로 표출된다고 설명한다. 명시화 가설은 또한 언어적 그리고 문화적으로 생성되는 제약을 극복하기 위한 전략이라는 측면에서도 설명하고 있다. 즉, 출발어 텍스트에서 관련 정보를 제공하기 위해 필요한 정보의 양보다 많은 양의 정보를 도착어에서 요구하는 경우 이를 극복하기 위한 전략이라고 보는 견해이다(제3장 참고).

4. 보완성

통번역학 이론이나 학파를 IDRC의 입장에서 바라보면 한 가지 매우 특이한 점을 발견할 수 있다. 바로 이러한 이론들은 상호 경쟁관계가 아니라 보완적 관계에 있다는 점이다. 각각 이론에서는 다른 이론에서 다루어지지 않았거나 심층적으로 분석하지 않은 통번역학의 한 측면에 대해 깊이 있는 성찰 또는 시각을 제시하고 있다.

예를 들어 통번역 교육과 관련해서 가장 영향력 있는 양대 패러다임인 스코포스 이론과 해석이론을 사례를 들면, 한 이론은 통번역사 행위의 목적성에 중점을 두고 있고 다른 이론은 통번역 과정에서의 인지작용에 중점을 두고 있다. 그러나 해석이론의 어떤 부분에도 통번역사의 행위는 스코포스에 의해 결정된다는 주장을 반박하는 부분은 없다. 마찬가지로 스코포스 이론의 어디에서도 통번역은 단어의 형태가 아닌 의미에 기반을 두고 이루어진다는 점을 반박하지 않는다. 오히려, 각기 다른 이론적 패러다임에서의 접근을 통해 번역은 출발어 텍스트를 도착어 텍스트로 단순 치환하는 작업이 아니며 해서도 안 된다는 주장의 근거를 제시한다. 해석이론에서는 출발어 텍스트의 언어적 '포장'은 의미도출의 과정에서 소멸되어 잊히고 따라서 중요하지 않다는 점을 강조하며 이 이유에서 언어치환을 지양한다(해석이론에서도 경우에 따라서 텍스트 단락을 언어적 치환하기도 한다). 스코포스 이론에 따르면 통번역의 결과물은 그 텍스트의 스코포스 즉 목적에 의해 좌우된다. 따라서 스코포스 이론에서도 목적이 드러나지 않는 언어치환이 좋은 선택일 수 없다고 설명한다. 교사가 두 이론을 함께 교육해서는 안 되는 어떠한 이유도 없으며 오히려 각 이론을 옹호하는 학자들이 상대 이론에 대해 거의 언급하지 않는 행동은 두 이론의 보완적인 측면을 학생들에게 교육할 수 있는 소중한 기회를 스스로 도외시 하는 행동으로 보인다.

또 다른 예로 기능주의 이론이 있다. 기능주의학자들은 통번역 과정에서의 인지적 제약에 대해서 인식하고 있지만 이러한 제약이 주요 관심의 대상은 아니다. 반면에 정보처리이론 학자들은 인지적 제약에 대해 깊은 관심을 가지고 있지만 통번역의 기능에 대해서는 깊이 있게 고려하지 않는다. 이 태도는 통번역의 결과물이나 그 과정에서의 전략과 기술에 대한 정확하지 못한 분석으로 이어질 수 있다. 다시 말해서 정보의 누락이나 변경이 발생할 수 있고 통번역 결과물에서 정보의 순서가 바뀔 수 있지만 이는 의도적인 행위의 결과이지 인지역량의 과부하로 야기된 이차적인 결과라고 보지 않는다. 인지심리학자들이 통역 행위를 분석하면서 바로 이 점을 정확하게 파악하지 못한 부분이고 이로 인해 통역사들로부터 통렬한 비난을 받고 있는 부분이다(참고로 브로스반(Bros-Bann 1975) 또는 위드룬드 판티니(Widlund-Fantini 2007: 159)에서 보고한 한 학제간 심포지움에서 세레스코비치의 반응 참고). 통역사를 교육하는 과정에서 해석이론 학자들과 기능주의이론가들은 인지적 제약에 대해 고찰해 봄으로 얻을 수 있는 이점이 많다. 같은 맥락에서 정보처리이론 학자들 역시 스코포스에 대한 고찰과 다른 커뮤니케이션 파라미터를 실험 그리고 분석에 반영함으로 연구의 타당성 그리고 분석의 정확성을 높일 수 있는 장점이 있다.

이 외에도 통번역학 연구의 다양한 이론에 대한 분석을 통해서도 통번역사의 행위는 규범에 의해 영향을 받는다는 생각과(투리의 기술적 연구) 해석이론이나 스코포스 이론에서의 주장 사이에 어떠한 사고의 대치도 없다는 결론에 도달할 수 있다. 3.2.2절에서 설명하고 있듯이 사회적 차원에서의 작은 규범으로 통번역 의뢰인이 원하는 언어, 편집, 용어, 특정 내용에 대한 처리 등의 요구사항 역시 통번역사가 작업을 하는 과정에서 수반되는 제약이 될 수 있다.

인지이론과 해석이론, 스코포스 이론 그리고 투리의 이론 역시 상호보완적인 측면이 많다. 스코포스 이론과 투리의 이론에서는 통번역 과정에서의 인지작용에 대한 설명은 거의 없다. 해석이론에서는 인지작용에 대해 설명하고 있으나 좀 더 전체적인 시각에서 통역사가 언어 그리고 언어 외적 지식을 활용하여 출발어 텍스트에 대한 이해에 도달하고 의미도출은 인지적 현상이며 재표현은 '의미'에 기반을 두고 이루어진다는 측면을 설명한다. 인지 이론에서는 좀 더 세부적으로 인지과정에 대한 분석을 시도하고 있으며 서술적 그리고 예측적 방법을 동원하여 현실에 대한 좀 더 정확한 모델을 제시하기 위한 연구가 이루어지고 있다. 이 과정에서 인지연구의 지평이 점점 더 확대되고 있어서 새로운 아이디어와 가설을 검증하는 실험을 통해서 취득한 정보가 수용되고 있다. 이를 통한 신생 아이디어와 가설은 포페리안 철학에서 설명하는 과학적 진화의 방식으로 상호 경쟁한다. 따라서 총체적인 관점에서 바라보는 이론이나 끊임없이 시험의 대상이 되고 있는 이론보다는 훨씬 불안정하다고 할 수 있는데 그럼에도 불구하고 인지 연구에서 제시된 몇 가지 아이디어와 개념은 상당한 시간동안 매우 안정적으로 유지되면서 통번역의 이론으로 받아들여지고 있다. 그 중 몇 가지를 소개하자면 인간 뇌에서 주의력을 주관하는 인지 역량과 그 한계에 대한 설명, 자동 및 반자동 작업의 차이, 아직까지도 정확한 구조, 작동원리가 많은 추측과 연구의 대상이 되고 있는 작업기업 자체에 대한 연구 등이 있다. 이러한 아이디어와 새로운 발견은 질의 수행능력 분할모델(제7장 참고)이나 세튼(1999)의 모델, 알론소 바치가루페(2006)의 모델 등에 통합반영 되었다.

모든 통번역학 이론이 보완적 성격을 갖지는 않는다. 일부 이론은 상호 경쟁하고 대립하기도 한다. 예를 들어 ESIT의 탈언어화 개념은 이해에 도달하면 언어의 형태가 기억에서 사라진다고 설명하는데 이는 언어 이해의 과정에서 형태가 소멸하는 것의 역할과 시점에 대한 인지심리학의 분석과는 차이가 있다. 오랜 전부터 알려진 바는 독자/청자는 발화의 언어적 형태는 청취를 하거나 읽는 순간 바로 잊는데 이를 별도의 과정이라고 보기보다는 이해 과정의 일부로 보아야 한다는 주장이다. 적어도 즉홍적으로 연이어서 이어지는 발화에 대해서는 그렇다고 보아야 한다는 주장이다(Sachs 1967, Huey 1908, Just & Carpenter 1992 재인용). 텍스트의 이해는 이해한 내용에 대한 더 높은 수준의 표상으로 이어지고 이는 장기기억에 저장된다고 설명한다. 해당 텍스트 덩어리에 대해 이해를 달성하면 작업기억은 더 이상 그 텍스트 덩어리의 처음의 언어적 형태를 기억하고 있을 필요가 없어진다. 따라서 저장용량이 한정적인 작업기억은 다음에 입력되는 정보를 처리하기 위해 이 용량을 필요로 하고 결과적으로 언어적 정보를 삭제하여 사용가능한 용량을 만든다는 설명이다(Just & Carpernter 1992:123 참고). 단어 한 개를 번역하거나 아주 짧은 문장 하나를 번역하는 경우에는 해석이론에서 설명하는 탈언어화라는 시각에서 볼 때 정보 형태의 소멸 그리고 형태에 대한 기억이 사라지는 현상은 동시에 일어난다. 그러나 더 긴 문장의 경우나 발화가 연속해서 이어지는 경우에는 그렇지 않다.

그럼에도 불구하고 여러 이론은 상호 대립적인 부분보다는 보완적인 측면이 강하고 각 이론이 나름대로 IDRC라는 협력의 프레임 안에서 전체 통번역학의 발전에 긍정적인 기여를 하고 있다. 통번역학의 큰 맥락에서 생각할 때, 하나의 이론을 교육하면서 다른 이론은 교육하지 않는 것은 수년 동안 여러 제도권 교육기관에서 일어나고 있던 관행이기도 했지만 매우 비생산적이다. 학생들은 어떤 하나의 이론도 이들이 경험하는 모든 어려움에 대한 해결책을 제공하지는 못한다는 사실을 아주 빠르게 간파할 것이다. 어쩌면 바로 이 이유 때문에 학생들이 이론에 대해 쉽게 흥미를 잃는 것이다.

5. 수업에서의 IDRC 활용

5.1 IDRC의 역할

IDRC는 그 자체가 이론은 아니다. 이론에 대해 관심이 없는 학생들에게 통번역 이론을 좀 더 쉽게 설명하기 위한 접근방법으로서 개발한 것이며 무엇보다도 교육 효율을 높이는데 그 목적이 있다. 따라서 통번역 교육 환경에서 거론이 되는 주요 이론에 대한 설명 위주로 이루어져 있다.

이 플랫폼은 기계번역에 대한 설명이나 언어학 이론을 소개하기 위한 수단으로는 적합하지 않다. 다만 한정적으로 화용론이나 인지언어학 등 분야의 이론을 소개하는 데는 활용 가능하다. 교사가 통번역의 과정에 나타나는 언어학적 현상에 대해 설명하는데 도움이 되는 유용한 수단 또는 제약으로 소개할 수 있겠지만 거기까지가 전부이다. IDRC를 통번역학의 이념적 연구인 후기식민주의 이론, 해체이론, 페미니즘, 통번역 비평 등에 대해 소개하기 위한 도구로 사용할 의도는 처음부터 없었으며 이러한 이념적 연구에 대한 어떤 깊이 있는 분석을 시도할 생각도 없다. IDRC는 3절에 나와 있는 이론을 학생들에게 소개하는데 가장 유용하게 활용할 수 있으리라 생각한다.

5.2 수업에서의 IDRC

수업시간에 활용할 수 있는 도구로서 IDRC의 가장 큰 장점은 아래와 같다.

- 이론적 체계로서 IDRC는 매우 단순하다. 4가지 요소로 구성되어 있는데 먼저 일직선상으로 입력-정보처리-출력이 한 축을 이루고 양 측면으로 두 가지

요소가 연결되어 있다. 하나는 자원이고 다른 하나는 제약이다.

- 모든 부분과 구성요소는 학생들이 통번역 과정에서 경험하는 일상적인 경험과 긴밀하게 연결이 되어 있다. 따라서 추상적인 개념이나 용어를 숙지하기 위한 시간은 필요하지 않다
- IDRC 전체 구조는 학생들이 통번역 작업을 하는 과정에서 경험하는 어려움을 보여준다. 이 모델을 학생들에게 제시했을 때, 학생들이 갖고 있는 매우 실질적인 문제에 대한 해답을 제시하는 모델로 적극적으로 환영할 가능성이 높다.
- 마지막으로 IDRC는 전 세계 제도권 전문통번역사 교육기관에서 통번역관련 이론을 이해하고 교육할 수 있는 도구이다. 특히, 통번역의 과정에서 통번역사는 의사 결정을 내려야 하며 의사소통 중개자로서의 책임을 갖는다는 원칙을 다시 한 번 인식할 수 있는 좋은 계기를 제공한다.

이러한 장점을 최대한 활용하기 위해서 교사는 IDRC 모델을 소개하고 다음의 사항에 중점을 두고 이론 교육을 실시한다.

- 통번역 실무는 학생들이 직접적으로 경험하는 어려움과 관련이 있다.
- 지난 수백 년의 시간동안 번역가, 철학자, 이론가 그리고 많은 학자들이 이러한 어려움에 대해 고민했고 이를 해결할 수 있는 방법을 모색했다.
- 최근, 이러한 고민의 결과로 학문적 그리고 과학적 이론이 등장하기 시작했다. 기본적으로 이론은 통번역사들이 하는 작업이 무엇이며 왜 그렇게 작업하며 이들이 직면하는 어려움을 극복하기 위해 무엇을 할 수 있으며 어떻게 좀 더 나은 통번역을 할 수 있을 것인가 등의 고민에 대한 해결방안을 모색한다.
- 이론은 개념적인 요소이다. 각 이론은 질문에 대한 잠정적이고 한시적인 대답을 제시한다. 각 이론은 조금씩 다른 측면에서 현상에 대해 성찰하고 서로 다른 종류의 데이터를 분석한다. 어떤 이론은 추상적인 용어로 개념을 정의하는가 하면 다른 이론은 또 다른 방향을 고찰한다. 이론을 통해 설명하고 있는 대상을 학생들이 이해할 수 있도록 돕기 위해 통번역의 모델이라는 프레임 내에

서 소개를 한다. 통번역은 해석과 의사결정을 필요로 하는 과정으로 통번역사는 이러한 과정에서 다양한 자원을 활용하고 제약을 받는다. 각 이론은 한 가지 또는 몇 가지 구성 요소에 중점을 두고 핵심적인 요소를 강조한다. 학생들은 다양한 이론의 특징을 고려하면서 이론에 대해 탐구하도록 한다.

여기서는 아주 짧게 소개만 했지만 이 정보만으로도 추후 각 이론의 장점에 대해 추가적으로 소개하고 설명하는 과정이 훨씬 수월할 수 있다고 생각한다. 특히, 각 이론이 IDRC 프레임 안에서 차지하고 있는 위치 그리고 주요 강조점에 대해 학생들에게 반복해서 교육한다면 자체적으로도 이론에 대해 찾아보고 자세히 학습하는 과정으로 쉽게 접근할 수 있다.

John Benjamins Series

01

Basic Concepts and Models for
Interpreter and Translator Training

존 벤자민스 통번역 총서 01

통번역 교육을 위한 기본 개념과 모델

Basic Concepts and Models for
Interpreter and Translator Training

초판 인쇄	2021년 9월 23일
초판 발행	2021년 9월 27일

편저자	Daniel Gile
기 획	정호정(존 벤자민스 통번역 총서 기획위원장)
옮긴이	이미경
발행인	윤성우 Director, University Knowledge Press
편집장	신선호 Executive Knowledge Contents Creator
도서편집	이근영 Contents Creator
	장혜정 Contents Creator
재무관리	조아라 Managing Creator
	정윤경 Managing Creator
전자책 · 사전	장지혜 Contents Creator
발행처	한국외국어대학교 지식출판콘텐츠원
	02450 서울특별시 동대문구 이문로 107
	전화 02)2173-2493~7
	팩스 02)2173-3363
	홈페이지 http://press.hufs.ac.kr
	전자우편 press@hufs.ac.kr
	출판등록 제6-6호(1969. 4. 30)
디자인 · 편집	(주)이환디앤비 02)2254-4301
인쇄 · 제본	네오프린텍(주) 02)718-3111

ISBN 979-11-5901-874-9 94700 정가 30,000원
978-89-7464-914-2 (세트)

*잘못된 책은 교환하여 드립니다.

HU:iNE 은 한국외국어대학교 지식출판콘텐츠원의 어학도서, 사회과학도서, 지역학 도서 Sub Brand이다. 한국외대의 영문명인 HUFS, 현명한 국제전문가 양성(International +Intelligent)의 의미를 담고 있으며, 휴인(携引)의 뜻인 '이끌다, 끌고 나가다'라는 의미처럼 출판계를 이끄는 리더로서, 혁신의 이미지를 담고 있다.